ARTEMİS Y

CW01655059

YAYIN NO: 2363

BODRUM GÜZELİ
Can Çelebi

Editör: Yeliz Üslü
Kapak Tasarım: Asmin Ayşe Gündoğdu

1. Basım: Mart 2023
ISBN: 978 - 605 - 304 - 812 - 1
Sertifika No: 43949

Kapak görselindeki tablo Riitta Osara'ya aittir.

ARTEMİS YAYINLARI
Ticarethane Sokak No: 15 Cağaloğlu / İstanbul
Tel: (212) 513 34 20-21 Faks: (212) 512 33 76
e-posta: editor@artemisyayinlari.com – www.artemisyayinlari.com

Baskı ve Cilt: Melisa Matbaacılık
Çiftehavuzlar Yolu Acar Sitesi No: 4 Bayrampaşa / İstanbul
Tel: (212) 674 97 23 Faks: (212) 674 97 29 Sertifika No: 45099

Artemis Yayınları, Alfa Yayın Grubu'nun tescilli markasıdır.

Can Çelebi

Bodrum Güzeli

Kayıpların Tanrısı

ARTEMİS YAYINLARI

Bana her şeyi en ince ayrıntısına kadar anlatan
annem Birsen Aynur Çelebi'ye

Hayriye

Önceki Dünün Teyelleri

Kişi tek başına iyi ya da kötü değildir. Birisinin melek ya da şeytan olabilmesi, bir başkasının varlığını gerekser. Demem o ki, herkes kendinin dışında bir başkasına şeytan, başkasına melektir. Ben işte o başkalarından duyduğumu anlatacağım.

Şunu en baştan söylemeliyim ki burada adı geçenler çoktan toprağa karıştılar – toprakla karıştılar. Ölünün ardından konuşulmaz, derler. Çok da doğrudur, taşıyamayacağı sorumluluklar yükler anlatana, kaldı ki niyet de bu değil zaten. Söz açılmışken ne var ne yok, ne yaşandıysa, gizli kapaklı ya da apaçık, olduğu gibi ortaya koymak. Ansımak. Yüzleşmek belki. Biriktikçe, eteklerdeki bütün taşları dökmek.

Eh, yaşamışlık denilen de bu değil midir? Anımsadıkların, sana dokunan anlardır. O anların içinde donup kalmış, hâlâ tazeliğini koruyan görüler, sesler, kokular, duyumlar, duygulardır.

Hoş, gerçekleri dile getirmek kimilerini korkutur. Bu korku bir kere ortaya çıkmayagörsün, kendini gerçekleştirmek için bütün yolları dener. Çöktüğü kişinin sağduyusunu alır, eğe büke çalışmaz kılar. Bir çalgının tellerine dokunurcasına kendi ezgisini çığırmaya başlar. Yine de korku iyidir. Korku, cesaretin anasıdır. Cesaretin ortaya çıkabilmesi korkuya bağlıdır çünkü.

İşte -kendimce- o gözü pekliği kuşanıp anlatıyorum. Vebali aktaranların boynuna.

Öncesi var.

Bilinen en eski hikâyeye göre, Menteşe'de Yörüklerden Sıtkı denen bir koçyiğit yaşardı. Obalarındaki herkes gibi onun da Ahali İdare-i Umumiyesi'nde kaydı hiç olmadı. Cumhuriyet'in ilanıyla kanuna uyup sevdiği bu lakabını hiç değiştirmeden soyadı olarak kaydettirdi. Okula gitmedi. Akıldan hesap tutmayı bilir, kulaktan dolma, ondan bundan öğrenilmiş Arap harfleriyle biraz okurdu. Göğsünde, çenesinde tek tük kıl bitmeye başladığında, kurtuluş için dağda adam toplayan çetelere katılmış; elde Mosin-Nagant, belde pistol, bir yanda İtalyan, öbür yanda Yunan, kâh atlı kâh yaya vuruşmuş, ortalık durulunca dört bir yana haber salınıp aranmış, ancak kendisiyle ilgili kati bilgi alınamamıştı.

Nice sonrasıdır bilinmez, döşünde boydan boya bir süngü izi, yırtık pırtık, yanık, çürük, perişan; obayı bulup geri dönmüştü.

Alaçıkları yerli yerinde duruyordu, lâkin atası hakkın rahmetine kavuşmuş, ondan umudu çoktan kesmiş anası bir hayli kocamış, bacıları kocaya gitmiş, bellerince döl almışlardı.

O son tepeyi aşıp düzlüğe varınca, kuş izleğinden çıkıp da insan gözüne görününce, muştulu, çığlık kıyamet karşılandı. Yıkayıp pakladılar. Saç sakal iyice kırpıp bildik yüzünü ortaya çıkardılar. Ayak parmaklarındaki batık tırnakları kesip teninde kararmış irin yüklü çıbanları patlattılar, merhemleyip, sarıp sağalttılar. Ak pak giydirip insan evladına benzemesini sağladılar. Yine de tinindeki yaraları tımar etmek öyle kolay olmadı. Onun merhemi zamandı. Öyle yaptılar. Bunun için uzunca bir süre, sabırla beklemeleri gerekti. Kime yöneldiği belirsiz fal taşı gözleri, delimsek bakışları Yörük alayını huzursuz etmedi değil. Yine de hoşgörüldü. Ağır işe koşulmadı. Pek ilişilmedi. Sakınıldı. (O yıllarda bütün yiğitler yaralıydı.)

Uzunca bir süre rüyalarından "Yağırlım ağrıyor ana!" diye yekinerek uyandı. Kimseyle konuşmadı. Düğüne derneğe katılmadı. Hem de ayağına kadar gelinip okunmasına karşın. Bir yalnız kurt oldu, binip kır atına, döndü dolandı civarda. Yirmilerin sonunda, yaşı gelip hatta geçtiğinde hâlâ bekârdı. Otuzlu yılların başıydı, Keçicilerden ufacık, nah şu boduç kadar bir kız kaçırdı. Derede atını sularken görmüş, beğenmiş, bir tekmil adını sormuş, "Hayriye" yanıtını alınca umutlanmış, yüksüz, bohçasız, terkisine attığı gibi...

Tabii olaylı oldu. Kızı çoktan bir başkasına sözlemişlerken... Üstelik ocağının çatılmasına günler kala... Bir kere almış getirmiş, geri götürmek de olmaz...

Keçiciler hop kalktı, hop oturdu. Aracılar gitti geldi. Düşünüldü, danışıldı. Bir türlü uymaca sağlanamadı. Kan da döküldü, gözyaşı da. Bu hatanın kabulü mümkün değildi. Belli ki Hayriye kızın da gönlü kaymıştı Sıtkı'ya, ki sabahına kıymadı canına. Alıştı. Gözü pek, ortaya çıkıp at üstü obayı kuşatanlara, "Ben sevdim, ben istedim. Gönlümün rızasıyla helaliyim," dedi. "Varın gidin, yok bilin gari beni."

Bu iki sevdalı, nedir, nicedir bilinmez, başı dumanlı doruklarda huzur bulamadılar. Kimine göre arada kaldılar. Sıtkı'nın obası kızın, kendilerininkinin önüne geçen korkusuzluğunu kınadı. Keçiciler sırtlarından bıçaklanmanın acısını unutamadı. Hani derler ya, ne toprağa ne yaprağa yaranamadılar. Başları hep önlerinde, kaldırıp da gökte uçan kuşa bakamadılar. Çok geçmeden toparlanıp, köye inip orada bir yuva kurdular. Feslerindeki, cepken içlerindeki liraları sermaye edip obadan güttükleri, olgar atalarından bildikleri ne varsa bu yeni yurtlarında çoğaltıp Muğla pazarında yaygılarını yayarak rızklarını çıkardılar. Bir ara adları yoğurtçulara, bir ara da keçecilere çıktı. Ama daha çok süt ürünleri vardı. Tutuldular. Yılçağına bakarak Milas'a, tee bir ucu Kavaklıdere, diğeri Fethiye, her yana, batmanlarca keçi peyniri, sepetlerce yumurta, güğümler dolusu süt, çeki çeki kese yoğurdu sattılar. Özellikle çaldıkları iç açan yoğurdun serin kokusu, tadına doyulmaz kaymağı ünlerine ün kattı. Öyle bir kaymak ki üç parmak, taş gibi; giy nalınları, çık üzerine yürü.

İş büyüdü. Yanlarına yardımcı tuttular. Hayriye Hanım yan yana dizip kapısında çalışacak bu insanları kendi seçti. Aile olanları istedi özellikle. Damının altına bigâne, tek erkek, çenebaz, oynak dul kadın ya da kız almak onun töresinde yoktu. Dur durak bilmediler. Çok çalıştılar. Emeklerinin karşılığını verdi Allah. O Allah ki çalışanı sever.

Elleri bolardıkça ha bire büyükbaş mal alıp ağılı doldurdular. Gönendikçe gönendiler. Yurtlukları onlara yetmez oldu. Menteşe'nin yukarısında; içinden incecik kız beli gibi kıvrılan, gümüş akar bir dere geçer; öte yanında genişçe bir zeytinlik, bol meyve ağaçları, bir de Urum artığı bir konak olan, ucu var bucağı yok, bir yaylak satın aldılar. Hayriye kadın ufacık tefecik gövdesinden umulmaz bir güçle orayı cennet kıldı. Zindeliğin her tonunu gövertti. Bazı insanların parmakları yeşildir. Kutlu elini nereye değse bereket fışkırır. Çekti, çevirdi. Bire on kattı. Her şeyi tam yaptı. Sırtına vurdu taşıdı, önüne katıp yoğurdu. Kesti, tabakladı, astı, kuruttu. Özendi, bezendi. Geri çekilip çekilip, kırk belik örgülerini savura savura hallerine baktı. Eksiği gediği yok, aşı katığı bol, mutlu, kıvançlıydı. Bir tek arabezleri kanlı çıktıkça ilendi. Yaş akıttı. Ha bire kazanlara atıp külle fokur fokur kaynattı derdini. İsyanı yakıştıramadı kendine. Yaradana sığınıp sabır sebat etti, ay dönümlerini kuşkuyla bekledi. Diktikleri fidanların meyveye durduğu günlük güneşlik günlerde çayırda koşup oynayan, el çocuklarıyla dertop olup yuvarlanan Sıtkı'sını gördükçe üzüntüye düştü. Adamda yeni yeni haller peyda oldu. Kuşluk demedi, akşam demedi, üstüne sıçradı. Çaldı ağzına parmak parmak balları, yelene yelene yanaştı. On yıllık kocası, toy hevesli güvey oldu çıktı.

Hele bir öğle vakti kazma kürek çalışırken tutturduğu o yanık Yörük türküsü, Hayriye kadının yüreğini hepten deşip kanattı. Türkü dediğin ciğerden gelir, kişinin en derininin dile gelimidir. Yüksündü, gocundu, her dizesi ağırına gitti.

Gök keçi de gelmiş oğlağın ister
Kadir Mevlam bize de bir evlat göster
Evlatsız göçersek kınaman dostlar
Neyleyim neyleyim kolları neyleyim
Nenni nenni demedik dilleri neyleyim.

Kocasının, döl tutmazlığını yüzüne vururcasına bu fütursuz halleri içine oturdu. Derinden hayıflandı, içlendi, gönül koydu. Yıllar oldu, her şeylerin en güzeline, en iyisine kavuştular şükür de, bir yavru veremedi Sıtkı'sının kucağına. Eksikli hissetti kendini. Kıraç. Verimsiz... İş bilir ebe kadınlara gitti gizliden. Onlar bir müşkül göremediler. Takdiri ilahi dediler. Nefesi kuvvetli, namı hudutları aşmış, ilminden sorgu sual olunmaz hocalara, üfürükçü kadınlara, yılan kuyrukları, çıyan ayakları biriktiren büyücülere de gitti, yalanı yok. Yatağa serpmelik, suya okumalı dualar, içten kullanmalı balmumu fitiller denedi. Umar olmadı. Döktü düşündü, "Bu işte kulu aşan bir iş var!" dedi. Soy obası

Keçiciler tarafından kargışlandıklarına, onların ahını aldığına karar kıldı. Bir hısım kimseye demeden at bindi, yarım gün yol gitti, yalçınlara vardı, düzlüklerde tırısladı, eliyle koymuş gibi buldu obasını, icazet istedi, oturdu orta yere, mertçe döktü içini, el öptü, aman dilendi.

Aslında Sıtkı, helalini dalgalandırmak istemez, bu yüzden hiç dillendirmedi, ancak o da bir oğul hasretiyle yanıp tutuşuyordu. Çevre evlerde kız çocuklarına da itelemeden şekerler, liralar dağıttı, başlarını okşadı, yine de ille bir oğlu olsun istedi. Şöyle ele avuca sığmaz, topaç gibi, bileğine güçlü, vurdu mu…

Bunca mal, mülk, bunca varlık kime kalacak? Zürriyet olmadıktan sonra varsıllık neye yarayacak?

Onlar kocayınca divanında kurulup gururla gözleyeceği bir oğlu, ondan türemiş boy boy, öpüp koklayacağı torunları olmalıydı.

Hayat buydu. Hayat bir oğuldu.

Yalan olmasın; ya yine kutlu bir cumada ya da erken vakit bir bayram namazı sonrası, açtı kocaman ellerini hevâya, uzun uzun, canı yürekten yakardı. "Hazreti İbrahim'e İshak'ı veren Rabbim," dedi. "Senden tek bir dileğim var. Bana da bir oğul nasip eyle. Bir oğlum olsun, her şeye razıyım. Sırtımdaki ceketimi al, malım mülküm feda… yeter ki bana muradımı, oğlumu ver." İbrahim Peygamber oğlunu, Sıtkı servetini, dünyalığını kurban adadı.

Öyle de oldu.

Saat-i icabeye denk gelen bu dua, Hayriye'nin kısır çabalamalarının önüne geçti. İkinci ay dolmadan Keçiciler Hüseyin kızı Hayriye, hikmetinden sual olunmaz Allah'ın izniyle gebe kaldığını erine muştuladı. Sıtkı havalara zıpladı. Gecenin ayazına aldırmadı, don paça attı kendini dışarı. Günlerce ağzı kulaklarında dolandı. Susuz rakıları art arda içti, edepsizce naralar attı. Geldi gitti sarıldı Hayriye'sine. Alnından, ak gerdanından, kasıklarından, en çok da karnından öptü. Yere göğe sığdıramadı. Değme keyfinenin tadını çıkardı. Bir zil takıp oynamadığı kaldı. Camide fıstıklı lokum, kahvede tepsi tepsi baklava, yol dan geçenlere ekmek arası helvalar dağıttı. O ara Hayriye'nin döktürdüğü kurşunların haddi hesabı yoktu. "Yeter Sıtkı'm, gez gez anlatma şunu, nazar olacak, göze gelecek," dedi, dinletemedi. Hiç dinler mi? Henüz karında belirmemiş bebeye gül ağacından, sedef kakmalı beşik yaptırdı. Gümüş kabza, topuzlu tüfek getirtti. Her adımda kendini direkleyen anasından ayrılmış bir doru tay bile satın aldı, seyise teslim etti. Daha neler neler… "Ne biliyon oğlan olacağını?" diyene kükredi. "Tabii ki oğlan olacak, eminim, adım gibi biliyorum," dedi.

Hayriye'nin karnı bir genişledi, bir sivrildi. Kimseler eşeyine yorum yapamadı. Hiç yoksa günde belki on kez aşerdi, anam ne garip, ne duyulmamış, görülmemiş bir aşerme! Yaz günü ekmek ayvası istedi, iyi mi? Bulup getirdiler. Tüylü ayvayı görünce bulanıp ağız dolusu kusmaya, hemen ardından salkım koruk isteyip, bu kez de koruğa bakınca dişi damağı kamaşıp öğürmeye başladı. Neye aşerdiyse, canı ne çektiyse, dakikasında bulup buluşturup önüne yığdılar. Oysa o tümünü eliyle ittirip, tadımlık olsun; ne bir çimdik ne de bir ısırık aldı. Tuhaf.

Günü gelince üç ebeyle yardımcı kadınlar odaya kapandı, bir tam gece uğundu durdu. Sancıları en yüksek noktaya erişip "Hah! Artık geliyor" dedirtirken, birdenbire sanki doğurmaya yatan o değilmiş gibi kalkıp gayet rahat kapıları aça aça evin içinde dolaştı. Sanırsın bebek bir heves doğmak için uğraşıyor, sonra birden vazgeçiyor. Neyse, böyle böyle sabahı sabah ettiler. Hayriye, hâlâ ortalarda bacaklarından kanlar sızarak öylece dolanır. Yapma kızım, etme kızım, uzan şuraya. Yok. Ayran içer bol bol, elde tığ, iş işler. Nihayet yatağa uzanıp ıkın ıkın doğurdu da ahali rahatladı. Kendisi kurtuldu.

Oğlandı. Toraman, ancak kıpırtısız bir oğlan. Yayık. Pelte gibi. Boğum boğum et yığını. Ne tepindi ne de ciğerlerine dolan ilk soluğun sızısıyla yaygarayı bastı. Odada bir ölüm sessizliği. Ebe karılar kulak kabartıp bebekten gelecek bir yaşam belirtisi beklediler. Kıçı tokatlandı. Ters çevrilip havada sallandı, ı-ıh, boşuna.

"Ölü mü?" diye sordu yardımcılardan biri boş bulunup.

Hayriye yeltinip hışımla azarladı kadını. "Sus, yılık ağızlı!" dedi. "Tövbe istiğfar eyle. Ağzından yel alsın!"

O gerginlikte, dişsiz ağzı kocaman açıldı oğlanın, sanki sazın tek teline usulca dokunulmuşçasına cılız, tiz bir ses verdi. Ses de denemez ya, daha çok kızgın yağa su damlamış gibi. Aman bunu duyan odadaki kadınlarda bir rahatlama, yüzlerinde bir güleçlik; bastılar kahkahayı. El çırpıp parmak şıklatıp bir de üstüne iki dönüp oynadılar.

Hemen kapı aralığından Sıtkı'ya haber edildi. Cam altına, davul zurna, köçek, çengane geldi. Besili, kızıl kınalı, boynuzlarına sarı liralar bağlı yedi akkoç dizi dizi yatırılıp bahçeye, dualarla kurban edildi. Pilav, et kazanları fokurdayıp kaynadı. İçeride eşe dosta, dışarıda fakire fukaraya ayrı ayrı sofralar kuruldu. Bebek yıkandı, kundaklandı, sevinçten dudakları bile titreyen Sıtkı'nın kucağına verildi. "Al oğlunu. Bahtı açık, boyun boylu, soyun soylu olsun." Kırmızı kurdelede düğümlü, beş adet beşi bir yerdeler taktı lohusa karısının boynuna. Eğilip terli alnından, dökülmüş zülüflerinden öptü. Şükür duası okudu. Geç yaşında mutluluktan çocuk gibi ağladı.

Göbek bağı sarıldı, kadife keseye kondu. Sıkı tembihle beşikçiye verildi. "Götür, Muğla'da bir okulun bahçesine göm, göm ki okusun, ilim irfan öğrensin, eli kalem tutsun, dili acı mürekkep tatsın, vatana millete yararlı bir evlat olsun. Nazır olsun, paşa olsun, tabip olsun, devlet, töre bilsin..."

Artık nereden aldılarsa salkıyı, dağdan Hayriye'nin anasıyla bacıları çıkıp geldiler, kırkı dolana dek yaylakta kaldılar. Atasının erincini dillendirdiler. İyi de oldu. Aradaki küsküler, kırgınlıklar, yorgunluklar tümden bitti. Bu olay, oğlanın uğuruyla geldiğine yorumlandı. Kutlu bilindi.

Kırkının bittiği gün, topluca atlı arabalara yerleşilip Hayriye'nin atası Keçiciler Hüseyin'in yanına el öpmeye, torun hoplatmaya vardılar. Hüseyin layıkıyla karşıladı onları. "Allah bize oğul borcunu torunda bahşetti," diye kucakladı. Kına yakılı eller öpüldü, hayır duaları alındı. Orada da karanfil bezeli koçlar, boncuklu oğlaklar kesildi, kazanlar kaynadı, pilavlar döküldü, yemekler, aşlar verildi, şerbetler ezildi, helvalar karıldı, yün yataklar serildi, atlas yorganlar açıldı. İlk akşam geceye varmadan, Keçici Hüseyin abdest tazeleyip yavruyu kucağına aldı, adını kulağına ezanla okudu. Sıtkı ille de ismi Murat olsun derken, Keçici'nin ağzından, "Senin adın Hüseyin," sözünün çıktığını duydu, beti benzi dorukların karına çaldı, tepeden tırnağa buz kesti, olduğu yere yığıldı. Ataya karşı gelmek olur mu? Olmaz. Oğlanın adı -üç kez ünlenerek- atadan Hüseyin kaldı. Ama nüfusa Hüseyin Murat Yörüklerden olarak yazdırıldı. Sıtkı oğlunu hep Muradım diye sevdi. Bir dediğini iki etmedi. Üstüne titredi.

Geceleri avcuna aldığı oğlunu, geniş bileklerine yatırıp leğene tuttu, yuğdu, yıkadı. "Yıkandıkça büyüyecek, benim oğlum pehlivan olacak," dedi, kıvançlı.

Pek öyle olmadı.

Oğlan, Hayriye kadını büyürken ayrı, hele büyüdükten sonra apayrı canından bezdirdi. Yaş aldıkça daha da dertlendirdi, çilelere boğdu.

Yeri geliyor, haftalarca azıyor, ağzı köpüklü sağa sola saldırıyor. Örümcek gibi kör kuyulara inip çıkıyor. Leğeni suya atıp içine oturuyor, çağlayan dere boyu Hayriye'yi ardında koşturuyor. Zaptı zor. Günlerce, gecelerce uyumuyor, kimseyi de uyutmuyor. Tavışgan olup bir divandan diğerine zıplıyor. Kadının eli sürekli oğlanın kanadında, dur durak bilmiyor, hop hop oynuyor. Gören, "Bu oğlan fare boku yemiş anam, yerinde duramıyor," diyor, sonra bir an geliyor, günlerce divanda oturup kederli gözlerini kırpmadan, karşı duvarda meçhul bir noktaya bakıp duruyor. Gören, "Bu oğlanı cin tutmuş aman yanaşmayın," diyor. Okutup üfletiyorlar, içliğinin yakasına, yastığının kenarına dizi dizi muskalar iğneliyorlar. Geçmiyor, beterin beteri oluyor.

"Söyle anacım, niye böyle gamlı gamlı oturup iç çekersin? Çıkmayacak mısın bahçeye? Koşmayacak mısın kazların, culukların peşinde? Nen var kuzum senin? Bir yerin mi ağrır, canın bir şey mi ister de diyemezsin? Anlat oğlum, hadi Hüseyin'im. Aman babamın adı da ağzımın tadı." Seviyor, sırtını, omuzlarını sıvazlayıp eğliyor... Ses yok.

Bir de kararsız, sorma gitsin. "İçi kıtır şeker, un helvası isterim," diyor, gece geç vakit.

"Yat zıbar!" diye bağırıyor Hayriye döşeğin sıcağından, "Heç bu saatte helva mı olur len?"

Oğlan basıyor yaygarayı. Odanın içinde başı kesik tavuk olup dört dönüyor. "Kalk," diyor Sıtkı. "Kalk azıcık karıver kız yazık, canı çekmiş belli ki, büllüğü şişmesin."

"Yetti artık, vallaha koparacam ben onun büllüğünü," diye söylene söylene kalkıyor kadın, uyku sersemi giriyor mutfağa, başlıyor tereyağını kızdırıp kokusu çıkana kadar unu kavurmaya. Kuru toz şekeri boca edip koyuyor önüne.

Oğlan sadece bakıp "Bunun pekmezi yok," diyor.

"Eh, pekmez demedin ki. Hani kıtır şeker dediydin ya..."

"Pekmez isterim. Bol pekmez isterim..."

Tam anası pekmezi gezdirirken üstünde; "Bana ne, bana ne yemem ben bunu!"

"Niye?"

"Çok döktün pekmezini. Hem ben fıstıklı irmik isterim, bana irmik helvası yap," diye tutturuyor. Allah'ım sen sabır ver.

Çal çamur sokaktan gelip "Göce yuvalağı çekti ana canım," diyor. Hayriye özene bezene bir tencere yuvalak karıyor. Bu sefer de "Yok, bu güzel değil, sen bana lıklık köfte yap," diyor.

"Lıklık köfte kolay mı oğlum şimdi?"

"Kolay. İç yağını, cevizini, kıymasını bol koy içine, ben tutup salladım mı lıklık etsin."

Gelip gelip atasıyla anasının arasına sığınıp yatıyor. O ara odalarda yalnız da kalamıyor. Hayriye'nin eteğine yapışıp o ne yöne seğirtirse o yana dönüyor. En ufak bir tıngırtıda ürküyle yerinden sıçrıyor. Dolap içleri, yatak altlarında bulup çıkarıyorlar. Şımarıklıktan öte başka bir şey var bu oğlanda. Ya kıt akıl ya da gerçekten illetli.

Anası yaşı gelip az aklı erince Kur'an öğrensin diye diğer çocukların yanına katıp camiye yolladı. Cüz kesesi, kitabı, takkesi, her şeyi tastamam, kendi istediği gibi. Bir de hevesli, tekerleme söyleyerek caminin yolunu tuttu. İki dakika geçti geçmedi, çıkıp eve geldi, "Ben korkuyorum o sakallı adamdan," diye ağlamaya başladı. "Senden de korkuyorum, ondan da korkuyorum, bundan da, doru attan da..."

Ağla ağla helak oldu. Kimsecikler yatıştıramadı. Az zaman geçti, bu sefer de açtı pilli radyoyu, yeni yıkanmış canım örtülere, kor ütülü çarşaflara bürünüp başladı çengi gibi kıvırtmaya, göbek atıp gerdan kırmaya. Tövbe bismillah. Bu halleri okula yazılana kadar sürdü. Orada muallimden çekinip biraz durulur gibi oluyorsa da evde yine fırtınalar estiriyordu. Ömür törpüsü.

Hayriye birinde, çok düşük yapmış, yedi kız anası, oğul hasretiyle son umut yine hamile kalmış, bunda da oğlan doğurmazsa kocasının şart koşup boşayacağı bir kadına, "Rabbim sana da Hüseyin'im gibi bir oğlan versin," diye içinden gelip dua etti. Kadın kalkıverdi o koca karnıyla ayağa, kulağını çekip tahtalara vurdu. "Aman hanımım, aman, tövbe de, istemem ben böyle oğlan. Olmasın daha iyi," deyip ardına bakmadan çıkıp gitti.

Güz başı, okullar açılmadan sünnet yaşı denip hazırlıklar yapılıyor. Daha erken de kestirebilirlerdi. Ama Sıtkı biraz aklı ersin, bu görklü günü ileride hatırlasın istiyor. Kararlaştırılan gün gelip çatıyor. Korkup ağlayan oğlana süslü şehzade kıyafeti, sırmalı pelerin giydirilip eline asa verilince keyfi yerine geliyor. Bembeyaz bir kısrağa bindirilip önde davul zurna, ardında kanat açmış zeybek oynayan babasıyla sünnet alayı tabanları patlayana dek gezip, avuçları şişene dek alkış tutuyorlar. Oğlan sünnet kesiğine bakıp "Ne yaptınız ya! Eskisi daha güzeldi," diye bayağı bir hayıflanıyor ancak artık çok geç.

Yörüklerden Sıtkı Bey, ağanın eli tutulmaz, oluk oluk para akıtıyor. Develer, danalar, koçlar kesiliyor. Etler pilava katılıyor, kaynaktan fışkırırcasına her çeşit içki cam bardaklara, gümüşten kupalara doluyor. Yedi gün türlü türlü yemekler yapılıyor. Bildiğin Halil İbrahim sofraları kuruluyor. Uzak ellerdeki fakire fukaraya dahi erzak, kışlık yakacak yollanıyor. Sıtkı Bey, "Yeter gari, çok açılıp saçılma herif," diyen Hayriye'sinin boynuna gömüp bahtiyar başını, "Ne olur karışma hatun, belki ömrüm yetmez, başkaca bir mürüvvetini göremem, bırak gönlümce keyfini çıkarayım," diyor.

Tam da söylediği gibi oluyor.

*

Hüseyin'in ergenliği daha fena geçiyor.

O vakitler gelince ellerindeki büyük küçük baş tüm mallara kıran giriyor. Yara döküp, ağızları köpük köpük bir anda düşüp tek tek ölmeye başlıyorlar. Sıtkı mundar olan hayvanlara bakıp çaresiz ne yapacağını bilemiyor. Başı elleri arasında, dört dönüyor. Fener yakıp geceler boyu ahırda sabahlıyor. Az daha inme inecek. Bir iki akıl danışıyor ancak kimse görmemiş böylesi bir felaketi. Sabah çıkıp ertesi akşam döndüğü Muğla'dan yanında bir baytarla geliyor. Adam önlüğünü giyip ağzını bir yemeniyle sıkı sıkıya kapatıyor. "Şarbon bu," diyor. Der demez de her şey zangırdayıp başlarına yıkılmaya başlıyor.

Hükümetten gelip ağılları, hatta kümesleri bile mühürlüyorlar. Gömmek yok, bütün leşleri üst üste koyup ateşe veriyorlar. Dört yanı ilaçlıyor, bembeyaz un gibi toz serpiyorlar. Yaylak sessizleşiyor. Kazanın kaynar, kuzuların oynarken iyi de, dara düşmeye gör, eş dost kesiyor ayağını. Gökte uçan kuşlar bile ağaçlarına konmaz oluyor. Kimse onlarla mal alıp vermiyor. Hatırlarını dahi sormuyor. Kötü haber çabuk yayılıyor. Sıtkı'nın umar arayan başı ilk kez önüne düşüyor. Eldeki avuçtaki azar azar tükeniyor. Yarıcılara, yardımcılara hakları ödenip yol veriliyor. Karı koca kalıyorlar koca konakta bir başlarına. Etraf sessiz. Tın tın.

İlki bitirdikten sonra "Okumayacağım ben, kafam almıyor," diyen Hüseyin de atıyor kendini sokaklara. O aralar en çok Bodrum'a, Gümbet'e, balıkçı barınaklarına, serseri berduş yataklarına dadanıyor. Babası birkaç kez enseye, art arda kabaya, besmeleli tokat, bol zılgıt, azar; mest olmuş bir halde izbelerden topluyor onu. Alıp eve getiriyor. Üstüne kilit vuruyor ancak zapt etmek ne mümkün? Kılı ağarmış, beli bükülmüş adam onunla baş edemiyor. Evde eksilen sarı liralardan Hayriye kocasına hiç bahsetmiyor. Oğlan kaçıp kaçıp yine gidiyor. Günlerce haber alınamıyor. Ne yapar, nerelerde yatar, ne yer ne içer, pencere önleri mesken tutulup sabahlara kadar yolu gözleniyor. Eve geldi mi de hiç konuşmuyor, vuruyor kafayı, ha bire uyuyor. Yiyor, içiyor, uyuyor. Hayriye Hanım ceplerinde keklik yemi buluyor. Sıtkı'ya bunu da diyemiyor. Çileli başına çatkılar çatıp "Ayyaşlığı, sarhoşluğu bitti, bir de buna mı bağlandı?" diye uğunuyor.

Diyeceğim o ki, her şey gibi evladın da hayırlısı.

Bir ara derlenip toplanıp doruğa çıkmaya bile niyetleniyorlar. Yeniden yer yurt tutmak öyle kolay olmasa da... Bu oğlanın başka türlü adam olacağı yok. Alıp karşılarına hüsnü niyet soruyorlar, "Nedir senin derdin, ne yapmak ister, ne maksat güdersin?"

"Sıkılıyorum bu kuş uçmaz kervan geçmez yerde," diyor. "Burada hafakanlar basıyor beni. Oysa Bodrum öyle mi? En azından iki can görür, hasbihal ederim. Uçar gider tüm bulanıklığım, eğlenirim. Burası gibi körsek de değil. Orada elektrik bile var. Bir görseniz hak verirdiniz bana."

Gittikçe çatallaşan sesiyle, torlamış burnundan akan sümükleri çeke çeke, sürekli, masmavi bereket fışkıran derya denizi, ağlarda pul pul oynaşan balıkları, yumuşacık süngerleri anlatıyor. Bir onu bilip onu söylüyor.

"Ah! Oğul biz Yörüğüyüz, ne anlarız deryadan, balıktan?"

Yok. Nuh diyor peygamber demiyor. Evde otlakta, kara sevdalara düşmüş bir mecnun olup içini çeke çeke dolanıyor. Durup durup şahadet parmağı şakağında, hayallere dalıyor. Hülyalı. Görsen, sanırsın ayakta uyuyor. Kimseler uyandıramıyor.

Sıtkı, sonunda üçe beşe bakmadı, sattı yaylağı. Aldığı paranın yarısı vergiye, ertelenmiş borca gitti. Kalanıyla Bodrum merkezde, denize dik bir sokakta, terki diyar edecek gayri Müslim bir kocakarıdan, çatıdaki aralığı da sayarsan üç katlı bir taş ev satın aldı. Nasıldır, neye benzer diye sorunca, "Ev işte canım," dedi. Hayriye evi ilk kez denkleri, döşekleri getirdiklerinde gördü. Bildiğin bir mezbele. Yerdeki ahşaplar çürük, mermerler kırık, cam çerçeve, kapı pervaz hep kurtlanmış. Bilumum haşerat cirit atıyor. Yaylaktaki konağının yanında burası bir kümes. Alt katta bir koca alan; mutfak mı, taşlık mı belli değil. Bir oyma taş yalak, ovulmaya ovulmaya yeşile dönmüş bir pirinç çeşme. Ortada tuğlaları kararmış, tütmez bir ocak. Yanında bir dolap, güya içine girilip yunulacak. Konağındaki hamamın yanında bu ne ki? Eli alnında, düşünceli, ağzını bıçak açmaz Sıtkı'sı, daha fazla üzülmesin diye bir şey demiyor ancak ağladı ağlayacak. Elde kalanın yarısı buna mı gitmiş? Tek tesellisi, bahçede tulumbadan, içeride çeşmeden şarıl şarıl akan su. Bir de nur gibi elektrik var evde, düğmeyi çevir, ampuller altın sarı ışık saçıyor. Aynalarda kendi, karşısında helalinin yüzünü daha bir güzel görüyor. Sıtkı'sına bunları dillendiriyor.

Hayriye günlerce, canı çıkana kadar yıkadı, sildi, ovdu; deliği, oyuğu sıvadı, söktü, çaktı. Güzelce döşeyip evi biraz hale yola soktu. Yukarıda beş oda daha var. İkisini düzenleyip geri kalanların kapılarına kilit vurdu. Şimdilik.

Ocağın tıkalı bacasını külden, kurumdan bir güzel arındırıp iyice temizledi. Bir çeki odun yığıp tutuşturdu, ocağını tüttürdü. Koca bir tencere köfteli, dövmeli yoğurt çorbası, tavada ekmek pişirdi. Yanına boduçla buz gibi kızılcık hoşafı çıkardı. Sıtkı Bey sofrayı görünce ilk kez yüzü güldü. "Eline sağlık Hayriye'm," dedi. O yetti.

Ertesi gün bir kuzine soba vurup sırtına, getirdi karısının ayaklarının dibine bıraktı. Beraberce arşınlayıp ona göre alınan boruları birbirine ekleyip kurdular. Hayriye sevindi. Pek güzel ısıtıyor. Çekmecelerine tepsiler, gözlerine tencereler, cezveler oturttu. Karşısına geçip okkalı kahvelerini içerlerken, yine söz döndü dolaştı, paranın kalanıyla ne yapacaklarını konuşmaya geldi. "Bildiğimiz işten vazgeçmeyelim," dedi Hayriye. Bir dükkân hayal etti. Biraz bakkalvari. "Selelerle zeytin, küplerle zeytinyağı toptan alınır. Turşu, yoğurt, peynir ben kendi ellerimle yaparım. Doruklardan da yumurta, bulgur, un alır satarız," dedi. Tekel'e başvurmak geldi Sıtkı'nın aklına. Tütün, rakı, şarap, kanyak... Buranın ahalisi akşam oldu mu sofralar kurup bol bol içiyor. "Gözünü dört aç Sıtkı'm, buralar bizim oralara benzemiyor," diye tembihledi Hayriye kocasını. Orasıydı, burasıydı, sahildeydi, ara sokaktaydı, üç beş dükkân baktılar. Acelemiz yok, en iyisi, en uygunu olsun, dediler. Hayırlar dilediler.

Günler gelip geçti. İnsan dediğin ne ki, her şeye, her koşula alışıyor. Onlar da alıştılar.

Kış sonuydu, Hüseyin etekleri zil çalarak, yanında bir adamla çıkıp geldi eve. Pek konuşmayan, sessiz biri. Onun yerine hep sazı Hüseyin alıyor eline. Böyle çipil sarı, gök gözlü, temiz giyimli, uzun ince, değnek gibi bir adam. Adı Nizam'mış. Nizam ağabey aşağı, Nizam ağabey yukarı, nicedir dillendirip duruyordu zaten. Alıp baş köşeye oturttular.

"Toprak Mahsulleri'nde müteahhidim," dedi. İnandılar. Muğla'da, buğday, arpa yığılan siloları inşa ediyormuş. Pek güzel. Aslı Ankara, Sincanlıymış. Âlâ. Yanında onlarca adam çalışıyor. Belli mi olur, bir ağalık yapıp Hüseyin'i alıp götürebilir, bir işin ucundan tutmasını sağlayabilir.

Sıtkı oldum olası Muradına pek kıyamaz, ona ağır işi yakıştıramaz ancak Hayriye çok sevindi buna. Hele oğlandaki hevesi görünce, Felak-Nas okudu bir köşede, sırtını dönüp yüzüne üfledi sezdirmeden, Allah vere de yine gönlünün açlığı depreşmeye. Sofralar kurdular adama, Allah ne verdiyse yedirip içirdiler.

Hayriye cepkeninin iç cebinde dikili liralardan birini daha koparıp bozdurdu, "Olsun, yeter ki anaparaya dokunmayalım, dursun," dedi.

Sıtkı önce Bağla'da, sonra Karaincir'de iki dükkân buldu. Biri pek küçük, sığılmaz; diğeri de oldukça bakımsız, mezbelemsi, döküktü. "Biz bunu adam edemeyiz," dediler. "Allah büyüktür, bize de bir yer verecektir elbet, az daha bekleyelim." Uğurlar dilediler.

Hüseyin on altısına erdiğinde yeni yeni huylar edindi. Atamdır, anamdır demedi, tütüne ot kattı, cigaralıkları sardı sardı, yanlarında tüttürdü. Ama ne tüttürme! Uç uca ekleyerek; sanırsın vapur bacası. Bacak bacak üstüne attı. Keyiften ağzı kulaklarına vardı. Mayhoş baktı. Her lafa güldü. Hiç üstüne alınmadı. Hayriye kadın saçını başını yoldu. Sıtkı Bey, "Elleşme, gençtir, bir heves geçer," dedi.

Öyle olmadı, hayatı boyunca hiç geçmedi.

Tomofillerin önüne kuruldu, Muğlalara gitti. Günaşırı Nizam ağabeyinde yatıya kaldı.

Döndü geldi. "Ah bir tratam olsa da balığa çıksam," diye diye dilendi. "Siz bu işten anlamıyorsunuz. Yoğurtla, ayranla karın mı doyar, ne uzar ne kısalırsınız," dedi. O hallerini bundukça Hayriye'nin ağzı bir karış açık kaldı. "Hade oradan saygısız, trata mırata yok sana, ölürüm de o paraya dokundurmam!" diye avaz avaz bağırdı... "Çok meraklıysan bir iş tut, para kazan, kendi tratanı kendin al."

Oğlan, "Çok gelme üstüme ana, bıktım sizin yokluğunuzdan, vallaha da tillaha da giderim buralardan, bir daha da göremezsiniz yüzümü," deyince Sıtkı'nın gözleri bir buğulandı. Kendini fukara hissetti. Yoktan vara geçmek kolay da, vardan dara düşmek yorar insanı. Hayriye çok üzüldü. "Yapma ağam, yapma beyim, halden anlamaz bir delifişek oğlan bu. Gün mü gördü, toy daha, sen ona ne bakıyorsun?" dedi. Lâkin avunç mümkün olmadı.

Geceleri cam önünde bağdaş kurmuş kumru gibi düşünür, sabahı sabah eder buldu erini. Kır saçları iyiden beyazlamış, omuzları çökmüş, zayıflamış, küçülmüş. İçi cız etti. Bu oğlan ne merhametsiz, ne düşüncesiz.

Yine bir cumartesi, devletin tatil olduğu bir hafta sonu; vallaha yalan olmasın, temmuz ya da ağustos. Yer gök harlanmış yanıyor, oğlan ağzı gevrek, Nizam'ın koluna yapışmış, girdiler içeriye. Hayriye'nin içi oldum olası bu adamı hiç almadı. İlişmedi. N'oldu bizim oğlanın işi diye sormadı. Ne halleri varsa görsünler!

Bahçeyi sulayıp gölgeye masa çektiler. Bafra paketini birbirlerine tuta tuta cigaralarını yakıp üst üste kayfelerini içtiler.

"Muştumu isterim ana!" dedi Hüseyin, keyifle dumanını havaya üfleyip.

"Hayrola?"

"Nizam ağabey bize dükkân ayarlayacak."

"Hele hele! Nasıl olacakmış o?"

Başladı bilmiş bilmiş anlatmaya. Ticaret yapan adamlar varmış da, işleri bozulunca borçlarını ödeyemeyip iflasa sürüklenirlermiş. İşte onların bu borçlarına karşılık, mallarına devlet el koyarmış.

"Eeee?"

"Arada ofis ihale açıp yarı fiyatına satmaktaymış. Bu işin başını da Nizam ağabey tutuyormuş."

"Bak bak bak..."

Öyle bir ayarlayacakmış ki girilecek genişçe bir dükkân ihalesi babasının üzerine kalacakmış. Gidip gözleriyle görmüşler bile dükkânı. Dilini de vuruyor damağına, tak tak sesler çıkarıyor. Hayriye'nin heyheyleri toplanıyor başına. Çarşının en işlek yerinde, hem de kaleye bakmaktaymış.

"Oyyy, istemem ben ahlı mal!" diye harlayıp karşı çıktı. "Eksik olsun, hade. Kim bilir kimin emeği, kanı, teri... Başkasına hayrı dokunmamış bir dükkânın bize ne hayrı olur?"

Nizam astı suratını. Hayriye kendini bildi bileli, sözünü başkasına dillendirenlere güvenmez. Dudak büküp bir kem baktı adama, dakikasına kalkıp gittiler.

Ancak korktuğu başına geldi. Sıtkı'nın aklına bir güzel yattı bu iş. Gitti, vilayette sordu soruşturdu. Aslı astarı var mı? Var. Doğru, bütün dedikleri doğru. İhale, devlet eliyle yılda birkaç kez yapılıyor. Gözü parladı, yüzü ışıdı. "Aferin lan," dedi Hüseyin'e, "kedi olalı bir fare tuttun."

Hayriye geçip durdu karşısında. Önce etme Sıtkı'm, yapma dedi, sonra bir, ölürüm de razı olmam faslı. En son üstünüzde azıcık emeğim varsa... diye de bitirdi.

Gel zaman git zaman, tek kelime duymadı kocasının ağzından. Oğlan da dükkândan, iflaslı maldan söz etmez oldu. Unutuldu.

Şaban ayının son, ramazanın ilk günüydü diye anlattı hep Hayriye o metruh günü. Hani şek günü derler ya, öyle belirsiz bir tarih. Oruç muydu da iftar için hazırlanıyordu, yoksa o gece sahura mı kalkılacaktı, inan olsun kendisi de unutmuş. Bir öğlen vakti işte. Farklı camilerden selalar bitip ezanlar okunmaya başladığında kapı açıldı.

Sıtkı'sı bembeyaz, kireç gibi bir yüzle girdi içeriye. Sabahtan hamur mayalamıştı Hayriye. Bezi sermiş, tahtayı yıkmış, elinde oklava, bazlama açacak. Öylece kalakaldı. Kocasının kanlı gözlerini, çökmüş avurtlarını, yıkıldı yıkılacak gövdesini, dengesini sağlamak için arada bir durup tutunup ne yöne gideceğini bilemez hallerini, o şaşkın bakışlarını görünce, bir "oyyy" çekip girdi kolunun altına, destek verdi. Arkasına basılmış ayakkabılarını çıkardı, bağrı açık gömleğini bir söküm yırttı, attı. Alıp divana oturttu. Boynunu, döşünü kolonyayla ovdu.

"Bu ne hal Sıtkı'm?" diye sordu.

Adam başını iki yana kederli salladı. Cevap veremedi. Daha sabah tıraş olmuş, pek özenmiş, ütülü bembeyaz gömleğini, kahverengi bayramlık ceketini, boyalı ayakkabılarını giyip keyfi yerinde, ıslık öttürerek çıkmıştı evden. Bir bardak su istedi. Kelimeler ağzında sünerek. Hayriye aceleyle boduçtan su koyup bir bardağa getirdi. Titrek elleriyle aldı adam, öylece bekledi, gözleri etrafı taradı, sanki evini yabansılar, nereye geldiğini bilemez gibi. En son, yorgun, şefkat dilenen gözleri Hayriye'siyle buluştu.

Baktı, baktı, baktı. Gözlerinde yaşlar birikti. Yanakları ıslandı. O ıslaklığa kır atının başı uzandı, kokladı, başladı kana kana buz gibi sudan içmeye. Az ötede, söğütlerin ardında dereye eğilmiş, bir narin kız gördü. Sanırsın suya şavkı vurmuş zöhre yıldızı. Vardı gitti otağına. "Bir yol bak hele Aykız," dedi. Kız durdu. Boynun eğip baktı. "Acep sorsam bana adını der misin?" Kız gökyüzünden kuş kapar gibi gülümsedi. Göğsü burçak burçak terledi. "Hayriye," dedi. "Benim adım Hayriye."

Bütün odanın havasını bir solukta içine çekti Sıtkı Bey, ne var ne yok göğsüne hapsetti. "Hele bir yudum iç, iç de ferahla," dedi Hayriye, adamın elini yukarı iterek. Daha bir yudum alamamıştı ki bir kan boşandı burnundan... Oluk oluk, şarlayarak. Dört yan kızıla boyandı. Başı yana düştü, iyiden kendinden geçip arka üstü yığıldı.

Hayriye feryat figan attı kendini sokağa, beliklerini yoldu, göğsünü, dizlerini dövdü, gelenden geçenden çare dilendi.

Sıtkı Bey o sabah tam da sözleşildiği gibi gitmişti ihaleden aldığı dükkânın önüne. Camları gazete kâğıdıyla kapatılmış. Ne etti, ne eyledi, aradan, yırtıktan bir türlü içini göremedi. Cadde üstü oluşunu, işlek yerini, geniş camlarını, ahşap çerçevelerini pek beğenmişti. Kaldırıma oturup uzunca bir süre bekledi. Elinde kendisine satıldığına dair mühürlü kâğıdı, aklında verilmiş bir söz; öğleden önce tapuya gidilecek. Güneş neredeyse tam tepeye yükselmişti ki bir adam tızığa tızığa geldi. Belli, esnaftan. Hah, dedi fırladı kalktı. Selamünaleyküm, aleykümselam, el sıkıştılar. Adam onu, o adamı mal sahibi belledi. Öyleydi böyleydi derken gerçek anlaşıldı. "Nasıl olur? İşte hükümetten mühürlü kâğıdım."

"İyi de, o mühür bende de var."

Bir saate varmadan aynı kâğıt elinde, üç kişi daha geldi yanlarına. "Kandırıldık," dediler. "Tufaya geldik. Dolandırıldık. Aynı dükkânı beş kişiye birden satmışlar."

"Yok," dedi Sıtkı, "mümkünü yok. Ben bu dükkânı müteahhit Nizam Bey'in aracılığıyla aldım."

"Biz de," dedi adamlar, "biz de ona inandık."

Elinin tersiyle avuç içine vurdu. "Gitti," dedi, "gitti varım yoğum."

Ciğeri yandı. Burnunun direğinde bir sızlama.

Öte yandan başka bir telaş. Ben bunu Hayriye'ye nasıl derim? İçine doğmuştu kadınımın. Temiz kalbine malum olmuştu. Önüme siper olup durdu da dinlemedim. Gideyim, Nizam'ı bulayım bari, dedi. Vardır bir açıklaması. Koskoca hükümetin müteahhidi... Hüseyin bilir yerini. Olmadı, hesap soralım.

Vurdu kendini yola. Sol yanında gittikçe büyüyen bir ağrı. Aman ne ağrı. Kolu bacağı sanki bir çürümüş kütük, kalanını karıncalar kemiriyor. Başında da bir uğuldama, ense kökünü tokaçla dövüyorlar. Baktığı yer çakımlanıyor.

Ayaklarını sürüye sürüye meydana çıktı. Ahali, dükkânı tezgâhı kapatmış öğle namazına gidiyor. O da namaza durup bir şefaat dilesin istedi. Müşkülü var. Bir ter boşandı sırtından. Takıldı ardlarına. Avlu kalabalık, malum mübarek ramazan başlıyor. Bir yer bulup oturdu şadırvanın başına. Ayakkabılarını, çoraplarını çıkarıp bir yanına, ceketini de öbür yanına bıraktı. Gömleğinin kollarını sıvadı. Abdestini aldı. Aldı almasına da aklı başında değil ki. Sağ el mi başladı, sol el mi hiç bilemedi.

Hep, "Biz de Nizam'dan aldık. Beş beş paraları ona saydık," diyen adamların yüzleri gelip gidiyor gözlerinin önüne. Açık çeşmenin suyu ziyan olup akıyor. Islak ayaklarına çoraplarını giydi, ayakkabılarını alıp arkalarına basarak ayağına geçirdi. Öbür yana döndü, ceketini arandı. Yok, bulamadı. Şuraya bıraktıydım, dedi. Bir umar bir o yana, bir bu yana baktı. Kahverengi bir ceketti. Demincek bu yana katladım koydum. Hükümet kâğıdı da cebindeydi. Yok. Nasıl olur, kim alır? Ceket sırra kadem bastı. Sanki buhar olup uçtu.

İşte o an bir şey dank etti kafasına. "Ceketim," dedi. "Ah benim sırtımdaki ceketim."

Bir mümin atılıp "Çalındı mı yoksa hemşerim?" diye sordu. Bir başkası, "Hele bak yav, ne günlere kaldık," dedi. "Adamın sırtından ceketini..."

"Yok," diye yanıtladı. "Almayayım kimsenin günahını. Çaldırmadım. Aha şuraya, kat edip koymuştum, tam yamacıma..."

Eda etmedi namazı. Sessiz bir düş olup uçup gitti caminin avlusundan. Arpa, buğday dilenen gödeler bile ürkmedi onun adımlarından. Sis gibi eve doğru usul usul süzüldü. Hiçbir şey hissetmiyordu artık. Taş fırını geçip köşe başına geldiğinde soluğu iyiden kesildi. Başladı bahçe duvarlarına çarpa tutuna ağlamaya... Titreyen dudaklarından tek tek sözcükler döküldü...

"İbrahim'e... İshak'ı veren Rabbim..."

Aynı gün ikindi namazından sonra yıkayıp kefenlediler. Hava kararmadan götürüp tepedeki kabristana defnettiler. Hüseyin çok ağladı. Hayriye'nin sebep olanlara ettiği ilençler, kargıçlar, yanıksamalar yeri göğü tuttu. İçli ağıtları kırk gün kırk gece sürdü.

İnsanın adağı, isteğinin önüne geçmeyegörsün...

Taziyeye gelenler, acıda yanında olanlar, yedisine dek onu yalnız koymayanlar sonunda yurtlarına, ocaklarına döndüler. Acıya saygısı olanların bir yandan da hayat gaileleri, telaşları vardı. Ev ucun ucun sessizleşti. Hayriye köşesinden kalkmadı. Geceymiş, gündüzmüş bilmedi. Işık bile yakmadı. Eli şakağında, oturduğu yerde gözleri daldı, karşı duvarın önünde bir gölge belirdi, yitti. Baş kaldırmadı. Bilenmedi. Bir tek Sıtkı'sıyla konuştu, içinden. Kafasında evirip çevirip söyleşti, dertleşti.

Hüseyin ilk başlarda çevresinde döndü dolaştı. O da acısını yaşadı kendince. Atasının yoksunluğunu duydu. Bu boşluğu bildik alışkanlıklarıyla gideresi geldi. Bir bardak rakı, bir iki cigarası olsaydı üstesinden gelirdi. Bu kez de onların yoksunluğu ateş oldu bastı. Eli ayağı titredi. Durdu durdu titredi. Ardından eve sığmaz oldu, attı kendini yine dışarıya. Soluğu yarenlik ettiği itin, uğursuzun yanında aldı.

İkinci bayram da geçti, bir sabah Hayriye'nin bacıları geldiler. "Kışlağa geçtik, hadi kalk seni alıp götürmeye geldik," dediler. "Önümüz karakış, burada bir başına kalma."

Gitmedi. Gelir de beni bulamaz diye diye oğlunun yolunu bekledi. Hüseyin rakı içti, ot çiğnedi, cigaralık tüttürdü. Ne zaman ki mangırları bitti, evin yolunu buldu. Yağırlara bulanmış kir pas içinde, eli yüzü hep cılk yara.

Hayriye, Sıtkı'sının gözleriyle baktı, haline acıdı, kıyamadı. Emanet bildi. Aklı kıt. Aciz. Zebun. Bağrına bastı, bu en alçak hallerine rağmen ötelemedi. "Sen benim guzumsun Hüseyin'im. Seni böyle gördükçe yüreğim yarılır. Dayanamam.

Hadi bir kendini bil, ayağa kalk, bak benim de senden başka tutunacağım kimsem yok," diye öğütler verdi.

Bana mısın demedi. Bir kulağından girdi, ötekinden çıktı. Hayriye saç baş yoldu, dövündü; boşuna. Baktı cepkeninde tek lirası kalmamış. Oğlan olanı da alıp duman edip üflemiş. Mutfak tam takır. Kap kacak, dolap, kiler boş. Yiyecek tek lokma ekmek yok. İçecek bir yudum ayran... Arandı, tarandı. Yok olunca daha çok açlık, daha derin yokluk bastırdı. Dili damağı kuruyunca daha çok kavruldu, susadı. Elde ne var? Hiç!

Bir somun ekmek için fırına vardı. Veresiye yazdırdı. Eve geldi, kuru ekmeği salçaya banıp yemeğe çalıştı, olmadı. Hep boğazına takıldı. Çünkü onun töresinde yorulmadan bir lokma ekmek yemek, didinmeden bir yudum su içmek; hele veresiye alıp birilerine gebe kalmak yoktu. Duvardaki gümüş kabzalı tüfeği sırtlanıp soluğu Sıtkı'sının toprağının başında aldı. Böyleyken böyle, içinden geçeni anlattı ona. Kendince icazet aldı. Yolu geçti, çarşının içinde gümüş, altın işleyen bir sarrafa girdi. Tüfengi koydu tezgâha. Adamın gözü parladı. Aldı. Evirdi, çevirdi. Gümüş işlemeye, sedef kakmalara iyice bir baktı. "Kaç para verirsin?" diye sordu Hayriye. Efendimizin sünnetidir diyerek pazarlığını yaptı, kâğıt paraları göğsüne sıkıştırdı, bozuklukları da mendiline sarıp mintan cebine koydu.

Tıknefes, Hayık Efendi'nin dükkânına gitti. Nazarlardan korusun. Çok istedi böyle tertemiz, mis gibi kokan bir yerleri olsun. Karı koca çalışsınlar. Ama kısmet değilmiş. Oturttular onu bir köşeye, bir kupa süt verdiler. Hal hatır sordular. İyiyim demedi. Allah din nasip etsin, nasıl güleç, halden anlar insanlar. Yirmi litre camız sütü aldı. İki çuval un. Hayık yanına çırağı kattı. Tahta bir el arabasına koyup Hayriye önde, oğlan arkada evin yolunu tuttular. Uykusu huzurlu olsun istedi. Geç vakit bir koşu fırına gitti, ekmeğin parasını ödedi.

Mutfağı temizledi. Tozu, isi hep silkeledi. Nohut ısladı. Bakır güğümlerini yıkadı. Ateşi harladı. Sütü kaynatıp çaldı mayasını.

Yufka açtı. Arka bahçede bitmiş yabani semizotlarını topladı, yıkadı, doğradı, kavurdu, katık etti.

Ertesi sabah vardı yine Hayık'ın yanına. Yoğurdu tattırdı. Taş gibi. Beğendiler. İki büyük bakraç daha istediler. Çırağa bahşişini verdi. Yarın gel al dedi. Atı, arabası yok. Olsa Sıtkı'sıyla sergi açtığı Muğla pazarına varacak. Araba tutsa tüm kazancını ona akıtacak, astarı yüzünden pahalı, yorgunluğuna değmeyecek. Burada da var artık dediler. Yeni yeni gelen dışarlıklıların, sürgüne uğramışların alışveriş yaptığı düzenli bir sokak pazarı. Pek büyük değil. Haftada bir iki kurulur. İlk çarşamba yürüyerek çıktı yokuşu. Baktı yerliler yaygılarını sermiş. Bir kıyıya da o iliști. Kabıyla gelene yoğurt sattı. Tahta kaşığı neredeyse hiç durmadı. Akşam yorgun argın vardı evine. Derin uyudu. Sabahın erkeninde elektrik idaresinden para toplamaya gelen bir oğlan çaldı kapısını, ona uyandı. Ödedi. Gönendi. Böyle devam et, dedi. Allah çalışanı sever. Sen yeter ki iste.

Ertesi hafta yine pazar eylemeye çıktı. O gün eltilerle tanıştı. Kirmanları ellerinde, yün eğirip el işi satıyorlar. Nakışları desenleri soylarını açığa vuruyor. Söylenceleri bitimsiz. Sözleri, aytmaları baldan tatlı. Biri dul, öbürü döl tutmamış. Hâlâ obaları ayakta. Kışlakları Milas yolunda.

Peynir yok mu diyenlere haftaya dedi. Çökelek, tuzsuz peynir, kaymak, sadeyağ siparişleri aldı.

Çoğaltıp merdiven altındaki kilerini doldurdu. Sattı, yenilerini yaptı. Günler geçti. Baharı karşıladı. Dağlara çıktı. Obada otacıdan öğrendiği otları -sarı kantaron, kekik, adaçayı- hep topladı. Bahçeye çarşaf serip kuruttu. Demet demet bağladı, sergisine kattı. Hepsi satıldı. Heybelerini genişletti.

Evin arka bahçesindeki büyük taşları, pürtüklü kayaları kazdı çıkardı. Küçücük bir bahçe kurdu. Domates, biber, bolca maydanoz ekti. Evin bahçeye açılan kapısıyla duvar arasındaki kurumaya yüz tutmuş asmayı budadı, dallarını birbirine bağladı. Hepsine bol su verdi.

Zaman su gibi aktı.

Hüseyin'in yüzü değişti, sert hatları ortaya çıktı. Çenesi köşelendi, alnı genişledi. Boyu oturdu. İri kemikli, kalkan göğüslü bir yiğide dönüştü. Kızlar yanından geçerken göz değdirmeye, uçarı kıkırdaşmalara başladılar. Karşı komşunun yaşı az küçük, aklı havada bir kızı var. O hiç sakınmadı sözünü. "Hüseyin ağabey, vallaha mahallede çok can yakıyorsun, bilesin," dedi. Kızın bu halinden Hayriye utandı. Günaşırı elinde fincan, tas, kupa, kapıya dayandı. Şeker, tuz, kahve istedi. Göz süzdü, zülüflerini kemirdi.

Hüseyin değil ona, yanda yörede dönenenlerin birine bile yüz vermedi. Dönüp de lütfedip şöyle bir bakmadı. Ergenliği bitmişti ama hâlâ kendisine bir yol bulamamıştı. Avare dolanıp durmaktaydı. Hayriye'ye işte en çok bu dert oldu. Okumadı ki şehre, yükseğe yollasın. Bir zanaat öğrenmedi ki biriktirip bir akar açsın. Elinden ne gelir? Anca kendir kardığı tütünü sarar, az varsa şarap, çok varsa rakı içer. Radyo başında türkü dinler, oynak havalara dığanı ters çevirip eşlik eder. Bir eser, günlerce yok olur. İt kopukla kol kola hep dışarıda.

Bir iki yüz astı, küstü, olmadı. Hüseyin boyun kırdı, gözüne baktı. Hayriye dayanamadı. Paradan kesti. Bir verdiyse üç yok dedi. Uğraştı didindi, ne yaptı etti, Hüseyin'i elinden geldiğince yamacında, yöresinde tuttu. Pazara yanında gitmeye ikna etti.

"Ben ne anlarım pazarcılıktan ana, orada köylünün, dağlının yanında duramam, utanırım."

"Neyine utanırsın oğul? Rızkını çıkarandan utanılır mı? Ekmeğini kazanan kınanır mı? Ayıplı bir şey mi yapıyoruz? Hırsızlık mı, uğursuzluk mu bu yaptığımız? Yaygı serip, sergi açıp alın terimizi satıyoruz. Sen gel, gel. Para kazanacağız, ocağımızı tüttüreceğiz. Bir şey yapmana gerek yok ki. Yamacımda dur yeter. Görsün bakalım ahali ne civan ne yiğit bir oğul doğurmuşum. Anası boyuna bosuna kurban olsun."

İlk günler öğle okunmadan daralıp gitti Hüseyin. Hayriye ses etmedi, ipini bol bıraktı, yine de sabahın seherinde dürtüp uyandırmaktan geri durmadı. Gözü çapaklı, ağzı salyalı yekinse de götürdü pazar yerine. Tam gün durdu mu çıkarıp hakkı olan kuruşu verdi. "Çarçur etme, sakla, biriktir," dedi. Yan sergide eltiler övgü düzdüler Hüseyin'e. Tükürüp maşallahladılar. Kaşına gözüne, çevikliğine, dalyan gibiliğine hayran kaldılar. Yeğenleri Gülsüm haftada iki yanlarında duruyordu. Belireli çok olmamış memeleri fistan altından domur domur baş veren, on beşinde, bir çağa dilber. Körpe, elde avuçta tutmak ne mümkün? Dolgun kalçalarıyla bir salınışı var, sanırsın çakmaktaşları birbirine sürtünüyor. Kor oldu, düştü Hüseyin'in yüreğine. Her seferinde bir heyecanla geldi pazara, yanık. Kaş altından Gülsüm'ü süzüyor. Gündüz budak gördü dikeldi, gece ıslak düşlerde tutkulara yenildi. Çarşaf, yorgan hep battı. İçliklerinin önü dalga dalga kurudu, tahta gibi sertleşti. Leğene atıp suya bastı. Kazanın altında ateş eksik olmadı. Kalktı kalktı yıkandı. Abdest alıp kırklandı. Gülsüm'ün narına çarşı pazar ballandı, kaymaklandı. Satış yapar, el kantarında yoğurt, peynir tartar, bir gözüyle hep Gülsüm'ü kollar. Arada aynasını çıkarır saç tarar, kirli sakal, gür bıyık bırakır oldu. Yakıştı da.

"Yanıyom ana," diye inledi. "Gülsüm'ü istiyom."

"Sus, edepsiz!" Ağzında tuttu elini, muzip gülüşünü sakındı, az da gönendi, eğlendi, "Elin ehli namus kızına..."

"Al bana onu."

"Dellendin mi len?"

"Dellendim ki ne dellendim. Soğuk döşekte yatmaktayım. Üşürüm. Ever beni. Ever de Gülsüm'üm ısıtsın. Kalkıve gız, eltilere var da bir danış."

"O öyle kolay değil işte."

"Niye ki?"

"İş yok, aş yok. Nerede görülmüş, nerede duyulmuş öyle cıscıvlak sivri külâh ev kurmak? Önce elin ekmek tutacak, sonra peygamber ocağına gidip vatan borcunu ödeycen, anca o zaman. Çöpsüz erkek olucen."

"Ben Gülsüm'ü bi sağlama alayım, askere de giderim."

"Hadi oradan deli bozuk. Evde atan, ağan olsa hadi neyse. Ben kadın başıma üstlenemem yeni gelinin sorumluluğunu."

Aklına yattı Hüseyin'in. Döndü dolandı pazarda. Ekmek kapısı olacak, elinden gelecek, gönlünün de eğleneceği bir uğraş arandı. Çıkıştaki pazarcı kahvesine dadandı. Tavlaya zar attı, dama oynadı. Yükü ağır olanın yükünü taşıdı, acil işi çıkanın sergisini gözetti. Sevdirdi kendini. En çok şimşir tezgâhlarına meyletti. Yanlarında durdu. Gözledi. Denedi. Eline yakıştı. Önce çakıyla başladı. Sonra kaba oymaya geçti. Yontarken her şeyi unuttu. Duruldu. Bu dünyadan uzaklaştı, zamanın nasıl geçtiğini bilemedi. İşin inceliklerini benliğine bir güzel işledi. Şimşircilerin işliklerine gitti. El öptü. Pazarda ustasının tezgâhında durdu. Dülgerliği mertebe bildi. Keser rende iskarpela kullanmayı, zımpara cila yapmayı öğrendi. Dirayetliydi, yılmadı, işliği yurt belledi, kaba tahtaların üstünde uyudu, gücüne gitmedi. Gün oldu eve, barka uğramadı. Ter akıttı. Çalıştı. Çok çalıştı. Bu iş benim işim, öğrenecem bu zanaatı dedi. Ustaları da el verdiler, kuşaktan kuşağa geçsin isteğindeydiler; zanaat yaşamalı, böyle gönül düşürmüş bir çırağı bir daha nereden bulacaklar? Kulağına kalem sıkıştırıp eline defter tutuşturdular. Ucu ucuna ölçü almayı, metreküp, metretül, metrekare hesaplarını öğrettiler. Kamçıladılar, ağır işe, kapı pencere, kapağa sürdüler. Parmakları, avuç içleri silme batık doldu, kızardı, kanadı, kabardı, irinlendi. Çorbaya kaşık sallayamaz oldu. Hayriye önüne oturtup sıcak zeytinyağıyla ova ova tek tek kıymıkları çıkardı, limon suyu, tentürdiyot sürdü. Sağalttı. Nasırlarına meyankökü, zerdeçal karıştırıp merhem yaptı. Sürmem, dedi Hüseyin, ölürüm de sürmem, bir dülgerin, bir köşerin mührü nasırlarıdır. Peh peh peh! Bunu da nereden bildiyse! Güldü Hayriye, "Mührüne kurban olduğum," dedi, yüreği yeğnildi. Hadi hayırlısı bakalım. Şükür duaları etti. Şükür ki bu yola girdi. Çekecekse varsın nasır acısı çeksin. Bu kadarcığına da ana yüreği dayanır gari.

Cahil oğlan, bir hamur teknesi, bir de gül oyma ahşap çerçeveli duvar aynası yapıp Gülsüm'ün kapısına götürmüş. Eltiler elleri bellerinde, varıp Hayriye'nin yanına bir bir yakındılar. "Salma, gelmesin bu töre bilmez bir daha kapımıza Hayriye kadın," dediler. Kötü olmak istemezler. Niyeti ciddiyse varsın bir anasına, atasına danışsın, onlar yordamıyla çatsınlar, öyle kendi başına iş mi olurmuş...

Hayriye kulağını çekmek istedi Hüseyin'in. "Böyle olmaz oğul, sen hangi cesaret..." Zor zapt etti delifişeği. Parladı kalktı. İşlediği tüm ahşapları, uykusuz gecelerini yakıp kül etmeye hazır, kaçırır olmazsa. Tövbe! Başına iş açacak.

Döktü, düşündü Hayriye. "Tamam," dedi. "Bak artık bir zanaatın var, beceriklisin, elin az da olsa ekmek tutar oldu, belli ki beşiğini yapan kündekâr üşenmiş, senin göbek bağını okul bahçesine gömmemiş. Şimdilik kalfasın, az yolun kaldı ustalaşmak üzeresin. Tabii ki evleneceksin, odun, ocağın, işleğin olacak. Döl tutacaksın, hakkındır, görevindir de. Lâkin bunun için bir büyük engeli daha aşman lazım. Bayrak altı görevi seni bekler. Bizim töremizde alın terinde kazanılan az da olsa makbuldür. Sevdanın yolunda söğüt misali eğilmeyen yoktur, inançlar bile töreler bile... Emme askerliğini yapıp tezkeresini almayana er gözüyle bakılmaz bu memlekette, hele kız hiç verilmez. Vermesinler, ben olsam ben de vermem. Sen sen ol, var git askerliğini tamamla, öde borcunu, alnı açık yüzü pak çık gel, bahane bulamasın, yokuşa koşamasınlar. Ben de varıp gönlündekiyle çatayım ocağınızı."

Hüseyin'in çekincesi var. Sabahlara kadar uyku tutmuyor, evin içinde deli danalar gibi dolanıyor. Ayağının altında ahşap zemin ezilip gacırdıyor. Hayriye'ye huzur vermiyor, gidip gelip söyleniyor. Ya Gülsüm onu beklemezse? Ya o askerden gelmeden başkasına kaçarsa, birine varırsa?

"Varmaz."

"Ne biliyon?"

"Varmaz dedim mi varmaz. Sen el emeğini hediye götürdüğünde kabul etmedi mi?"

"Etti."

"Eh, daha ne? Demek onun da gönlü var ki senden aldı, kabul etti. Olmasa dokunmaz, kapı önünde bırakır, evlerine sokmazdı. Sen hiç kaygılanma oğul, ferah tut içini. Nahnü kasemnada taksimde Mevla sizi birbirinize çattıysa dünya yıkılsa değişmez bu yazgı. Ben konuşurum Gülsüm kızla. Böyleyken böyle der, alırım sözünü."

Gerçekten de konuştu, pek açık açık olmasa da biraz kıyı köşe, fısıltıyla "Kısmet..." dedi Gülsüm, eğdi başını. Hayriye söz saydı, Hüseyin'in yağırlısına, döşüne umudu sıvadı.

Aylar olmuş, yaşı gelmiş geçmiş bile, neredeyse silah optike jandarma dayanacak kapılarına. Muğla'ya gidip şubede muayene oldu Hüseyin. Neredesin sen dediler. Bir anam var, bir başına koyamadım dedi, anlayış gösterdiler, ceza yemedi. 58'in ilk yazıydı, Hayriye pazara günübirlik gelen Yörüklerle haber yollayıp bacılarını çağırdı. Yokuş başındaki caminin imamına da rica etti. "Bir evin bir oğludur, yetimdir, babasız, ağasızdır," dedi. İmam, Hüseyin'i alıp karşısına talkım verdi. Asker ocağının kutsallığını, emir komutayı, bin bir zorlukla kurulmuş bu vatanın değerini anlattı. "Gerekirse gözünü kırpmadan canınla, kanınla müdafaa edeceksin."

Oğlan iyiden duruldu. Yok, korkmadı; yalnızca ilk kez gurbete çıkacaklara özgü bir sessizlik, yabansılık çöktü üstüne. Ne yöne çekseler karşı çıkmadan gitti, ne deseler yaptı. Avuç avuç gül yaprağı kaynatıp banyo suyuna kattılar, leğene oturtup tas tas döktüler başından aşağı. Kınasını yaktılar. Bir bacı muskasını yazdı, bir diğeri meşin kılıfını dikti, merasimle taktılar boynuna. Çarşı pazar gezdiler, eksiğini gediğini tamamladılar. Hep beraber yukarıya, rahmetli Sıtkı'nın mezarına çıktılar. Dualar okudular. Oğlunun askere gidişini atasına duyurdular. Hüseyin avuçlayıp üç kez toprağını öptü. Atasının yüzü suyu hürmetine Yaradandan hayır diledi. Oradan Gümbet'e varıp Saldır Şeyh Horasani hazretlerinin türbesini ziyaret ettiler. El açıp dualar okudu Hayriye, "Ey yüce Allah'ım, bu erenler yüzü suyu hürmetine sen duy sesimi. Sağ gitsin sağ gelsin hayırlısıyla..." diye en derinden dua etti.

Akşamına adaçayı, defne yaprağı yaktılar, hem evi hem Hüseyin'i tütsülediler. Kem güçlerin şerrinden arındırdılar. O gece Hayriye, koca oğlanı bebek gibi koynunda yatırdı, seve öpe uyuttu. Ertesi sabah canının çektiği ne varsa; kangal kangal sucuklar, kıymalı börekler, sert tuzlu tulum peynirleri, zeytinli kekikli ekmekler, ballar, reçeller... Çıkarıp koydular önüne. Şerbet ezip uğurlamaya gelenlere dağıttılar. Çıkınına üzerlik, maydanoz tohumu bocaladılar, liralar bıraktılar. Davul zurna önde, al bayraklı asker alayı arkada, "*...arkadaşım İbram Çavuş, Allah'ıma emanet*," diye türküler çığırarak vardılar meydana, iki dönüp orada da oynadılar. Vakti geldi, bindirip otobüse ta Konya'ya uğurladılar. O kıpıya dek saldamından ödün vermeyen, sıcağı sıcağına pek bir şey anlamayan telaşlı Hayriye, otobüs ardında toz kaldırıp uzaklaşınca yığılıverdi bacılarının kollarına. Yumruk büyüklüğünde bir taş oturdu yutağına. Her yanı et kesti. Eli ayağı tutmadı. Üç gün yattı. Yaşlarını sildiği tülbendini ağzına bastıra bastıra ağladı. İçi kavruldu. Kuzusunu kaybetmiş koyunlara döndü.

Camdan, her gün oğlunun gelip geçtiği yola baktı, odasında çorabının tekini buldu, tabağa yoğurt koyarken kaymağı gördü, kendi tadamadı, elinde kaşık, evdekilerin ardına düştü. "Allah rızası için bari siz yiyin," dedi, ağladı. "Hüseyin'im çok severdi."

"Kız Hayriye dellendin mi? Ne bu haller? Gönensene, sen er anasısın. Oğlan askere gitti, ölmedi kalmadı. Sen ne demeye hakka yürümüş gibi yaparsın, yapma bacım, yapma, bak sonra Allah'ın gücüne gider," diye diye soğuttular yüreğini.

Aylar geçti. Gündelik hayhuylarla, üretme, maya çalma, güğümü bakracı doldurma çabasıyla, pazarın çalpanasıyla eğlendi. Arada oğlunun yattığı odaya girip çevreye bakındı, göyneklerini, içliklerini kokladı. Özlemi dayanılmaz oldu. Gece döşeğe uzanınca yavrusunu düşündü; şimdi ne yapar, ne eder. Ekmek yerken hıçkırık tuttu; Hüseyin'im aç mı? Bana malum mu oldu, diye yordu. Bodrum'da yağmur yağdı, ta Konya'daki oğlu açıkta mı, ıslanır mı diye kaygılandı. O zamanlar bugünkü gibi değil. Gurbettekinden haber almak kolay olmuyordu. Telefon her yerde yoktu. Posta bile güçbela ulaşıyor. Telgraf var ama o da Allah saklasın acil durumlarda, daha çok kara haberlerde kullanılıyordu. Usundan bile geçirmek istemiyor Hayriye. Hüseyin'in yastığını bastırıyor bağrına. Günleri tespih edip çekiyor. O tespihin taneleri büyüklüğünde yaşlar döküyor. Gülsüm'ü gördükçe sarılıyor, Hüseyin'in yürek yangısını çağa tutmak, kor yalımlarını harlamak istiyor. Eltiler, "Sayılı gün çabuk geçer Hayriye gadın," diyorlar. Geçmiyor.

Hüseyin askerliği boyunca yalnızca bir kez yazdı anasına. Yok, mektup değil. Bir kart. Tüfek omzunda, kenarı tırtıklı bir fotoğrafını beklerdi. Pazarda kartı okuttuğu, askerden yeni dönmüş yiğitlere sorarsan fotoğraf kolay değil, para ister. Hatıra kartları en iyisi, puluyla beraber, her yerde askere bir kuruş.

"Ana nassın? Beni sorarsan iyiyim. Sana erenler diyarından, Mevlana hazretlerinin türbesi basılı bir şehr-i Konya yolluyorum. Ellerinden öperim."

Burnuna götürüp kaç kez kokladı, kendi de bilemiyor. Giderken sımsıkı sarılmıştı. Nem sinmiş, tuzlu, yakıcı bir koku kalmış burnunda. Tam da o kokuyu duyumsadı her içine çektiğinde. Doyamadı. Bir daha, bir daha kokladı. Kartı göğsüne sıkıştırıp her gittiği yere taşımadı. Düşürür kaybeder, neme lazım. Radyonun üstüne koydu. Çarşıdan pazardan dönerken onu evde Hüseyin'i bekler varsaydı.

İki yıl dile kolay, her gün aynı hasretle girdi kapıdan. İki yılın sonunda pazarı çilek kokuları sarmıştı, bir neşe, bir genişlik kaplamıştı Hayriye'nin içini ki sorma gitsin. Hüseyin'in tezkere günü yaklaşıyor. Anasının biriciği geldi gelecek. Şimşir ustasıyla karşılıklı oturup parmak hesabı yapıyor Hayriye. Bilemedin bir hafta, on güne evde olur. Güneş sımsıcak yakıyor yüzünü. Her yan yemyeşil. Dağlardan esen yel nergis, sabah erken avdan dönen tratalar balık kokuları taşıyor. Baharın en güzel zamanı. Yavaş yavaş hazırlık da yapıyor Hayriye. Asmada taze yeşil yaprakları gözlüyor. Sarmayı sever, bol yoğurtlu. Enginar dolması, zeytinyağlı bakla... Dereotu kıyar üstüne. Tırtıklı şişede rakı da soğutur yanına. İlk gün içsin, varsın içsin, keyiflensin, yazık. Hüseyin'i dönünce yaylaya mı çıksalar? Bacılara el öpmeye. Ne sevinirler. Yorgundur o şimdi, obada iyi bir dinlensin. Huzur bulsun. At binsin. Şenliğe katılsın. Kuzu, oğlak sevsin. Erliğine yarar yaraşır.

Hayriye durmaksızın bunların düşünü kurdu, ancak olmadı. Gidemediler.

Kasabada bir huzursuzluk var günlerdir. İnsanların yüzleri dalgalı. Kapılar açık ancak sokaklar bomboş. Fısıltılı konuşmalar. Pazarı hiç bu kadar ıssız görmemiş. Uzak yoldan gelenlerden kimse yok. Eltilerin, tavuk yumurta satanların, otçuların sergileri tümden dürülmüş. Nerede bu insanlar? Yollar tutulmuş gelemezler. Niye?

"Ne oluyor?" diye soruyor önüne gelene. "Harp mi var?"

Sahilde rap rap yürüyor askerler. Uzaktan hepsini Hüseyin'ine benzetip seviyor. Pazara çıkabilenler erkenden toparlanıp gidiyorlar. Yollarını kesiyor. "Nereye ağalar? Nereye? Daha erken bacılar. Ne bu ketumluk? Bilmediğim ne bilirsiniz? Bana da deyiverin."

Kimse onu ciddiye alıp anlatmadı. Ağızlarını bıçak açmadı. Neredeyse konu komşusuna gönül koyacak. Son çare radyo başına toplanmış kahve ahalisinin içine daldı.

"Ey ümmeti Müslüman, hele bir söyleyin neler olmakta?"

Biri dönüp, "Duymadın mı hanım silahlı kuvvetler yönetimi ele geçirdi," dedi.

"Nasıl?" diye sordu Hayriye.

"İhtilal oldu ya, ihtilal," dedi bir başkası. "Bayar'ı, Menderes'i, meclisteki vekilleri hep tutukladılar."

Vurdu heybesini sırtına, eve döndü. Kapattı kapısını. Yasaklar başladıysa, yollar tutulduysa, tezkereler ertelendiyse

Hüseyin'i zor döner. Ucu ucuna. Vah evladıma. Tam da bitti derken. "İlanihaye böyle olacak değil ya. Korkma," dedi komşuları, "Yeni düzen kurulacaktır. Ay dolmadan terhis ederler hepsini."

O kadar çabuk terhis etmediler kimseyi.

Sekiz ay sürdü Hüseyin'in gelmesi. Sekiz koca ay, her dakika yüreği ağzında yaşadı Hayriye. Saatleri saydı. Kapısı vuruldu mu hopladı kalktı. Camı tıklatıldığında korkuyla kasıldı. Açtı ellerini, Kelâm-ı Kadim'den okudu. Namaza durdu. Hep aynı duayı etti: "Allah'ım, sen bana acısını gösterme." Sıtkı'sının mezarındaki otları yoldu, toprağını ısladı, ak mermerini yıkadı, sevdi, dertleşti.

Bir cuma günüydü. Abdest aldı, namaza duracak, divanda oturmuş, sela dinleyip ölmüşlerine, cümle geçmişlerine Fatiha okurken, komşunun kızı pencere altına geldi.

"Hayriye teyze, Hayriye teyze, huuu! Müjdemi isterim!" diye bir bağırıyor, tiz sesi yeri göğü inletiyor. Kolları, bacakları su yılanı gibi oynuyor. Hiç ayarı yok bu kızın. Erköyün halleri çileden çıkarıyor Hayriye'yi. Yine de alttan alıyor. "Ne dersin Leman kızım, ne istersin?"

"Vallaha bilmem artık. Haberler büyük. Müjdemi isterim."

"Gel, kapıya gel," diye seğirtti Hayriye, açtı kapıyı. Kız hopladı taşlığa. "Hüseyin ağabeyim geldi, Hayriye teyze. Hüseyin ağabeyim!"

Hayriye'nin yüreği söküldü sanki. Elini bastırdı göğsünün üstüne. Soluğu yetmedi. Heyecandan başı döndü. Ayağının altından yer kaydı. Tutundu duvara. "Kim dedi? Kim görmüş? Nerede görmüş?"

"Ben. Meydanda gördüm. Hem de kendi gözlerimle gördüm."

"Benzetmiş olmayasın Leman?"

"Aman teyzem, ben tanımaz mıyım hiç kırk yıllık Hüseyin ağabeyimi? Tastamam o. Otobüsten indi. Tanışlarla tokalaşıyordu."

Giydi meslerini Hayriye. Başlığını, örtüsünü almadı. Öyle tülbendiyle, ev içi basma fistanıyla fırladı kapıdan.

"Hüseyin'im..." diye bir bağırdı, gök yırtıldı. Bir koştu ki tutabilene aşk olsun. Sokağın başında gördü oğlunu. Vallaha o! Hüseyin bu. Allah'ım bin şükürler olsun sana! Boşuna peygamber ocağı dememişler, yaramış, semirmiş, daha bir yağız olmuş. Güneş vurdukça yüzü ışıyor. Neşeli. Keyifli. Güleç. Bir elinde bavul, öbür kolunda bir kız, yaylana eğlene yürüyorlar. Kız? Kim ki bu kız? Niye takmış Hüseyin bunu koluna ki? Tanıdık değil, bildik değil. Hüseyin'in yanında ne işi var elin kızının? Yüzü düştü Hayriye'nin. Tamam, heyheylidir. Delişmendir de hiç böyle cıvıklığı yoktu bu oğlanın. Ar, haya öğretti Hayriye ona.

Kız elinde ahşap bir kutu taşıyor. Üstü majeskülllü. Altın boyama... Kulpu pirinçten. Hayriye biliyor bu kutuyu. O hep elde dikti. Çorabın deliğini, gömleğin söküğünü. İhtiyaç duyduğunda, kendi baş edemediğinde gider usta terziye. Saysan saysan ömrü hayatında bir, bilemedin iki. Keçiciler obasına at sırtında gelirdi seyyar terziler. Tek bir tanesini salarlardı. En güvendiklerini. Yiğitler her geleni obalıyla muhatap etmezlerdi. Hırlısı, hırsızı, arlısı, arsızı var. Bu ahşap kutuya benzerdi el makinesi. Kırlık yere oturtulur, önüne bir tahta masa konulur, obanın tüm esvapları, yemenileri, yamalısı, söküğü önüne yığılır, maşallah bir günde, yuvarlak kolu çevire çevire hepsini bir tamam ederdi. O kocamış ancak halen aklı yerinde bir adamcıktı. Geçen geldiğinde her konuştuğunu tanır, mutlaka hal hatırla başlar, derdinin neticesini bile sorardı.

Hayriye koştu oğluna. Kanatlanıp uçtu. "Hüseyin'im," dedi sarıldı. "Allah bugünleri de gösterdi ya anacığına, gayri ölsem gam yemem." Hüseyin de atılıp öptü Hayriye'nin ellerini. Sardı, sarmaladı. Kucaklayıp havalandırdı. "Dur be deli oğlan, koy beni yere, ben o eski ben değilim gari, kalıveririm elinde... Bitti mi şimdi? Aldın mı tezkereni?"

"Aldım ana, bitti."

"E oğul, ne diye yazmadın geleceğin günü? Bari vilayete bir telefon açsaydın, bekçiler gelip söylerdi. Haberim olaydı hazırlık yapardım."

Hayriye göz ucuyla baktı ancak ses etmedi, muhatap olmadı yanındakiyle. Eve girene kadar zor tuttu kendini. Sokak ortasında, ardlarından "Gözün aydın Hayriye!", "Hoş geldin Hüseyin oğlum!" diyenlerin önünde "Kim bu kız?" diye sormak istemedi, çekindi.

"Sahi kim bu kız?"

"Gelinin ana... Gelinin. Evlendim ben. Öpsene anamın elini Güngör."

Boş bulunup uzattığı eli kaynar kazana değmiş gibi tutup bıraktı kız. Yeni usul misafir karşılarcasına.

"Ben seni asker ocağına yolladım. Dön gel düğününü, derneğini öyle yapalım diye. Töremizde var mı böyle kendi başına iş yapmak Hüseyin?"

"Ah ana, artık devir o devir mi? Töre mi kaldı?" Aman Allah'ım, duyduğuna bak Hayriye'nin! "Memlekette özgürlük var gari ana. Özgürlük. Bu kasabanın dışında kocaman bir dünya var. Kaldır başını da şu duvarın ardına bak."

"Vay başıma gelen. Vay. Vay. Ben şimdi nereye gideyim, kime derdimi anlatayım!" Sevinci, övüncü pul pul döküldü Hayriye'nin. Boğazına oturan o pürtüklü taş yutkundukça döndü, daha derine battı, yaktı, kanattı. Günlerce dövündü durdu.

Allah biliyor ya, şöyle bir kızın yüzüne bakınca içine kapkara zift sıvanıyordu. Hiç gözü tutmadı. İçi almadı. Gazeteden kesip Hayriye'nin önüne koymuşlar gibi.

Hüseyin'ine istediği, dengi diyeceği, pirüpak kız, kendine hasretini çektiği, "gönülden geçen gelin" bu değil.

Evin içinde bir dolanışı var, görmeyin gitsin. Sanırsın ören yeri, yıkık, kalıntı, harabe geziyor. Büyük odayı beğendi hanfendi. Döşeği tersyüz ettirdi. Örtüleri, küstüm yastıkları, pamuk yorganları, yarı dantel, kanaviçeli canım perdeleri hep söktü attı. Neymiş, gönlüne göre yapacakmış. Eski köye yeni âdet getiriyor. Yok, öyle ilk başlarda iyi olayıma, ayağıma yer yapayıma hiç gerek duymuyor bu. Göstermelik bile olsa iyi numarası yapmıyor. Belli ki eteğini çoktan başına almış.

İkinci gün yatak odasının duvarından taş çıkarttırıp baca deliği sıvatıyor Hüseyin'e. Soba kuracakmış. Oğlanın bütün iplerini parmaklarına dolamış. O da uyar akıl zaten. Kız, "Günümüzde böyle..." dedikçe, sallar başını.

"Kızım tüter. Zehir solursunuz da... farkına varmadan... Allah etmeye. Yatak odasında soba nerede görülmüş?"

"Siz karışmayın," diyor, bütün lafları ağzına tıkıveriyor Hayriye'nin. "O kadar akıl bizde de var."

Dayanamadı Hayriye, kızın ardı sıra yılış yılış gezen Hüseyin'i yeninden kavradığı gibi kıyıya çekti. "Oğlum, bu kız masum değil," dedi.

Oğlan homurdandı. "Nasıl masum değil ya, nasıl? İftira etme elin kızına."

"Oğlum, bu epey görmüş geçirmiş. Saygısını, utancını, çekingenliğini hep geride bırakmış. Masum kız böyle mi olur?"

"Masum ana. Günahına giriyorsun. Benden iyi mi bileceksin? Koynuna alan benim. Kız oğlan kızdı."

"Nereden bilcen oğlum, sen kız mı gördün, kadın mı tanıdın ki? Cahili, aymazı kandırmak kolaydır."

Hüseyin hiç dinlemiyor, dönüyor sırtını, gidiyor. Günlerce suratı duvar gibi. Kızla canım gülüm, anasını görünce bir ekşi surat. Kızda da hiç utanma yok. Aha şurada da kaynanam oturur, azıcık ahlaklı edepli davranayım demiyor. Oğlanın boynuna sarılmalar, nispet yapar gibi çekiştirip odaya çıkartmalar, alıp alıp gece yarıları gezmelere gitmeler. Ruhu daralıyormuş haspamın!

Hayriye kıvrılıp yatıyor divanda. Duvarları aşıp ona dek geliyor kikirdemeleri, tövbe tövbe... cilveleşmeleri. Oğlanın gözünü boyamış. Zaten uyar akıl bir şeydi, hepten çileden çıktı. Kıyı köşe fısır fısır konuşuyorlar, kendilerince anlaşıp bir tamam yapıyorlar her şeyi. Hayriye'yi adam yerine koyan yok. Vay çileli başım. Her gün bir türlü giyiniyor. Etekleri kısa, dizleri, baldırları, dirsekleri, kolları çırçıplak. Gömleğinin iki ucunu açık göbeğinde düğümlüyor. Evde yüksek ökçe iskarpinle dolaşıyor. Hayriye böylesini ne gördü ne duydu. Zaten boyu uzun; oluyor sana heyula. Elde bir ince sigara, bütün gün gazete, mecmua karıştırıyor. Ardında duman bırakarak geçiyor önünden de, şöyle dönüp bakmıyor. Saçını çaputlara sarıyor, saatlerce uğraşıyor, maşa yapıyor. Aynalara yapışıyor sinek gibi. Boyanıyor ha boyanıyor. Bu da hiç gocunmadan katıyor koluna, sokaklarda gezdiriyor bu boncuklu bebeği.

Hayriye'nin düşlerine giriyor Hüseyin. Pusuya düşürülmüş, kavgaya karışmış, bıçaklara gelmiş. Beyaz göyneği alkanlara bulanmış. O yerde debelenir, "Ana kurtar, ana yardım et!" derken bu uğursuz, başında durmuş, kahkahalarla gülüyor.

Kan ter içinde uyanıyor Hayriye. De gari uyu uyuyabilirsen. Uykular haram oluyor. İçi oyuluyor. Huzuru geçti, bela korkusu sarıyor yüreğini.

"Oğlum bak biz buranın yerlisi sayılırız, Bodrum küçük yer. Kasabada olur mu böyle? Adı çıkar. Tefe kor çalarlar." Dağa kaldırırlar diyemiyor. Dualar okuyor. "Allah'ım sen oğlumu sakla bekle. Kazadan beladan koru."

Ev kalk gidelim diyor. Cam kapı açık, sokağın kiri, isi hep evde. Her şeyin üstü bir parmak toz. Zemin ayak altında kıtır kıtır toprak. Kalkayım da bir süpürge vurayım yok. Uğursuzun ardı arkası da döküntü. Düzen bilmiyor. Her yer her yerde. Dağınık. Giyiyor çıkarıyor, fırlatıp atıyor. Onun o hallerine baktıkça başı dönüyor Hayriye'nin. Tutamıyor kendini, arada siliyor, süpürüyor, topluyor. Üç kişinin işi de zor hani. Her gün iki kap yemek yaptırıyor Hüseyin. Tepsilere doldurup nursuzun odasına taşıyor. Sabahları çorba içmiyor kent soylum. Küçümsüyor. "Ne o öyle, tarlada çalışan ırgat mıyız biz?" diyor. Bir de selek; Hayriye'nin kitabında gerekli olmayan şey günahtır, ancak bu, günah, ziyan bilmiyor. Reçelli, çeşidi bol peynir, zeytinli, beyaz ekmekli, porselen fincanda çaylı, taze sıkım portakal sulu kahvaltılar seviyor. Tıkır tıkır becerikli bölüyor lokmaları. Kendine özel, fildişi saplı kaşığı, çatalı, bıçağı var.

Günaşırı tutuşturuyor oğlanın eline kirlilerini, o da getirip atıyor Hayriye'nin önüne. "Yuğ bunları ana."

"Hele bir bak bakem bana Hüseyin?"

"Ne var yine ana?"

"Dur oğlum, dur... Bak bir yol, bir şey diycem."

"E de hadi ana, bak işim var. Eyleme beni."

"Söylesene nerede buldun sen bunu? Bu pek Gonyalı gibi değil."

"Ankara'da buldum. Ankaralı."

"Ne vakit gittin Angara'ya?"

"İhtilal olur olmaz alaya seçtilerdi bizi."

"Eeee? Geç şöyle otur da anlat."

"Bir hafta sonu sinemaya gittiydik," bir soluklanıyor, o kısmı açık etmek istemiyor belli ki, "bir arkadaşla."

"Kimmiş ki o arkadaş?"

"Tanımazsın ya." Susuyor.

"Anlat Hüseyin'im. Sonra?"

"Orada gördüm işte. Sinemada yani. Arkadaş iyi tanıyor ailesini. Yanında yeğenleri vardı. *Kırık Çanaklar* filmi oynuyordu. Acıklı filmdi. Çok acıklı. Bitene kadar ağladı bu. İçime dokundu. Sinema çıkışı takip ettim evine kadar. Evi belledim. Sonra arkadaşla gittik. Böyle böyle dedik. Verdiler."

"Nasıl aileymiş onlar öyle? Kapıyı çalana kız mı verilir? Senin önünde yürüyenin yok mu diye sormadılar mı?"

"Gari ne deşersin ana! Evlendik işte. Gittik hükümette, bir güzel de nikâh yaptık."

"Hani sen Gülsüm'e yanıktın? Onun narına gittiydin askere?"

"Ne Gülsüm'ü ya? Bir şuna bak, bir o sümsük Gülsüm'e. Kim alırsa alsın onu. Allah bahtını açık etsin. Ben buldum gönlümün sultanını."

"Vay başıma..."

Evet, bakınca ikisi birbirinden çok farklı. Bu Allah için alımlı, güzel, gideni yolundan eder, yuva yıkar cinsten. Boylu boslu. Teni parlak, süt beyazı. Kara iri gözleri hülyalı; yaba kirpikleri ok ok, yumdu mu gözünü, yanaklarına değiyor. Aslanbaşı, kömür karası, yanar döner saçları belinde. İnsanın boğazı kırk düğüm, beş yutayım da bir söyleyeyim demiyor. Dilli. Sesi tok. Hamur topağını tekneye vurur gibi konuşuyor. Hafif gerdanlı. Murduk burnu havada. Tavırlı. Küçümser. Soğuk.

Ah benim beş etekli, bahtsız Gülsüm'üm öyle mi ya? Değil insana tepeden bakmak, kaldırıp da başını gözlerine bakamaz o edebinden. Sonra candandır. Uysal. Doğaldır. Yol yordam bilir, töremen. Bu, ayağına su istiyor. Çamaşırını gönderiyor utanmadan baksana. Yemek beğenmiyor. Şimdi de tutturmuş, bahçede hela mı olur diye. E ne yapacaz, ev içine mi hacet gidericez? Olur mu öyle şey? Allah esirgeye, şeytana davet. Kız dur, daha dün bir, bugün iki. Damdan düştün şıppadanak hanımefendi mi oldun şappadanak. Çok istermiş yemek yapmayı, ama bu mutfakta yapamıyormuş yosmam. Köy evi deyip burun kıvırıyor. Ocak isli, bacadan kurum akarmış. Yalan, vallahi de yalan billahi de yalan. Günaşırı arapsabunuyla ovar Hayriye ocağını, tezgâhını. Dolabı deşiği hiç yokmuş, dığanlar hep açıktaymış. Hayriye'nin çekeceği var. Her şeyde bir kusur arayanla erinç olur mu?

Neredeyse bir ömür geçirdi bu evde, hiç daha fazla demedi, başını sokacağı bir damı var diye şükretti hep. Bir gün olsun, bu dığanlar niye açıkta, niye benim dolabım yok diye yakınmadı. Var işte. Yaradanın nasip ettiği, ekmeğini koyduğu, iki lira sayıp aldığı, bir tel dolabı var. Hem de bir insan boyu kadar.

Oğlan da onun yeliyle eğilip kalkan cılız dal misali sallıyor başını.

Kız anasının gözü. Hayriye ilenirken "gece müftüsü" diyor ona. İşveli cilveli giriyor oğlanın koynuna, o hallenirken başlıyor her isteğini kulağına okumaya. Okuyor da okuyor. En zayıf anında işliyor ince ince aklına. Çıplak, diri, gergin, gömülü sözler alıyor ağzından.

"Ananda para var mı, git sor. Orayı öyle, burayı böyle yapalım. Bize yakışır bir hale getirelim bu mezbeleyi... Adam edelim şu köhne evi."

Ah, böylesinden korkulur. Dedim ya, yuva yıkar bunlar, anayı oğula, atayı evlada düşman eder. Müsrifliğiyle, aç gözlülüğüyle, hep bana Rabbena diye diye, ocak söndürür. Oba göçürür.

Aldılar ellerine cetveli, hışır hışır incecik kâğıtları serdiler masaya, çiziyorlar ha çiziyorlar. Oğlana da çıkışıyor. Beğenmiyor, siliyor, buruşturup atıyor, tavır üstüne tavır, sil baştan yeniden yaptırıyor. Nereden bulduysa elinde bir tebeşir, kapıları, duvarları çarpılıyor. Burası, burası, burası diye tekrarlıyor. Aman yıkacak evi ocağı başlarına.

"Dur hele... Orası merdivenaltı kızım, benim kilerim. Ekmek teknem. Çoğaltıp yığdığım. Evin en serini... Emekhanem. Dokunmayın. Yıkmayın. Yapmayın. Kıymayın. Sonra ben pazarlıklarımı üretip nereye yığacağım?"

İlle de helayı oraya yapacakmış. "Merdiven altında hela uğursuzluktur a oğul."

"Batıl batıl konuşma," diyor oğlan ona.

"Batıl mı? Aman sen nereden öğrendin bu lafları?"

Ayları dolduğunda kapıya kamyon yanaşıyor. "Çeyizim geldi," diye hop hop hopluyor kuduz. Hiç çeyiz görmesek... Almış oğlanın yularını eline, taşıtıyor çul çaputunu. Her yanı pırtıklanmış arkalıklı bir divanı var, Leman kıza anlatıyor, "Paşa dedemden kalan bir bu var elimde, bir de şu varaklı ayna." Gören duyan da billur saraydan yeni çıkmış sanır. Yalanı da bol. Kimse, "Madem paşa deden vardı, saraycıklarda büyüdün, ne diye Yörük Hüseyin'e vardın?" demeyi akıl etmiyor zanneder. Gözler tavanda, o burun hep havada.

Hayriye sabırlı. Hayriye sıralıdır, son söyleyeceğini ilk başta söylemez. Bakmayın böyle sessiz gözlediğine, çiftesi pektir. Kolundan tuttuğu gibi koyar kapının önüne de, oğluna kıyamıyor. Elbet o da görecek aslını. Az geçsin cicim ayları. Açılacak gözünün perdesi. Sarmısağı gelin etmişler de kırk gün kokusu çıkmamış. Kırk birinci gün atıp havana, bol tuzla ezivermişler.

Çantalı pikabı var. Türlü türlü plakları. Gramofon görmüştü Hayriye, bu da onun bir ilerisi.

"Hayriye Hanım, lütfen dokunmayın."

"Baktıydım sade."

"Hassas aletler bunlar canım, bozulur. Bulması zor plaklar onlar, ellemeyin sonra çizilir."

"Aman eksik olsun senin plağın da. Yemedik ya!"

"Lütfen, lütfen bakın sizinle tartışmak istemiyorum."

Kocaman da bir sandığı var. İçi hep kâğıtlara sarılı bardak çanak dolu. Ağzı açık ayran delisi Leman'a gösteriyor; incecik, saydam porselenlerini, gavurdan gelme kristallerini. Altın varak şekerliklerini, çay takımlarını. Büfe koydurdu odanın ortasına. Sürgülü camları açıp açıp yerleştiriyor. O camlar tozlanmalarını engellermiş. A kızım, hanımlık porselenle, kristalle olmuyor. İnsanın yüreği altın varaklı olsun, taştan oyma fincanla da gösterır kendini.

Yukarı odaları döşedi. Topar topar kumaşlar taşıdılar. Burada gönlüne göre bir mağaza yokmuş ki! Bak bak bak... Böyle böyle oğlanı hükmü altına aldı. Eksik hissettiriyor. Kurtçuğun ahşabı kemirip çürütmesi gibi kendine olan itimadını yok ediyor. İnsanın sevdiğine zayıf olduğunu çoktan öğrenmiş. Bunların elinde sevda kara kabzalı ölümcül bir silah olur ancak, her an patladı patlayacak.

"Resmen yokluk var bu kasabada, mahrumiyet," diyor, ağlamaklı. Çaresiz örtüsünü, yastığını, çarşafını, perdesini kendi dikiyormuş. Hiç yanına varıp da bakmak gelmedi Hayriye'nin içinden. Öyle soğuk, uzaklaşmış. Takır takır makinesi çalışıyor, kolu kopasıcanın.

Oğlan da canhıraş alt katta kör sıçan gibi ha bire ark açıyor. Hava soğuk. Bahçe kapısı açık. Yel vuruyor. Evin içinde kuşlar uçuyor. İki güne biter dediler, haftalardır kesiyorlar, yıkıyorlar, çakıyorlar, bitmiyor. "Bura Bodrum a akılsızlar, denize kıyı, sıçanı var, çıyanı var, dağdan inen yılanı var, hep eve dolacak, istila edecekler her yanı. Oğlum yapmayın, yavrum etmeyin." Yok dinletemiyor. İnatlar. Tuvaletin üstüne gelen odadan de delik açmışlar, banyo istiyormuş madam müsveddesi. Alafranga bir hamam olmadan yıkanamazmış.

Oğlan yanına ancak "Ana para ver," demeye geliyor. İki yılda kepçe kaşık ne biriktirdiyse uçup gidiyor. Yukarıda bir küçük kileri daha vardı, yorgan, halı, kilim dürer, oraya istiflerdi Hayriye. Bari oraya koyarım sütümü, yoğurdumu diye seviniyordu ki nalet döktü, düşündü oraya da göz dikti. Mutfağı oraya istiyormuş.

"Olmaz. Bana kiler lazım." Hayriye uğundukça yön bilmez kıs kıs gülüyor. Sen mi yaman, ben mi yaman diyor. Hodri meydan. Bakalım kim kimi yıkacak! Okuyor yine sabaha kadar ılık ılık oğlanın kulağına, salıyor Hayriye'nin üstüne. Hüseyin bir ateş topu olup çıkıyor. Burnundan soluyor. Görsen okumakla kalmamış, büyü de yapmış dersin. Dolapları buraya, rafı da şuraya... Bir kapandı, odasından çıkmıyor. Oradan veriyor direktiflerini. Oğlanla Leman emir kulları olmuşlar. Ha diyor yanına çıkıyorlar. O istiyor, bunlar kıçlarına nef yağı sürülmüş gibi koşuşturuyorlar. Makinesinin takırtısı yetmiyor, bir de gıy gıy müziği var. Ne bitmez manilermiş. Döndür döndür aynı terane.

Bir de gece fasılları var. O tadilatın, o hengâmenin içinde keyiflenmeyi de ihmal etmiyorlar. Hayriye divanında otururken, önünde kuruyorlar çilingir sofralarını. Peyniri, kilerden kavunu, sucuğu, yemişi döküp ortaya, rakılarına meze ediyorlar. Selekler, böyle yemeye dağ mı dayanır! Hayriye nimet saçılmaz diye bilir, öyle de yaşar. Arsız şarkılara kaşık çalarak, gerdan kırarak, kahkahalarla gülerek eşlik ediyorlar. Oğlan kösnül, mest, kız esrik elinde kadeh dolanıyor ortada, belli Hayriye'ye nispet yapıyor, arada gidip oğlanın kucağına oturmalar. Arkadan sarılmalar. Artık nasıl bir evde büyüdüyse?.. Hayriye ar, haya görmüş kadın, sinirden sarındığı şalının ucunu dişliyor.

İşini öyle böyle aksatmadan yaptı Hayriye. Tutunacağı bir o dalı kaldı. Paraya ihtiyacı var. Çoğaltıp satmasa yiyecek ekmeği yok. Mümkünatı olsa her gün gidecek pazara. Haftanın o mübarek iki günü, burada, evinde kalmamış huzuru da sergisinde buluyor. Pazarın sesleri ona ninni gibi geliyor. Oturduğu yerde, uykusuz geçen gecelerinin acısını çıkarıyor.

Kışlaktan Yörüklerle karşılaştı bir seferinde. Bacılar haber yollamış. "Meraktayız, bir müşkülatı mı var?" diye. Hayriye anladı. Müşkülat kaygısı değil onlarınki. Asıl demek istedikleri, "Neredeyse gönül koyacağız, duyduk ki Hüseyin dönmüş, dönmüş de lütfedip bir el öpmeye gelmedi, ne kusur ettik?"

Ah Hüseyin, ah!

Dua, boğunçlu kalbe şifadır. Kalktı, tam evin ters yönüne yürüdü. Hava yüklü, bulutlar dağların ardında kararmış. Soğuk esen rüzgârın taşıdığı tazelik kokusu diri tutuyor Hayriye'yi. Derin derin içine çekiyor. Gailesinin, tasasının derinine düşüp kaybolması an meselesi. İçinde karmakarışık duygular.

Zorlu yokuşu aştı. Mezarlığa vardı. Attı o yana heybesini, bakracını, çöktü Sıtkı'sının şifa umduğu, soğuk, yaş toprağının üstüne. Bildiği tüm duaları okudu. Sağ elini bileğine dek gömüp avuçladı, başka türlü bir yol bulamadı aradığı sıcaklığa ulaşmaya. Şu taşı yastık bilse, o toprağı yorgan edip örtse üstüne, o da bir huzur uykusuna yatsa. Bu dünyanın derdini tasasını ardında bıraksa. Şu an öyle mutsuz, öyle talihsiz ki. Önce azar azar açtı yüreğini.

"Muradın var ya Muradın, hani o pek kıymetlin. Bil diye söylüyom, döndü askerden Sıtkı'm," dedi. "İki adım yokuş çıkıp varmadı yanına, yüz sürmedi toprağına, çok içime oturdu, çok."

Sonra söz bulamadı, devamı gelmedi, eli ele, eli canına yakınır da, canı canına nasıl yakınır insan, bilemedi. Görmemiş, hiç öğrenmemiş. En zoruymuş. Bir anda koyuverdi kendini. Hem ağladı hem olanları anlattı. "Ben onu iki cihanın hiçbir güzelliğine değişmezdim ancak o beni... Ah, Sıtkı'm, keşke sağ olaydın. Akıl vereydin, böyleyken öyle yap diyeydin. Benim aklım ermiyor artık. Bir tutturmuşlar değişen devir diye... Hangi devir vicdanı, merhameti bu kadar tersyüz eder ki? Hangi devrin özüne uyar anayı itelemek? Sen deyiver. Benim bildiğim yeni, eskinin bittiği, yetmediği yerde yetişir imdada, bunlarınki her şeyi kazıyıp atmak, yok etmek. Temelsiz düzen, düzen midir Sıtkı'm? Böyle talanla bayındır mı olunur?"

Eve girdiğinde yokladı. Önce üstünü değişti. Soğuktan çelermiş elleri çatlak, dudakları morarmış, yorgun ayakları buz kesmiş. Allah'tan daha mutfağı tarumar etmemişler. Ocak yerinde en azından. Biraz göce kardı, bol sarımsak, yoğurt kattı, huzursuzluğunu karıştıra karıştıra kaynattı, sıcacık çorbasını pişirdi. Tam şepit kalmamış, yemiş bitirmişler, parçaları, kırıntıları avcuyla bir kâseye süpürdü. "Allah'ım sen aratma," dedi, hepsini yedi. Devrildi divana, uyudu.

Ertesi gün Hüseyin'le konuştu. "Bak, oğul," diye başladı, "belli ki sen sevdanın doruklarındasın. Başın bulutlu. Burnunun ucunu görmezsin. Şu anacığın elinden geleni yaptı senin için, hâlâ da yapar. Sen benim evladımsın, kanımdan canımdan parçasın, amma yetti gari, benim dayancım buraya kadar. Gözlerimin önünde güzelim hayatını heba etmektesin. Belanın, ağzı sulandıran zehirli bir tadı vardır. İçerken anlamazsın. Yazık olacak sana yavrum." Yüzüne baktı oğlunun. Bir uyanış kımıltısı aradı. Hayriye'ye göre bir sözcük insanı ateşlemeye yetebilirdi. Yolundan döndürebilir, obasından bir atın terkisinde göç ettirebilirdi. "Gel yol yakınken kendini toparla."

"Ne diyon ana sen?!" diye bir bağırdı Hüseyin, Hayriye'nin yutağındaki taş, kayıp midesine oturdu. Bir kasıldı. Yaş fışkırdı gözlerinden. "Görmüyon mu ana ya, işim başımdan aşkın. Ne diyon sen, ne istiyon anlamadım ki?"

"Tamam," dedi, "tamam." Daha fazla kırılıp incinmeyi göze alamadı. "Bacılarım haber yollamışlar. Seni göreleri gelmiş. Gönül koyacaklar. Aylar oldu tezkereni götürüp el öpmedin."

"Bakarız," dedi, döndü işine.

Üç gün dolandı Hayriye peşinde. "Bakarız dediydin, gidecek miyiz?"

"Bir sorayım Güngör'üme. O da isterse."

"Eee sor hadi."

"Şimdi uyur. Kıymayayım, bölünmesin uykusu."

"Ne vakit sorucan len Hüseyin?"

"Şimdi gezmeye çıkıyoz. Sonra."

"Sordun mu?"

"Sorcam ana, az sabret."

Böyle böyle oyaladı oğlan, Hayriye'yi.

Bir akşam yine aheste kuruyorlar sofralarını. Hayriye divanda, takmış şişleri, çorap örüyor. Göz göze geldi Hüseyin'le. Bazen sözcüklere başvurmadan konuşur ya insanlar, hah işte tam öyle bir an.

"Güngör'üm," diye seslendi. "Anam der ki kışlağa gidip akrabaları görsek iyi olurmuş. Özlemişler beni. Hem bu yolla seni de tanırlar ha ne dersin?" Bak bak bak, bu nerede görülmüş, kimden işitilmiş, bizim aymaz iyiden hanım köylü olmuş çıkmış.

"Kusura bakmayın, işim gücüm var benim," deyip kestirip attı kız. "Bunca şeyi bırakıp köye dağa çıkamam. O kadar istiyorlarsa akrabaların gelsinler buraya."

"Kızım kızım!" dedi Hayriye elindeki işi yanına bırakıp. "Sen hiç aile terbiyesi almadın mı? Atan akraban yok mu senin, yol yöntem öğretmediler mi sana?"

"Anne!" diye atıldı oğlan. Sonra özüne döndü. "Ana ya!"

Kızın gözleri belerdi. Hiç beklemiyor. Köylü, cahil bellemiş, öyle küçümsemiş ki karınca gibi görüyor. Kıskaçlı ısırığını ilk kez tadıyor.

"Ne be her seferinde ana ana deyip duruyorsun! Çekil şöyle. Sende de şeref, haysiyet kalmamış ki! İki günlük karından izin mi istiyorsun? Yıkılın karşımdan edepsizler. Büyüklerin dünkü çocukların ayağına gittiği nerede görülmüş? Yere batsın sizin şehriniz, kocaman dünyanız, değişen devriniz. Bugüne dek dayandım oğlumla kötü olmayayım diye, vallaha yettin artık! Sen beni gün görmemiş, yordam bilmez mi sandın? Şu şirretin dediğine bak. Onlar gelecekmiş! Nerede görülmüş?"

Aman bir koşuşu var, elini yüzüne kapatıp. "Sizinle muhatap olmayacağım," diye diye üçer beşer çıkıyor merdivenleri. Şanoya çıkanlar böyle dram oynayamaz. Tabii, "Hüseyiiin..." diye çağırdığı oğlan da ardından.

İçinden tutmuyor değil Hayriye'nin, midesi yanıyor, sağa dönüyor olmuyor, sola dönüyor, olmuyor. Sabahı sabah ediyor.

Oğlan geliyor yanına. "Ana, biz gidiyoz," diyor süklüm. Hiç ses etmiyor Hayriye. Kaldırıp başını ta gözlerinin içine bakıyor Hüseyin'in. "Nereye gidersiniz, nerede kalırsınız bu kış kıyamette, parasız pulsuz ne yaparsınız oğlum?" demiyor. Ketum bakıyor. Laf alamıyor oğlan gözlerinden. Anasının ona kıyabileceği bir sınırda duruyor, elleri önünde kenetli. Kızgın, çakımlı, kıpırtısız bakıyor Hayriye. Canını çoktan yitirmiş olduğunu anlayıp kara dumanlı bir korku yokluyor yüreğini. Yok, yine de sormayacak.

"Ben kışlağa bacılarımın yanına gidiyorum, dönüp geldiğimde görmeyeyim o melunu evimde," diyor. Başka da konuşmuyor. Anlayana çok bile söylüyor. *Zaman veriyorum size, o vakte kadar yer bulun kendinize* demeye getiriyor. "Burası benim evim. Benim ocağım. Olmadı buna he deyin. Utanmaz doldurup doldurup salacak üstüne bu kıt akıl oğlanı. Kız akıllı, çoktan çözmüş. Açıp kitap gibi okumuş bunu. Dersini iyi ezber etmiş. Odasına kapanmış çıkmıyor. Şeytan görsün yüzünü."

Hüseyin çay yapıp, ekmek dürüp yukarı taşıyor. İninde bir azazil besliyor. Hayriye öğlene doğru vuruyor sırtına fukara heybesini, tam kapıdan çıkacakken şöyle dönüp bir ocağına bakıyor. Gözüne soğuk, soluk, darmadağın, yıkıldı yıkılacakmışçasına görünüyor. Yeni dedikleri ucube; keskin küreğiyle bugüne dek gözü gibi koruduğunun üstüne, ha bire kara toprak atıyor. Derin bir soluk alıp kapatıyor kapıyı ardından. Çökgün. Karındaşları ona iyi gelecek. Anca onlar dineltir eğgin belini. Dinlenmeli. Bu iblisin hakkından gelmek için gereken dermanı böyle bulacak.

Bu kış kıyamette konağa varması, kışlağı bulup kapısını çalması kolay olmuyor.

Otobüs belli bir yere dek gidiyor. Yollar hep tutulmuş. Köy girişlerinde jandarmalar durdurup kafa kâğıdı soruyorlar. Yorgun argın, uykusuzluktan sinirleri heyheylenmiş. Otobüsten indirip tek tek insanların yüzüne bakarak menzillerini sorguluyorlar. Sadece evde değil memleketin dört bir yanında huzur yok. Sapakta konuşlanmış teçhizatlı katırcılar uzunca bekletiyorlar Hayriye'yi. O yöne gidecek başkalarını gözlüyorlar. Zorlu yolu tek kişi için aşmaz onlar. Bir ara gözlerinden eringin yaşlar dökülecek olduysa da yeniyle kuruluyor çarçabuk. Haber etse, kapısına atlı yollayıp aldırtırlardı onu. Yediremedi gururuna, kendilerine yakıştıramadı. Kapılar gibi oğlu dururken konanın gençlerine emanet edilmekten ar etti.

Bacılar şen şakrak karşıladılar onu.

Büyüğü Nurten. Akça pakça, kırkına varmadan dul kaldı. Pek çelimsiz, sayrılıklı bir kocası vardı. İyi adamdı. Nurten ona yavrusu gibi baktı. Eri Hakka yürüdükten sonra kısmetleri çıktı çıkmasına, ancak o bir daha evlenmeyi hiç düşünmedi. Bir oğlu, bir kızı var eşikte, beşikte torunları, dört dönerler etrafında.

Hayriye'nin bir küçüğü Ortanca, pek hamarat, körpeliğinde pek de güzeldi. Kimseleri beğenmedi. Bütün kısmetleri yüz geri gönderdi. "Attan inip eşeğe binmem. Baba ocağını bunlara değişmem," dedi. "Bana doğduğum alaçığı aratmayacak biri olmalı." Olmadı. O beklenen yiğit bir türlü gelmedi. Yaşını aşınca da kocadan, çocuktan soğudu.

En küçükleri, Nişan. Göz bebekleri. Ellerine doğdu. Hayriye, anasına bırakmadı. Sırtına bağladı gezdirdi, önüne koydu yuğdu, yedirdi. Elinde büyüdü. O, kutluydu, uğuruyla geldi, ataları onun doğumuyla oba başı oldu. Ensesinde -ulular- parmak basmışlar, kahverengi bir doğum lekesi vardır. Bu yüzden adını da Nişan koydular ya.

Hepsi de Hayriye'yi, yaban eldeki kardeşlerini pek özlemişler. Kucaklaşıp ciğer ciğere sürttüler. Yüzlerini sıvazlayıp alınlarını öptüler. Soru sormadılar. Hüseyin'in neden gelmediği konusunaysa hiç girmediler. Kardeşlerinin gözlerinden bir derdi olduğunu okudular. O, dert yumağını açıp da ortaya salana dek beklediler. Yediler, içtiler. Hayriye'nin etrafında pervane oldular. Dördü bir arada, kucak kucağa divana yayıldılar. Ateşleri yanıyordu, ıhlamur zencefil tarçın fokur fokur kaynıyordu, buna karşın Hayriye'nin içini en çok onların sıcağı ısıttı. Hepsinin güm güm atan kalplerini dinledi, biraz huzur buldu.

İki bacı tüfek omuzladılar, Hayriye'yi sıkıca giydirdiler, alıp dere kenarına götürdüler. Tek kelam etmeden aralıklı oturdular. Yer yer buz tutmuş suyun şıkırtılı sesini dinlettiler. Tini sağaltır. "Kaç kaç gel böyle, biz özlüyoruz seni," dediler. "İstediğin kadar kal yanımızda. İstersen hiç gitme. Bura senin evin."

Baktılar Hayriye'den ses yok, ertesi gün önlerine katıp kışlaklarına yakın; yığma taştan, boş, iki gözcük bir eve götürüp gösterdiler. Üç paraya satılıyormuş. Yabana gitmesin. Köy tapusu ama olsun. İttirip tahta kapısını girdiler. İçini iyice bir gezdiler. Biraz bakım, onarım gerek, olsun yapar zamanla, eli boldıkça azar azar. Bodrum'da bir evi var nasılsa, hem de kendi üstüne, kadastro kâğıtlı, kışlağı da burada, yamaçlarında olsun. "Mal maldır. İleride değerlenir. Yeter ki taşın olsun, hiç zarar etmezsin bacım, ne zaman satsan aynı para."

Aklına yattı Hayriye'nin. Kirli çıkıdır o. Eldeki birikimini hesap etti. Birkaç reşat altını var. Üstünü tamamlarız, sen düşünme, dediler. Bir döşek bir yorgan değil mi sonuçta, biz döşeriz, gelecek yıla kalmaz hazır olur. Madem sevdin, huzur buldun burada.

Yorgun, çakmak gözlerinden keder perdesi bir türlü kalkmak bilmedi. Kaçırıyor bakışlarını, ota, kuşa, buluta sabitliyor. Vah bacım vah. Ne oldu sana? Yazları ister kasabaya git, ister bizle obaya çık, gel. Alaçıkları kocaman, hepsine yeter.

En büyük bacı sazın teline usulca dokundu. Yer açtı. Dolaşık dert yumağının ucunu ararcasına sordu: "Hüseyin'e de göster istersen, için rahat edecekse. Onun da fikrini al."

Uzun bir sessizlik oldu. Zeytinliğin oraya varana dek kimse konuşmadı, börtü böcek bile sustu, pul pul yapraklara vuran yağmur damlaları şiddetini artırdı. Gür dallı, -dört kişi el ele verse anca kucaklar- kalın, yüz yıllar görmüş bir ağacın altına sığındılar. Hayriye pürtüklü gövdesine sırtını dayayıp yutkuna yutkuna anlattı. Kaldıkları yerden, hatta Hüseyin'in Konya'ya gidişinden başladı, ta komşu kızın müjdesine, sonrasında olanlara değgin her şeyi tek tek, temkinli anlattı.

"Olanlar tamam, ne yapalım dünyanın bin bir türlü hali vardır. Ölüm hariç her şeye hikmet eczanesinde mutlaka bir çare bulunur. Önemli olan sen ne düşünür, ne hissedersin; asıl bize onu anlat. Anlat ki yüreğini saran is yıkansın, temizlensin, birikip ağırlaşıp yormasın seni. Gözüne perde olup önünü göremez hale getirmesin."

Ne anlatsın Hayriye, böylesini hiç görmemiş, duymamış ki. Hüseyin gibi uğramışı kırk obada bir çıkar. Neye benzetsin duygularını, nasıl açık etsin? Kızgın, küskün, şaşkın, aşağılanmış, yenilmiş, hüsrana uğramış?.. Bilmiyor. Bilemiyor.

Ah, bacım daha da bilecek ne var? İşte bunları anlat. Yol boyu saydı, döktü. Bir kere çözüldü dilinin bağı, hiç susmadı. Eve varınca eline tutuşturdular bir balta, önündeki kütüğe odunları koydular, vur dediler, bütün gücünle vur, kes şunları - güya ocaklık. Saatlerce elleri göğüslerinde kenetli, onun başında durdular. Yalnız da koymadılar. Hırsını alışını izlediler. Hayriye kaç çeki odun kesti bilmiyor. İçinde birikmiş ne kadar tortulu kara düşünce varsa alıp alıp önüne koydu, ya Allah; tek darbede birer birer ikiye ayırdı. Küçük parçalara böldü. Attı o yana. Aradan çıraları ayırdı, deste yaptı.

Akşamına ocağı harladılar, mantar dolması, kebap çorbası, kavurmalı pilav koydular yer sofrasına. Sığışıp sofra bezinin altına, kuru üzüm hoşafıyla bir güzel yediler. Yine sormadılar. Beklediler. Yediklerini bastırsın diye tavşan kanı bergamotlu siyah çay, yatmadan önce de sarı kantaron demlediler. Sabahına uyandığında her yanı et kesmişti Hayriye'nin. Çekindi, belki gücenirler diye söylemedi. Birer birer yanaşıp pencereden baktılar; hava karanlık, soğuk, bulutların ardında görünüp kaybolan gümüş tepsi, yalazlı bir ay, tepelerde hayın kurt uluması. Ay dönüyor dediler, güvenli bulmadılar, bugün çıkmayalım, evde kalalım. Kahvaltı için sacda katmer ısıttılar, birer çömçe çorbayla yediler. Ortancayla küçük bacısı çulfallık tezgâhına geçti. Büyüğün canı acı kahve çekti, o biraz nüktedan, "Dumansızsa imansız olur," deyip kuşağından tabakasını çıkardı, kendirli tütününü sarana kadar Hayriye mangalda hemencecik iki fincan okkalı pişiriverdi. Karşılıklı oturup içtiler. "Ah," dedi bacısı, "keşke Tikli Kıpti buralarda olaydı da, falımıza bakıp halimizi anlataydı." Şaşırdı Hayriye, nereden çıktı şimdi, onların obası fal, büyü bilmez ki. "Aman kız eğlencesine." Ortanca bacı, "Anmayın adını şu uğursuzun," dedi. "Kara kara mantarları çiğner çiğner kargıçlar obamızı, otağımızı. Meczuptur. Kovulmuşlardan."

Kıpti'nin tikini yansıladı küçük bacı, "Gelsin kız," dedi. "Hayriye abam da görsün, az eğlensin."

Güldüler. Çalılığa çömdüğünde usulca gelip dudusunu dişleyen yılanı hâlâ görür, bu yolla kovarmış. Kalktı oynadı. "Aynısı, aynısı..." dediler, güldüler. "Bir daha yap kız," dediler. Bir daha yansıladı. Gülmekten karınları ağrıdı. Hayriye bile tüm derdini unutup güldü.

İnanmazsınız, gün akşam olmadan Kıpti kadın, Hayriye'nin tam karşısında oturuyordu.

"Adın ne senin hatun?"

"Hayriye."

"Adın gibisin. Belli. Hayırlısın. Özün sözün bir, mertsin. Daha önce görmedim ben seni, hissetmedim de, tanımıyorum. İyi bir kadıncağızsın belli, bunlar gibi değilsin. Farklısın," dedi. Der demez, daha ilk anda bacıların hışmına uğradı. "De hele? Ne kötülüğümüzü gördün, mendebur?"

"Çok konuşma, çıkar o böğründekini, sar bir cigaralık da tellendirelim." Büyük bacı söylene söylene üç Arap kâğıdını tükürükle birbirine yapıştırıp çarşafı hazırladı, avuçlarının arasına alıp şap şap düzeltirken Kıpti kadın keyiflendi. Kız dişledi, düzgünce sardı. Yaktı verdi. Kıpti aldı, yanar ucu burnuna tutup kokladı, gözleri hazla kapandı, bekledi, ağzına götürüp asıldı, derin bir soluk çekti. İçinde uzunca tuttu dumanı, tadına vardıktan sonra incecik üfledi, baktı, bir daha kokladı. "Pek güzeliymiş," dedi o çirkin, kekrek sesiyle.

Bir ipini çek, bin yama dökülür. Kadit, kış kış eden elinin derisi kara meşin, tikli gözleri karınca yuvası kadar, kırptıkça çapak fışkırıyor. Arada kendi dudaklarını kemirip yiyor. Çengel burnunda, sivri çenesinde kıllı, siyah benler. İç yağıyla burktuğu saçlarında bin bir boncuk, deniz kabuğu, kuş kemiği. Önce fincana, sonra suya baktı. En son bakla attı. Küçük bacıya, "Koynun sıcak olacak, kuytun koca görecek, döl tutacaksın," dedi. Küçük bacı cıvıttı, kalkıp parmak şıklatıp iki göbek attı. Hep beraber el vurup gülüştüler. Ortancaya yüklü servet, büyük bacıya uzun bir ömür gördü.

Sıra Hayriye'ye gelince, az geri çekilip sustular, değerlendirmediler. Yalnız Kıpti konuştu. "Ocağına yanaşmış, altındaki mindere göz koymuş, kilimin ucuna yapışmış çekip seni yıkmak isteyen eller. Ama sen hiç kaygılanma Hayriye kadın, uzun bir süre daha dimdik duracak, minderinden kalkmayacaksın. Kalkma da zaten. Otur. Yalnız unutma. Tehlikeli bu. Çok tehlikeli. Kalktığın an, kıymetlin; odun, ateşin tam ortasına düşecek, bilmiş ol. Harlayıp yanacak, küle dönecek. Sebebi benim deyip kendin dahil eksiksiz tümüne küsersin... Yaşarken öte göçersin. Şu garibe kulak verirsen, derim ki düşmanı alt etmenin yolu, onu iyice tanımaktan geçer. Önce bir sor soruştur bakalım, düş peşine, ağaç budağından çıkmadı ya bu... kaynağına in. Nedir bu kadın, nerelidir, nicedir? Nasıl buza dönmüş yüreği? Kimler yontmuş taştan ruhunu? Nereden öğrenmiş bunca kötülüğü? Sana okutacağı büyüyü, musallat edeceği görünmezleri, haseti, hastalığı, ölümü..."

Bacılar öfkelendiler. "Kalk şuradan uğursuz, ağzından yel alsın!" diye bağırdı büyüğü. "Eğlenelim diye çağırdık seni, içimizi kararttın. Bulaşığın dediklerine bak hele... Onlar nice sözler öyle..."

"Lira isterim," dedi. Vermediler.

"Yok lira falan, burası ıssız bir kışlak, burada para pul ne arar?"

"Ya yalan demeyin. Vardır sizde. Verin. Ben lira isterim."

"Kız git."

"O zaman heybemi doldurun, yoksa vallaha salarım oburları üstünüze, otağınıza kıran kıtlık girer." Yaşru baktı, ürktüler. Heybesine nohut, bulgur, salça koydular. Kapı dışarı ettiler. Kıpti kızdı, ittirip bacıları daldı içeri. "Diğer gözü boş kaldı, onu da doldurun." Karga tulumba attılar dışarı. Kapıya tükürdü. "Bir daha da gelirsem... Çağırmayın beni bir daha yabaniler."

"Sen kendin geldin, biz mi çağırdık?"

"Siz çağırdınız tabii, şu yaşlı olanınız var ya, işte o çağırdı. Sizi gidi dağlılar sizi!" diye bağırdı. Patikaya varmıştı ki hırslandı, geri döndü. Yerden bir taş alıp kapıya fırlattı.

"Hayriye kadın, Hayriye kadın, hele dinle bir yol bu Kıpti'yi. Senin o gelinin var ya o gelinin, yüklü. Ay sayar. Kendine hiç benzemez, hayırlı bir kız doğuracak." İki eliyle karnını şişmiş tarif etti. Açtı bacaklarını, gerine gerine yürüdü, döndü. Paslı dişlerini gösterip kaykılarak güldü. Bir kızdı, bir güldü, bolca tükürdü. "Tü size, pu size!" dedi durdu.

Küçük bacı kapı ardındaki odunu kaptı. Ortanca onu durdurdu. "İlişme bacım, başımıza iş almayalım, ulur ulur gider." Aynen öyle oldu. Kıpti daha fazla durmadı, çekti gitti.

O gitti, akıttığı ağular kaldı.

Bir küçüğü yüzünü sıvazladı. "Sen ne bakıyorsun bu meczuba Hayriye? Yok bacım, yok, dalgalandırma yüreğini. O bilmez ne dediğini. İçti cigarayı, iyiden yoldan çıktı. Suç bizde ki eğleniriz sandık, içeri aldık, minderimize oturttuk."

O ağır gün boyunca ocağın başında oyaladı Hayriye kendini, gözü hep ateşe dalıp gitti. Sarı kızıl yalımların oynaşını gözledi. Şıralı odunların çıtırtısında anlamlar arandı. Haline bıraktılar, iç çektiler. Kimse ona ilişmedi. Tezgâhın dokuma sesi zamanı saydı. Gün döndü.

Yemek sonrası geçip bacılarının karşısına, diz çöküp oturdu. Birlikte analarının döl yatağındaki sabrı gösterdiler. Karındaşlık buydu, karındaşlık sabırdı, dayançtı.

Gecenin içeri sızan seslerini dinlediler, Hayriye'nin konuşacağı kıpıyı beklediler. Günlerce sürecek olsa yine aynı dayançla beklerlerdi.

Hayriye anlattı. "Ben aslında ne yapacağımı çoktan biliyorum. Biliyorum da oğul hasreti gelip önümde duruyor. Ardı karanlık, geçemiyorum. Bu beni yaşlandırır. Yaşamın özünden soğutur. Anlayacağınız kaldım iki arada. Ne yapsam, ne etsem de bu oğlanı aysam."

Üç bacı üç ayrı düşündü, üç ayrı söyledi.

Küçük bacısı: "Sabret. Günü bekle. Mutlaka gözbağcı bir hata yapacaktır. Hata aynasından kaçış yoktur, insan orada kör âşık bile olsa gerçeğin yüzünü görür. Hilede yordam bir yere kadardır."

Ortanca bacısı: "Devir değişse de insan insandır. İnsanlığını yenilemeyenin boğtağı çelenk olsa neye yarar? Varsın eskimiş olsun, sen kök saldığın temelden yine de şaşma. Onların yeni dediklerine atadan kalanı yeniltme."

Büyük bacısı: "Her şeye, herkese hep bir kusur bulanlar kendi kusurundan kaçanlardır. Kusurunu bul, saç ortaya."

Üç bacının elleri omzunda, dizleri dizinde, gözleri gözünde, sözleri usunda günler geçirdi. Yılçağı döndü. Havalar iyice ısındı. Yeşile büründü her yan, sarı çiçekler baş verdiler. Kuş yuvalarında sesler arttı. Gökyüzünde bir telaş. Bacılar yavaştan hazırlıklarını tamamladılar. Dokuduklarını denklediler. Kilerdeki erzakı alıp boşalttılar. Evi yuğdular. Ocağın küllerini bakraca toplayıp ağaç diplerine sepelediler, değnekli çaputla bacalarını iyice bir tıkadılar. Neme lazım, yokluklarında uygun görüp de kuşlar yuva yapar, sonra onlar bozmak zorunda kalıp yerinden yuvasından ederler yavruları. Günaha girerler.

"Gitme bacım, gitme. Ne yapacaksın aşağının bunaltıcı sıcağında, kalabasında? Kalk, bizimle gel, obada serin serin yaylayalım. Güzün yağmurlara kalmadan inersin."

"Yok," dedi Hayriye. "Minderimi çok boş bıraktım. Daha da soğumadan varıp oturayım yerime."

"Olur, en iyisini sen bilirsin." Heybesini, bohçasını doldurdular. Çuval, kilim, cicim denklerini yanına kattılar.

Sapağa kadar onlarla gitti. Sarıldı, koklaştılar, hayır dilekleri, yeniden kavuşma duaları, daha şimdiden özlemenin gözyaşlarıyla otobüsüne bindirdiler. Gözden yitene dek el ettiler.

Küfeli hamal tuttu denklerine, kendi taşıyamaz, nasıl taşısın, ta meydandan eve, ağır yük. Kapı önüne yığdırdı. Tokmağı vurdu. "Hu, Hüseyin, hele gel bana yardım et." Bekledi, kulak verdi, ses yok. Kapı duvar. Parasını verdi hamala, savdı. Soktu anahtarını açtı, girdi içeri. Seslendi. Sesi yankılandı cıplatılmış duvarlardan. Kesif, nemli kireç kokusu doldu burnuna. Boğazı kurudu. Yutkundu, olmadı, öksürdü.

Taşlığı yarıya dek aşı katıp çiğ maviye boyamışlar. Bir yudum su içse de boğazını ıslasa. Yoksa öksür öksür, ciğerleri böğründen kopacak. Odaya daldı. Koyduğu gibi değil, bambaşka. Duvarlar pas sarısı... Karartmış içeriyi albız ini gibi. Tövbe. Yalağın yerinde yeller esiyor. Boducu, bakraçları, tası, tabağı, dığanları, tel dolabı... Ayaklanmış gitmişler.

Yutkundu, ağlayacak oldu. Evi barkı tümden yıkılmış da o altında kalmıştı. Çatı çökmüş, zemin göçmüştü. Taşlığa çıktı.

İki yanında iki oda. İkisi de bambaşka. Soldaki odaya tahta ayak üstünde yarım manken koymuş. "Allah esirgesin," dedi, "ne bu? Put gibi. Hiç evde olur mu?" Büyük bir masa. Elbise dolabı. Ayaklı ayna. Cam önünde bir pedallı dikiş makinesi, yeni.

Çıkıp gitmek, geldiği zorlu yolu geri katetmek, bacılarına yetişmek istedi. Sokakta yığılı denkleri ansıdı. Çeke çeke, çuvalları, heybeleri taşlığa taşıdı. İyice yadsıdı, yabansıladı evini.

Ben şimdi bunca öteberiyi nereye koyayım? Başkasının evi olmuş burası. Kendi minderim değil. Soğuk, öte, ulaşılmaz, izi sürülmez.

Kapattı kapıyı. Gitti, bahçe kapısını açtı. Ev hava alsın. Badana başka türlü kurumaz. Aman bir de ne görsün? Bütün avlu taşla kaplanmış, bin bir emek kurduğu sebze bahçesi bile. Yerinde yeller esiyor. İşte orada yıkıldı. Toprağı taşlaşmış, fidesi, tohumu sökülmüş... Gayri bundan böyle bu bahçe yeşermez, gövermez. Yeni bir tahta seki koymuşlar duvar dibine, yığıldı. Mor çiçekli minderler dikmiş, kabarık. Üstlerinde elini gezdirdi ister istemez. Siyah zemine mor salkımlı çiçekler. İç karartıcı. Hiç çiçekler bu kadar karanlık olur mu?

Üst katıysa sormayın gitsin. Büyük kilerin olduğu yere mutfak yapmışlar. Beton tezgâh dökmüşler, altına büzgülü kareli kumaşla perde yapıp germiş. Şöyle bir açıp baktı, boydan boya raf koymuşlar, dığanlar, tavalar, sepetler... Pirinç çeşmeli bir lavabo, yanında gaz ocağı yeni. Üstte kaba ahşap dolaplar. Açtı baktı, bardaklar, fincanlar ters döndürülüp sıralanmış. Bir bardak aldı. Yarısına kadar çeşmeden su doldurup içti. Suyla ıslanan boğazı sızım sızım sızladı. Yutmakta zorlandı, güçbela yutkundu. Gözleri yaşlandı. Soluk aldıkça sızısı arttı. Bir bardak daha. Yüzüne su çırptı. Örtüsüyle kuruladı. Evin gerisine bakamadı. Üstüne üstüne yürüdü her şey. Yitirdiklerinin, elinden uçurup alınanların gölgelerinden ürktü. İndi aşağı. Geçti oturdu. Divanı duruyor neyse ki. Oda boğucu. Camı açtı, tülü üstüne kapattı. Bir düşüncedir aldı bu kez. Gün gittikçe içinde karardı. Başını koydu sıcak yastığına. Saatlerce kafasında kurdu, kurdu.

Gittiler mi acep temelli? Yok, gitcek olsalar evi böyle harman gibi kaldırmazlardı. Yoksa başka bir yer daha mı tuttular? Yollu, duramadıysa yine yerinde... İster misin taksın oğlanı koluna, fellik fellik gezsin? Olmayacak iş değil. Bir yerde bilmeyecek kendini, aşırılık yapacak, oğlanın başını belaya sokacak bu... Karanlıkta yalazlanan saldırmalar çekildi. Sivri uçlu kamalar geldi gözlerinin önüne. Vay benim başıma. Bu nice derdimiş böyle? Ah mı aldım? Bilmeden bir yürek kırıp Allah'ın gücüne mi gittim? Yarından tezi yok, yedi yoksul bulup doyurmalı. Bir horoz kestirip kan akıtmalı.

Sabah gözünü açtı, baktı ki Hüseyin'i başında. İçi aydınlandı Hayriye'nin. Sağ salim şükür. Onun o sabah mahmuru gözlerini görünce, delişmen çocukluğu geldi usuna. Uzatıp eline dokundu.

"Ana, döndün mü sen?" Yüzü yüzünde.

"Döndüm oğul. Malum havalar iyice ısındı, bacılarım obaya vardılar."

"Sen niye gitmedin?"

"İstemedim. Aylar oldu hep beraber, yedik içtik güldük eğlendik, kışladık. Yeter. Evimi, ocağımı özledim."

"Nasıl buldun evi? Hepsini kendi ellerimle yaptım."

Arsız geldi, kapı kıyısında durdu. Pervaza dayandı, ellerini bel altında kavuşturmuş, karnını gösteriyor Meraklı mı yoksa hoşnutsuz mu, pek anlaşılmıyor suratından.

Cevap vermedi Hayriye. "Ocağı niye taşıdın ki yukarıya?"

"Beğenmedin mi? Olmamış mı?"

"Olmuş, olmuş. Tastamam da istemediğim gibi olmuş!"

"Neden Hayriye Hanım, neyini istemezsiniz?" diye sordu

Güngör, bu kez ellerini göğsünde kenetledi, her an atışmaya hazır. "Tertemiz, yesyeni mutfak oldu."

Hayriye onu yok saydı, oğluna konuştu her bir sözünü.

"Bir kere basık, camı yok, bacası yok. O daracık yerde aş mı pişirilir? İsi, kokusu, dumanı hep odalara siner. Sonra o merdivenleri aşmak bencileğin zor Hüseyin'im. Bir yudum su için adım başı yukarı mı çıkacağım?"

"Boduç koyarız başucuna ana. Gece ha dedin mi elinin altında olur. Kalkar içersin." Güldü Hayriye. Onun demek istediği, oğlanın kafasında nasıl da en yalın, en bayağı biçimde karşılık buluyor?

"Artık burada yatmayacaksınız zaten merak etmeyin. Yukarıya size de ayrı oda yaptık."

"Ona da mı sen karar vereceksin? Burası benim evim değil mi? Canım nerede isterse orada yatarım."

"Hayır efendim, çünkü ben karşı odayı terzi atölyesine dönüştürdüm. Belki görmüşsünüzdür. Artık orada çalışacağım. Yeni yeni müşteri kabul ediyorum. Gelen giden sizi ortalık yerde sere serpe yatar görmemeli. Kurtulun canım artık bu köylülükten."

Aldırmayayım diyor Hayriye, değer vermeyeyim. Kimileri öyle ağırına gidiyor ki duymazdan gelip göz kapayamıyor o sözlere. Köylü derken bir aşağılayışı var ki tepesi atıyor.

Dönüp şöyle kızgın bir bakıyor. Karnı yayvan belirginleşmiş. Ağırlaşmış. Kıpti bildi. Kız doğuracak. O arada bir çakım parmak hesabı yaptı. Dört ay oradan, bir ay da gitmeden öncesi. Var yedi, sekiz aylık.

"Ana," dedi Hüseyin, "ya bırakın şimdi bu atışmaları, bak az kaldı torun hoplatacaksın."

"Gördüm. Ne ara evlendin ne ara gebe kaldı, nasıl bir göz kıpımı geçti bunca zaman?"

"Ya," dedi Hüseyin. Onun demek istediğini yine temiz yüreğinde en yalınından çevirip. "Zaman su gibi akıyor ana. Su gibi. Hadi kalk, kalk da iki lokma bir şeyler yiyelim. Ardından ana oğul şöyle karşılıklı birer de kayfe içeriz yeni bahçemizde."

"Ah, en çok da o yaktı ya yüreğimi, sen yeni diyorsun, ben talan."

"Böyle iyi oldu, iyi. Temiz oldu. Zati küçük bir bahçeydi ana, beşe beş, avuç içi kadar."

"Küçüktü ama karnımızı doyururdu. O avuç içi kadar topraktan biten ürünle ev çevirdim ben a oğul, üstüne de biriktirdim." Derin bir soluk aldı. "Toprağın size ne zararı vardı? Yazık oldu. Talan iyi bir şey olaydı yüce Rabbim böyle bir düzen kurmazdı."

Son yudumun telvesini ağzında çevirdi Hayriye. Yoğun kavruk kahve tadıyla zihninde serinlik duydu. "Ben derim ki Hüseyin, eskiden bu işler böyle olmazdı, danışılırdı. Büyüğe, görmüş geçirmişe danışılırdı. Karının sözüne kanıp da beni yeni olana düşman belleme sakın. Zaman değişti demekle aklına eseni yaparak yenilenilmiyor. Biz de bizden öncekilere karşı koyduk. Bizim ereğimiz vardı. Bu yolda kimseyi gücendirmedik. Yürek burmadık. Küstürdüklerimizin gönlünü almayı başardık."

"Ana, bakma sen, Güngör'ümün niyeti kötü değil. Özde iyidir o."

Elini usulca salladı Hayriye, *boşa* demeye getirdi. *Yanılıyorsun oğul* demeye. "Bunca masraf niye, neyi vardı güzelim evin?" Vurdu ah edercesine dizine. "Hâlâ o mutfak hangi akla hizmet yukarıya taşındı, anlamış değilim. İnat etti. İlla mührümü basacağım dedi. Oğul, bu evleri yapanların aklı senin eke karınınkinden az mıydı sanırsın? Vardı elbet o ustaların da bir bildiği ki bütün evleri yıllarca öyle kurmuşlar."

"Boş ver anam boş ver, bizimki de böyle olsun. Zaman şimdi böyle."

"Avuçla para. Boşuna masraf da cabası. Sahi nereden buldunuz bunca parayı? Benim verdiğimle yapılmaz bütün bunlar. Yoksa borca mı girdin?"

"Yok anam yok, dalgalandırma yüreğini. Güngör'ün analığı bir çıkın ziynet vermişti."

"Analığı mı var bunun?"

"He ya. Analık elinde büyümüş garibim..."

"Hayriye Hanım!" diye daldı nursuz bahçeye, "Bunlar ne? Söyler misiniz?"

"Güngör'üm, anamın bacıları katmıştır yanına. El boş yollanılmaz bizde. Âdettir. Çoğaltılanı pay ederler."

"Neden odanın ortasındalar?"

"Ben yığdım. Anam açar hepsini tek tek. O bilir içlerinde ne olduğunu. Az sabret, akşama kalmaz gönlünce yerleştirir."

"Bol yastık, kilim gördüm."

"Açtın mı?" diye sordu Hayriye. "Dağıttın mı? Döktün mü orta yere?"

"Kusura bakmayın, fakat merak ettim."

Hüseyin ayaklandı. "Beğendin mi?"

"Hepsini değil... Bazıları..."

"Göster hele hangilerini beğendin Güngör'üm."

Beraber içeri geçtiler. Hayriye çöktü denklerinin başına. Yün çoraplar, yelekler, çuvallar, kilimler, küpe çiçeği, Müşküle üzümü, sedef yaprak, göz boncuk işlemeli oyalar.

Güngör bayıldı renklerine. Söze dökmedi ama gözlerinden anladı Hayriye. Hüseyin'e bakışları, belli belirsiz başını sallayışı ele verdi...

"Kendimiz dokur, kendimiz boyarız," dedi Hayriye. "Dağda her boyak bulunur."

"Neyle boyuyorsunuz?"

"Kök boyayla. Her nesnenin bir boyağı vardır. Allahuteala yarattığı her nimetin içine bir boyak gizlemiştir. Yeter ki kişi onun yerini, nasıl işleyeceğini bilsin."

"Siz biliyor musunuz bütün bu yöntemleri?" Büzdü dudaklarını. O yüzüne yapışmış küçümser tavır heyheylendirdi Hayriye'yi. Yine de tuttu kendini, cevap vermedi. Hüseyin yüklendi birkaç çıkını. Yukarıya, Hayriye'ye uygun gördükleri odaya taşımaya karar verdi. Ağırları taşlığa çıkardı. Tek tek taşımaya başladı.

Hayriye bir oyalı yazma çekti aldı, Güngör'e uzattı. "Buna çeki deriz." Hüseyin gülümsedi. Ana-gelin arasındaki bu ilk örgü, ilk bağ hoşuna gitti. Hayriye açıkladı. "Buna kızılını veren nedir biliyor musun?" Başını hayır anlamında salladı Güngör.

"Aspir çiçeği, nar kabuğu, bir de labada kökünün karışımı."

"Müthiş," dedi Güngör. "Bizde de vardır kumaş boyaları, ama aktarda, pazarda toz halinde satılır."

Şimdi dudak bükme hakkı Hayriye'ye geçmişti. İncecik dokunmuş tülümsü yazma Güngör'ün ellerinde kaydı. Çevre çiçeklerinde gezdirdi parmaklarını. Sarı, yeşil, turuncu, al, bu kızıllığa nasıl da uymuş. Ne güzel bulmuşlar birbirlerini, diye düşündü. Bu uyuma hayran kaldı.

"Güzel. Beğendim. Belki bana da boyama işini öğretirsiniz?"

"Öğretirim. Elbet öğretirim. Bizim töremizde bildiğini öğretmek farzdır. Lâkin bu ev o iş için uygun değil. Kazanlarımı, çömçelerimi, havanlarımı hep atmışsınız. Evde ürün koyacak kiler, bahçede ateş yakılacak ocak bile komamışsınız."

"Gaz ocağımız var, gerekirse bir tane daha alırız, yeni, temiz kazanlar da alırız. Yeter ki kumaşlarıma bu renkleri verebileyim."

"Toysun sen."

"Af buyurun?" derken başını sinirli sallıyor. Kara, iri gözleri daha da açılıyor.

"Toysun diyorum, toy. Oba görmemişsin. Bez dokumamışsın. Önce imrendiğin işin yurdunu gör, toprağına dokun, havasını solu, bir avuç suyunu iç. Hiç suni çiçekle, dağda bayırda biten nergis bir olur mu? Her kumaş her rengi aynı içer mi?"

"Mübalağa etmeyin canım. Alt tarafı kumaş boyası bu. Mesela şu sarı olanlar güzel, beyaz ince ketene uygulanamaz mı?"

"Sarılar için beklemek lazım."

"Nasıl?"

"Her boyağın çağı vardır. Hadi eş dost gezip kurusundan sütleğen bulduk diyelim, yaz günü ayvayı nereden bulacağız? Boyacı papatyanın zamanı dersen çoktan geçti. Siz yeni yeni diye ortalarda dolaşırsınız, amma bir devrin kendini yenilemesi için bilgi kadar sabır da gereklidir, bilmezsiniz, bunları hiç hesaba katmazsınız."

Sinirle fırlatıp attı Güngör elindeki yazmayı denklerin üstüne. Elini beline destek verip sessizce uzaklaştı. Koca karnını taşımakta zorlanarak merdivenleri ağır adım çıkarken şöyle bir dönüp baktı Hayriye Hanım'a. Sözü dönüp dolaşıp evin yenilenmesine getirmesinden hoşnutsuzdu. Anlaşılan bu kadın her fırsatta aynı şeyi hatırlatacak.

Hüseyin indi yanına. "Ana ne dedin de ağlar Güngör'üm? Sen niye sevemedin bu kızı?"

"Ben bir şey etmedim oğlum. Kendi dedi kendi alındı. Gebe kadın, olur olmaz ağlar böyle, hislenir. Üzerine gitme. Geçer. Olacak o kadar," dedi, savdı oğlanı.

O gün Leman yanında iki kadınla geldi. Biri geniş terekli beyaz bir şapka takmış. Süründüğü kolonyanın ağır esansı evi kapladı. Hayriye alt kattaydı. Divanında otururken duydu seslerini. Aldı kokularını. Burnunun direği kırıldı. Kadınlar dikiş odasına buyur edilirken kalkıp kapısını kapatmak istedi. Leman onu gördü, Hayriye teyzem diye itip kapıyı girdi odaya.

"Hoş geldin. Vallaha özledim seni. Bir gittin pir gittin."

"Hoş bulduk Leman kızım. Nasılsın?"

"Nasıl olayım teyzem? Güngör ablam sayesinde biraz keyfim yerine geldi. Uyuşuk hayatımız canlandı. Bana dikiş öğretecek. Şimdilik ben ona müşteri bulmada yardım ediyorum." Sesini alçalttı. "İki memur hanımı getirdim. Maaşlı. Paralı. Elbise diktirecekler. Malum, yaz geldi."

"Hayırlısı olsun kızım." Durdu. Bu kızla konuşacak bir şey bulmakta zorlandı. "Annen nasıl?" diye sordu en sonunda.

"O da öyle işte. Bildiğin gibi. Ağrıları sızıları bir türlü bitmiyor."

Hayriye sever Leman'ın anasını. Çileli bakar. Hep mutsuz. Genç yaşta bir kız çocuğuyla dul kalmış, kolay mı? Ölçülü. Etliye sütlüye karışmaz, pek dışarı çıkmaz, kendi halinde. Allah'tan kocasından kalan üç aylığı var da ele güne muhtaç değil.

"Selam söyle olur mu? Bir gün kahveye gelsin."

"Söylerim tabii. Çok sevinecek döndüğünüzü duyunca. Sorup duruyordu."

"Sağ olsun. Var olsun."

"Hadi ben geçiyorum yan tarafa."

Demek beraber iş yapıyorlar. Bu müşteri buluyor, uğursuz da dikişlerini yapıyor.

Üç gün zor oturdu Hayriye evde. Sıcak bir yandan, eve gelen gidenin uğultusu bir yandan, iyice sıkıldı canı. Kahveler, çaylar, şekerlemeler... Bir de yeni âdet likör ikramı. Tuttu ağzını, tek söz etmedi. Divanında oturdu hep, tığ işi yaptı. Kirmanda yün eğirdi. Mekikle dantel dokudu. Orada yedi ekmeğini, orada içti ayranını. Camı açık uyudu. Hoş, sokağın geçeni de eksik olmadı ya... Uykuları bölük pörçük.

El dokumalarını sırtlanıp pazara vardı. Yaygısını ortadaki siyah kaygan taşın oraya yaydı. Taşı iyice silip oturdu. Onu yoğurtçu, peynirci bilenler, kilimleri, çorapları, dantelleri görünce ilkin bir şaşırdı. Eltiler uzaktan baktılar, yanına gelip konuşmadılar. Civardaki satıcıların sunduğu ayranı, suyu, çayı içti. Hal hatır sordu.

Nice sonra kalkıp iki eltinin yanına gitti. "Hoş geldin Hayriye gadın," diye karşıladılar. Ne çok içten ne temelli uzaktılar. Bir sitemleri olduğu kesindi. "Yoktun," dediler.

"Kışlaktaydım, bacılarımın yanında," diyerek açıkladı.

"Yalnız mı gittin?" diye sordu dul olan. O zaman anladı Hayriye niye gönül koyduklarını. Onları asıl tutanın, Gülsüm'ün gönül kırıklığı olduğunu.

"Bu devirde oğula töre işlemiyor," dedi. Eltilerin gözleri sislendi. O tek tümceden tüm derdini anladılar.

Böyleyken böyle diye üstü kapalı anlattı. Çok da derine inmedi, tek seferde bu kadar yeter. "Yerim yok gari çoğalttıklarımı dizecek."

Yalan olmasın, geldiğinin birinci ayı dolmadan, yine eltilerin salık vermesiyle Efe Han derler, kapalı çarşı içinde penceresiz, ışık almaz, kendi eski kilerinden az büyük bir yer tuttu. Taş duvarları kalın. Tavanı, zemini sağlam. İçine sindi. Hele serin olmasını pek sevdi. Biriktirdiğini reşata, cumhuriyete çevirmişti. Birinin yarımını bozdurdu, ucu ucuna yetti. Anahtarını bir ipe bağlayıp koynuna gizledi. Yoğurdu için bakraçlar; taze yağ, kaymak için toprak kaplar, bir pirinç gaz ocağı, çömçe, kaşık, sofra bezi, tülbent, neme lazım fare kapanları... artık ne gerekiyorsa hepsini aldı. Hayık'ın çırağına adresi verdi. Güğümlerle sütü oraya getirtip yığdırdı. Kaynattı, mayaladı, sirkeyle kestirdi, süzdü. Yoğurdu, kaymağı, peyniri kaplara doldurup ağızlarını sıkıca kapattı. Ertesi pazarda hepsini sattı. Bol sipariş aldı. Yine yaptı. Sattı. Çok çalıştı. Elinde kalan akçayı tuttu, biriktirdi. Yarım demedi, tam demedi, altına yatırdı.

Kış gelmeden pazarcı Yörüklerle bacılarına üç tam altın yollayacak, "Söyleyin bacılarıma, yanlarındaki kışlak hâlâ duruyorsa alıversinler bana," diyecekti.

Bütün bir yazı, biri on yaparak geçirdi Hayriye. Yalnızca sergisini büyütmeye, emeğine yoğuldu. Bir işin üstesinden gelmenin yolu, vara yoğa bölünüp de dağılmaktan değil, tümden o işin kendisi olmaktan geçer, diye bilirdi. Tam tamına da öyle yaptı.

Genelde pazardan epeyce geç dönüyordu eve. O saatte bile dikişe gelenlerle dolu oluyordu evi. Güngör kapıdan uğurluyordu gidenleri. Ne zaman Hayriye'yi görse hafif yana çekilip yol veriyor, bir hoş geldin demeyi çok görüyordu. Hayriye içli, onurlu kadın. Alınıyordu tabii. Ses etmiyordu. Hüseyin'i düşünüp oğlanın durduk yere erincini kaçırmayayım diyordu.

Bir keresinde yine geç saatte eve geldi ki o akşam yaşananlar büyük kavgalarının yalımını harladı. Güğümlerini, heybesini taşlığa bıraktı. Kapıdan bakınca içerideki kadınları gördü. Yapmaz olaydı, çevirdi başını. İlişmedi, öbür odaya geçti. Tam kapısını kapatacakken içlerinden birinin, "Aaa, Güngör Hanım bu da kim, sizin evinizde köylü bir kadının ne işi var?" diye sorduğunu işitti.

Uğursuz da "Ha, o mu? O bizim hizmetçimiz. Arada temizliğe, çamaşıra gelir," demesin mi? Üstüne bir kazan kaynar pekmez boca oldu sanki. Bütün etleri kat kat döküldü.

O gece uyuyamadı. İçinde Güngör'le atıştı durdu. Atıştıkça bilendi, bilendikçe hıncı keskinleşti, cıdama döndü, uykularından oldu. Tam orada içeri dalıp bağırsa, "Yalan söylüyor ifrit! Ne hizmetçisi? Ben bu evin has sahibiyim. Bu olmaz olasıcanın da gayınnasıyım. Alık oğlumun aklını çelmiş, kim bilir ne haltlar karıştırmış, kimlerden, ne günahlardan kaçıp gelmiş, evime çöreklenmiş, şimdi de bizim soyumuzdan sopumuzdan utanır!" İşte en çok sözünü böyle havalandırmadığına yerindi.

Bunları dese anlarlar mıydı? O kadar aktöreleri, onurları var mıydı bilinmez.

Uyur uyanıklık içinde gördüğü düşlerde itip itip girdi o kapıları. Ağzını kocaman açıp bağıra bağıra... Söylemedi, içine attı. Onlara söylemedi ancak onu kilerinde bulan oğluna gözleri belere belere, tükürükler saça saça, bir bir anlattı. Hüseyin onu ilk kez böyle görüyordu.

Sabah kalktı, hana gitti. Tüm eşyaları bir kenara çekti. Bir adam boyu yer açtı. Çarşıyı dolandı. Kalın bir döşek beğendi, aldı. Hana yakın bir tuvalet var, iyi. Bir maşrapa ayırdı. Yaz günü ne olacak. Soğuk suyla dökünüverir.

Onun eve gelmediğini üç gün sonra fark etti Hüseyin. Pazara geldi. Hayriye konuşmadı. Kovdu. "Var git sergimin önünü kapatma. Bereketimi kaçırma."

"Nerede kalırsın, ne yer ne içersin merak ederiz. Sayılı gün kaldı, Güngör'üm doğuracak, sen niye böyle yaparsın ana?"

"Edepsizler. Hem yap hem et, sonra anaya yükle. Ben miyim suçlu?"

Yine pazarda buldu, yolda önünü kesti, hep aynı şeyi söyledi. "Dön ana eve," dedi. Hayriye'nin ocağını terk etmesinin duyulmasından, kendi erliğinin yerilmesinden, kırık kolun yenden sarkmasından korktu.

Dönmedi Hayriye. O diretti ya, Hüseyin daha da diretti. Oğlanın olmazı olduran tutkusu depreşti. Sormuş soruşturmuş, şimşirciler hanı söylemişler. Gece vakti çıktı geldi. Rakıya, cigaraya doymuş. Dağınık saçları bir yangın yeri, ise belenmis, kokuyor. Kederi bir ince duman olmuş tütüyor gözlerinden.

"Ne geldin? Nereden gelirsin?"

"Barınaktan. Bu mevsim balık bolluğu var ana."

"İyi. Ateş mi yaktınız?"

"He ya. Yaktık."

"Belli."

"Balıkları tele dizip kor ateşte cızlattık bir güzel. Roka, domates, kavun, hıyar, keyif yaptık."

"Cigara da tüttürmüşsün?"

Sustu Hüseyin. Rakı neyse de anası en çok keklik yemine bozuk. Yok, tüttürmedik de diyemiyor.

"Ana, benim çok mu hatamı gördün?"

"Yok oğul yok, sen yalnızca bir hata ettin. Çoğuna bedel."

"Elini ayağını öpeyim ana. Sen cahilliğime ver."

Saçlarını okşuyor evladının. Çayırda koşar çocuk ayaklarını görüyor. Boğumlu tombul bacaklarını. Minicik parmaklarını. Uzanıp öpüyor.

"Bana mı bu kızgınlığın anam?"

"Değil. Sana değil. Soyumuzdan utanan o karın olacağa bileylendim ben."

"Ne hata etti ki böyle kızdırdı seni?"

"Eve geldim, yine toplamış kendi gibileri. Beni gösterip o dağlı, o köylü kadın hizmetçimiz, arada temizliğe, çamaşıra gelir diyordu."

Oğlanın rengi attı. "Ne diyon sen ana?" Kulaklarına dek kızardı, fırlayıp ayağa kalktı. "Yanlış duymuşundur. Yapmaz. Güngör'üm sen gittin diye ağlar evde. Der ki, tamam anlaşamıyoruz, başkayız ama evin büyüğüydü, bak torunu doğdu doğacak. Almayacak mı kucağına."

Sırtını döndü Hayriye. Oğlan konuştu, o duvara baktı.

Eltiler, "İyi yapmadın," dediler. "Heç insan evini, ocağını terk eder mi? Düşmanlık uzaktan semirir, can bulur daha da güçlenir. Pususunu gözden ırak daha bir güzel kurar. Hayriye gadın, sen kendi ellerinle yerini yurdunu yağıya bırakmışsın. Var git sahipsiz koma oğlunu, ocağını, bizi dinlersen evine dön."

Hayriye başını ellerinin arasına aldı, düşündü. Bacılarının salık veren sözleri de yankılandı kulaklarında. İkinci gün akşamüzeri, Hüseyin bunu alıp getirdi. Karnı öyle genişlemiş, sanırsın ikiz doğuracak. Yürümekte zorlanıyor. Surat desen beş karış.

"Ana, bak Güngör'üm geldi. Elini öpecek."

"İstemez. El neyin öptürmem ben ona."

"Hayriye Hanım, yapmayın böyle. Bakın üzüyorsunuz bizi. Hüseyin'i uyku tutmuyor. Sıcak bir yandan, sancılarım bir yandan, inanın hiç huzurumuz yok. Dönün eve, tamam alt katta divanda yatın, kabul. Ne istiyorsanız, nasıl istiyorsanız öyle olsun ama ne olur buralarda sürünmeyin."

Aaa, edepsize bak! Sürünmek de ne? Aklına bile gelmedi Hayriye'nin, demek oğlunu da böyle fiştekledi zaar. Anan sürünüyor dedi...

"Hüseyin'e bir yığın olur olmaz şey anlatmışsınız. Ben ne zaman öyle bir şey dedim? Allah şahit, ağzımdan öyle bir laf çıkmadı."

"Çarpılcan, bari Allah'ın adını anma! Kulağımla duydum. Bu köylü bize çamaşıra gelir, temizliğe gelir demedin mi?"

"Demedim."

"Amaan sen bana yalancı mı diyon?"

"Haşa, haşa... Hiç der miyim? Ama insaf edin. Demediğim bir şeyi de kabullenemem ki. İnanın demedim. Ne haddime? Siz öyle kafanızdan..."

"Allah'a şükür hâlâ aklım başımda benim. Ne duyduğumu, ne gördüğümü bilmem mi? Bu köylü ne diye girdi evinize diye sordu biri, sen de o bize hizmet eder dedin."

"İftira etmeyin bana Hayriye Hanım. Ne olur yapmayın. Bakın anasız babasızım ben, Hüseyin'imden, sizden başka kimsem yok, bilmez misiniz?" (Mağdurum demek savunu olmuş. Nerede kaldın, niye bu kadar geç kaldın Hayriye? Sen iki lokma ekmek peşindeyken nasıl da değişmiş insanlar, ters döner olmuş dünya.) "Günahtır. İnsaf edin. Yıkmayın kurulu yuvamızı. Huzurumuzu kaçırmayın. Tamam, beni kabul etmeniz zor olabilir. Sevmemiş olabilirsiniz. Haklısınız. Öyle kimseye danışmadan çarçabuk evlendik. Mecburduk. Bakın durum ortada."

Biz anamızın, kayınanamızın yanında erimize yaklaşmazdık bile. Utanç örtüsünü sıyırıp atmış bu kız! Allah düşmanın bile mertini nasip etsin, şunun ettiğine, dillendirdiğine bak! İnsan dediğinin ardında durmaz mı? Şerefsizi yenmek bile ardır. Ha desen koyuverip ağlayacak. Parçalayacak üstünü başını. Bir eğilişi. Elleri böğründe yakarışı var ki görmeyin gitsin.

Hüseyin'in gözlerine kımıl kımıl yaş yürüyor. Hayriye kavga bilmiyor. Kaypaklıktan, oyun, hıyanetten habersiz. Biliyor ki, bir tükürse yüzüne, sözü bitirecek, üstüne varsa, oğlunu elleriyle bu iblise teslim edecek. Kız da Hayriye'yi tanımış, biliyor, kendi karanlığına çekmek istiyor onu. Bir kıpı sendeleyeceği, bir gıdım bocalayacağı o ânı bekliyor. Bu hatayı yapmasını gözlüyor. Ana oğlu birbirine bağlayan incecik tel de kopsun...

Duramadı Hayriye, çıktı kilerinden. Ardında koydu onları. Karanlığa karıştı. Orada ayrımına vardı ki bu kadın düşündüğünden de tehlikeliydi. Yalanın bile adabı vardı. Böyleleri insanın gözüne baka baka kendi bildiğini şaşırtır.

Yine de ilenmedi. Aklı gitti gitti geldi. O keskin kıyılarda dolaştı. Hıncına yenilmedi. Kargışlamaktan kaçındı. Tuttu kendini. Biri, varı yoğu tek oğludur, kötü olsun istemez; öbürü hiç güvenmeyip töresini sorgulasa da gebe bir kadındır. Kim olursa olsun, bir canı karnında taşıyan herkes Allah'ın sevgili kuludur. (Onu gücendirmek olmaz.)

Allah ıslah eylesin. Dönmedi eve. Serin, sakin, huzurlu kilerinde kalmaya devam etti.

İçinde ekili kuşku tohumu çoktan çatlamış, ancak Hayriye büyümesin diye eliyle hep güneşini kapatmıştı. Üstü, kara nemli toprak, çal çamur, balçık örtülü bir soru bu... Durmadan karanlığa ittiği işte o soru, bir gece ışığa erişti.

Çok sıcak bir son yaz gecesiydi. İnatçı mevsim dönmem, yerimi rüzgâra, yağmura vermem diye diretiyordu. Boducu doldurup doldurup su içmiş, yine de kanmamıştı. İçi yana yana yatmıştı uykuya. Umutsuz cırlakların bir ağızdan canhıraş sesleri duyuluyordu. Yorgun bir bedenin kalp atışları. Biri nefes alır yanı başında sanki. Bir yelserini yokladı alnını. Ürperdi. Yattığı yer ıslak, insanın içinde ne kaynarsa düşünde o taşarmış, kendini bir tepeyi çıkarken gördü. Soğuktu. Rüzgârların yukarılardaki buğdayları dalgalandırışından çıkan hışırtılar çağırıyordu onu. Sanki İsrafil beceriksizce üflüyordu surunu.

Güya gündüzmüş, ancak yükünü almış, burgaç çoğalan, ışık sızdırmaz, kurşuni bulutlardan dört bir yan alacakaranlık. Ayakları yalın. Parmak aralarından taşan ıslak çamur soğuk. Yokuş dik. Doruğa yol çok. Bastığı yer tekinsiz, kaygan. İki büklüm, düşmemek için neredeyse emekliyor. Doğrulsa dengesini bulamayıp geri yuvarlandı yuvarlanacak. Korkusu, bunca uğraşla, güçbela aldığı yol başa dönecek. Parmaklarını geçiriyor toprağa. Kararlı. Onu çağırana ulaşacak. Seyrek, kaygan otlara tutunuyor. Elleri incecik kesiliyor. Rüyada da olsa canının derin acısını duyumsuyor. Eti çizik çizik yarılıyor, ayrışıyor, yine de kan çıkmıyor. Çıksa rüya bozulacak. Çıkmasın diye yakarıyor. Ne olur çıkmasın. Niye burada olduğunu, nereye varmak istediğini, onu kendine yönelten duygunun kaynağını merak ediyor.

Üzerinde boyağı uçuk, yıbırdak bir entari var. Kırk beliğinin kırkı da çözük, ıslak yeller ağarmış saçlarını avuçlayıp her yöne savuruyor, bu haliyle meczup, düşkün denilebilir. Canını dişine takıp tırmanıyor. Soluklanmadan, dur durak bilmeden içten gelen bir itkiyle, apanlaya apanlaya tırmanıyor. Ne dimdik yokuş bitiyor ne de Hayriye'nin azmi. Parmaklarının erkine, tükenmez gücüne kendi de şaşırıyor.

Sonunda varıyor dağların doruğuna. Meğer orası kabristanmış. Her yanı boyunca sapsarı başak bürümüş. Esintiye koyuvermiş, dalga dalga salınıyorlar. Ortada bir tek toprağı kargın bir mezar. Kimin mezarı bu? Mezar taşından tanıyor. "Sıtkı'm," diyor. "Evimin direği. Erim. Oğluma can verenim, kan damlam. Kim taşıdı seni bu ücra yere? Kim huzursuz etti? Derin uykundan kim uyardı seni?"

Yorgun, ekinlerin arasından yol açıp erişiyor. Başına çömeliyor. Toprağını okşuyor. Ağlıyor. Dünyanın kötülükleri kanlı yaş olup akıyor yanaklarından.

"Ben mi kaçırdım huzurunu? Seni cennetinden benim dargınlıklarım mı sürgün etti? Yok ciğerim, yok, sen yeter ki üzülme, ben dayanırım. Huzur bulacaksan dönerim ocağımıza, kan kusar, şerbet içtim derim. Çekerim, ziyanı yok. Bilemedim. Ahımın arş-ı âlâyı aşıp da sana ulaşacağını düşünemedim. Şu mezar taşı gibi dimdik duramadım. Gel gör ki bir onulmaz beladır, kim olsa nefsine yenilirdi. Muradın bir güzellik zindanında zincire vurulmuş, tutsak. Şehvet de gardiyanı. Korkum; güzeli ara, hayaya tercih edenlerin akıbeti gün gelip onu da vuracak, tutku celladı olacak. Uyanır sandım, bir kıpı esrikliğinden ayılır, cayar, bıkar sandım... Ne çare. Gelmeden yüklenmiş, yılı dolmadan doğuracak fettan. Oğlumun belinden, dölünden midir bilemiyorum. Emin olamıyorum. Ah bir olsam, bir bilsem ki öz torunum verilecek kucağıma, soğuyacak içim, yangınlar sönecek."

Uzanıp yattı mezarın üstüne. Döşekte yan yana, can cana sarılışlarına gitti geldi. Sıtkı'sının karnını belinde duyumsadı.

Tende ürpertiyi çoktan unutmuş. Kasıklarında kendini hatırlatan sızı arzu değil, olsa olsa derin yalnızlığı. Özlem buydu. Özlenen Sıtkı'sının kollarında daldığı emin uykulardı. Doyamadı sarılışına. Dağ gibi ardında duruşuna... Birden gök gürledi. Boşandı bulutlar. Rahmet üzerlerine sicim gibi yağdı. Toz kalktı yerden, ıslak toprağın çağa kokusu ulaştı burnuna. Saman sarı başaklar kurşuna dizilircesine ağır damlalarla bir bir vuruldular. Kırılıp düştüler. Toprak o çelik damlalarla çatladı. Mezarın üstü kımıldanmaya, devinmeye durdu. Yol yol yarıldı. Ürktü Hayriye. Toparlanıp dineldi. Bir adım kaçındı. Kabir kat kat kabardı. Çatlaklar yarıklara dönüştü. Ansızın fırlayıp ortaya çıkacak korkunç bir sanrılın irkiltisi abandı yüreğine. Kapkara. Önüne çıkanın üstüne kapanacak, soluksuz bırakacak, boğup, öldürüp kara toprağa çekecek bir umacı. Usatlar zindanının bekçisi. Alev dilli. Büyük bir gürültü duydu. Mezardan Hayriye'nin üç katı, kocaman, iki güçlü el çıktı. Hiç korkmadı. Bir mucizeyi izler gibi baktı yükselen ellere. Tanıyor o elleri. Nasır tutmuş parmakları. Her yanı hatırlıyor şefkatini. Kaygan sular sızan avuçları çıplak ölü bir bebeği tutuyor. Bulaşık kıpırtısız bebek yağmurla yıkanıp çamurlarından arınıyor.

Sağ elin şehadet parmağı hareketlenip bebeğin ensesinin altından boynunu sevmekte. O sevdikçe canlanıyor diye düşündü. Sev, diye bağırdı ellere... daha da sev. Çok sev. Bak sen sevdikçe can bulacak.

Çok düşündü. Neye alamet? Sorularının hangisine cevap? Bu düşü layığıyla yoracak bilge birini bulamadan, daha haftası dolmadan, kan ter içinde haberi getirdi Hüseyin. "Koş ana, koş, Güngör'üm doğuruyor!"

Günahın feryatları sokağa taşıyordu. Kapı açık bırakılmış, mahalleli doluşmuş eve. "Gelin kız doğuruyor!" diye sesleniyor kadınlar, bir bahçeden ötekine. Yukarıda yatıyor.

Odasında. "Çıkacan mı gelininin yanına? Doğuma yardım edecen mi?"

Hayriye ses etmedi, geçti divanına oturdu. Musibetin çığlıklarını, acısından kuduruşunu dinledi. Allah biliyor, azıcık yanmadı içi. Vah vahlanmadı, onun yerine çevresindeki kof telaşı izledi. Hüseyin kapı önüne çıktı. Bir sigara yaktı, savrulan kaygılı dumanı cama çarptı. Öyle bir savruluşu vardı ki gelip gelip ana yüreğine vuruyordu. Hayriye oğluna üzüldü.

Leman'la anası taşlıkta, merdiven başında, avuçları kızarmış diklemesine oklava çeviriyorlar. Kökeni nereli bunların? Hayriye böyle bir inancı, âdeti hiçbir yerde görmedi. Bir yandan da (güya) çarçabuk olsun, tek avazda doğursun diye dualar okuyorlar. Olmuyor. Feryadı, çığlığı yeri göğü yırtıyor. Doğuramıyor.

"İlenmedim Allah'ım, sen kalbimi biliyorsun. İçimden dahi geçmedi, kötü olsun demedim. Sen doğacak yavruya acı. O günahsızı bağışla."

Bahçede gaz ocakları yakmışlar. Birine geniş tencere oturtulmuş, içinde ebenin bıçağı, makası, aleti edavatı kaynatılıyor. Odaya bakır kovayla sıcak su taşıyor bir kadın. Hayriye dayanamıyor. Kalkıp yukarı çıkıyor. İlk kez giriyor yatak odalarına. Aydınlık, temizce badana edilmiş. Şıkırtılı bir avize asılı yatak üstünde. Biri duvara çakılı, öteki pirinç ayaklı, iki ayna çarpıyor gözüne. El dokuma halı (bu mevsimde). Yeşil ağır kadife perdeler boğmuş odayı. Gipür dantel tül örtülü camlar açık, yine de sıcağı savmak ne mümkün. Cehennem buğusu odaya çöreklenmiş. Bir kadın -daha önce hiç görmediği, belki ebenin yardımcısı- çarşafları yırtıyor. Hayriye göğsünden itiyor kadını içeri geçerken. Kaşları çatılıyor. Kadını yıktı yıkacak. "Biz ölü yuğarken böyle yırtarız kefeni. Uğursuzluk etme kadın!" diye bağırıyor. "Çekil yatağın başından. Yırtacaksan dışarıda yırt o mereti."

Ebe kadının bir eli böğüren Güngör'ün bacak arasında. "Ikın kızım, ıkın!" diye emreyliyor. Yüzlere yapışıp kalmış kaygı ta ilk andan seziliyor. Hayriye, ağıldaki mallardan damları altında çalışanlara, obada taze gelinlerden beş kez doğurmuşlara dek pek çok doğum gördü. Eline doğanın sayısını bilmiyor.

"Çekilin!" diye yaklaşıyor. Kadınlar ebeyi, "Kaynanası Hayriye Hanım," diye uyarıyorlar. Geçip ardına oturuyor Güngör'ün. İki yana açtığı bacaklarının arasına yatırıyor. Kollarını Güngör'ün göğsüne doluyor. Çekiyor kendine. Sonra gevşetiyor. Terli alnını siliyor. Bu kadar yakın olabilecekleri akıllarına gelmiş miydi? Birlikte derin solup alıp ıkınıyorlar. Ebe iki eliyle şişkin karnı bastırıyor.

Açılmıyor diye başını iki yana sallıyor, açılmıyor.

Hayriye kaldırıyor Güngör'ü. Koltuk altına girip odanın içinde dolandırıyor.

Yatağa dört ayak üstüne yatırıp belini ovuyor, uzun uzun sırtını sıvazlıyor. İçinden durup durup Meryem suresini okuyor. Biraz ağrısı, feryadı diniyor Güngör'ün. Ebe itiraz etmiyor. O da katılıyor Hayriye'nin yordamına. İkisi birden bakıyorlar bacakları aralayıp. Evet, yeterince açılmamış. Bir ara hastane lafları dolaşıyor. Böyle olmayacak. Cankurtaran çağırmak en akıllıcası. Ancak zaman yok. Başı görünüyor bebeğin. Çatı açılmış çoktan.

Ebe bir adım geri çekiliyor, kanlı ellerini korkuyla alnına dayayıp dudağını ısırıyor. Çaresizliğine sinirlenen Hayriye, "Çekil şöyle!" diye onu da yana itiyor. İnce bıçağı kaptığı gibi, zorlanan rahim ağzının gergin mor çeperini kesiyor. Önden kan fışkırıyor, ardından sapsarı bir suyla bebek kayıp boşalıveriyor yatağa. Ekşi, yakıcı amonyak kokusu odadakilerin yüzlerine çarpıyor. Güngör baygın düşüyor, ancak rahatlamış. Bebek ciyak ciyak bağırıyor. "Kız," diyor ebe. "Bir kız."

"Biliyorum," diye yanıtlıyor onu Hayriye, daha bakmadan. Kanı durdurmakla uğraşıyor o. Kan taşı sürüp tüm bezleri bastırıyorlar. "Dikmek lazım. Yanımda ne iğne var ne de katkut." Aşağıdan en incesinden bir dikiş iğnesi bulup getiriyorlar. Önce kibrit alevine tutuyor, kolonya, bir de saf alkolle temizliyorlar. Peki ya ip? Neyle dikeceğiz? Katkut gerek.

Hayriye uzanıp Güngör'ün uzun, güçlü, gür saçlarından birkaç tel kopartıyor. Alkole basıyorlar. Az bekledikten sonra geçirip iğneye kesiği dikiyorlar. Her ilmekte meraklı gözler bir mucizeye tanık olurcasına Hayriye'nin iş bilir ellerini izliyor. Daha önce böyle bir şeye hiç şahit olmamışlar. "Hadi," diyor Hayriye, "hepimize geçmiş olsun. Şimdi kimi isterseniz arayın, dispanseri, cankurtaranı..."

Bebeği çoktan temizlemişler, sarmış sarmalamışlar. Getirip anasının koynuna bırakıyorlar. Güngör mutlu. Yaşlı gözlerle bakıyor yavrusuna. Kırmızı bir kurdele bağlıyorlar başına. "Ne güçlü bünyen varmış kızım senin," diyerek teselli ediyor ebe lohusayı. Üzerine temiz, beyaz bir çarşaf örtüyorlar. Odadakileri çıkarıyor, camlardaki tülleri sıyırıp açtırıyorlar. Leman peştamalle yelliyor Güngör'ü. "Az kendine gel Güngör ablam, ben değiştireceğim üstünü, yeni geceliğini giydireceğim, saçlarını yapacağım," diyor.

Hayriye süs peşindekilere yılgın gülümsüyor. Aceleyle, zerdeçal, tarçın, bir çimdik keklik yemi, acı biber tohumuyla nane kaynattırıyor. "İçirin bolca, acısını, ağrısını alır, derin uyutur," diyor. Tam kapıdan çıkarken Güngör durduruyor onu. "Hayriye Hanım?"

Dönüp bakıyor Hayriye. Daha önce onu hiç böyle yumuşacık çağırmadı. Sesi ilk kez yenik, minnettar... "Siz torununuzu kucağınıza almayacak mısınız?" Bebeği uzatıyor.

Topraktan fışkıran eller geliyor Hayriye'nin aklına. Yağmurla yağırlarından arınan. Çal çamur kir içinde bir bebek kıprașıyor. *Torununuzu* dedi. Yine aynı soru dönüyor usunda. Gerçekten Hüseyin'den mi? Hayriye'nin öz torunu mu? Bu bebek soyumuzdan mı? Tohumu bize mi ait? Tam dönüp gidecekken vazgeçiyor. Bebeği kucağına alıp yüzüne iyice bir bakıyor. Buruş buruş yanakları, ağlamaktan yorgun büzüşük dudakları, çapaklı şişik gözlerinde bir benzerlik aranıyor, yok, boşuna. Hiçbir bebek palazlanana dek ele vermez kendini. Ellerine, ayaklarına bakıyor. Parmakları tam. Sırt kemiğini saymak için ters çevirince görüyor... Sağ elin şehadet parmağı ensesinde bir iz bırakmış. "Nişan!" diye bağırıyor. Nişan. Küçük bacısındaki doğum lekesi tam da aynı yerde, aynı biçimde. Odadakilerin şaşkın bakışları arasında kaptığı gibi bebeği, sevinçle atıyor kendini dışarı. Koşarak iniyor merdivenleri. Taşlıkta bekleşenler ne olduğunu anlayamıyor. Bebeği kapı önünde dinelen Hüseyin'e uzatıyor. "Al oğul, al yavrunu, torunumu, al kızını," diyor.

"Kız mı?"

"Kız ya. Nur topu gibi, sağlıklı, güzel mi güzel bir kız."

Hüseyin hüngür hüngür ağladı. Kuzusunu boynuna, yanağına yasladı, kokladı. Hayriye onu görüp onurlandı. Sıtkı'sının varsıl, çil çil altın saçan erinci geldi usuna. Atılıp sırtını sıvazladı oğlunun. Dualar okudu.

"Hade şimdi git karının yanına, beraber yaşayın sevincinizi." Hüseyin tam eve girecekti ki durdurdu onu. "Bir de isim düşünmek gerek Hüseyin. Bunu da beraber oturup danışın."

"Gerek yok ana, ben çoktan biliyorum ne isim vereceğimi."

"Essah mı?" Meraklandı Hayriye. "Ne isim verecen?" diye sordu.

"Yücelerin yücesini, benim için en değerlisini, beni büyüteni, bugünkü adam edeni, ayakta tutanı ad yapıp vereceğim kızıma."

Hayriye oğlunun ağzından dökülenleri kendine yordu. Erinci katlandı. Demek evladı ana kıymeti bilir bir olgunluğa erişmişti de haberi yoktu. Gözleri buğulandı.

Hüseyin kucağında yavrusuyla, bir hayal olup titredi önünde. Biricik oğlu, anacığını adıyla yaşatacak. Ne kutlu bir gün, diye düşündü. İçi açıldı. Önce bebeğin, soyunu müjdeleyen nişanıyla doğması, şimdi bir de bu duydukları...

"Her şeyim feda olsun oğul yoluna. Bu günleri de gördüm ya."

Amma biliyordu, o düşün hayırlara vesile olacağını sezmişti. Yaradana binlerce şükür. Koynundan bir altın lira çıkarıp uzattı. "Al bunu Hüseyin'im, al. Var git karına tak, olmaz öyle, lohusa göğsü boş konmaz..." dedi.

Gözü parladı Hüseyin'in, "Anam," diye sarıldı. Şakağından öptü. Dünyalar Hayriye'nin oldu. Gitmeden yine oğlunun kolundan tuttu. Duymak, çevrede onları izleyenlere de duyurmak istedi... Ele güne oğlun hayırlısını ilan etmek.

"Ne isim vereceksin? De hele kurban olduğum, söyle de herkesler duysun, ne olacak kızının ismi?"

"Sevdam olacak ana."

"Sevdam mı?"

"He ya, şu yüreğime sığmaz, bir güzelin alevlendirdiği kara sevdamı taşıyacak yavrum ömrü oldukça..."

Hayriye anlayamamıştı. "Sevdam diye isim mi olur?"

"Sevdam değil ana, Sevda... Sevda."

Hayriye'nin, bütün erinci oracıkta dağılıverdi, yüzündeki mutluluk örtüsü pul pul oldu döküldü. Yine de sezdirmedi. Yutkundu. Sevinci kursağında kaldı. Olsun, kendi torunuydu ya... Boyun büktü.

"İyi ya, madem öyle istiyon, Sevda oluversin bakalım. Ömrü uzun, bahtı açık olsun..."

Sevda Yörüklerden, 07 Eylül 1961 yılı perşembe günü, öğle sonrası dünyaya geldi. O dönemlerde küçük yerlerde pek üstünde durulmasa da Güngör Hanım'ın titizlenmesi sonucu nüfusa günü gününe kaydettirildi.

Doğumun onuncu gününde Güngör iyiden iyiye ayaklandı. Hayriye yine de çok dolanmasını istemedi. Hüseyin'i aracı koyup hep uyardı. "Götür yatır şunu. Kalkmasın. Dönenip dolanmasın."

Muğla'ya hastaneye götürdüğünde oradaki doktor da öyle demiş. "Yatsın," demiş. Açmış bakmış. Yırtığı görmüş. "Düzgün dikilmiş, kim dikti bunu?" diye de sormuş. Hüseyin anam demiş, yemin de etmiş de adam inanamamış. Övmemiş. Kaşlarını çatıp biraz kızmış hatta. "Hâlâ böyle ilkel yöntemler var mı yahu?" Burnu sürtülsün diye sürgün edilmiş. Aslı İstanbulluymuş. Tabii orada onların imkânları çok, halden bilmezler. Obada mı yaşamışlar, ot mu ezip yaralarına sürmüşler? Varlığın diliyle konuşmak kolay.

İltihap kapmaması mucizeymiş. Yine Hüseyin'in dediğine göre, Güngör hiç ilenmemiş. Gönül koymamış. "O şartlarda elinden gelen buydu doktor bey."

İlaç yazmış doktor. Yine gelmelerini tembihlemiş. Olur dediler, gidemediler.

Memlekette ölüm sessizliği. Patladı patlayacak bir çığlık. Yas havası. Kıyım. Dün iki vekili astılar. Erkenden uyandı ahali. Radyo başında aldı soluğunu. Koskoca, diri, dayanıklı bir gövdenin, kan dökücülerin baltalarıyla parçalanışına şahitlik ettiler.

Pazar günüydü. Sokaklar bomboştu. Unutulmuş bir ören yeriydi sanki Bodrum. Sıcaktan bunalanlar terli bedenlerini deniz kıyısına atmamış, çoluk çocuk kapı önüne salınmamıştı. Balkonlarda tertemiz yıkanmış çamaşırlar, kendilerini hafif esen rüzgârın aymazlığına bırakmış dalgalanıyordu. Hayriye divanında bağdaş kurmuş, eli çenesinde sokağı izliyordu. Bütün gün külçe dökülmüş dizlerinin ağırlığından yerinden kalkmak istemedi. O, pek olur olmaz memleket meselelerine kafa yoranlardan değildi. Üretip çoğaltmayı bilirdi. Hiç durmadan çalışmayı. Yaygısını serecek yeri, pazarı. Eğer bir pazar yeri dağılırsa, yaygısı savrulup atılırsa onun için savaşmayı bilirdi, diretmeyi, direnmeyi. O günlerde tezgâhlar dağılmış, çarşı pazar karışık, herkes perişandı. Her evden çıkan ölüler aynıydı. Aynı tabutlar omuzlanıyor, aynı acıyla, aynı kaygıyla uğurlanıyorlardı mezarlarına. İşte o kasvetli pazar günü de başvekil asıldı. Koskoca ülke o gün, o tahta boşta sallandı, sonrasında da...

Hüseyin sandalyesini sesi kısık radyoya çevirdi. İyice sokuldu, sanki az daha yaklaşsa İmralı'yı görecekmişçesine. Güngör'ün yüksek sesi radyoyu bastırdı. Kucağında yavrusunu emziren bir anadan vicdanlı olması beklenir değil mi? Onda kırıntısı yok... Sözlerinde öfke var. Ateşi harlayan göğsü hiddetle inip kalkıyor.

"Etme bulma dünyası!" diyor. Yaşından beklenmeyecek büyük bir söz bu. Ne dediğini, dediğinin nerelere varacağını o yaşında bilmiyor olmalı. İşte gerçek cahillik bu. "Herkes ettiğini bulacak. Çok çektirdiler bu millete. Sonucuna katlanacaklar. Şeriatın kestiği parmak acımaz."

"Şeriat Allah kelamıdır kızım. Kulun aklının ötesinde," diye sakin bir sesle susturuyor onu Hayriye. "Memleket bir obadır. Obada sözün birliği vardır. Ölüm kaçınılmazsa da kulun harcı değildir. Allah'ın verdiği soluğu ne olursa olsun kul kesemez. Keşke bir daha düşünelerdi, keşke böyle olmayaydı. Bu lanet, bu ahlar çöreklenir yurdun üzerine. Orada sallanan dirlik düzendir, bundan gayri huzur bize haramdır."

Sokaktaki insana göre çok şey değişiyor, daha da değişecek. Herkes yeniden bahsediyordu. Yeni bir yasa, temiz bir yönetim, yepyeni bir ülke; aydınlık, daha demokrat, halkın her kademesinde söz sahibi olduğu... Bir öncekini işe yaramaz, tükenmiş, eskimiş bulanları yolda çevirip, "Bir ülke kaç yılda eskir a kardeşim bana bir deyiverin?" diye sormak geliyor Hayriye'nin içinden. Onun anası, bacısı, ağası, atası dağda düşmanla vuruşalı ne kadar olmuştu ki? Ne çabuk tükendik. Hayriye güçlü esen bu rüzgârların önünde nasıl durulur bilemiyordu. Buralarda eskiden ancak tratalardan çıkan motor dumanıydı, şimdi çoğalan arabalarla her yanı is kaplıyor. Geniz yakan egzozlar zehir solutuyor; denizin, dağın, balığın, çiçeğin otun kokusunu bastırıyor. Değişen devrin telaşlı rüzgârına katıp taşıdığı yeni kalabalıklar, yurtlarında gördüklerini, ganimet sayıp keşfettikleri bu cılız, savunmasız kasabaya sıvıyorlar.

Hayriye, torununun doğumunun ikinci ayında pazara çıkmaya başladı. Kilerinde sütleri darıkmış, peyniri küflenip bozulmuştu. Yoğurtları ekşimiş, köpürmüş. Hepsini içi yanarak attı. Nimet dediğinin de bir hafızası var. Müsriflik âlemde affı zor bir günahtır, mutlaka ahı döner, gelir, bulur insanı. Dualar okuyarak, şefaat dilenerek yenilerini kaynattı, mayaladı. Çalışırken bir yandan da aklı hep evde, divanın üstüne sarıp sarmalayarak koyduğu bebekteydi. Yere batasıca, yavruya bir tek emzirirken dokunuyordu. O da acıkıp çok ağladığı için. Ne altını değiştiriyor ne de yıkıyor. Diksin, giysin, taksın takıştırsın, ayna önünde salınsın. Analık bilmiyor ki. Hayriye bir oğul büyüttü, bir de torun büyütür, onun için iş değil. Ancak kavga dövüşleri de bitmiyor. Ne dese tersliyor, beş karış surat, kapıları yüzüne çarpıyordu. Ağırına gidiyor Hayriye'nin. Haklıyken, dirlik vermez, huysuz kaynanaya çıkıyordu adı. Kapı kapı gezip ezilen gelin hikâyeleri anlatıyormuş konu komşuya. Kolu mu morardı, burnu mu kanadı, yüzümü şişti... Kim yaptı? Uzunca bir süre kısık gözlerle baktı yanından gelip geçen. Bir yüzüne tükürmedikleri kaldı.

Açlıktan ciyak ciyak ağlıyor yenidoğan. Ana sütü vereceksin ki doysun, huzurlu uyusun. İliğine can gelsin. Kime söylüyor? Hayriye'nin öğütleri hep havada kalıyor. Kumaş ölçüyor o. Elinde makas, dudağının kenarında sigara, bir gözü kısık, boydan boya kesiyor. "O katran hep sütüne karışıyor. Bebeği de zehirleyeceksin. İçme şu zıkkımı." Rezene, çörek otu, sarımsak ezip hayıt otuyla karıştırıyor. Elinde çorba tası, peşinde döneniyor. "Bunu iç kızım, iç de sütün bolarsın."

"Bu ne?"

"Bu anaya güç, kuvvet. Biz hep bunlarla can bulduk. Sen yetkelen ki yavrun sütüne doysun, hastalık onu bulmasın."

"Asla olmaz, çekin şu iğrenç şeyi!" deyip odalara kaçıyor.

Hep sırtüstü yatırıyor. Bebek kusmuğunu yutup boğulacak diye kaygılanıyor Hayriye. Uyurken ağzına ayna tutuyor. İğreniyor kendi bebesinden, günde bir kez bakıyor altına. Her yanı pişik, cılk yara olacak diye korkuyor bu kez de... Hayriye huncacığın kulak ağrısını, gaz sancısını kendi yaşlı bedeninde hissediyor. "Kızım yapma, bu daha el kadar, kendini bilmez, divana atıp gidiyorsun, yan döner düşer, bir yanı kırılır, hayatınız boyunca vicdan azabını çekersiniz." Yok, dinletemiyor. Az daha büyüsün, Hayriye döşüne bağlar, gezdirir yanında. Bunun cahil ellerine bırakmaz.

Pazara kolluklular geldiler. Sergisini kaldırmasını, bir daha burada izin belgesi olmadan sergi açamayacağını söylediler. Hayriye anlamadı. Ne etti, kime zararı var? İki lokma ekmeğinin peşinde o. Artık il sağlıktan belgesi olmayanın, süt mamulleri satılmayacak. Açıkta yoğurt, peynir, taze yağ, kaymak kesinlikle yasak. Cezası büyük. Hapse kadar gider. Hayriye beliklerini yoldu. Dinlemiyorlar. Tüm bakraçları tutup tutup toprak yolun oraya fırlatıyorlar. Güğümlerini devirip ürettiklerini ziyan ediyorlar. Hayriye çok ileniyor. Çok gözyaşı döküyor. Bir hal çaresi düşünen, bir yol gösteren yok ki. Hayık'ın dükkânına da gitmişler. Aynı gün kapatmışlar. İp gerip balmumuyla mühürlemişler. Oturmuş kara kara düşünüyordu garipler. Ne yer ne içeriz? Hayriye çok üzüldü hallerine. Yaylaktaki mallarına kıran girdiği günler canlandı gözlerinin önünde. Yan dönmüş, şişmiş, kaskatı malların çıra gibi harlanıp yanışını ansıdı yeniden. Muğla'ya il sağlığa gidersen işte böyle kilerini basarlar dediklerinde iyiden korktu.

Hayık sıfırı tüketince mecnun olup donuk yaşlı gözlerle dolandı ortalarda. Olta atıp balığa, hortumsuz süngere mi çıksın bilemiyordu. "Bulacağız bir yol," diyor garip, halini soranlara. "Elbet bulacağız."

Hayriye de bilmez başka. Hayık'ı iyi anlıyor. Kaçak göçek yine pazarın bir köşesine ilişiyor. Ortalarda görünmüyor kolluklular. Tam iyi gari gelmezler dediklerinde yeniden peyda oldular. Zerzevata, ota, şimşire, dokumaya karışmıyorlardı. Yiyecek satanlara, yufkaya, tandır ekmeğine, köy yumurtasına, süte, peynire düşmandı bunlar. Hayriye önde, onlar arkada, zır düdük çalıp kovalamaca oynuyorlar. İnatla ardından koşuyorlardı. Ara sokaklarda izini kaybettiriyordu. Yüreği yerinden çıkacakmışçasına atıyor, yaşlı bacakları taşımıyordu onu. Çöküp kalıyordu olduğu yere. Akşam karanlık basınca güçbela doğrulup yola koyulabiliyordu. Her gördüğünden korkar olmuştu. Yakalanıp zindanlara atılacakmış gibi her an tetikte yaşıyordu. Devlet dediğin darda kor mu insanı? Bu yeninin kitabında yok mu onun güçlü elini sırtlarda hissedecek bir kanun?

Hüseyin'le konuşamıyor bir türlü. İçini dökemiyor. Dışarlıklıların yukarılarda aldığı yıkıntıları adam etmede çalışıyordu o. Aklı fikri oradaydı. Her gece yorgun argın, toz toprak içinde geliyordu eve. Yıkanıp yatıyor. Gün görmeyesicenin yeni aldığı pedallı makinesi takır takır çalışıyor. Kollusu bu kadar ses yapmıyordu. Bunun gürültüsü uykuları kaçırıyor. Durmak da bilmiyordu. Yeni yeni huyları vardı. İşi bitince bebeği Hayriye'nin önüne atıp karşıya Lemanlara oturmaya gidiyordu. Işık yanan odanın açık penceresinden alafranga şarkılar taşıyordu sokağa. Çiğ, cırtlak kahkahalar. Gece geç vakitler dönüyordu eve. Esrik. Soluğu gazyağı gibi kokuyordu.

"Kızım, utanmıyor musun, sen evli barklı, çocuklu bir kadınsın," deyince de basıyordu feryadı. Gece geç vakit demiyor, bağırtılarına uyanan komşulardan çekinmiyor, çığlık çığlığa vuruyor kendini duvarlara; ölse miymiş sıkıntıdan bu köy yerinde? Boğuluyormuş. Kimse onu anlamıyormuş. Daralıyormuş. Komşuya gitmek de mi ayıpmış? Neyinden utanacakmış, fuhuş mu yapıyormuş?

Amaan diye elini ağzına kapatıyor Hayriye, sanki bu iffetsiz lafları kendi etmiş gibi. "Senin ar damarın çatlamış. O nasıl laf öyle?" Üstüne üstüne yürüyordu Hayriye'nin. Yaş gözetmesi, saygısı, hürmeti yoktu.

Pazarda ekmek kavgasında kaçan huzurunun üzerine bir de bu katlanarak binmişti.

Birinde oturttu karşısına Hüseyin'i, müşkülünü böyleyken böyle diye anlattı, "Yardım et oğul. Pazara çıkamıyorum. Ürettiğimi hep döküyorlar. Koymuyorlar ki yaygımı sereyim. Neredediir bu izni alınacak sağlıkçıların yeri? Bir yol bul, bir akıl ver Hüseyin'im. Nasıl yapalım?"

Hüseyin, "Tamam ya, bakarız," deyince sevinçten havalara uçtu. Az da gönendi, ardımda oğlum var diyerek, keyfi yerine geldi. Her gün Sevda'yı ayağında sallarken saatin tiktaklarını saydı, Hüseyin'in yolunu gözledi. Yok. "Çok iş vardı bugün, gidemedim," deyince üzüldü, "Belki yarın giderim," deyince umutlandı. Günler böyle birbirinin aynı geçti. Alışmış çalışmaya. Didinmeye. Evde boş boş oturunca sıkıldı, sıkıntıdan patladı. Güngör koymuyor ki hamur açsın, damak tadı yemekler yapsın. Kokusunu, dumanını bahane ediyor.

Bazen çıkıp deryanın kıyılarına gidiyor. Oralarda dolanıyor. Bir kayaya oturup derdini o uçsuz bucaksız boşluğa okuyordu.

Sevda az ele avuca geldi. Emeklemeye, dikelip adım atmaya başladı. İlk sözü ana oldu. Hayriye'ye, "Ana," dedi. Hüseyin'den duymuş, öykünmüş. "Ana dedi bana," diye deli divane oldu. İçinden tazelik fışkırarak gelincik şerbeti ezdi. Şükür duaları ederek helva kardı. Eve her gelene -Güngör'ün çatık kaşlarına aldırmadan- sundu, konu komşuya, kapı önünden geçene dağıttı. Güngör'ün içi hiç kıyılmadı. Hayriye olsa evladı nenesine ana dedi diye kahrolur. Bunun umurunda değil. Kökü bozuk.

Hüseyin nihayet Muğla'ya varmış, akşam ezanında dönüp geldi. "Zor iş ana," dedi. "Çok zor iş. Her şeyi yokuşa sürmekteler. Yeni yasalar koymuşlar. Salgın varmış. Hastalıktan korkuyorlar."

"Benim ürettiklerim süzülmüş, kaynamış, beklemiş, tertemiz. Yiyen tadına doyamıyor. Kime illet bulaştırmışım? Kimin karnı ağrımış?"

"Boş laf," dedi Hüseyin. "Bu ara zor. Az sabretsin dediler. Salgın bitsin ilişmezlermiş. Öbür türlü bir sürü şart koşarlarmış. Geniş yerin olacakmış. Heyet salıp gelip bakacaklarmış, beğenirlerse tamam diyeceklermiş. Mühür basacaklarmış. Onların tariflerine göre yapacakmışsın her şeyi, öyle obalı kafana göre değil. Ohooo, sen vazgeç bu sevdadan ana. Allah'a şükür ben de iş yapıyorum, Güngör'üm de. Biz döndürürüz evi. Hele biraz bekle. Evle, torunla uğraş. Olmadı yaz gelince obaya çık, kış gelince yine kışlağa var... Çok mu pazara gitmek istersin? O zaman kavak ağacı bir çıkrık yapayım sana, onda yün eğir. Çorap, patik, hırka işle. Var git sergini yay, onları sat."

Bir süre bekledi, baktı Hüseyin lafını unutmuş, çıkrık falan getirdiği yok, gitti eltilerden yün aldı. Oturup divanına, motiflerin obanın yaşlı kadınlarından dinlediği söylencelerini Sevda'ya anlata anlata işledi. Gözlerine yaş, parmaklarına kan oturuncaya dek, şişle, tığla şekil verdi. Tamamlayıp üst üste sıraladı. Güngör boyanıp kuşanıp Leman'ı yanına kattığı gibi soluğu sokaklarda aldı. O yokken ev sessizleşti. Hayriye'nin yorgun yüreği dinlendi. Vız vız konuşuyorlar. Topuk sesleri, yılışık gülüşleri bitmiyor. Akılları fikirleri Ceki'de, Süreyya'da. Onun döpiyesi, bunun gece elbisesi, ötekinin topuzu, kafasına taktığı şapkası. Kaşı, kirpiği, yanağındaki beni. Bir de edepsiz edepsiz kıkırdaşıyorlar.

Hayriye hiç bulaşmıyor. Sabır diyor. Her kul dersini başka başka yollarla alır. Sevda'yı çatkısına çatıp pazara gitti. Önüne yemişler koyup eğledi kızı. Gelen giden seviyor. Kucağına alıp hoplatıyordu. Ancak haziran ayında kimse yün çoraba, keçi kılı patiğe, hırkaya, yeleğe yönelmiyordu. Tek bir ürün satamadan döndükleri günler oldu. Bu yaşta yeniden ana oldun diye alaya aldı onu pazarcılar. İmalara bulanmış ileri geri sözler, vurgularla içini kaldırdılar.

Eteğinin boyundan, kollarının çıplağına, ulu orta sigara tüttürmesinden saçına taktığı çiçeğe kadar Güngör'ün lafını, sözünü ediyorlar. Kasabaya saldığı namı, takılan lakabı dillendiriliyordu. Bodrum Güzeli.

"Dışarlıklı o," diye savundu gelinini. "Almayın günahını. Bizden farklı. Şehirli o. Hiçbirinize benzemez. Utanmıyor musunuz koca koca karılar olur olmaz konuşmaya? İşiniz gücünüz yok mu sizin?" Allah'tan eltiler onun arkasında durdular. "Aldırma sen onlara Hayriye gadın, söyler söyler unuturlar."

Unutulmuyor. Bire on katılıp sağda solda dillendiriliyor. Hayriye'nin en çok korktuğu başına geliyordu.

İlkin kasabaya iş için gelmiş bir ecnebi adamla Güngör'ün adı çıktı. Çipil gözlü, boz sarı, ince uzun parlak yüzlü gençten bir oğlandı. Kahvelerde, barınaklarda özellikle balıkçıları toplayıp kırık dökük Türkçesiyle kooperatifçilik söylevleri çekiyordu. "Örgütleneceğiz. Mallarımızın kalitesi artacak, paramız pul olmayacak, iş gücümüzün emeğimizin karşılığını fazlasıyla alacağız," diye belletmiş Güngör'e de. Tabii o kendi aklınca dillendiriyor. "Bir elin nesi var iki elin sesi var. Paraya para demeyeceğiz. Parayla beş taş oynayacak Bodrum eşrafı."

Kısa pantolonlu, şıpıdık terlikli Karel'i yere göğe koyamıyorlardı. Çarşıda pazarda Karel. Evde, sofrada, bahçede, sekide Karel. Adam en çok Hayriye'nin dokumalarına hayran oluyor. "Bunları sen mi yapıyorsun teyza?.." diye soruyordu.

Hayriye ne yüzüne bakıyor ne cevap veriyordu. Onun derdi başka. Gelini olacak haspa bunun yüzünden tefe konmuş, çalınıyor. Bekâr adamın evli kadının yanında ne işi var? Hele günaşırı, başlarında hasır şapka, çırçıplak, kol kola, ten tene deniz banyosuna gitmeleri çileden çıkarıyordu Hayriye'yi. Elâlem ne der, hakkımda ne düşünür demez mi ehli namus bir kadın? Gün görmeyesice demiyordu. Ne kocasının onuru ne kendi arı umurundaydı. Keyif olsun yeter, koşa koşa gidiyor. Hüseyin elini kana bular, mahpus köşelerinde çürür gider diye ödü kopuyordu Hayriye'nin. Korkular korkulanı çağırır, çoğun daha kötüsünü de... Bu yüzden duyduğunu, gördüğünü, bildiğini oğluna anlatmaktan da sakınıyordu.

Leman gençlik heyecanı hayaller kuruyor belli. Bekâr, ecnebi, yaşına uygun bu adama kıvrım kıvrım severleniyor. Ağaçlara çaputlar bağlıyor. Mumlar dikiyor eren mezarlarına. Adaklar adıyordu. Günaşırı fal baktırıyordu. Uzak diyarlarda kendine evler kuruyor olmalıydı. Kendi kendine gelin güvey olup bu cılız oğlana süpürge saçlarıyla değerler biçip boy boy çocuklar doğuruyordu. "Ah Hayriye teyze, bu iş bir olsun, dile benden ne dilersen!" Heyecanı kalıbına sığmıyordu kızın. Güngör ablası yeni elbiseler, etekler, cicili gömlekler dikiyor ona. Kimselerde yok diye seviniyor. "Güzel miyim Güngör abla? Söylesene güzel miyim?"

"Aman Leman dert ettiğin şeye bak, sokakta neler dolaşıyor a canım. Tabii ki çoklarından güzelsin."

Yine Karel efendiye bahçede sofralar kuruluyordu. Mercimek köftesi seviyormuş. Leman iki koca tabak yapmış. Kırık buz satın almış bakır kovada. Kavun dilimlerinin üstünde cam gibi buz parçaları. Büyük şişe rakı, iyice soğutulmuş. Börülce. Yumurtalı acı ot. Kalamar. Bol salata ancak olmazsa olmaz, tavada istavrit, sardalya. Masa dolup taşıyor. Kol dayayacak yer kalmıyor. "Görgüsüzlük resmen," diye söyleniyor Hayriye. Hepsini Lemanların mutfağında pişirtiyordu akıllı Güngör. Sokağın karşılıklı iki tarafında gün boyu açık kapılardan koştur koştur mekik dokuyor, tabak taşıyorlar. Leman'ın annesi kolları göğsünde kenetli, başında namaz örtüsü, öyle durmuş üst katın camından izliyordu onları. Onaylar mı, kınar mı belirsiz. "En iyisi bu galiba," diye düşünüyordu Hayriye, "en iyisi bu. Bir yere ilişip her şeye yukarıdan bakmak. Bir oyun izler gibi izlemek değişimin yönsüz telaşını."

Hüseyin misafir var diye erkenden gelmiş. Yıkanmış, paklanmış. Karısı eski pantolonunu kesip ona da Karel'inkinden kısa pantolon dikmiş. Aynısı değil ama kısa ya, yeter. Alışmamış Hüseyin. İğreti duruyor üzerinde. Don paça geziyor gibi geliyor olmalı ona. Çıplak, kıllı bacaklarını sandalyenin altına çeke çeke, şişeden soğuk tekel birası yudumluyordu. "Şunu bardağa koy be adam!" diye söylenen Güngör'e oğlanın dostluğundan, iyiliğinden bahsediyordu. Gurbette, yabanda oluşu içine dokunmuş. Yardımseverliğinden etkilenmiş. Sen oradaki rahatını bırak, insanlık namına kalk da Bodrumlara gel. Geldiği mübarek ülke de bizden katar katar işsize iş vermek için kapılarını açmış. Demek ataları kendi varsıllıklarını paylaşacak kadar gönlü zengin insanlarmış. Hayriye ayıdan post, bunlardan dost olmayacağını iyi biliyordu. Vardır bir çıkarları diye geçiriyordu içinden.

Çivit mavi bir ilk yaz gecesi. Radyoda korodan türküler. Karel'in tam karşısına oturtulmuş Leman'ın, dilini bilmediği bu adamla derin sohbete durmuş, süzgün, umut sarhoşu gözleri. Uyuşuk ağızla türkülere eşlik eden Hüseyin'in ağırlaşmış, sallanan başı. Üçüncü kadehte iyiden esrik. Kapaklandığı masada uyukluyordu. Kül tablasında sigarasının dumanı tütüyor, tütünü uzun küle dönüyordu. Onun iki yanında oturan Güngör'le Karel'in elleri Leman'dan sakınık birleşiyorlar. Parmakları kenetleniyor.

Allah seni bildiği gibi yapsın! İşte Hayriye ilk kez Güngör'ü orada kargışladı. Leman'ı günahına siper etmiş demek ki. Bekâr kıza yakıştırılsın, kendisine toz kondurulmasın istemiş. Hilede yordam bir yere kadar. Hüseyin, ayınılması imkânsız derin uykularda, amma bir gün gelecek Leman uyanacak. Ses etme Hayriye, o günü bekle. Olacağı varsa olsun. Ne olacaksa. Kimden bulacaksa. Düşsünler birbirlerine. Yakındır. Rezil olsun ele güne de ak göt kara göt çıksın ortaya.

Yine de gördüğü bu manzarayı silip atamıyor aklından. Asıl Hayriye kendini bambaşka bir ülkede yabancı hissediyor. Sevda koynunda, divanında uzanıp tavanı izliyordu. Bir hal çaresi bulmalı. İffetsizliğe sabır onun harcı değil. Bir yolu olmalı. Kalkıp toparlansa. Terk etse buraları. Bir daha hiç dönmese. Herkesi, her şeyi unutsa. Şu günahsızı da alıp öz yurduna dönse? Burada onu bu nemrut kadına emanet etmeye gönlü el vermez. Kendi kocar, bunar, hatta Hakka yürürse, Keçiciler onu her şartta korur, kollar. Bundan emin. Yordam öğrenir. Töre bilir, yetişir.

Yaz iyiden iyiye hissettiriyor kendini. Bunaltıcı sıcakta evin serininden çıkmak gelmiyordu Hayriye'nin içinden. Gölgelendi mi, bahçeyi sulayıp orada oturuyordu. Evde günlerdir süren tartışma, gelip onun önünde neredeyse kavgaya vardı. Güngör bıkmış elde çamaşırdan. Söyleniyor ha söyleniyor. Tiz çığlıklarını komşular duyuyor. Hiç konuşturmuyor Hüseyin'i. Art arda sıralıyor sözlerini. Kolay mıymış onca çamaşırı yuğmak. Beyazı var, renklisi var. Keteni, yünlüsü, patiskası... Yuğduğu ettiği de yok ya, sözün gelişi. Yeni çıkmış. Alman malı. Bir merdaneli çamaşır makinesi olsaymış... Bir de fişli ütüsü. Kömür ütüsü ayarsızmış. Bazen canım kumaşları yakıyormuş... Biriktirdikleri o parada onun da emeği varmış. Ne güçlüklerle kazanmış. Vakti de yokmuş çamaşıra, bulaşığa, ütüye. Dar yetişiyormuş her işe. Eşek gibi çalışıyormuş.

"Zaman çalıştıkça genişler kızım. Sen çalışmıyorsun, paraya koşuyorsun. O parayla zamanı satın aldığını sanıyorsun. Satın almak için de yine zamanı harcıyorsun. Bir gün tüm zamanı bu öteberi uğruna kaybettiğinde elinde hiçbir şey kalmayacak. Oysa bir bilsen zamana sahip olmanın yolunu."

Yok, bunları söylemedi. Bir bir içinden geçirdi Hayriye. Ona nasihat etmek, ders vermek kimin haddine? Sorsan o her şeyi herkesten iyi biliyordu. Bildiğini sanıyordu. Buna inanmıştı.

"Güngör'üm," diye anlayış dilenen Hüseyin önünde iki büklüm. "Eldeki parayla bırak da bir buzdolabı alalım. Ne olur çok görme, bu cehennem sıcağında biz de rakımızı soğuk içelim. Kapı kapı buz istemekten yorulmadın mı? Mezeler, yemekler de günlerce taze kalır. Yine para tutar, biriktirir, bir dahakine de çamaşır makineni alırız. Az sabır, olacak. Sözüm söz, hepsi tek tek olacak."

Güngör nuh diyor peygamber demiyor. Ağlamaklı. Kalemle yanağına kondurduğu yapmacık beni dudağını büzdükçe yer değiştiriyor.

Bir de, suda karıyan ellerini, bozulan boyalı uzun tırnaklarını mazeret gösteriyor. O eller kız doğduğundan beri hiç çamaşır leğenine girdi mi acaba? Bulaşık alt bezlerini hep Hayriye sıyırıp kaynattı. Astı, kuruttu. "Sen söyle ana!" diye atıldı önüne Hüseyin. "Bir yol da sen söyle. Haksız mıyım?"

Hayriye, Güngör'le göz göze geldi. Açılmış, iri kara gözlerde aşağılama vardı, bunlar, *senin hakemliğine mi kaldık* bakışlarıydı. Bir kadınla emin olduğu güzelliğini yarıştırmak aklına bile gelmiyordu, ancak gücünün, aklının, kararlarının sorgulanmasına dayanası yoktu. Öfkesiyse onu bu noktaya getiren Hüseyin'eydi. Anasına soran kocayı daha da sevmiyor. Hiç sevmiyordu. Buzdolabı daha pahalı. Elindeki para yetecek mi bakalım? Aradaki fark ne olacak?

Kendi canını, kanını, soyunu, ne idüğü belirsize yenik düşürür mü Hayriye? Oğluna konuştu. "Var git al dolabını Hüseyin'im. Eksiğini ben tamamlarım," dedi. İki hafta sonra adamlar bir kamyonetin arkasında getirdiler dolabı. Yukarıda sözümona mutfağa çevirdikleri kilerde dolabı koyacak yer bulamadılar. Sığmadı. Alt kata koyalım dedi adamlar. Eski mutfağın olduğu yeri gösterdiler. Güngör istemedi, illa üst kata dedi. Burada gürültü yapar.

Gerçekten de sinek vızıltısı gibi bir sesi var. Vınlayıp azıcık susuyor, sonra yeniden başlıyordu. Sonunda bir hal çaresi bulundu, ahşap dolaplardan biri sökülüp oraya yerleştirilmesine karar verildi. Sanki buzdolabı denen şey mutfak için değil de mutfak onun için yapılmıştı. Öyle dar, öyle sıkışık. Depiş depiş.

Eskinin düzeni, yeninin gelişigüzelliğini bir türlü sarıp sarmalayamıyordu. Yarım yamalaktı. Tamamlanmamış bir devir bu değişen. İğreti. Günlerce sürüyor yerleştirmeleri. Elektrik kablosu çekiliyor, yine kırılıp dökülüyor canım taş duvarlar. Her keser darbesinde içi gidiyor Hayriye'nin. İçeride iki kişi dönemiyor. Mavi dolap her yanı kaplamış. Heyula gibi. AEG yazıyor kapağında. Hüseyin gidip gelip okuyor. "Şu Aeg'den soğuk bir su içeyim. Aldıklarımı Aeg'ye koydum ana," diyordu. Leman dantel işlemişti üzerine örtmek için. Buzluğuna tas tas sular koymuştu Hüseyin, gönençli, buz dağıttı durdu komşulara.

Karel de gelip baktı. Pek beğendi cibilliyetsiz. Kapağı açıp açıp soktu kafasını içine. Kendi memleketinin malıymış. Gururlandı. Hayriye yeninin en yenisinin bu denli yakınında olmasından rahatsız, uzak durdu, yanaşmadı. "Dur bakalım daha neler göreceğiz," dedi. Tel dolabın eve sıcaklık katan, uyumlu ahşabını özlüyordu. Daha bir kendindendi. Toprağın tüm renklerini taşıyan taş duvarlara uyumsuz bu parlak dolaba aylarca dokunamadı. Kapağını açınca bambaşka bir dünyaya geçilecekmişçesine korktu. Yiyeceklerin üzerine sinen yapay, ilacımsı bir de kokusu vardı ki sorma gitsin. Şifalandırmak şöyle dursun, hasta eder insanı. O şepiğini, peynirini, yoğurdunu, tarhanasını bildiği gibi saklamaya devam etti. Yaylaktaki kuyuda soğuttuğu şişeleri, boduçları, kavunları özlüyordu.

Sonbahara yaklaşırken Karel memleketlisi bir kadınla çıkıp geldi. Ülkesinde tanınan bir şairmiş. Edebiyatçı bir kadın. O da kaşına, kirpiğine dek sarıydı. Uzun, düz, kulak arkası saçları vardı, püskül gibi sallanıyordu. Kitabını açıp hırlaya hırlaya bitmek bilmez şiirler okudu. Güngör ağzı açık, tek sözcüğü anlamadan hayranlıkla dinledi. Karel dili döndüğünce çeviriyor. "Biz evlencak teyza," dedikçe Hayriye'nin biraz içi soğuyordu. "Ben sevdim. O sevdi. Yaaa..."

Leman hasta yattı evinde, uzun süre uğramadı. Boş umuda kuruntu dendiğini acı çekerek öğreniyor olmalı. Hayriye camdan gördükçe pek üzüldü haline. Kızın elinden mendil, üzerinden hırka, ayağından yün çorap eksik olmadı. Sigaraları birbirine ulayarak içiyordu. Öncekinin közünde yakıyordu bir sonrakini. Derdini duman edip üflüyordu soluğu yettiğince. Her yanında pinçik pinçik yanık izleri. Küllükler dolup taşıyor. Saçları alev almışçasına, gözleri kor kızıl, odasının camından sokağa bakıyordu. Uçarı, uyar akıl, toy ancak incecik, kırılgan bir ruhu varmış.

Güngör mutlu mesut şiirci kefere kızın gelinliğini biçiyor, dikiyor. Düşünceliliktir, vicdandır, rafa kalkmış bunların kitabında. Güle oynaya, kol kola girip çıkıyorlardı evden, Leman kıza nispet yaparcasına. Kırk yıllık dostlar sanki. Değişen devir işine gelenle kuzu sarması olma devri. Modelleri ilkin kâğıda çiziyorlar. Resimler kesip yapıştırıyorlar cama. Kumaşları ışığa tutup gölgeye götürüp bakıyorlardı. Belden kesik mini etek, üstü bolero, dökümlü pelerin ancak duvak olmayacak. Onun yerine geniş kenarlı şapkasını takacakmış. Beyaz rugan, diz üstü çizmeler giyecekmiş.

"Biz eskiden bizden öncekilere bakar onların görmüş geçirmişliklerine öykünürdük. Şimdi her şey şu donuk dergilerden çıkıp şekil buluyor Sevda'm, guzum. Bu nasıl iş? Bir değil, iki değil, üç değil, çeşit çeşitler! Kimin hangi obadan olduğu karışıp gitmiş birbirine. Zaten bu yeninin güçsüz yanı da bu değil mi? Köksüz. Yersiz. Yurtsuz."

Evde bir gürültü, bir curcuna. İnan olsun bu ecnebi Karel'le Leman kız evlense daha az telaşe olurdu. Bütün ev kalk gidelim diyor, her yer her yerde. Kırpık kumaşlar, boş makaralar kapı önüne taşmış.

Hüseyin desen diken üstündeydi. Erkenden kalkıp kendini sokağa atıyordu. Ona ilişme, buna karışma, şuna dokunma...

Sarı kız her gün gelin olmanın heyecanıyla provaya geliyordu. Sabah demiyor, akşam demiyor, durmadan lıkır lıkır kahve, nane likörü içip çene çalıyorlar. Geniş de bir şey, çekincesiz. Sarma sigarasının tütünlerini ince dudaklarını büzüp dört yana tükürüyordu. "Utanmaz. Arlanmaz. Hiç misafir böyle yapar mı?"

Hiç misafir gibi değildi. Kalkıp kendine sahanda yumurtalar yapıyor. Odalara girip çıkıyor. Eşyaların yerlerini değiştiriyor. Bahçede don sutyen şırıl şırıl su dökünüyor. "Allah vere de Hüseyin'in yanında böyle yapmaya. Bir de saçlarını tahtaya uzatıp ütülüyor. Bizim obamızda, bir yabancı geldi mi, ilkin çekilir bir köşeye gözler, dinler, anlardı; âdetlerimize, bize öyle uymaya çalışırdı Sevda'm. Zaten bundan ziyaret edilmez mi uzak yerler? Kendi âdetini birilerine dayatmak savaş sebebidir diye biliriz biz. Bunlar atsız silahsız fetihe çıkmışlar."

Bir öğlen üzeri Hayriye, Sevda'yı kucaklayıp Leman'ın annesine oturmaya gitti. Kadın gezmelerini sevmez, ona göre boş iştir ancak Leman kızı o halde gördükçe içi kıyılıyordu. Dayanamamıştı. Dizine yatırıp şefkatle kızın başını okşadı. "Daha gençsin evladım, kim bilir ne kısmetler çıkacak karşına," diye başladı sözlerine. Seviyi bilmez değildi Hayriye. "Biraz bekle. Az sabret. Hayat uzun. Toy gönlünden geçen bir şey olmadı diye küsülür mü hayata? Olmadıysa daha iyisini hak ettiğin içindir. Allah insanın sabrını böyle böyle sınar. Bak ben camdan görüp dayanamadım haline, kalktım geldim, seni özene bezene yaratan kim bilir nasıl içerlemiştir. Hadi yavrum, hadi Leman kızım, kalk kuzum bir silkin kendine gel. Elin tüysüzüne, şu inci gibi gözyaşlarını dökmeye değer mi? Dilini bilmediğinin, gönlünü nereden bilecektin? Soysuz işte. Hiç sana layık değildi. Havai. Kılkuyruk bir şeydi. Bir türküye aynı şekilde duygulanmadıkça insan kendinden de bıkar, yarinden de be kızım."

Bunu da hayırlı bir alamet gibi dillendirdi. Bekledi, şöyle bir tarttı kızı. Koluyla hafiften dürttü. "Hem sünnet bile olmuyordur bunlar kız." Bu son sözle gülmeye başladı Leman nihayet. Yüzü aydınlandı. Hayriye'nin sonradan aklına düştükçe olur olmaz onun da gülesi geldi. Tövbe tövbe.

Yalan olmasın şimdi, unutulmuş bir zaman, ya işi var uzağa mal almaya gitmiş ya da canı istememiş. Vurmuş kapıyı çıkmış, balıkçılarla demlenir... Her ne bahanesi varsa işte, Hüseyin, Karel'in düğününe gidemedi, gitmedi. A Güngör olacak oynak, erin gitmiyorsa senin bir başına keferenin düğününde derneğinde ne işin var? Değil mi? Kır dizini, evinde otur, çocuğun küçük, onu bele... Yok, dinlemedi. Sağ elde başparmak o. Çığlık atarak kavga edercesine konuşuyor. "Gideceğim de gideceğim! Ben onun terzisiyim. Orada olmak hakkım!" diye bağırıyor. "Kızım yapma, ele güne rezil etme bizi," deyince de, "Ekmeğimle oynamayın, o gelinlik el emeğim, Ankara'dan bile memur takımı orada olacak, boy boy resim çekilecek, beynelmilel herkes görecek, adım, şanım yürüyecek, görenler aynısını isteyecek, evde oturunca kim bilir kaç iş kaçıracağım," diye söyleniyordu.

"Oldu olacak arkasına Güngör dikti diye yaz bari."

"İyi fikir," dedi. Bu aklı pek beğendi. Alıp defterine kaydetti. O günden sonra bir de Bodrum'un en iyi terzisi diye adını çıkardı. Kendi kendine taç taktı. Diktiği her kıyafetin kenarına küçük, beyaz bir şeride kırmızı ibrişimle makinede işlediği adını iliştirdi. *Güngör.*

Hiç çekincesi yok, şair kadının gelinliğinin aynısını, nar çiçeği kumaştan kendine de dikmiş. Biliyor haspa, bu rengin o modeli beyazdan daha iyi göstereceğini, çok iyi hesaplamış. Bulamamış da olabilir, böylesini daha yakıştırmış da uzun çizme yerine, iğne topuk siyah ayakkabılar giydi. İnci takım; kolye, küpe, bileklik.

Gören vitrin mankeni der. Saçını kabartmış, hokkaya düşmüş sinek gibi de boyanmış. Kaşlarına kalın rastık çekmiş ancak bu kez yanağına benini kondurmamış. Burucuk yaylası mübarek, esirikli çiçek kolonyası boca etmiş üstüne, insanın burnunun direği kırılıyor, geçtiği yerde durulmuyor. Demek ki yeni; gösterişli olmak, abartıyı da ayyuka çıkarmak demekmiş.

"Hadi şimdilik hava aydınlık, göz görür, gecenin bir yarısı zifiri karanlıkta tek başına nasıl döneceksin a kızım?"

"Çocuk muyum ben Hayriye Hanım?" diye kestirip atıyor. "Bodrum dediğin avuç içi kadar yer. Olmadı biri bırakır."

"Kim?" diye sordu Hayriye. "Kim bırakır? Kim?"

Yanıtlamadı bile. Kapıyı gürültüyle çekip ardından, söylene söylene gitti.

"Cahil bu," dedi Hayriye elini başına vurarak. "Bildiğin zır cahil. Cahil diye aklı yetmeze değil, adap edep bilmeze denir. Bunun derisi kalın. Eteği başında. İyice anlaşıldı ki her şeyi göze almışlardan bu."

Hayriye bu camda, Leman kız karşıki camda, sokağı gözlediler. Arada ağlayarak uyanan, huysuzlanan Sevda'yı doyurdu. Altına temiz bez bağladı. Ayağında sallayıp uyuttu. Güngör'ün düğün yerinde yapmacık salınışlarını getirdi gözünün önüne, tövbe estağfurullah çekti. Vakit ilerledikçe ağırlaştı gözkapakları. Başını dayadığı berde yastıkta içi geçiverdi.

Gecenin sabaha döndüğü saatlerde geldi Güngör eve, yanında tıknaz, toraman, fötr şapkalı, takım elbiseli, gençten bir oğlan. Kapı aralığında oğlana elini uzatıp öptürdü. Hayriye'nin ağzı bir karış açık kaldı. Ya bir gören olsa? Hadi kendini düşünmüyorsun, kocanın gururu, onuru, bu evin kutsalı da mı umurunda değil a aşüfte?

Tutamadı kendini Hayriye, dikildi önüne. Güngör'ün yüzünde, gizleme gereği bile duymadığı, esrik bir gülümseme vardı. Eli havada daireler çizdi. *Ah, bir de sen vardın değil mi* dercesine alaylı baktı. Sendelemesi de cabası. Duvarlara tutuna tutuna yürüyordu. Yüksek topuk ayakkabılarını çıkarıp eline almıştı. Karanlıkta da görürcesine, ışığı açmadan -biraz da el yordamı- merdivenlere yürüdü.

Hayriye kapının pervazına dayanıp bir süre izledi onu. Sesi kararlı çıktı. "Kimdi o?"

Güngör bir an durup tereddütsüz cevapladı. *Demek görmüş.* "İhsan Bey mi? Hukuk öğrencisi bir genç, canım. Eve bıraktı beni."

"Hiç mi korkmaz, utanmazsın? Bir gören olsa?"

"Görsünler. Hem neden korkacakmışım? Ayıplanacak bir şey yapmadım ki."

"Elİni öptü. Daha ne olsun?"

"Öpecek tabii. Nezaket, Hayriye Hanım. Nezaket. Öğrenin artık. O, bu köydekiler gibi cahil değil. Okumuş. Kendini yetiştirmiş. İhsan Bey, kadının kıymetini bilen biri."

İhsan Bey dediği, Karel'le kooperatif için çalışıyormuş, eve de öyle bir dadanıyor ki günaşırı kapıda. Hep aynı günlerde, aynı saatlerde geliyor. Hafta içi salı perşembe, öğlen sonrası dört civarı, hafta sonları saat tam onda. O eve girince Hayriye, Sevda'yı alıp atıyor kendini sokağa. Şeytan görsün yüzlerini. Oğlan akıllı, ayağına nasıl yer yapacağını da iyi biliyor, olmadık şeylerle boyuyor bu çoktan heveslilerin gözlerini. Ankara'dan dönüşlerinde eli kolu hep dolu geliyordu. Özenli paketlenmiş armağanlar getiriyordu. Pek de düşünceli, Sevda'yı bile unutmamış. Naylon bebek getirmiş, yün çorap, tulum. Bir de salıncaklarında minik mekruh domuzlar olan kurmalı bir dönme dolap. Yüzü buruşuyordu Hayriye'nin, baktıkça içi bulanıyordu.

Kapıyı tıklatıyor, açanın kim olduğu önemsiz, hep aynı hareketi yapıyor. Başındaki şapkayı çıkarıp bu iş için kurulmuşçasına hafif öne eğilerek selam veriyordu. "İyi günler."

Güya hürmetli, Hayriye'yi gördüğü yerde, "Nasılsınız efendim?" diye soruyor, Hüseyin'e mirim, Karel'e sör diyordu. Güngör'le selamlaşması başka bir terane. Elinden tutup çekerek odanın ortasına getiriyor. Etrafında döndürüyor. "Oh, Allah'ım bu nasıl bir güzellik? Işık saçıyorsunuz, göz kamaştırıyorsunuz," diye diye yaltaklanıyordu. Hüseyin pek eğlenceli buluyordu bu yumurta suratlı oğlanı. Adı geçince, keratada şeytan tüyü var diyordu. Pikapta onun getirdiği plaklar çalınıyor. Şair kadınla Güngör, ona uyup kıçlarını çıkarıp dizlerini kırıp odanın içinde dört dönüyorlardı. En moda danslar, en yeni müzikler. Fondan çikolata, kakaolu kek, İngiliz çayı. Ah ne saadet diye diye kendinden geçiyordu gün göremez olasıca.

Hüseyin iyiden uydum akıl, yuları kaptırmış, İhsan'ın hediye ettiği piposunda tüttürdüğü iri kıyım tütünü parmağıyla bastırırken, "Sigaradan daha iyi bu, İhsan haklı, tadı bambaşka," diye onaylıyordu. Hayriye'nin soyunda yok böylesi. Anan soğan, baban sarımsak, nereden çıktın sen nöbet şekeri? Teneke kutularda kurutulmuş et, kaymaksı gravyer peynir, paketli bisküvi, kraker, boy boy dergiler, günü geçmiş gazeteler taşıyor eve. Güngör'ü neredeyse ağlatacak güzellikte ince kadife, Bursa ipeği, Koza Han'dan dantelli kumaşlar. Kendini tutamayıp oğlanın boynuna sarıltan *-Gaziantep'e uğramışken aldım-* sedef kakmalı ahşap aynalar; *-Paris'ten yeni gelmiş, bana sizi hatırlattı-* sarışın, kızıl takma saçlar, taşlı tokalar... Aynası, tokası neyse de o ölü saçlar baktıkça irkiltiyor Hayriye'yi. Yoluk yoluk, midesini bulandırıyor. Büyü tutmuş gibi içinden kaygan soğuk yağlar akıyordu. Kristal şişeli kolonyaların bayıltıcı kokusu davetkâr, makyaj kutuları, naylon çoraplar umumhane işi diyordu kendi kendine...

"Ne diye geliyor bu her akşam, her akşam Hüseyin?.."

"Ahbabımız, ana. İki insan yüzü görmeyelim, bizim de bir cemiyet hayatımız olmasın mı? Belli ki sohbetimiz seviliyor. İhsan yaban elde, garibim kendini yalnız hissediyor."

"Hüseyin'im, sen uyma onlara, tetikte ol, hele hele bu oğlana çok dikkat et."

"Niye ana? Bir yanlışını mı gördün?"

İftira atamaz Hayriye. Hırsız, yalancı diyemez. Bir düşünüyor önce. Nasıl anlatılır ki? "Bunun gözü göz değil," deyip bitiriyor sözünü. Hüseyin bu aralar her tanımını, her sözcüğünü gece müftüsü Güngör'den duyup öğrenilmiş, fırfırlı, fiyonklu sözlerden seçiyordu. Yine hiç aksatmadan işveli cilveli okuyor anlaşılan oğlanın kulağına. Tevekkeli değil uzunca zamandır kendi gibi konuşmuyor Hüseyin. Kendisi de anlamıyor aslında dediklerini. Anlasa...

"Amma yaptın, yine büründün sen kuşku şalını. Çocuk evimize Ankara'yı taşıdı, yaranamadı."

"İstemez, eksik olsun! Kim dedi ona taşısın diye?" İçli içli sallıyor başını. "Oğlum senin genç, güzel bir karın var, hiç bekâr oğlan eve sokulur mu?"

"Of ana ya, neler geçiyor senin o kafanın içinden? Her şeyde, herkeste bir kötü niyet arıyorsun. Oysa İhsan bana ağabey, Güngör'üme de abla diyor. O bizim aşkımıza imreniyor. Sıcak bir aile ortamının hasretini çekiyor yavrucak. Daha çocuk o."

"Çocuk mu? Neresi çocuk? Kazık kadar. Bizde bunun denkleri çoktan döl almış, boy boy çocuk sahibi olmuşlardır."

Hüseyin bir değişiyor o günlerde, sorma gitsin. Güngör ona yılçağına göre kısa kol, uzun kol yeni gömlekler, kareli yelekler dikmiş. Çalışmadığı zamanlarda ütülü, pilili pantolonlar giyiniyordu artık. Çift renk gıcır ayakkabıları vardı. Boynuna eşarp bağlıyordu. Çeneye dek favori, dudak üstünde ince bıyık bırakmıştı. Şair kadın *hendsem, çok hendsem* diye diye çenesini okşadıkça Hüseyin buğulu buğulu bakıyor, daha da bir havalanıyordu. Güngör de arada körüklüyordu kocasını. İş bilirliğini, ustalığını, onardığı konakları anlata anlata bitiremiyordu. Göklere çıkarıyordu. Neccar diye küçümsediği kocasını putlaştırıp mimar yapıyordu.

Hüseyin mest olup kendinden geçiyor. "Güngör'üm..." diyor, başka bir şey demiyor, ağzının içine içine bakıyordu daltaban, lafbaz karısının.

Yıl dönüyor. İki dirhem bir çekirdek giyinip eski köye yeni âdet, evde kutlama yapıyorlar. Saati geri sayıp şarabı köpürtüyorlar. Kırpık krampon kâğıdı döküyorlar başlarından aşağı. Sevda'yı kucaktan kucağa gezdiriyorlar. Birbirleriyle sarmaş dolaş dans ediyorlar. İhsan odanın içinde dolanarak konuşuyor. Nutuk üstüne nutuk çekiyor. Karel'in taze gelin karısının dilini pek güzel konuşuyor, iyi anlaşıyorlar. Şiir yarıştırıyorlar birbirleriyle. Edebiyattan girip siyasetten çıkıyorlar. Diyecekleri de hiç bitmiyor, geceler uzun, sere serpe yatıya kalıp öğlene dek uyudukları oluyor.

Her gün bir elden yemek yapıp beş öğün sofra kuruyorlar. "Hüseyin, ver ben yapayım, sen bilmezsin oğlum," deyince, "Ya ana, bir ayak altında dolanma," diyordu, Hayriye en çok buna içerliyordu. Divanı dikenli çalı olmuştu. Ne yana dönse keskin keskin batıyordu etine. Oğlunu öyle gördükçe gözleri doluyor, yüreği yerinden sökülüyordu. Ancak onların hiç umurunda değildi. Sabahlara dek yine yanıyor ışıklar, uyumuyor, uyutmuyorlardı. İhsan bazen Ankara'dan arkadaşlarını da getiriyordu. Ev ev değil, yol geçen hanıydı.

Hüseyin bir ara Hayriye'ye yanaşıyor. Gülümsemeler, elini tutup hatır sormalar. Yemeklerden tattırmalar. Anladı hatasını, diye düşünmüştü Hayriye. Acep kutlular rüyasına mı girdi, bir yol uyardılar mı? Yok. Çok geçmeden anlaşıldı işin aslı, astarı. Meğer Hüseyin, Efe Han'daki kilerini istiyormuş. Kendine yer lazımmış. Yazıhane yapacakmış. "Uyyy çileli başım. Lan sen neyin yazıhanesini yapacaksın? Köşkere yazıhane ne gerek? O çok bilmiş karın mı veriyor sana bu akılları Hüseyin? Sen halvette, aradayken kulağına mı okuyor? Ha? Bir de bakayım bana."

"Boş boş dursun mu?"

"Dursun. Bana bir zararı yok."

Yatıp kalkıp kilerinin anahtarını yokluyor. Boynunda. Ohh! İçi rahat. Arada açıp kapısını, yetim kalmış işine bakıyor, ağlamaklı oluyor ancak kararından dönmüyor, vazgeçmiyordu. Günaşırı Sevda'nın elinden tutup gidiyor, güya havalandırıyordu. Boş kazanlardan, bakraçlardan yayılan mis gibi süt kokusunu içine çekiyordu. O kokuyla masmavi gökyüzünü, yemyeşil, kırağı vurmuş ıslak otlakları düşlüyordu.

Bir keresinde, taşlıkta konuşurlarken duydu.

"Vermedi değil mi? Vermez. Ben sana dedim. Senin yükselmeni, saygın bir işadamı olmanı hiç ister mi? O hâlâ dağlıların kafasıyla yaşıyor. Öyle de geberecek."

Hayriye pazara vardı. Eltilerle hasret giderdi. Sevda'yı kucaklarından indirmediler. Bir ara derdini açtı. Dul eltinin dediği aklına yattı. "Nasılsa üretmezsin. Boş duracağına olur de, bakalım ne yapacaklar? Dur, sabırla bekle, gözle. Olmadı döndürür, yeniden kilerin yaparsın, mal senin, mülk senin. Hem yabana gitmiyor ki, sonuçta evladın. İyi olursa yine sen sevineceksin. Senden sonra kime kalacak a Hayriye gadın? Yine oğlunun olacak. Bir tersyüz et bunları. Bir de böyle dene. O gelin olacak da şaşırıp kalsın. Oğluna senin hakkında dedikleri yalan olup çıksın da görsün."

Öyle yaptı Hayriye. Tamam, dedi Hüseyin'e. Nasıl istiyorsan öyle yap oğul.

Yine de handaki otuz metre kare, mühürlü hisse kâğıdını kendi üstünde tuttu. Devretmedi. Dünyanın bin bir türlü hali var. O ölünce nasılsa tek vârisi sayılıp yine Hüseyin'e aktarılmayacak mı?

Hüseyin öpüyor ellerini. Güngör, "Hayret!" diyor, başka bir şey demiyor. *Hayret.*

Kararını açıkladığının akşamına ziyafet gibi bir sofra kuruldu. Hayriye baş köşede. Bir ana olarak görüp göreceği taht da bu oldu zaten.

"Sen de içecen mi ana? Sana da rakı katayım mı?"

"Hadi oradan, de git densiz."

Hüseyin içerideki bakır güğümleri, yeni kalaylanmış canım kazanları, çömçeleri, ocakları hep yok pahasına satıp parasını kilerin duvarlarına sıvadı, kirece katıp bembeyaz boyadı. Camlı demir kapısına farbelalı perde dikti Allah'ından bulasıca. Bir masa, bir dolap, üstü minderli iki sandalye koydular ortaya... Pastalı, likörlü, çaylı, kahveli bir açılış yaptılar. Kurdele gerip kesmeler, alkışlayıp öpüşmeler... Tövbe tövbe. Hüseyin'i yetiştiren şimşir ustaları, çıraklıktan ustalığa yan yana çalıştıkları akla gelip davet edilmemişti. Ne acı. Onların yerine İhsan vilayetten mühim adamları çağırmış. Karel kalburüstü esnafı toplamış. Karısı uzunca bir şiir yazmış. Hüseyin iki dirhem bir çekirdek giyinmiş. Boyalı Güngör elinde sigarası, gerine gerine ortalarda dolanıyor. İlk defa Sevda'nın elinden tutup konuk konuk gezdiriyor.

Hayriye çömüp bir köşeden izledi onları. Hüseyin, onun yanına hiç yaklaşmadı. Bu da benim anamdır, bende emeği büyüktür, aha bu kileri de bana o verdi demedi, utanıyordu herhalde, tanıtmıyordu kimselere. Hayriye'nin aklında, çocukken onlara anlatılan bir kıssanın, iç acıtan son tümcesi dolandı. Babası oğluna bir üzüm bağı bağışlamış da oğlu bir çıngıl üzümü çok görmüş ona.

O gün Hüseyin yüzünde gönencin parlak gülümsemesiyle, Bodrum'un o güne kadarki ilk, hatta tek yazıhaneli neccarı olup çıktı.

Tamam, patlatana değgin davulunu çaldınız, bugünü kurtardınız, şanını âlemi cihana duyurdunuz, bakalım bundan sonrası nasıl olacak? Asıl mühimi o. Torna tezgâhı, rendesi keskisi olmadan bir kuru dükkânla iş yapılır mı? Haklı da çıktı Hayriye. Mal alıp yığdıkça, tozu talaşı havada uçuştukça, o ağız dolusu yazıhane dedikleri yer, yakında sıradan bir nalbur dükkânına dönecek ya, şimdi başları dumanlı, haberleri yok.

Amerika'nın başvekili vurulduğunda yine hep beraber karalar bağladılar. Pikap sustu, radyoda saat başı ajansı beklediler, çıt çıkaranı elle, dille susturup pürdikkat dinlediler. Nereden buldularsa pazarda satılmaz, çarşıdan alınmaz- büyücek bir bol yıldızlı bayrağı getirip taşlığa asmışlar. Evde tarifi imkânsız matem havası. Her birinin üstünde yıldıraklı kara birer bulut. Suskunlar. Ağızlarını bıçak açmıyor. Suratları düşmüş, o gevezeliklerinden, eğlenceden, şamatadan eser yok. Her biri bir köşeye devrilmiş. Güngör gazeteye basılı siyah beyaz fotoğrafın üstüne pıt pıt gözyaşlarını damlatarak İhsan'ın omzunda ağlıyordu. Saçını Ceki gibi yapmış, onun kepinden, kara kedi gözlüklerinden takmış, kendine yetmemiş, şair kadına da tıpatıp aynı; kazayağı desenli, kenarları biyeli döpiyesten dikmiş, hanım hanımcık olmuşlar. Yas tutarlarmış. Vay sizin adınız batsın! Evde birbirinin aynı Cekiler dolaştı durdu. Kalpsiz Güngör aynaların karşına geçip geçip elde mendil, Cekisiyle konuştu. Acısını özür dilercesine dillendirdi, kendini bilmez, temelsiz. Hüseyin de dahil hepsi geceler boyu düşünüp zavallı dul Ceki'ye bir taziye mektubu yazmaya karar verdiler. Allah sizi bildiği gibi yapsın, aslanlar gibi vekil kim vurduya gitmiş, onun narına yanan yok, varsa yoksa Ceki. Sanki o arabanın içinde pusu kurulup vurulan kocası değil de, o. Herkes zırıl zırıl ona ağlıyor. İhsan onun da dilini biliyormuş. Sözcüklerin üzerine basa basa çalakalem yazdıklarını okudu. Karel'le şair karısı baş sallayıp bazı yerlere ekleme yaptı, bazılarını parmakla durdurup çıkarttırdılar. Güngör bir şey anlamasa da her vurguda hıçkırdı. Dertli dertli likör bardaklarını kafasına dikti. Hepsi beraber bir de fotoğraf çektirip zarfa koyup postaya verdiler. Tövbe tövbe, Allah'ın gücüne gitmesin de ev iyiden iyiye evlikten çıktı, resmen tımarhane.

Leman kız uğunmaları, önüne tül gerili kara şapkaları, evdeki yas havasını görüp usul usul yanaştı. Hayriye'yi o sıralarda en çok bu mutlu etti. Leman evden çıktı ya, yeniden can buldu, insan içine karıştı ya... Şükür. Binlerce şükür.

Toplaşıp toplaşıp üzerlerine vazifeymişçesine, bol dumanlı, hararetli sohbetlerinde dünyayı sarsan bu siyasi cinayetin mümessilinin, bir ara Moskovlu komünistler, bir ara da Amerika'nın kendi içindeki gizli ajanları olduğunu ilan ettiler. Bir ona, bir ona ateş püskürdüler. Her an çıkacak bir üçüncü dünya savaşını beklediler. Her an füzeler atılabilir. Küba vurulabilir. Güngör'ün gözünün yaşı dinmedi. Bir şey denmeye de gelmiyor. "Sizin insanın acısına hiç mi saygınız yok Hayriye Hanım?" diye parlıyor arsız. Sanki Ceki bunun öz bacısı.

Leman'a kep takıp, döpiyes giydirip bir de üstüne helva kardırıp dağıttırdı. Mahalleli aileden biri hakkın rahmetine kavuştu diye çıkıp çıkıp taziyeye geldi. Hayriye, "Amerika'nın başvekilinin yasını tutuyoruz evcek," demeye utandı. "Sormayın komşular, bunlar azmış, kudurmuş. Türk'ün şimşir kaşığıyla Amerikan boku yiyorlar," da diyemedi. Sustu. "Siz sağ olun, cümle ölmüşlerimizin mekânı cennet olsun," diye geçiştirdi.

Az bir zaman geçti, evdeki toplantılar seyreldi. Gün geldi kimseler uğramaz oldu. Çok muhabbet tez ayrılık mı getirdi bilinmez, yine baş başa kaldılar. Radyonun sesi doldurdu evi yeniden. Alaturka, yöresel türküler. Oh be, dünya varmış! Çevresini alıştığı, özlediği, eski tınılar kapladıkça Hayriye'nin içi açıldı, ışıdı. Allah'tan yeni devrin celallenmeleri saman alevi, fare üfürüğü gibi esip geçiyor. Hiçbir şey bu devirde kalıcı olmuyor. Hızla yaşanıp çarçabuk unutuluyor. Hüseyin'in boyun bağları orada burada. İnce bıyığı üç günlük sakalına karışmış. Ağızlığı, yaprak sarma kalın sigaraları masanın üzerinde unutulmuş.

O boşlukta yalnız, kimsesiz kalan Güngör yeniden bağrına basıyor Leman'ı. Üstünde entariler prova ediyor. Dikiş odasında dizinin dibine oturtuyor. Dikişe, nakışa, müşteri edinme çabalarına kaldıkları yerden devam ediyorlar. Dağdan yuvarlanan bir kartopu gibi büyürken her şeyi içine alan, şu meşhur değişen devir, Leman'ı da es geçmemiş anlaşılan. Akla karadan başka sisli rengini de katmış kızın özüne. Temkini, ihtiyatsızlığı, kinlenmeyi öğrenmiş yüreği ki duyduğunu, bildiğini gelip fısıltıyla Hayriye'ye bir bir anlatıyordu. Başka yerde, zamanda olsa bir güzel sustururdu onu Hayriye, ancak şimdi harpte sayıyordu kendini. Kuşatılmıştı. Düşmanı çetin. Ortam kaypaktı.

Karel'in karısı gebeymiş, o yüzden apar topar ülkelerine dönmüşler. İhsan'ı da Ankara'dan çağırmışlar diye duymuş. Derin, tertemiz, içini tazeleyen bir soluk aldı Hayriye. "Oh, verilmiş sadakamız varmış."

Üç gün geçti geçmedi, telaşla daldı içeriye Leman, "Hayriye teyze, Hayriye teyze, İhsan okulunu birincilikle bitirmiş. Siyasete atılacakmış."

Bir ay dolmadan bu sefer de "İhsan canına kıymaya kalkmış Hayriye teyze," dedi ağlamaklı.

"Deli mi bu oğlan? Derdi neymiş?"

"Sorma, ilk gördüğü günden beri Güngör ablaya vurgunmuş. Hüseyin ağabeyimin kulağına gitmesin ama kara sevdaya tutulmuş."

Hayriye şaşırmadı. Güya tüm alakasını elindeki işe, ayaklanmış sağa sola merakla saldıran torununa veriyormuş gibi yaptı. Anlatılana tepkisiz kalıyor ancak can kulağıyla dinliyordu da.

"Lâkin Güngör abla onu küçük kardeşi gibi görmüş hep, hiç umut vermemiş. Isparta'daki ailesi bir kız bulmuş İhsan'a, şöyle helal süt emmişinden, eline erkek eli değmemişinden, dini bütün, ehli namus... İstemem demiş bu, evlenmeyeceğim diye diretmiş... Babası atlayıp gitmiş, Ankara'yı su yolu yapmış. Amcaları dayıları dayanmışlar kapısına. Bayağı kulağını çekmişler anlayacağın, sonunda yapılan baskılara dayanamayıp *benim bir sevdiğim var* diyerek İzmir'e kaçmış... *Boş heves,* demiş babası. *Geleceğini karartmana izin vermem. Ya bu kızı alır, evini, yuvanı bilirsin ya da memlekete döner, o kadını da, Ankara'yı da, siyaseti de unutursun.* Dökmüş düşünmüş, çıkar yol bulamamış... Müsekkinleri yutmadan önce ailesine bir veda mektubu yollamış, tüm derdini açık etmiş. Böyleyken böyle... Altını çizerek, *onsuz hayat cehennemden beter,* diye yazmış. Ay, aynı film gibi Hayriye teyze. Ama asıl mektubu aylar önce Güngör ablaya göndermiş. İlanı aşk etmiş. *Kaç gel, terk et o kasabayı, her şeyinle kabulümsün,* demiş. Aralarındaki beş yıllık yaş farkı, çocuğu, evliliği, kendisinin köklü, varsıl ailesinin onu evlatlıktan, hatta mirastan men etmeleri filan hiç umurunda değilmiş."

Amaaan bak sen kılkuyruk İhsan olacağa? (Bu her şeyi göze almışlıktan çok, resmen zinaya davet.) İçinden dövünüyor Hayriye. Gözüne yaş yürüyor. Bildiydim, diyor. Bildiydim. Hüseyin'i, o uydum akıl, saf oğlunu düşündükçe başına ağrılar saplanıyor. İki gün çatkısına patates bağlayıp gözleri tavanda sırtüstü yatıyor. Bir koca gün de gözkapaklarının ardında inzivaya çekiliyor. Uykular zaten haram. İster misin bu adı batasıca toplasın her şeyini, bassın gitsin? Ah, keşke, nerede o günler! Hüseyin'i sakinlemek kolay olmayacaktır, olsun, Hayriye elinden geleni yapar yine de. O yosma gelmeden önce nasıl sahip çıktıysa ocağına, yine öyle çekip çevirir... Alıştıra alıştıra aşılar. "Bak böyleyken böyle oğul, senin gözün bağlıydı ancak biz hepimiz ayan beyan şahidiz ki oynaktı, gözü dışarıda, paraya tapardı, sağlam pabuç değildi. Başkasının koynundan alıp yeniden evinin hanımı mı yapacaksın? Yapmaz benim evladım. Kendine kavat dedirtir mi hiç? Dedirtmez. Yattığı yerde ters mi dönsün atası, kemikleri mi sızlasın? Onurun yok mu senin yiğidim? Sal ipini. Seni yarı yolda koyanı, seni istemeyeni sen hiç isteme akıllım. Öyle ardına düşeyim, vurup kesip namusumu temizleyeyim de deme, aman diyeyim. Sakın. Sil aklından gitsin, düşünme, değmez. Hele o kahpeye hiç değmez. Sen bildiğin onurlu yolda yürü. Bak bir evladın var, o da bana emanet evelallah, o yönden asla kaygın olmasın. Ben bakar, büyütür, töreğen bir genç kız yaparım onu. Sen çalış, gez, toz, gönlünü eğle. Sana kadın mı yok Hüseyin'im? Amaaan, kimi istesen alırsın. Hemi de kız oğlan kız alırsın. Aslan gibisin maşallah. Ne güzeller var obamızda, ne hamaratlar. Bir görsen için gider. Aklın şaşar."

Sabahlara kadar böyle böyle içinden konuşuyordu.

"Nen var ana? Hele bir de. Neren ağrır? Götüreyim mi seni vilayete? Bir de doktor baksın mı?"

"Yok, Hüseyin'im, yok bir şeyim. İyiyim ben."

Günler geçiyor. Hep Güngör'ü gözlüyordu. Her hareketini, her adımını. Özellikle eve giriş çıkışlarını sayıyordu, gidip de dönmeyesicenin. Kapı ardında toplanmış, denk edilmiş bavullar aranıyordu. Yok.

Sadece edalı iç çekişleri var. Yanağına savrulan bir tutam zülüfü serçe parmağıyla kulak ardına kederli atışı... Arada dalıp dalıp giden iri gözleri manalı. Radyoda o şarkı başlayınca sesini açması, "*Ben gamlı hazan... Bende vakit geç... Sen kendine kendin gibi bir taze bahar...*" diye diye sözlerine eşlik edişi.

Leman'ı çekti yanına Hayriye. "Söylesene, sen o mektubu gördün mü?"

"Görmedim Hayriye teyze. Nereden göreyim."

"Göstermedi mi sana? Doğru söyle?"

"Vallaha da billaha da göstermedi. Anlattı yalnızca, ben mektup falan görmedim."

Yine uykuları haram oluyor Hayriye'nin. Nerede tutuyor, hangi delikte saklıyor acaba? Makinenin yanında tuttuğu kıtık dolu kumaş sepetinde mi? Çantasında mı? Çekmecelerinde mi? Yoksa koynunda mı? Tabii ya, koynunda, başka nerede olacak! Yakası açık bluzların içinde, sutyen askılarında ucu yanık mektuplar gelip gitti düşlerine. Tam çekip alacakken uzun, boyalı keskin tırnaklar cırmaladı elini. Cehennem ateşiyle yanarak şeytani sözcükler belirdi kâğıtta, alev alıp küle döndü mektup. Kanıttan geriye kapkara bir iz kaldı.

O evde olmadı mı daldı dikiş odasına. Dört bir yanı deli gibi eşeleyip arandı. Yok, yok, yok! Birkaç katlanmış ince kâğıt buldu, o kadar. Eski yazı olsa kolay, az çok okur anlar. Bulduğu kâğıtları Leman'a gösterdi. "Yok Hayriye teyzem," dedi Leman, "bunlar Güngör ablama gelen müşterilerin siparişleri, mektup değil." Umutları yerle bir oldu, ancak vazgeçmedi, her defasında azmi daha da bilendi. Götürüp yerlerine geri bıraktı aldıklarının hepsini. Uyanmamalı. Hiçbir şey sezmemeli kâfir. Gafil avlanmalı.

Geceleri ateşler basıyordu her yanını. Şakakları zonkluyor. Yatak odasını, mutfağı, öbür odaları hallaç pamuğu gibi attı.

Dikiş odasında her şey ulu orta. Elini attığına ulaşmak için açıkta bırakmış, ancak yatak odasında kilitli çekmeceleri var naletin. Bıçakla oynaya oynaya alimallah onları da açıyor Hayriye. Birine dantela don, gömlek, ipek eşarp, diğerine nüfus defterlerini koymuş. İnsan donunu niye kilitler hiç anlam veremedi. Mal değil, ziynet değil... Kimden saklarsın, kim ne yapsın senin pisliğini?

Hüseyin'in eve her gelişinde, Hayriye bağdaş kurup divanında oturdu, somurttu. Nen var diye direten üst üste sorularına, birinde "Kulunçlarım ağrıyor," dediyse öbüründe, "Dizlerimde hiç derman yok Hüseyin'im," diye cevap verdi. "Her yanım et kesiyor. Halsizim. Yel vurdu sanırsam. Döşüme taş gibi soğuk oturdu."

Bir öğlen sonrası dikiş odasının kapısının ardındaki duvarda, derzleri çatlamış, oynak taşı fark etti. Vay seni oyunlu seni! Vay fırıldak vay! Şeytanın aklına gelmez böyle bir şahmeran ini. İki eşeleyip sağa sola oynatıp bir güzel çıkardı taşı yerinden, ardında paragözün, mendile sarılı banknot tomarlarını, küçük şekerleme kutusunda sarı liralarını buldu. Allah seni bildiği gibi yapsın!

Hepsinin altına sıkıştırılmış zarfıyla beraber bir de mektup. Adı gibi emin, bu o mektup. (Hiçbirine dokunmuyor.) Zarftan aldığı mektubu koynuna koyup soluğu Lemanların evinde aldı. Leman pek mutlu oldu onu gördüğüne.

"Böyle çat kapı geldim amma sana danışacaklarım var."

Buyur ettiler içeriye. Baş köşeye oturttular. Anası kırk yılda bir gelen konuğuna kahve diye tutturmasa fazla kalmayacak. O arada aceleyle çıkarıp kâğıdı Leman'a gösterdi. Kızın yüzü okudukça dalgalandı. Alı al, moru mor oldu. Ufacık keskin dişleriyle sıkıştırdığı dudağı kanadı kanayacak.

"Vallaha, dedi, "bu o mektup. Tastamam İhsan'ın ağzından yazılmış." Kaygılı, kâğıdı geri verirken sordu: "Hayriye teyzem sen bu mektubu ne yapacaksın? Aman diyeyim, sakın ha Hüseyin ağabeyime gösterme. Kan çıkar yemin olsun, felaket olur ben sana diyeyim. Burada yazılanların dirhemini yiyen kudurur. Sonra senden bilirler. Bir bir anmış İhsan aralarında geçen her şeyi."

Ayaklarını uzatıp keyifle kahvesini içti Hayriye. İçinden, elden ne gelir a kızım, çok oynaşan tazı çulunu yırtar, diye geçirdi. Eve vardığında yoktu, olmayasıca, hâlâ kim bilir fellik fellik nerelerde dolaşıyor. Yine de temkinli, kulağı kirişte, kapıda; mektubu bulduğu gibi zarfına geri koyup özenle taşı yerine oturttu. İçi kaynıyordu ancak acelesi yoktu, gününü bekleyecek. Her şeyin bir zamanı var. O zaman gelene kadar sabretmeli, hele düşmanı hiç uyandırmamalı.

Günlerden pazar. Kurmuşlar yine sofralarını. Birbirine çarpan kadehlerde buzlu rakılar. Soğuk mezeler. Tabaklara değen çatal bıçak sesi. Güngör'ün keyfi yerinde. Hüseyin yeni aldığı işi anlatıyor. Paradan kaçmamış iş veren. Oluk gibi akıtıyormuş. Ahşabın en iyisini kullanacak. Balıksırtı tahta kapılar yapacak. Tavana alçı motif. Tırabzanlara aslanbaşları... Yerler mermer...

Radyoda tam da o şarkı başlıyor. Melahat Pars içli sesiyle "*Olmaz meleğim... Bende vakit geç,*" derken, "Açmayacak mısın sesini?" diye soruyor Hayriye. Hüseyin anlamıyor. "Sana demiyom oğlum." Sözü odanın içinde asılı kalıyor bu defa da. Hüseyin'e demiyorsa?..

"Ne diyon ana? Açık ya işte sesi. Duymuyon mu? Az mı işitiyon sen ne?"

Koynundan mektubu çıkarıp Hüseyin'in önüne koyuyor. "Hüseyin'im, bak hele ne diyecem, bunu yerde buldum, iyice bir oku bakayım ne yazıyormuş? Belki mühim bir şeydir. Şaşırıp atmayalım. Yırtmayalım. Ziyan etmeyelim. Sonra aranır durursunuz. Malum benim yeni harflerle okumam yok."

Güngör başını çeviriyor. Karşı duvara dönüyor yüzünü. Yanakları mı kızardı? Alt dudağı mı titriyor? Kara gözleriyle Hüseyin'in elindeki kâğıda bakıyor. Hayriye altında topladığı ayaklarını sarkıtıyor divandan. Ayak parmaklarıyla meslerini aranıyor. Sevda yamacında, çoktan uyumuş. İnce yorganı örtülü üstünde. Bir figan çıktığında kaptığı gibi çocuğu atacak kendini dışarı. Güngör kalkıyor yerinden. Sürahiyi alıp çıkıyor odadan. Kaçarsın tabii... İşte böyle kaçarsın... Kim ayıbıyla mıh gibi yere basarak yüzleşmiş ki bu dünyada? Kaypak seni. Yollu! Kahpe!

Okuyor Hüseyin. Dudakları büyük, geriye dönüşü imkânsız bir hükmü keser gibi kıpır kıpır. Oh, çekiyor Hayriye içinden. Ohhh... Çıksın foyan meydana. Ne olduğun dökülsün bakalım orta yere de görelim.

"Okusana Hüseyin'im, sesli oku. Oku da biz de duyalım." Hüseyin kâğıdı masanın üstüne bırakıyor. Bir an, kısacık bir an tavana bakıyor. İç çekiyor ancak suskun... Onun suskunluğunda patladı patlayacak bir volkan ağzı bekliyor Hayriye.

"Neymiş Hüseyin'im?"

Ses yok.

"De hele, ne diye sustun?.. Yoksa?.."

"Mühim bir şey değil ana."

"Değil mi?"

"Değil. Bildiğin malzeme listesi bu. Güngör dikiş için alacaklarını yazmış alt alta. Bilmem kaç santim fermuar. Astar. Tela. Çıtçıt, düğme..."

Hayriye ayaklanıyor. Kâğıdı alıp yüzüne iyice yaklaştırıp bakıyor. Harfler anlamsız görünüyor gözüne. Çizgi, çubuk. Çeviriyor, tekrar bakıyor, yok okuyamıyor. Kâinat yıkılıyor, o altında kalmış yönsüz bir karıncaymışçasına koşuşturuyor. Mühim bir şey olmalı. Çok mühim hem de. Omzundan tutuyor Hüseyin'i, sarsıyor. "Bir daha bak..."

"Dellendin mi ana?.. Ne oluyorsun ya?"

"Baktın mı?" diyorum.

Baktım. Hüseyin'in sesi bıkkın. Usulca çekiyor kendini.

"Emin misin oğul? İyice okudun mu?"

"Okudum ana. Okudum. Eminim. At gitsin."

Güngör giriyor içeriye. "Neymiş bu kadar mühim olan?" diye soruyor gülerek. "Ne kâğıdıymış?" Hüseyin uzanıp anasının elinden alıyor kâğıdı, katlayıp Güngör'e uzatıyor. "Senin malzeme listelerinden biri. Dalgınlıkla yere düşürmüşsün."

Günlerce düşündü Hayriye. İşin içinden çıkması mümkün değildi. Nasıl olur, aynı mektuptu. Leman'a götürdüğünün aynısı. Eliyle koyduğu yerden yine kendi eliyle aldıydı. Sezmesin diye zarfı yerinden bile oynatmadıydı. Hem bu adı batasıca, malzeme listesini ne diye duvardaki gizli kovuğunda saklasın ki? Sır mı? Gözlerden ırak, gizli kapaklı bir iş mi? Günler sonra yine bir punduna getirip taşı yuvasından çıkarıp kovuğa baktı, ne para duruyordu yerinde ne de altınlar. Mektup zaten çoktan sırra kadem basmış... Hiçbir şey kalmamış. Un ufak kumlu, tozlu kovuk bomboş.

İki şey olası göründü Hayriye'nin gözüne.

Ya Leman ardından oyun etti, gidip Güngör'e haber verdi, o da kâğıdı değiştirdi... Olur olur ya, taş uzak yerden gelmez, en insan dediğin bile çiğ süt emmiştir. Güngör'ü kazanmak, Hayriye'yi kaybetmekten daha çok işine gelmiştir. Mümkün. Olabilir.

Ya da Hüseyin'e verdiği o kâğıt, İhsan'ın yolladığı mektubun ta kendisiydi. Hüseyin okudu, pek de güzel her şeyi anladı, öğrendi, ancak Güngör'ü kaybetme korkusu var ya, işte ona yenik düştü, hiç renk vermedi. Sevda dediğin bazılarına korku mayası. Cesaret edemedi. Sineye çekti. Yok saydı. Korku, onurun önüne geçince tüm savaşlar kaybedilir. Orada bir kölelik başlar, ki örfümüzde adı bile anılmaz.

Birincisinden daha çok, ikinci olasılık kanırta kanırta oydu Hayriye'nin yüreğini. Âmâya yol göstermek kolaydır. Onun görmeyen yalnızca gözleridir, elinden tutar, tarif eder, engelleri aşırtırsın. Ancak gönlü kör olana yapılacak bir şey yoktur. Kaybolmak onun yazgısıdır.

Hayriye düşüne düşüne, içine ata ata basiretini bağladı, gerçekten hastalandı. Hummaya tutuldu. Sırılsıklam, ter içinde titreyerek uyandı bölük pörçük uykularından. Dişleri kesmez oldu. Avuç avuç döküldü saçları. Teni kavladı, pullandı. Kesintisiz kuru öksürükle ciğerleri söküldü, soluk aldıkça döşü hırıl hırıl öttü. Kanla lekelendi ak yazması, yastıkları. Eli ayağı hiç tutmadı. Yorganın altından çıkmaya mecali yoktu. Günlerce kendini bilmeden sayıkladı durdu. Sevda'yı koymadılar yanına. En çok ona hayıflandı. Ona alışkın, sıcağını özleyen küçük kızın "Ana..." diye ünleyen ince çığlıklarını, yattığı yerden zulüm gibi dinledi. Kalkıp kapıları açıp odaları geçip ona ulaşmak istedi, takati yoktu. Gecesi gündüzü birbirine karıştı. Sıkıntılı düşler, gözleri açıkken karabasanlar gördü.

Hüseyin eve doktor getirdi. İlaçlar yazdırdı. Suyunu, çorbasını içirdi. Güngör başında durup yukarıdan baktı. Gözlerini devire devire, "Yok bir şeyi canım, oğluna naz yapıyor," diye söylendi. "Dağdan yuvarlanma ayol o, eski toprak, taş gibi. Hepimizi gömer." Leman'ın anası kinayeli çıkışıyordu. "Bu kadar vicdansız olma kızım, kadın ateşler içinde yanıyor. Bugün onaysa yarın sana, bu dertler hep sırayla..."

Leman'la ayak yoluna gidip arada bir yunakta su dökündü. "El eline muhtaç kaldım," diye ilendi.

"El miyiz biz Hayriye teyze, beni de bir kızın say."

"Ah Leman kızım, tine beden, ölüme neden gerek, sebebim olacak bu iblis benim."

"Ağzından yel alsın, deme öyle Hayriye teyzem, hem korktuğun gibi değil, iyi olacaksın. Ayaklanıp yine başımızda duracaksın."

"Gördün mü bana ettiklerini? Sayrılığıma bile kara çalıyor. Ah ne oyunlu o, ne kurnaz tilki. Kapaksız kaynamış, tuzsuz pişmiş, ırzı kırık. Yemediği bok kalmamış, yine allem etti kallem etti sütten çıktı ak kaşık." Uğunuyor, baş sallayıp dizlerine vuruyor. "Kirini pisliğini örten utansın."

Kız üstüne alındı. Yemin billah ediyor, "Ben demedim teyzem," diye. "Hiç haber eder miyim, seni ele verir miyim?"

"Teneşirlerde yunasıca nereden bildi o zaman? Nasıl anladı?"

"Kutuyu oynatmışsındır. Taşı iyi kapatamamışsındır."

İnleye inleye bir yıla yakın yattı Hayriye. İnlemeleri ele vermese, yaşadığının başka bir belirtisi olmayacak. Unutulmuş, üstüne kapılar kapatılmış, zamana, toza terk edilmiş, artık işlevi olmayan, vazgeçilmiş, kırık dökük bir eşya olup çıkacak.

Yatmaktan sırtında pençe pençe yaralar açılmıştı. Allah bin kere razı olsun komşularından, irinli yaralarını tımar ettiler, merhemler karıp sürdüler.

İştahı hâlâ yok, zayıflıktan kadidi çıkmış. Koltuğunun altına girip deniz kenarına götürdüler. Günaşırı temiz hava alsın, iyi gelir demiş doktor. Çevresindeki her eski şey gibi, gün gün kuruyup öldüğünü duyumsuyordu. Sevda bebeklikten çıkmış, yüzü çocuk yüzüne dönmüştü. Yılan ne yapmış ne etmişse, "Ana" demeyi unutturmuş ona. Nene diye seviyor Hayriye'yi. Daha anlaşılır, kısa tümcelerle konuşuyor. Sabahları gelip koynuna giriyordu. Evde olup bitenleri, pencereden gözlediği sokağın telaşını anlatıyordu nenesine. Bir tek onu seviyordu Hayriye. Öpüyor kokluyor. Daha da büyüdüğünü görmek istiyordu. Ömrümün varı diyordu başını okşarken, süt kuzum.

Kendini az daha iyi hissedince nene torun el ele tutuşup yürüyüşlere çıktılar. "Sahile beton yol dökülmüş Sevda bak, gördün mü?" Tepelere üst üste yeni evler yapılmış. Sokaklar mahşer gibi kalabalıklaşmış. Bodrum'u yabancılar, dışarlıklılar istila etmiş. Yeni kahvehaneler, oteller açılmış. Eli kolu dolu hasır şapka, kabuk kolye satıcılarının her biri şaklabana dönmüş. Cırlak çığırtkanların dükkânlara çağıran sesleri yırtıyordu ortalığı. Balıkçı tekneleri yakın adalara, ücra koylara turist götürür olmuş, derler ki anadan üryan giriyorlarmış suya oralarda. Şemsiyeli deniz banyoları dolup taşmış. Çıplak tenler mavi gökyüzüne dayanmış.

Tek bir tanıdık yüz yoktu artık kasabanın yollarında. Ahali kaçıp içerlere çekilmiş. Yaz sıcağında esen o ılık rüzgârın kokusu bile değişmişti. Bambaşka bir dünyaya uyanmış hissediyordu yaşlı kadın kendini. Yıkıntılarının altında kaldığı harp bitmiş, yeni bir dünya kurulmuştu. Varsa yoksa; birkaç yıla kalmaz aya gitmekten, fırlatılacak roketlerden, kozmonotlardan bahsediyordu insanlar.

Artık evde de iyiden yabancılar. Gördükleri yerde kapıları kapatıyorlar çekinmeden yüzlerine. Odalarda bir şey unuttuklarında hızla girip çıkıyorlar. Köşe bucak kaçıyorlar birbirlerinden, yanaşmıyorlar. Nefret salgını bulaşıcı bir illet, öyle ki göz temasından bile kaçınıyorlar. Sıvaşık, kirli bir huzursuzluk dolanıyor her yanlarında. Ev ev değil, cüzzamlılar ini. Üst katta Hüseyin böğüre böğüre duvarları yumrukluyordu. "Anam o benim, nereye göndereyim? Kapıya mı atayım? Nedir senin yaşlı, hasta bir kadından istediğin?"

Geç oğul, inan artık çok geç. Tavı soğumuş demiri neyle döversen döv, gari biçim alır mı?

Taşların üstünde oturmuş, partal kara urbası sırtında. Saçları boncuklu, kan çanağı gözlerinde esrik bakışları. Kışkışlayan elleri, kuru tükürüğü, göz kırpışları aynı. Önünde iki kadın, elinde bir kese kâğıdı üzüm, iştahla yiyor, bir yandan da yalanları sıralıyor. Baklasını, göz boncuklarını art arda avuçlayıp yere atıyordu. Görüp de unuttuğu bir düşü hatırlatıyordu Hayriye'ye... (Ne de olsa uzun zamandır başkalarının düşlerini görüyordu o...) Emin olmak için yaklaştı. Ardında yakan öğle güneşi gözlerini alıyordu. Elini parlak ışığa siper edince, suda beliren bir büyüymüşçesine ortaya çıkıverdi yüz hatları.

"Kıpti?"

Donup bir an, kısacık bakıyor.

"Bildin mi beni?"

"Bildim. Hiç bilmem mi? Bacıların bacısı becerikli Hayriye'sin sen. Eli uğurlu, biri on edendin, ayağına tezdin, etkindin..."

Gülümsedi Hayriye. (Dağların yasasında kişi namını gidişatına borçludur. Herkes bu nam için bir yaşam feda eder. İçten içe kıvançla doldu. Amaç namsa, bu erişi bir abdal Kıpti'den duymaktan daha hoş ne olabilirdi ki?) Kıvancını belli etmek istemedi, çevirdi lafı.

"Fal mı bakarsın sen turistlere? Bu devir seni de mi doladı çarkına Kıpti Sultan? Buraya kadar mı düştün?"

"Ekmek parası, Hayriye kadın. Hor görme. Şu çulsuzun da boğum boğum bir yutağı var be ya."

"Sen de haklısın. Dağ dün koruk doluydu ne fayda, üzüm kese kâğıdına girdi mi tatlanıyor desene."

"Öyle."

Dokunaklı bir türkü dinlercesine başını abartılı sallıyor. Belli ki Hayriye'nin şaka yollu halini yüzüne vurması az ağırına gitmiş.

"Bilmem bilir misin? Asıl adım Menekşe'dir benim. Doğduğumda kara meşin tenime bakmayıp en narin çiçekten koymuş atalarım adımı. Doğumla biçilen maktu kaderimi, yaşayıp adımla alt edeyim istemişler." Güldü. "Hınzırlığa bak hele." Kıs kıs, göğsü, omuzları havalana havalana güldü. "Nacar. Şu mor dağlarda kalmış son Kıpti'yim ben Hayriye kadın, duydun mu beni? Bak son Kıpti diyorum. Başka yok. Gelmez de. Yoldan şaşar, deniz aşıp konmaz da. Üremedim, kuşlar yuva kurdu, arılar oğul oğul çoğaldı, ben onlara bile özenmedim. Kaderin, kendimce böyle kestim cezasını. Erkek neyin bilmedim. Ancak olmadı, alt edemedim. Kim yazılanı değiştirmiş ki... Onu yendim diyen aldatmış olur kendini. İşte insanın tam da yendiğini sandığı yerdir asıl kaderi. Ben eğer koca yüzü görmüş, döl tutmuş olsaydım, göremezdim öteyi... Bu Kıpti için gelecek de geçmiş kadar bilinen oldu. Hoş, perdenin ardında ikisi de bir ya... Neyse..." dedi, eliyle savdı aklına üşüşenleri. "Sana bir giz verem mi?"

Dudak büktü Hayriye. Merak etti ama hevesli görünmek de istemedi. Bir şey demedi. Bekledi.

"Eli kulağında, yılçağı dönmeden göçmüş olacağım bu dünyadan. Felek bir kalem defterinden silecek adımı. Yalnızca dünya gözüyle gördüklerimi toplayıp, çil çil altın misali, kesesine doldurup avucunda tartacak. Sonra onu da mahzeninde biriktirdiklerinin arasına atacak. Ölüyorum Hayriye kadın. Yok olup gideceğim. O yüzden bari son umut sen yorma beni."

"Sağlam görünürsün Kıpti, hayırdır, neyin var?"

"Kalp değil fücceten götürsün. İnme değil bir anda elden ayaktan düşürsün. Şu değişen devrin yeni hastalığına tutuldum. Habismiş. Karnımda üreyen bir yarayla yaşar, azar azar, çeke çeke ölürüm. Tüm bedenimi sardı saracak nalet. Kıvılcımın düştüğü yerde keyifle yayılan ateş, beni küle çevirdi çevirecek."

"Bir doktora gittin mi?"

"Gitmedim. Ne gerek..."

"Olur mu, bakarsın vardır bir çaresi..."

"Çaresi kara toprak. Ateşi bir tek toprak boğar. Bedende bu oldukça çaresi yok diyorsam yoktur, benden iyi mi bileceksin? Kim olduğumu mu unuttun? Aklın mı şaştı? Hem bu illet senin büyü tutmuşluğuna benzer mi hiç Hayriye kadın?"

"Ne büyüsü Kıpti? Ne demeye çalışırsın? Bildiğin bir şey mi var?"

"Var ya, bildiğim çok şey var." Tabakasından bir tutam tütün alıp hazır kâğıdına incecik sarmaya başladı.

"Eh, yutma da tükür at şu baklayı bakayım."

Kibrit çakıp yaktı cigarasını. Derin bir nefes çekti. Çektiği nefesin çok azını dalgalı soluk bir duman olarak üfledi havaya. "Muğla'da Ezo'nun harabesine girerken gördüm seninkini kaç kere. Şüphelendim, sordum soruşturdum. Kim bu? Neyin nesi? *Bodrum Güzeli*, dediler. Bir salınışı var, bir hali, bir tavırları... Kulağına iliştirdiği pembe bahçe sarmaşığının, güdük menekşeye yukarıdan bir bakışları var görmelisin... Tastamam o. Bildim. Dedim bu Hayriye kadınınki. Bir iki sıkıştırdım Ezo'yu, ancak arpasını bol tutmuş olacak, ser verdi de sırrını vermedi şeytan. Yazdırmış kâğıda, yüzüne okutmuş kelam kelam. Kendi doğurduğuna, oğluna okutmuş hem de. Herkes bilir ki onun yaptığı büyü sıvaşıktır, üreyendir. Önünü kesmek bambaşka irfan sahiplerine düşer."

"İnan olsun bu hiç aklıma gelmedi Kıpti. Bizde yoktur böyle itikatlar."

"O kadınla aynı çatı altında durdukça yatıp yatıp kalkacaksın Hayriye kadın. Bitmeyecek. Azar azar eritecek, tüketecek seni. Ya kendi isteğinle toplar pılını pırtını -gari elinde ne kaldıysa- gidersin ya da..." Sustu. Bir süre gözleri Hayriye'nin gözlerinde donup kaldı. "Var gerisini sen düşün gayrı. Yenildin kadın. Bir güzel yenildin sorma. Kabul et gari. Çumralı alt etti seni."

"Çumralı?"

"He ya, Çumralı."

"Aynı kişiden mi bahsederiz Kıpti? Çumralı da kim?"

"Aslında bugün zaferini ilan eden sen olabilirdin Hayriye. Beni meczup belledin dinlemedin, o sınaksız bacılarının dediklerini yol tuttun kendine, yönünü şaşırdın. Nerede görülmüş dağlının mertliğiyle kentlinin oyununu bozduğu? Ben dedemdim mi sana bir düşmanı alt etmek istiyorsan önce onu iyice bir tanımalısın diye. Hiç insan kim olduğunu bilmediğine harp açar mı? Sen önüne konanı gördün, şekle baktın, ilendin, nefret ettin... Oysa perdenin arkasını hiç görmek istemedin. Hadi diyelim oğlun takaslı, ver muradı al ceketi. Peki ya sen? Bari sen merak edeydin be kadın. Kötüyü sığ buldun, öz aramadın. Kimdir bu demedin. Bak yıllar sonra nereli olduğunu bile benden öğreniyorsun."

Doğru, diye düşündü Hayriye. Dillendirmedi. Yuttu sözlerini. Bunca şeyin üstüne bir de bu tikliyi haklı çıkarmak istemedi. Yolu düşer, zayıflığını, yenikliğini, mahzunluğunu soyuna, dostuna, düşmanına, hele hele bir de tutar bacılarına anlatır, neme lazım.

Eğilip dikkatlice Sevda'ya baktı Kıpti. Tartarcasına baktı. Sarrafların altının ayarına, tüccarların ipeğin hasına baktıkları gibi baktı. Bir ara buruştuysa yüzü, bir ara aydınlandı. Bir parça üzüldüyse, bir gıdım hazla yumuşadı.

Kara boncuk gözleri korkulu, eli ağzında nenesinin ardına kaçtı küçük kız.

"Bu o değil mi?" diye sordu tikli tikli.

"O," diye onayladı Hayriye.

"Yen mi? Pek dadlı, bal gibim, al, al hadi, çekinme..."

İri, mor, çöpünden koptuğu yer yeşil buğulu bir üzüm tanesini kara çizgili kir oturmuş parmaklarına sıkıştırıp sundu. Çocuk kapıp ağzına atsın diye bekledi. Üsteledi. "Al kız..." Sevda uzanıp almadı. Daha da sığınıp dolandı nenesinin bacaklarına. Titrediğini duyumsayan, omuzlarını, sırtını sıvazlayan, korkusunu geçirmeye çalışan Hayriye Nenesinin incelmiş, zayıf ancak hâlâ sıcacık eli olmasa ağladı ağlayacak, gücü yettiğince kaçacak. Yine de Kıpti'nin kızıl kara dişleri arasında kırt diye ezilen, şırası çenesinden ağdalı akan, o dünyanın en büyük üzüm tanesinin tadını hep merak edecek. Kilolarca üzüm yiyecek, hatta bazılarını salkım saçak dalından... ancak hiçbiri ona, aradığı o tadı getirmeyecek. Bu yörede ölecek son Kıpti'nin üzüm yiyişiyle başlayacak en sevilen öyküsü. Onunla ödül alacak.

"Köyceğiz'e giderken sapaktan yukarı varınca bir köy çıkar karşına, bilir misin Hayriye? Dağın eteğine yaslanmış, sizden akraba dokuz haneli bir Yörük köyüdür. Halide'nin Boz Usman aha o köyden davul zurna askere uğurlandıydı. Alayına beni de çağırdılar. Nazara gelmesin diye kurşununu döktüm, bedenine zırh olsun diye muskasını da ben yazdım. Balıkesir'de aslanlar gibi acemiliğini yaptı, ustalığına Konya çıktı, iyi mi? İzne geldiğinde buldu bizi, elimizi öptü. Hayır duamızı aldı. Bir arzumuz olup olmadığını sordu. Dedim var. Madem Konya'dasın, senden arzumdur, bir zahmet hısmımı sorup soruştur. Adı budur. Bildiğimiz hikâyesi bundan ibarettir... Askerliği bitip tezkeresi elinde gelince vardım hanelerine, sevinçlerine katıldım. Akşamına karşılıklı ot sarıp tellendirirken başladı anlatmaya...

"Babası o vakitler, Çumra'da Aksak Halim derler, iş yapar iki üç bakkaldan birinin sahibiymiş. Sessiz, etliye sütlüye karışmaz, evden işe işten eve bir adamcağız. Gençliğinde bunun anasını başka bir yöreden tutup rızası olmadan kaçırırken vurulmuş, diyeti o olmuş, topal kalmış. Senesine bu doğmuş. Daha kundaktayken koyup ben buralarda yapamıyom diyen anası, bir başkasına kaçmış. Eh, oralarda ne olacak, Halim'in topal ayağı kusur görülmez, sonuçta dükkân sahibi. Geliri iyi. Hali vakti yerinde. Benli Aynur derler, yoksul mu yoksul bir ırgatın en büyük kızına başlık sayıp nikâh kıymış. Kız pek güzel değil. Hatta burnunun hemen yanında nah bu üzüm tanesi kadar da kara kıllı bir beni var. Ancak on beşinde. Körpe. Bu kadarla da değil işveli, cilveli. Kurnaz. Her gece Halim'i içire içire, zilleri takıp oynaya hoş tuta, hem yoksul ailesinin karnını doyurmuş hem de ne var ne yok bütün malı üstüne almış. Allah için bunu pek sevmiş. Kendi öz bebesi gibi bakmış büyütmüş. Hatta tanıyanlar demişler ki Aynur geldiğinde bunun adı bile yokmuş, ah ben görmedim, bari bu bebek gün görsün diyerek adını bile o koymuş. Halim çok geçmeden Hakkın rahmetine kavuşmuş. Aynur'un namı bir ara kadın bakkala, bir ara avaza, en son da zil çalara çıkmış. Hazıra dağ mı dayanır, iş bilmeden kadın başına dükkân mı işletecen... Sıfırı tüketmiş. Ne biliyorsa kıza öğretmiş. Bu Güngör dediğin, daha beş yaşındayken belediye meydanında, Dedebaşı'nda kaşık çalar, gerdan kırar, göbek atarmış. Biraz serpilince Aynur yanına katıp Meram'a götürmeye başlamış. Daha o zamanlardan dikiş öğretmiş buna. Tüm fistanlarını, tüllerini, şallarını kendileri dikerlermiş. Daha on ikisinde dillere destan bir güzelliği varmış. Onun tepside dansını görmeye Kayseri'den, Bursa'dan, hatta İstanbul'dan godomanlar gelirmiş. Üstüne mal yapacaklar, altına ziynete boğacaklar çıkmış. Çok uğraşmışlar, şatafata, lüküse, her şeyin en iyisine alıştırmışlar, bir dediği iki edilmemiş, ancak hiçbiri onu koynuna almayı başaramamış.

Benli Aynur akıllı, dahasını istemiş, hep daha fazlasını beklemiş. Dahası demiş, bunlar ne ki, çok dahası. Kızı omzu kalabalık bir paşaya karı etmekmiş tek amacı. İstikbal paşalarda. Kapısında yatanları görmezden gelmiş. Palasını çekip zor kullanmaya kalkanları bir üstlerine kırdırmış. İti uğursuzu ustasına vurdurtmuş. Çok çıngar çıkmış, oluk oluk kan akmış uğruna... Oturakta tahta kaşık çaldıkça, göbecikler attıkça, ahu gözlerini süzdükçe, âşıklar ordusu kazanmış. Bir o kadar da düşman... Yuvalar yıkılmış onun yüzünden, canına kıyanlar olmuş, çocuklar babasız, kadınlar kocasız kalmış. Diş bilemişler. O ortalarda salındıkça bir Konya çalkalanmış. Ancak kimselerden korkmamış bu, neticede analığı varmış, üstüne kol kanat geren. Amma dedim ya kim kaderi değiştirmiş, ona istediği gibi yön vermiş ki...

Önce atışmayla başlamış, sonra dalaş, dövüş, analığına bıçağı o ara takmışlar. Kasıktan göbeğe. Ölmemiş ancak ölmekten beter olmuş. Kalmışlar mı aç susuz. Tek başına Meram'a da çıkamaz. Kuru ekmek kemirmişler. Üçe beşe bakmamış çalışacağım demiş. Konya'nın ne kadar orta malı, kaldırım çiçeği, yosması, sürtüğü varsa, onlara dikiş diker olmuş. Taa Akşehir umumhanesinden bile kalkıp gelen müşterileri varmış. Onlarla beraber iti kopuğu da mantar gibi bitmiş tabii evlerinde, kötü bakışları, manalı konuşmaları canına tak etmiş... Kime niyet kime kısmet, dolandırıcının biri o sıralarda evlenme vaadiyle gönlünü çelmiş bunun. Toy tabii, korunaksız, ya dikişini diktikleri gibi olacak ya da varıp birine evinin kadını. Adam ilkin kendini devlete çalışan zengin bir müteahhit olarak tanıtmış. Pek efendi. Sessiz, saygılı. Benli Aynur kendi eliyle itmiş kızı. Aklını kullan akıllım, demiş. Çöpsüz üzüm, hem de bekâr, eh fena da değil. Eline yüzüne bakılır, sözüne güvenip, peşine takılıp Ankara'ya taşınmışlar. Adam Cebeci'de bir daire tutmuş bunlara, senin anlayacağın kapatması olmuş herifin. Nizamettin derler, bu dolandırıcı çeşitli suçlardan her yerde aranıyormuş. Hakkında açılmış yüzlerce dava varmış. Herifin ne mal olduğunu anlamaları çok sürmemiş lâkin iş işten geçmiş tabii."

"Sus," dedi Hayriye. "Yeter sus, daha da anlatma."

"Ne oldu Hayriye kadın, niye celallendin?"

Avcunun içinde öyle bir sıkmıştı ki Sevda'nın elini, kız acıdan ağlamaya başladı.

"De hele Hayriye, ne oldu? Bak hiddetinle çocuğu da korkuttun." Ardlarından bağırıyordu tikli. Dönüp de bakmadı, başına gelen en büyük belayı ardında bırakıp gitmek istercesine, koca bir hayattan, boşa çıkan umutlardan, ulaşılmayan sevgilerden, yolunu kollayan korkulardan, onulmaz acılardan, bitmek bilmez yenilgilerden, içrek yıkımlardan, özünden, canından, yitiklerden kaçarcasına...

Nizamettin derler bu dolandırıcı... kendini devlete çalışan zengin bir müteahhit olarak...

Elini kurtaran Sevda'yı yeninden tutup sürüklercesine çekiştirerek uzaklaştı... Görsen sanki günler önce, o divanda başında sirkeli bezler, yanında ilaçlar, şuruplar, inleyerek, ağrılar içinde bitkin yatan o değildi. Dinelmişti. Sevda'nın beşinci yaşının ilk, cam gibi pırıl pırıl net anısı. Yaz ortasında domurlanarak kara bulut toplayan deniz üstü gök, patladı patlayacak. Olacak iş değil. Bu mevsimde. Havluları, çantaları başlarının üstüne siper ederek kaçışan yazlıkçıların yüzlerindeki hayal kırıklığı...

Damla damla üstlerine serpiliyor gök...

Hayriye hızla yürüdü, adımlarını öyle kocaman atıyordu ki Sevda'nın ona yetişmesi için koşması gerekiyordu. Peşi sıra sürüklüyordu kızı. Çeke çeke kendi adımlarına uydurarak... Bardaktan boşanırcasına yağmaya başladı. Soğuk suyun saçlarından akışını duyumsadı Sevda. Önce omuzları, sonra sırtı sırılsıklam oldu. Üzerindeki elbise vücuduna yapışıp üşüttü onu. Güneşten kavrulmuş beton zemindeki toz, iri damlalarla savruldu. Yol kenarlarında çamurumsu akan incecik dereler oluştu.

"Nene?.." Hayriye duymuyor... Görmüyor... Başka bir dünyanın açıtları gözleri. O merhametli, o düşünceli, sevecen kadından bir anda geriye bu mu kalmıştı? Sevda bir yandan çevresindeki telaşı izlerken bir yandan da sarsık adımlarla koştu. Koşabildiği kadar hızlı koştu, koşarken burkulan ayağındaki terlik çıkıverdi. Durup almak istedi ancak Hayriye başka bir dünyada, burada değil. İki eliyle yapışıp çekti nenesini. Yüzüne baktı, "Nene, ayağım," dedi, ancak nenesine ulaşması olası bile değildi.

Eve vardıklarında çıplak ayağı kanıyordu. Yol boyu batan irili ufaklı taşlar, küçük oyuklar, incecik çizikler oluşturmuştu. İlk kez bu kadar derin bir acı duyuyordu, göğsünde kendini titreyerek hatırlatan ipliksi bir sızı. İçi bulandı, ağzına dolan salyaları kapı önüne tükürdü. Merdiven basamaklarında kızıl ayak izleri. Hayriye o izlere bakıp ayrımına vardı. Gözlerindeki hüzün telaşla yer değiştirdi.

"Terliğin nerede guzum?" diye sordu. Yaşlı, kara gözlerini nenesinden kaçırdı kız. Tek bir sözcük çıkmadı ağzından. Kaptığı gibi taşlığı geçip bahçeye çıkardı Hayriye onu. Tulumbadan su çekip yıkadı ayağını. Derisine gömülmüş taşları temizledi. Havluyla kuruladı. Boynundan yemenisini çekip sardı. Ayağında mavi, mor çiçekler, yeşil yapraklar, sekiye oturdu Sevda. Sundurmadan şırıl şırıl akan suyu izledi. Yanına oturdu Hayriye. "Ah ben bilemedim, ne ettim, nasıl göremedim," diye sızısına sımsıkı sarıldı.

"Acımıyor ki," diyebildi Sevda. "Hiç acımıyor ki."

O gece koynunda yatırdı Hayriye, kızı. Gök gürültüsünü, hızla yağan, yağarken camları döven yağmuru hiç duymadı. Acısı zaten yoktu. Sıcak, yumuşacık, nane kokusuyla sarmalanmış derin bir uykuya daldı. Kızın şişen ayak tabanını öptü Hayriye, bir kez daha, bir kez daha... Kendi yaraları için karılmış merheminden sürdü. Temiz bir yemeni daha bağladı. Kırmızı yeşil beyaz göz göz yapraklar Sevda'nın ayağı.

Kuşluk vakti, sarı, aydınlık, serin bir sabaha uyandılar. Hayriye çok daha erken kalkıp hazırlanmıştı bile. Çatkısını çatmış, yeleğini giymiş, boş heybesi yanında, sandalyede oturmuş, Sevda'ya bakıyordu.

"Nene, nereye?" diye sordu kız.

Yanıtlamadı Hayriye. Yanağının sağına sağına yayılan kısık bir gülümseme vardı yüzünde.

Hüseyin girdi odaya. Masanın üzerine beş liralık kâğıt paraları bıraktı. "Yeter mi ana?" diye sordu.

"Yol için," diye yanıtladı Hayriye. Onun parasına muhtaç olmak sıkmıştı canını. Çevirdi başını. Yerinden kalkıp gidene kadar dokunmadı paraya.

"Daha lazımsa..."

Kesik bir el hareketiyle susturdu oğlunu.

"Ne oldu ana? Niye birden kalktın ayağa? Ölüm mü var da bize söylemezsin? Bacılarına mı bir şey oldu?"

Cevaplamadı Hayriye. Kalktı yerinden. Çarşafı şöyle bir sıyırıp kucakladı Sevda'yı. Sımsıkı bastırdı göğsüne. Serin, uçgun bir kokusu vardı. Boynunu sevdi. Saçlarını öptü. Ufacık ellerini kemikli yaşlı elleri arasına aldı. Sevdi.

"Sevda'm," diye başladı söze. "Sakın ha darılma bana, sen benim gınalı guzumsun, bunu sakın ha unutma. Bu gidişin nedeni sen değilsin. Öfkem sana değil. Az sonra şu kapıdan çıkıp dağlara, yurduma döneceğim, sakın ha seni unutacağımı, arayıp sormayacağımı sanma. Yine geleceğim. Hep geleceğim. Gelip yine sarılacağım sana. Elim her daim üstünde olacak. Ancak bu evde dirliğim yok kızım. Kalan ömrümü böyle tüketmek, günlere çentik atıp yazık etmek istemem. Sakın gönül koyma bana. Özledin mi, nene yetiş dedin mi, çık dışarıya, var bir yol meydana git. Oradan görünen dağlara bak, nene diye seslen, ben duyarım seni. Gün dolmadan yeterim yanına."

Güngör taşlıkta ellerini göğsünde kavuşturmuş, bekliyordu. Sokak kapısını açık tutmuş. Dışarının çiğ ışığıyla bölünmüş mermer zemin. Hayriye giderken o ışığa gölgesi vurdu. İncecik, kambur bir leke gibi. Hüseyin çökkün, çöktü oturdu divana, tam anasının kalktığı yere. Belki sıcağına. Sarsıla sarsıla ağlamaya başladı. Sevda ona baktı. Dili dönse, aklı yetse, *bir şey yap, gitmesin* dercesine. Taşlıktan uzayan, incelen gölgenin sesi duyuldu.

"Sana gelince. Allah da biliyor ya, yüreğimde yerin hiç olmadı. Çok çatıştım kendimle, kötü olmanı istememek, seni kargışlamamak için. Bir umudu hep taze tuttuydum... Toydur dediydim, başkadır... Ancak o umut öldü, yerine kapkara bir ilenç oturdu. Susmayacağım, kendimi tutmayacağım gari. Ben seni öğrendim, kim olduğunu biliyorum artık Çumralı. Gide gele beni hasta ettiğin Ezo'yu da biliyorum, sakat analığını da... Oğluma ne yolla vardığını da, o sahtekâr Nizam'ı da... Dilerim Tanrı'dan benden beter olasın. Onulmaz hastalıklara düşesin, yattığın yerden doğrulamayasın, dişinle yorgan gerip, acıyla çarşaf yırtasın da ölemeyesin, inim inim inleyesin de bir türlü ölemeyesin..."

Tastamam öyle de oldu.

Aynur

Aynalar Ülkesi

Aynur o adı batasıca adamı, kızının -olmaz olasıca- babasını, hiç sevmedi. Kimseye bir şey demedi, içine attı hep, ama Allah da biliyor ya, gönlü hiç düşmedi. Ne arzu duydu ona karşı ne bir parça sevgi ne de en küçük bir güven kırıntısı. İtirazsız, kaderine razı oldu. Annesinin giderayak ona bıraktığı, reddedemeyeceği sorunlu bir miras gibi kabul etti. Kimi insanların yaptığı kötülükler ölümün burçlarını aşar. Ölüm, kötülüğün öteye taşamayacağı bir sınır değildir. Kötülük, kötüler ölse de varlığını sürdürür.

Sana bir kez bile sorulup edilmeden, zorla dayatılan bir kocada ikinci bir ihtimal yoktur. Er ya da geç, kara bahtın olacaktır.

İstediğiyle evlendirseydi, korkusunun pençesinde kıvranıp -can çekişip- bu çıyana mecbur kalmayacak, böyle mutsuz olmayacaktı. Olmadı. Kader uygun gördü, ancak annesi razı gelmedi.

Ölmek gerçekten, hakkıyla yaşamışları korkutamaz. Güngör Hanım, 1996 yılında, mart ayının ikinci cuma günü, günahı sevabıyla her şeyi geride bırakıp ayrıldı bu dünyadan. Kara kıştan kalma oldukça soğuk bir gündü. Kemikleri sızlatan, küf kokulu yoğun rutubet, günler öncesinden dört bir yana sinmişti. Kumaşların, hali hazırda provada ya da çoktan bitmiş kostümlerin, giysilerin, ufak tefek diğer siparişlerin üzerinde bile bu dayanılmaz mide bulandırıcı soğuk koku...

Aynur evde sabah akşam adaçayı, çörek otu yakmış, günaşırı, üzerlerinde ince leke küf birikmiş lavanta torbalarını yenilemiş, karanlık köşelere içi karbonat dolu kâseler bırakmış, yine de bu inatçı kokudan kurtulamamıştı. Kapı, pencere, bütün pervazlar şişmiş, açılması imkânsız camlar, akşamdan yağan yağmur sonrası buz bile tutmuştu. Günlerdir bir lanet gibi süren sağanak, önce ceviz büyüklüğünde, evlerin camlarını kıran, araba kaportalarını çökerten doluyla başlamış, bir türlü durmak bilmemiş, cadde ve sokaklar göle dönmüş, evleri, işyerlerini hep su basmıştı.

Aynur uyarıları televizyondan izlemiş, kürekle, kovalarla ön kapıda nöbet tutmuş, onların bulunduğu sokakta -Allah'a şükür- sular yokuş aşağı bir yol bulup akıp gitmiş, fazlaca bir hasar bırakmamıştı.

Güngör Hanım'ın o son sabah, mucizevi bir dinçlikle erkenden uyandığında, ayna karşısında yer yer kelleşmiş, ufacık esintilerde dahi uçuşan, tüysü, kısa, günlerdir tarak yüzü görmemiş, dağınık, kırlaşmış saçlarını düzeltirken ilk sözü, "Ölmek için ne kötü bir gün," olmuştu.

Uzun zamandır aynalara bakıp tiksinircesine, "Şu haline bak Güngör, korkunç görünüyorsun," diye kendine saldırmıyordu artık. Çocukluğunda analığından dinlediği, belli yerlerinde yorgan altına çığlık çığlığa kaçtığı, kuyu cadıları, umacılar, dungangalar halt etmişti yanında. Görüntüsünü yansıtacak saydam her yüzeyden kaçar olmuştu. Bu sabırla, sinsi sinsi gelen hastalıklı bakımsız haliyle asla barışmamış olsa da kabullenmişti. Ne ruj istiyordu ne de solgun yanaklarına pudra, allık. Ölümün o silik, dumansı, melum yüzü çoktan gelip oturmuştu suratına. Fırçayla, boyayla kapanacak, rastıkla anlam bulacak gibi de değildi.

İçindeki yumru yumru, ifrit hastalığın kendini anımsattığı ağrılarına, baş dönmelerine aldırmadan duvarlara dayana dayana, ahşap merdivenleri gacırdatarak alt kata inmiş, biraz oturup soluklanmış, bu, hem evinin bir parçası hem de ekmek teknesi olan geniş odayı dalgın, uzun seyretmiş, özellikle eşyaları, onlara değgin öyküleriyle birlikte anmış, her biriyle tek tek vedalaşmıştı. İyi de olmuştu, bu yolla biraz kendine gelmiş, güç kazanmıştı. Eşyalar bütün değerlerini en çok da bizden uzun yaşamalarından alıyorlar. Onlara yüklediğimiz anlam neye dönüştürdüyse o olarak kalıyorlar. Yazgıyla savaşta bir silaha dönüşenler, sonsuza kadar bir silah olarak kalıyorlar. Şu köşede duran, yeri değişmez dikiş makinesi: Güngör'ün dikiş makinesi gibi. Yoksul doğanın yoksul, varsıl doğanın varsıl olduğu dünyada, onu utkun kılan bu eşya; yazgısıyla savaşında gerçek bir silah değil de nedir?

Ah, Güngör, güzeller güzeli, Bodrum Güzeli Güngör, senin dikiş tutmaz öykülerin kitaplara iğne iplikle yazılsa...

Önceki günden kalma çayı ısıtmış, art arda iki bardak içmiş, kaynar buruk tadı sindire sindire duyumsamış, sonra tekrar yukarı çıkıp hazırlanmaya başlamıştı. Bir gece evvel yine ateşlenmiş, sanrılı bir baygınlık hali içinde tir tir titremişti. Sabaha doğru ateş düşürücüler, ağrı kesici iğneler az da olsa etkisini göstermiş, kısacık ama derin bir uykuya bile dalmıştı.

Aynur, bütün gece başında beklemişti. Herhalde şimdi kaskatı taşlaşmış gövdesini uykunun şefkatli koynunda yumuşatmaya çalışıyordur. Dokunmasan akşama kadar uyur o. Çocukluğundan beri sever tembel-uzun uykuları. Uykusu da ağır mı ağırdır. Hele yorgun olunca, yanında top atsan uyanmaz. Ee, böylesine hasta birinin bakımı kolay değildir. Yorar tabii. İnsan eti ağırdır. Herkes bu sorumluluğu alamaz. Şimdi haksızlık da etmemek lazım, kız elinden geleni fazlasıyla yapıyordu.

Güngör Hanım hastalığı ilerledikçe huysuzlaşmış, öfkesi sonsuz, isteklerini ifade biçimi her zamankinden daha kalp kırar bir hal almıştı. Dile kolay, beş koca yıl bu illeti çekmişti. Bir dizi ameliyatlar sonrası hastanede kalmayı istememiş, kendi evini, odasını, yatağını arzulamıştı. Zaten doktorlar da hiç itiraz etmemişler, "Götürün evine, orada yakınlarıyla iyi vakit geçirmesini sağlayın," demişlerdi. Sona gelindiğini, yapılacak fazlaca bir şey kalmadığını kendi de dahil herkes kabullenmişti. O vakit Aynur hem terzi dükkânını layıkıyla işletmiş, randevuları sektirmeden ayarlamış, siparişleri tam saatinde teslim etmiş hem de annesine saygıda kusur etmeden bakımını üstlenmişti. Vicdanlıydı. İmkânları olmasına rağmen dışarıdan parayla bakıcı bir kadın tutmak, bu zorlu işi ona yıkmak, teslim etmek aklının ucundan bile geçmemişti. Oldukça dayanıklı çıkmış, bir kez olsun of bile dememiş, gülden ağır laf söylememiş, altını temizlemiş, yıkamış, paklamış, yemeğini elleriyle yedirmiş, ilacını eksik etmemişti.

Güngör Hanım sık sık dayanılmaz ağrılar çektiğinde yatakta doğrulmuş, tırnaklarını etine geçirerek kızına sarılmış, ıkınırcasına sıkıp gözlerini, salyalar akıtıp yaşlar dökerek avaz avaz bağırmış, kızın saçlarını yolmuş, ağza alınmamış, katı açılmamış, gün yüzü görmemiş küfürleri ona savurmuştu. Kız bir taş heykel olup durmuş, yapma dememiş, güçten düşmüş hasta aciz annesini bir kez bile ittirmemişti. Annesinin bu bir dünya ağrılara hıncı bittiğinde alnına, kol içlerine koyduğu ateş düşüren, rahatlık veren sirkeli bezlerini değiştirmiş, açtığı kitabından sonu gelmez, sessiz dualar okuyarak hasta odasının cehennem sıcağını -üfleyerek- soğutmaya çalışmıştı.

İnatçı, keskin, katlanılmaz sancılar, kadının hayatına bir sülük gibi yapışmış, son zerresine kadar canını azar azar emiyorlardı.

Sanırım bazı insanların kebair günahları; bu dünyada onulmaz hastalıkların korkunç acılarıyla cezalarını ödemeyi seçiyorlar. Mürtekib-i Kebîre kimselerin, bir nebze cehennemi hasta yataklarında perperişan yaşayıp öyle terk-i dünya etmeleri gerekiyor.

Ya da günahları arşı âlâyı aşmış insanlar, o kadar yükle, Cehennem-i Kübrâ'ya dahi kabul edilmiyor da, bir kısmını burada bırakmaları gerekiyor olabilir.

Bağışlanması imkânsız, çok daha büyük günahlar işledikleri ayan beyan bilinen, ancak tek nefeste, ayakta gidenlerin durumu daha vahim olmalı. Belli ki onlar için bambaşka bir azap hazır bekliyor.

Her defasında çocuksu bir arsızlıkla, "Daha çok morfin, daha çok," diye adeta yalvarıyor ancak artık bu işte ustalaşmış kızının doz ayarlarını öldür Allah aşamıyordu. Önceleri, acı çekmesini istediği için ona gereksinim duyduğu miktarı bilerek, isteyerek -hasetle- intikam alırcasına vermediğini düşünse de, eve gelen doktorun, "Asla," dediğini, sıkı sıkıya aynı dozda devam etmesini tembihlediğini kendi kulaklarıyla işitip rahatlamıştı. Bundan sonra yalazlı öfkesi biraz dinmiş, hatta kızına karşı bir acıma hissi bile duymaya başlamıştı.

İşte ilk o zamanlar gerçeği görmüş, Aynur'un ondan sonraki hayatını düşünmeye başlamıştı. Her insan kapalı bir kutu olsa da o, kızını iyi tanıyordu. Bir damlacık balmumundan kendi elleriyle şekillendirmişti onu. O, yalnız kalması imkânsızlardandı. Bu düşünce günbegün içinde büyümüş, zaten haram olmuş uykularını iyiden kaçırmıştı. Bir hal çaresi düşünüyor ancak doluya koysa almıyor, boşa koysa bir türlü dolmuyordu. Gençliği, hadi bilemedin bir parça diriliği olsa, hazinesinde çoktu, o her şeye bir çare mutlaka bulurdu.

"Ben göçüp gittikten sonra ne olacak bu kız, bir başına bu acımasız, hoyrat hayatta ne yapacak?" deyip durmuş, bu korkuyu sızılı yüreğinde günlerce evirip çevirmiş, çok geçmeden de -ilkin içine pek sinmese de- bir çıkar yol bulmuştu.

En güvendiği kişileri telefonla aramış, usulünce uzun uzun istişare etmiş, sonunda bunun tek çare olduğuna iyice -kati- ikna olmuştu. Burada da o bilinen bencilliği devreye girmişti. Huzur bulmaya çabalıyor, yüreğinde bir bukağı ile daha ölmek istemiyordu.

İşte o sabah, hazırlanıp bu hal çaresinin son faslını da halledip bir parça huzurla ertesi gün ruhunu teslim edecekti. Hayat da ona mucizevi bir şekilde, niyetini gerçekleştirebileceği son bir dermanı bahşetmişti.

Gömme elbise dolabının yüklük olarak kullanılan alt kısmını açtı. Üst üste katlanıp konmuş yorganlar arasından siyah, parlak, iri pullu yılan derisinden çantasını el yordamıyla arayıp buldu. Yatağın kıyısına ilişip çantayı tersyüz etti. Kendi nüfus cüzdanının olduğu yerde kızınınki de duruyordu, alıp el çantasının bir gözüne koydu. Beş ray bileziğin ikisini, lastikle sabitlenip rulo yapılmış kâğıt para destesini de öbür göze yerleştirdi. Çantayı toparlayıp kapattı, yine eski yerine sıkıştırdı.

Mantosunu giydi, gelişigüzel seçtiği ipek bir başörtüsünü çene altından bağladı.

Koridora çıktı. Evin içi sessizdi. Derin bir mezar kadar sessiz. Dışarıdan eve sızan en ufak bir çıtırtı, bir kuş sesi ya da yaprak hışırtısı – belki durmadan sokaklarından gelip geçen o motosikletlerden birinin gaz verildikçe coşan homurtusu bile yoktu. Kendi tıknefesi de kaybolmuş, duyulmuyordu. Etrafı dinledi. Bu kadar sessizlik deli eder insanı, diye geçirdi içinden. Deli eder. Belki de cehennem sadece içine gömüleceğimiz ölümcül bir sessizlikti.

Bu ürpertici havayı dağıtmak için birkaç kez öksürdü. Pürtüklü kesme taş duvarlara tutuna tutuna aşağı indi. Saate baktı, dokuza çeyrek var. Kafasında gideceği yolu ölçüp biçti. Adımlarını tarttı. Tamamdı.

En çok siyah deri, kısa topuk botlarını giyerken zorlandı. Bir türlü sığmadı ayakları, şişmişlerdi. Eh, ne bekliyordu ki? Bir de buna ayıracak üzüntüsü kalmamıştı doğrusu. Kapıya yöneldi. Sürgüyü açıp dışarı çıktı. Kaygan, yer yer ıslak, taş merdivene temkinli bir adım attı, durdu. *Kaba tuz döksün Aynur buralara, daha da yosunlanmasın.* Bir elini duvara destek yapıp bekledi. Gözlerinin kamaşması neyse, ancak ya bu baş dönmeleri. Derin derin soluk aldı. Az daha bekledi.

Ah, dillere destan Güngör, şu kapıdan gençliğinde çıktığın gibi dimdik, sağlıklı, alımlı, güzeller güzeli çıkamayacaksan, tez elden cenazen çıksın daha iyi.

Hayatları boyunca güzelliklerinden başka bir şeye değer vermemiş, güvenmemiş insanların sonları pek ukubet oluyor.

Şöyle bir koltukaltı eğilip sokağa göz gezdirdi. Henüz ortalarda kimsecikler yoktu. Sessizlik. Ağrılı dizlerini bükerek, önce basamaklarda yan dönüp sağ ayağını attı, ağırlığını verip yere sabitledi. Emin olunca diğerini; indi merdivenlerden. Sokaktaydı işte. Çantasını koluna sıkıştırdı, ikide bir kayan başörtüsünü iyice öne doğru çekip düzeltti.

Yavaş adımlarla, dura dura sahil yoluna indi. Allah'tan avukatın bürosu uzak değildi.

"Yok canım, ben gelirim," demişti telefonda. "Hem efendi oğlumuzla orada, sizin büronuzda tanışmak daha münasip. Olur mu hiç, ne zahmeti, bana da bir değişiklik olacak."

Yıl oldu sanırım, geçen gelişinde mor-eflatun kucak dolusu glayöller getirmişti Avukat İhsan. Çok kalmamıştı. "Hasta ziyareti kısa olur... Bir arzunuz, bir emriniz olursa..."

İleri yaşına göre sağlıklı görünüyordu. Teni yağlı ve pürüzsüz, yanakları aldı. Şakaklarından seyrelmiş beyaz saçlarını (vazgeçilmez bir alışkanlık) briyantinle geriye doğru taramıştı. Usta terzi elinden çıkmış, yünlü kumaşla aynı renk, dikişleri parlak, siyah üç parça takım elbise, kırmızı bir kravat, Ecevit mavisi bir gömlek giymişti. Yakasının sağ tarafında o zamanlar üyesi olduğu partinin, kırmızı üstüne beyaz, tek hilal amblemli rozeti vardı.

Güngör bu ziyareti önemsemiş, avukat gelmeden aynayı eline almış, odayı derletip toplattığı Aynur'la, peşine her zaman olduğu gibi yine yaramaz oğlunu takıp "Kapıdan şöyle bir uğradım Güngör teyze," diyen Gönül'ün yardımıyla geceliğini değiştirmiş, şal desenli sabahlığını giymiş, kedi tüyüne dönmüş saçlarını fırçalatıp başına siyah bonesini takmış, bol pata kremle pudralı bir de makyaj yapmıştı. Üç aynalı makyaj masasına yansıyan görüntüsü yapaydı. Donuk. Porselen bebeklerin kırılgan, ürkütücü anlamsızlığını taşıyordu. Dökülmüş kaşlarının yerine kalemle kalın yaylar bile çizmiş, odayı havalandırtıp kulak arkalarına, buruşuk göğüs çatalına menekşe kokuları sürünmüştü. O günlerde hâlâ azıcık da olsa umudu vardı demek.

"Görelim bakalım şimdi bu acınası haline bakınca adam ne düşünecek?"

Birkaç kez telefonla konuşmuşlar, Güngör kısık, tarazlı sesini elinden geldiğince inceltmeye çalışmış, sıkıntısını, ölmeden önce son arzusuymuşçasına anlatmıştı. Adı soyadı aynı olan avukat da boş durmamış; onun bu her görüşmelerinde onayladığı düşüncesini gerçekleştirmeye uygun insan evladını bir çırpıda buluvermişti.

Üzerinde *Avukat İhsan İhsan* yazan kapıyı açıp tıknefes içeri girdiğinde, İhsan Bey'in, haline acıyarak bakan gözlerini es geçip bulduğu ilk sandalyeye çöktü. (İnsanın çökkünlük ya da yaşlılık hali, güzelliğini, diriliğini iyi bilenlerin kalbini daha çok sızlatır.) Başı dönmüş, gözleri kararmıştı. Konuşmaya mecali yoktu. Bir bardak su istedi. Ardından uzanan bir el ona su verdi. Titreyen parmaklarıyla güçbela tuttu bardağı gıdım gıdım içti. Uzunca bir süre soluklandı, hal hatır soran İhsan Bey'i cevapsız bıraktı.

Nihayet ardındaki adam, iki büklüm ellerine sarılıp öptüğünde, bu gencin, kızı Aynur için bulunan koca adayı olduğunu anladı. Pek süklüm püklüm. Bakımsız ancak aydınlık yüzlü denebilir. Aynur'un boyu uzun, neredeyse aynılar, az topuklu giyse, iki parmak geçer de, bunun sorun olmayacağı kesin. Beğeniden, boydan bostan, sevgiden, aşktan çok paraya ihtiyacı var bu oğlanın. Kıza dair hiçbir şey sorun olacakmış gibi görünmüyor. Aksi takdirde en azından bir kez, uzaktan olsun evleneceği kızı görmek isterdi insan.

"Adın ne senin?"

"Mahir." Kısa bir sessizliğin ardından, tamamladı. "Mahir Budak."

"Yaşın kaç?"

"Otuz iki."

"İyi. Nerelisin?"

"Isparta. Senirkent."

"Yörük müsünüz?"

"Yok, değiliz."

Mahir'in lafını bitirmesini beklemedi, bir başka soruyla kesti. "Daha önce hiç evlendin mi sen?"

"Yok."

"Âlâ... Anan baban?"

"Sizlere ömür."

Bu söz üzerine Güngör, gayri ihtiyari, nasıl olduysa, o şen kahkahalarından birini (en cılızını) patlattı.

Bildiği halde, -daha önce avukatın üstü kapalı söylemiş olmasına rağmen- bir de güvey olacağın ağzından duymak istedi.

"Bu parayla ne yapmak istiyorsun?" diye sordu, para kelimesinin üstüne özellikle basarak.

Genç adam kısık bir sesle, "Çarşı içinde küçük bir kahve..." diye bir şeyler gevelemeye başladı. Güngör Hanım otoriter bir el hareketiyle durdurdu onu. İstediği kelimeyi çoktan duymuştu o, gereksiz teferruatla kaybedecek vakti yoktu.

Avukata dönüp, "İhsan Bey," dedi. "Daha fazla uzatmayalım... Ben bu işte bir tek size güvenirim."

"Hiç merak etmeyin Güngör Hanım."

"İyi olursa Allah'tan ama kötü olursa sizden bilirim. Ruz-i mahşerde iki elim yakanızda olur, ona göre."

"Hiç merak etmeyin efendim," dedi adam yineleyerek. "Ben kefilim Mahir oğlumuza. Hem Aynur benim de kızım sayılır. Bedbaht olsun ister miyim? Bunca yıllık hukukumuz var."

Güngör, adamın gözlerine bakıp yüzünü buruşturdu. "Her şey konuştuğumuz gibi olmalı. Düğün dernek yok. Sadece nikâh. En erken tarihe gün alın. O şimdi yok kırkıydı, elli ikisiydi... tutturur. Siz aldırmayın. Bizim evde yaşayacaklar. Kızımın bir dediğini iki etmeyecek. Onu el üstünde tutacak." Hafifçe başını geriye çevirip "Tamam mı? Anlaştık mı?" diye sordu?

Mahir elleri önünde, hâlâ yere bakıyordu.

"Müslüman mısın sen Mahir?"

"Elhamdülillah, kalubeladan beri."

"İyi. Peki, abdestin var mı?" diye sordu bu sefer.

Mahir şaşırdı. Yüreği küt küt atmaya başladı.

"Cevap versene evladım," diye üsteledi kadın.

Birkaç kez yutkunup, kuruyan boğazını ıslatmaya çalıştıktan sonra, "Evet," diyebildi. İnandırıcı olsun diye ekledi, "Buraya gelmeden önce adliye camisinde namaza durmuştum..."

Güngör Hanım gerisini duymadı bile, avukata bakıp başıyla adamın sağ yanındaki duvarı işaret etti. "İndir, koy bakayım şu Kur'an-ı Kerim'i masaya." Bu emir verir tavır, bu o an için anlamsız istek... İhsan Bey'i de şaşırttı.

"Anlamadım Güngör Hanım?" dedi.

"Neyini anlamadın avukat bey, kitap üzerine el basarak yemin edilmeyecekse ne anlamı kalır?"

"Haklısınız. Eğer siz öyle uygun görüyorsanız... Madem içiniz böyle rahat edecekse..." diyerek ayağa kalktı, güçlükle parmak uçlarında yükselip duvarda çiviye asılı Kur'an-ı Kerim'i birkaç silkeleyişle ipinden kurtardı. Kitabın uçuk yeşil, yorgancı işi motifli, atlas kumaştan güzel bir kılıfı vardı. İhsan Bey önce üfleyip muhafazayı tozlarından arındırdı, daha sonra içinden kitabı çıkarıp iki eliyle tuttu, üç kez öpüp alnına değdirdi. Usulca masanın üzerine bıraktı.

"Gel oğlum," dedi. Mahir ürkek, masaya yaklaştı. "Eğil." Dizlerini az kırıp eğildi. "Koy bakayım sağ elini kitabın üzerine." Mahir ufacık tombulca elini kitabın üstüne bastırdı. "Şimdi söyleyeceklerimi tekrarla..."

Mushaf hakkı için, Kur'an hakkı için yemin ederim ki... diye başladılar...

Yemin bittiğinde Güngör Hanım, avukata, "Sen de şahit misin?" diye sordu.

"Şahidim, Cenabı Hak huzurunda şahidim," yanıtını alınca biraz rahatladı. Yüz hatları gevşedi. Ağrılı parmaklarıyla çantasını açtı, önce kızının nüfus cüzdanını -resmine bakıp bir kez daha kontrol ederek- sonra da rulo halindeki dolgun para tomarını adamın önüne koydu. Adam kimliği alıp baktı, evirdi çevirdi, yanındaki dosyanın üzerine bıraktı ancak paraya dokunmadı.

"Size emanet. Resmi nikâh olmadan katiyen parayı vermek yok. Önce nikâh. Ödeme ondan sonra..."

Eh hadi o vakit bana müsaade deyip zorlanarak yerinden kalkarken ona destek olmak için atılan Mahir'i gücü yettiğince öteye ittirdi, avukatla el sıkıştı, teşekkür etti. Hakkını helal et cinsinden birkaç kelam – helallik istemek değildi amacı, (o kim oluyor) maksat dindar geçinen adama bir sorumluluk daha bırakmaktı. Güngör Hanım, hayatı boyunca hep insanlardan sarkan iplik uçlarını görmüştü. -Ona göre hayatın tümü, dünden artan teyellerdi.- Hangi ipi ne zaman çekeceğini ustalıkla bilirdi o.

İhsan Bey'in kaş göz işaretlerini emir sayan Mahir, yine iki büklüm, abuk sabuk dualarla Güngör Hanım'ın zorla da olsa elini öptü.

Avukat İhsan Bey her zamanki centilmenliğiyle onu geçirmek için kapıyı açtı. Güngör, bildi bileli, bir kibarlık göstergesi olarak sürekli gülümseyen adamın yüzüne acıyarak baktı. Başıyla belli belirsiz memnuniyetini ifade eti. "Kızın karşısına çıkarmadan önce bir saçını başını düzeltin şunun, Allah aşkına nedir bu pejmürdelik?" diye söylendi.

Adam ona hak verdi. "Kusurunu mazur görün, en kısa zamanda ne gerekiyorsa yapacağız," dedi. Arabayla Güngör Hanım'ı eve kadar bırakmak istedi ama kadın bu teklifi duymazdan geldi. Tam çıkarken durdu. Geri döndü. Çantasını açıp içinden ayırdığı o iki bileziği çıkardı, adamın avcuna bıraktı. "Bunları da alın. Oğlan nikâhtan sonra taksın kızıma," dedi.

"Aman Güngör Hanım," diyerek geriye kaykıldı adam, güya mahcup, "O kadar da değil artık, biz ne güne duruyoruz, bir şeyler ayarlardık."

"İstemez, eksik olsun," diye kesip attı kadın. "Ben ne diyorsam o, siz dediğimi yapın." Sonra da dönüp sarsık, yine ilk önüne çıkan duvara tutunarak merdivenleri inmeye başladı.

Yol boyu hırıltılar çıktı boğazından. Dizlerinin bağı hepten çözüldü. Olduğu yere yığılmaktan korktu. Bankanın önündeki tahta sıraya oturup biraz dinlendi. Önünden arabalar, insanlar, sokak kedileri, bir kerte hayat geçti. Kan çanağı gözlerle izledi onları. Göğsü hâlâ körük gibi, soluğu kıt.

İşte tam o sırada, bir buluttan sıyrılıp diğerine yol alan sarı sıcacık güneş, her yanı ele geçiriverdi. Her şey değişti. Yenilendi, ışıdı, parladı... Uzakta limana demirlemiş teknelerin arasından görebildiği deniz bile durulup mavi yeşil bir renk aldı. Yüzünde, özellikle alnında, en çok gözkapaklarında ışınların yakıcılığını duyumsadı. Avuç içlerini güneşe yöneltti. Ayasıyla, parmak uçlarıyla emdi fani dünyanın şefkatli sıcağını. Fildişi taraktan başka bir şey görmemiş ama şimdi tutam tutam dökülüp kelleşmiş saçlarından utanmadan, tek hamlede başörtüsünü çıkardı.

Hayat bir andı. Kendimizi sıcak, sevecen, huzur dolu hissettiğimiz o kısacık, tek bir an. Hüseyin geldi aklına. Dolgun dudaklarından şevkle dökülen o en sevdiği acıklı türküye eşlik etmekten haz alır hali.

"Dünya dedikleri bir gölgeliktir."

Omuzları, dizleri ısınmaya başladı. Dört bir yanı adeta kavruldu. İşte şimdi her zerresine kadar o nurdan öze, yaşamın kaynağına teslim olmaya hazırdı. Ne kesik bir tırnak kalacak geriye ne düşen tek kirpik. Kanayan diş, ağrıyan diz dinecek. Alınan ahlar, ilenen diller susacak... Yapılan haksızlıklar çarçabuk unutulacak... Esamen bile okunmayacak. Sessizlik, sonsuza dek sessizlik. Yalnızca bu an kalacak senden geriye. Bir damla su serinliği avuçlarında. Saçlarında yağmur, rüzgâr... Tuzlu teninde yalazlı güneş, bir de sıvaşık kara toprak kokusu...

Yağmur sonrası kaldırımlarda biriken ıslaklıkla beraber buğu olup göğe doğru ağmaya başladığını hayal etti. Uzunca bir süre; ta ki güneş öbür bulutun ardında kaybolup etraf kararıp soğuyana dek kıpırtısız bekledi.

Köşeden dönüp de evin sokağına girdiğinde kelimenin tam anlamıyla bitmişti. Soğuk beton elektrik direğine tutundu. Avuç içleri pürüzsüz soğukla yandı, iki büklüm, nefes nefese. Ağladı ağlayacak. Ciğerlerine kırık camlar doldurulmuşçasına. Her soluk alışverişinde daha da derine batarak... Uzaktan evin kapısının önünde kızını gördü. Kırmızı hırkasına sarınmış, sokağı gözlüyor. Belli ki onu yatağında bulamayınca kaygılanmış. Eliyle işaret etti.

Aynur onu görüp koştu, yanına geldi. Kaygılı. "Aman anacığım, sen ne yapıyorsun sokaklarda bu halinle?"

"Beni eve götür," dedi Güngör.

Aynur koltuğunun altına girip annesini sürüklercesine eve taşıdı. *Zaten kuş kadar kalmışsın.* (Bunu içinden söyledi.)

"Ne işin var sokakta, anam? Nereye gittin sen? İnsan seslenmez mi, bir haber vermez mi?"

"Sus be!" diye gürledi Güngör. "Edepsizlik etme. Sen bana aklınca usul mü öğretiyorsun?"

"Yok annem, haşa, hiç olur mu? Odaya girdim, baktım yatak boş, yerin soğuk. Seslendim, evin her yanını apanlıya apanlıya döndüm dolaştım, yoksun. Eh telaşlandım tabii. Korktum. Bekledim. Az daha gelmeseydin vallaha polisi arayacaktım."

"Daha neler. Hadi saçmalama da beni yatağıma götür."

Kucağında taşıdı annesini odaya. Üstünü değiştirdi. Güngör Hanım yenidoğan bir bebek gibi başını tutmakta zorlanıyordu. İnlemeli. Elleri kolları sanki ona ait değilmişçesine dirençsiz, ne yana döndersen geliyor. Önce bebekler gelmişti aklına Aynur'un ama inlemeler kesilince, fırtına sonrası bahçeye düşen ölü kuşlar... Gözlerinden yaşlar boşandı. O yaşasın istemişti. Gece gündüz bunun için dualar etmiş, elinden geleni yapmıştı. Yeter ki bir gece daha yaşasın. Yalnız kalmanın düşüncesi bile kahrediyordu onu. "Ne olur ölmesin Allah'ım. Hasta yatsın. Olmadık işkenceler etsin." Razı. Çekilmez olsun ama ölmesin. İçli içli ağlamaya başladı. Yastıkları kabartıp özenle yatırdı anacığını yatağına. Başucuna oturup kadının buz gibi ellerini avuçları içine aldı, gözlerini kapatıp ileri geri sallanarak içinden bildiği tüm duaları art arda okumaya başladı. Kalkabilse, gidip abdest alacak, başına bir tülbent örtüp Kitab-ı Aziz'den okuyacak. Ama böyle koyup gidemiyor.

Elini annesinin göğsüne doğru uzattı, tedirgin, ürkek; dokunamadı. Soluk alıyor mu diye yüzüne doğru eğilip nefesini dinledi. Tam o sırada Güngör Hanım açtı gözlerini. "Ne yapıyorsun kız sen?" diye sordu.

"Annem!" diye bir kavuşma çığlığı attı Aynur. Sarılmak için davrandı.

"Sakın," dedi Güngör Hanım, kararlı, "sakın ha sarılayım filan deme. Açıl bakayım şöyle biraz. Zaten dar nefes alıyorum."

"Çok korkuttun beni," dedi Aynur. "Allah gecinden versin, bir ara sandım ki..." tıkandı. Göz çukurundan kopan -gerçekiri bir damla kayıp çenesine tutundu.

"Daha değil," dedi Güngör Hanım. Durdu, bir nefes arası verip, "Lâkin çok yakın."

"Deme öyle." Titreyip düştü damla. Sakız beyazı çarşafta karaltılı iz bıraktı.

"Elden bir şey gelmez kızım. Gerçek bu. Yarın sabaha ölmüş olacağım."

"Ya latif celle şanühü... Kimin önce gideceğine..."

"Eee!.." diye kesti sözünü kızının. "Biliyorum diyorum, adım gibi eminim. Sabaha çıkmam ben. Şu halime baksana... Hissediyorum." Yine derin bir soluk aldı, gözlerini Aynur'un gözlerine dikti. "O yüzden boşuna dövünmeyi bırak. Çok az zamanım kaldı."

"Annem..."

"Uğunma da dinle. Yüzüme bak Aynur. Beni dinle."

"De annem, dinliyorum, söyle?"

"Aç şu dolabı."

Aynur önce anlamadı, boş gözlerle baktı annesine, sonra kalkıp dolaba gitti, kanatlı iki kapağı açtı. Özenle asılmış bin bir çeşit elbise, bluz, etek, manto istifiyle burun buruna geldi. "Evet, açtım."

"Alta bak. Yorganların arasında siyah çantam var. Bildin mi?"

"Sarı pirinç kulplu. Şu kullanmadığın güzel çanta? Evrakları koyduğun, hani tapu filan?"

Gözlerini yumup onayladı kadın... Aynur daldırdı kolunu yarısına kadar yumuşacık kaygan yorgan katlarının arasına. El yordamı bir iki arandı, nihayet buldu. "Buldum."

"Al onu. Buraya getir."

Çanta elinde, yaklaştı yatağa, bekledi. Güngör Hanım eliyle yatağa vurarak tam yanını işaret etti. "Gel. Gel otur şuraya."

Usulca ilişip oturdu Aynur. Aklından, yalan olmasın, yine ilk tapu geçti. Oturdukları bu evin tapusu.

"Aç," dedi Güngör Hanım.

Açtı.

"İlkin şunu diyeyim de unutma, kimseye tek kuruş borcumuz yok. Malzeme aldıklarımız da dahil geçen ay hepsini kapattık. Gerekirse kâğıtlarını muhasebeciden istetirsin. Kapıya gelecek, avuç açacaklara kanma. Tersleyip yol ver." Durdu, derin bir soluk aldı, bu kez kaskatı kesildi bedeni, alt dudağını ısırdı, acıyla kapandı gözleri. "Yardım et. Biraz doğrulayım," dedi güçlükle elini uzatarak.

Aynur koltukaltlarından tutup doğrulttu annesini. Bir yastık daha ekledi sırtına.

Bu sefer de kadın, gözlerini kapatıp oflayarak, kesik kesik soluk alıp vermeye başladı.

"Bir şey ister misin?" diye sordu Aynur. "Biraz su vereyim mi?"

"Yok," dedi "Yok, istemem."

"Yine sancı mı saplandı?"

Başını salladı.

Aynur kolundaki saate baktı, daha vakti gelmemesine karşın kalkıp odanın diğer köşesindeki ilaç dolabına gitti. Ampullerden birini aldı, bir de tek kullanımlık enjektör. Ampulün üst kısmını bu sefer törpülemeden baş parmağıyla bastırıp kırıverdi. Sıvıyı çekti, elinde iğne, öbür yana dolaşıp annesinin geceliğini sıyırdı. Kaba etinin olduğu yer neredeyse erimiş, geriye yalnızca kemiği örten kuru kalın, buruşuk bir deri tabakası kalmıştı. İki parmağıyla sıkıştırıp arasına usulca ilacı zerk etti. Canı yandı Güngör'ün. "Yavaş!" diye bağırdı. "Yavaş köpek, yavaş!"

"Geçti," dedi Aynur, bir parça pamukla ovup dağıtırken, "Bak, geçti bitti."

Bir süre sessiz beklediler. Aynur çaresiz, gözü üstünde, ellerini göğsünde birleştirip başında durdu.

Aralıklarla bir iki kere, "Daha iyi misin anacım?" diye seslendi.

Nihayet başını salladı kadın. Yüzündeki sert ifade kaybolmuştu. Alnı gerildi, dudak kenarlarında gülümsemeyi andıran bir rahatlama...

"Durma orada, gel otur yanıma da bitsin şu iş."

Denileni düşünmeden yaptı. Yatağın kıyısına oturdu. Azıcık öne eğildi.

"Fermuarlı ilk gözde banka cüzdanları var. Artık ne kaldıysa... Varı yoğu bu hastalığa harcadık ya neyse... Bedenim yetmezmiş gibi elde avuçta ne varsa kuruttu nalet."

Aynur açıp baktı. Mavi banka cüzdanları deste halinde duruyorlardı. İnceledi. Her birinde irili ufaklı hesaplar.

"Koy onları şuraya."

"Koydum."

"Şimdi ikinci gözü aç, orada üç bilezik, elmas küpelerim ve üç tane de cumhuriyet altını olacak." Tastamam annesinin söylediği gibiydi.

"Al onları. Hepsi senin. İyi sakla. Dünyanın bin bir türlü hali var. Burada tek güvendiğim Avukat İhsan'dır. Bu sabah onun yazıhanesine gittim. Talimat verdim. Her şeyi ayarladım. Her şeyi. O ne derse ikiletmeden yapacaksın. Onun sözünden çıkmak yok. Tamam mı?"

"Tamam," dedi Aynur usulca.

"Yemin ver."

"Yemin mi?"

"Evet."

"Mushaf Kur'an çarpsın ki Avukat İhsan amcanın sözünden çıkmayacağım."

"Güzel. Ölüm kâğıdını alır almaz onunla beraber bankaya gideceksin. Bütün parayı, artık ne kaldıysa senin üstüne bir hesap açıp oraya aktarsınlar. Ölçülü kullan. Toptancılarla pazarlığını iyi yap. Muhasebeci çoktan tembihli, vergiydi algıydı her zaman olduğu gibi yine o yapacak. Alt katı, aynı şekilde boşlamadan güzelce çekip çevir. Orası senin ekmek kapın. Oradan gelenle yaşayacaksın. Üzülme. İyi olacaksın." Yanında duran üç bileziğe serçe parmağının ucuyla dokunuyor küçümseyerek. "Bunlar ne ki? Altın bileziğin en hası var senin kolunda. Gözüm arkada kalmayacak. Sana bildiğim her şeyi öğrettim. Eksik bir şey kalmadı. Kalıp çıkartmada üstüne yok. En iyi en usta dikiş, en ince işçilik sende... Kapitoneye bile değmelerinden daha yatkın elin. Yeteneklisin. Gözlerin sağlam, pürdikkat, titiz ve sabırlısın. Sana asıl miras gümüş makasımı bırakıyorum. El verdim, yardımcılığın, çıraklığın bitti, bundan böyle ustasın. Bu Bodrum'un terzisi artık sensin."

Güngör Hanım tam da ilan ettiği gibi gün doğumuna çok az kala, uykusunda ruhunu teslim etti. -Dünyanın varlığı, böyle inandırıcılığı olmayan şeyler üzerine kurulu.- Aynur başındaydı. Birden uyanıp çok önemli bir şey söyleyecekken bir an susmuş, az sabır – devamını getirecekmişçesine bir ifade yüzünde. Tavana diktiği gözleri aralık. Korkmadı Aynur. Umutsuzca bir iki sarstı. Baktı uyanmıyor, biraz bekledi. Kıpırtısız. Uzanıp alnından aşağı elini gezdirdi, gözlerini kapattı.

Şimdi sanki daha bir rahatlamıştı, ağrıları dinmiş, o gençliğindeki güzel yüzü bir parça yüzeye çıkmıştı. Çenesinin alt kısmı geriye doğru çekilmiş, üst dişleri önde. İçinde bir hırs köpürdü Aynur'un. Bir ateş yalımlandı göğsünde. Bir iki tıkandı. Kesik kesik körükledi inip kalkan göğsü alevleri. Ah, ben şimdi ne yaparım?! Bir başıma! Yapayalnız! Kızgınlıkla yandı kulakları, boynu, yanakları. Şöyle gerinip annesinin solgun yüzüne okkalı bir tokat atmak istedi. Elinin ayasıyla. Beş parmağının izini çıkarırcasına. Ama yapmadı. Bir oyalı tülbent bulup özenle çenesini bağladı. Elinin tersiyle yanaklarından sızan gözyaşlarını silip derin bir soluk aldı. İkide bir ayağına takılan boş çinko lazımlığı yatağın altına ittirdi. Kullanılmış şırıngaları, kararmış kan izli pamukları biriktirdiği plastik torbayı alıp iki ucundan düğümledi. Açık çekmeceleri, dolap kapaklarını kapattı. Saklayacak, gelecek olanlardan gizleyecek başka bir şey olup olmadığını kontrol etti. Yoktu. Odanın sessizliği ölü evine yakışır saydam bir sisle her şeyin üzerini kaplamıştı.

Terzi katına inip ilkin Gönül'e, ardından tanıdık eş dost herkese tek tek telefon açtı. Sokağa çıktı, âdet üzere annesinin siyah botlarını yan yana kaldırıma koydu, içeri girdi, kapıyı kapatmadı, öylece aralık bıraktı. Üst kata çıktı. Banyoya girdi. Abdestini yeniledi. Uzun etek, üzerine kolları kapalı bir yün kazak giydi. Siyah çevresi gümüş işleme bir tülbent bağlayıp başına, odaya döndü. Mutfaktan getirdiği kara saplı bir bıçağı, çarşafla örttüğü mevtanın üstüne diklemesine bıraktı, sonra odanın bir köşesine geçip yere, rahlesinin başına oturdu. Açtı Kitab-ı Hikmet'i, başladı okumaya. Yarım saat oldu olmadı, ev insanlarla doldu.

"Daha gençti... Kahrolası hastalık... Çok çekti... Kurtuldu..."

"Diğer kızına haber verin. Büyük kızına. Ne olursa olsun anasıdır, bilmeye hakkı var."

"Ne adresi var ne de bir telefon numarası," dedi Aynur. Boş bakışlar... Gönül bir kitabını almış. Arkasında yayınevinin adresi, telefon numarası. Cağaloğlu, İstanbul. Aranıp haber bırakıldı. "Bodrum'dan arıyorum. Bir aile dostuyum. Bu sabah annesini kaybettik. Haber vermek mümkün mü?"

"Boşuna uğraşmayın," dedi Aynur. "Gelmez o."

Gasilhanede Gönül'le Aynur, iki geçkince gassal kadının yanında durdular. Gönül görev icabı, birkaç tas su dökmek dışında biraz geri çekilse de Aynur her aşamasında yer aldı.

Tepecik camisinde, öğle namazından çıkanların da Allah rızası için katıldığı, kalabalık bir cenaze namazının ardından

Bitez mezarlığına gidip defnettiler. Mezarı başında bir avuç insan vardı. Gönül, ufak oğlu, Aynur, bir grup mahalleli, Avukat İhsan Bey ve Aynur'un ilk kez orada gördüğü Mahir... Hatta Mahir'in mezarın içine girip Güngör Hanım'ın kefenli bedenini toprağa yerleştirenler arasında olması dikkatleri çekmişti. Belediyede görevli birine hiç benzemiyordu. Eli ayağı tertemiz, düzgün giyimli. Uzak akraba deseler değil. Esnaftan biri mi? Kimse tanımıyor.

Hoca üç kez sorup helallik aldı. Buna karşın Aynur, yine de mezarın başında şöyle bir çevresine bakındı. Üzgün insanların yüzünde bir işaret, annesine dair başka bir duygu, düşünce aradı. Yoktu. İçi rahatladı. Herkes sözleşmiş gibi başları önlerinde, çukura bakıyordu. Çakıllı toprağın elden ele dolaşan kürekle, yanlamasına yerleştirilmiş kaba tahtaların üzerine atılırken çıkardığı ses, altında yatanın bir zamanlar sokaklarda kesme parke taşları döven yüksek ökçelerinin yankılı seslerine karıştı... İnsanın gömüldüğü yer namıyla doldurulur.

Hey gidi namı diğer "Bodrum Güzeli" Güngör Hanım. Sen de yerini buldun.

Eve dönüş yolunda o bir avuç insandan yanında kala kala bir tek Gönül kalmıştı. Ağır adımlarla evin olduğu sokakta yürüdüler. Sanki misafirlikten dönüyorlarmış ya da çarşıya çıkmışlar, dükkân gezmişler, sahilde şöyle bir hava almak için dolaşmışlarcasına.

Cenaze sonrası böyle mi olur? Hani evlerden taşan taziye kalabalığı, teselli etmeye gelen o tanıdıklar, eş, dost, ahbap? İki kap yemek getirilir benim bildiğim. Yas evi yalnız konmaz. Geride kalanların acıları önemsenir. Bütün mahalle sessizliğe bürünür. Çıt çıkmaz. Hadi diyelim bunlar zamana yenilip unutuldu, peki hiç mi kimseleri yoktu? Kimse dost görmedi mi onları? Bilmezler mi? Bir ölü çıkar ancak ölüm uzun süre konaklar o evde.

Hızlı hızlı düşünüyordu Aynur bunları. Eve yaklaştıkça aklı daha da karışmaya başlıyordu.

Kapı önünde yarım ağız elinden çekiştiren oğlunu zapt etmeye çalışarak "İstersen kalayım bu gece seninle. Hı? İster misin?" diye sormuştu Gönül. İstememişti Aynur. "O zaman sen bize gel," demişti. Öyle âdet yerini bulsun diye değil. İçten söylemişti. "Yalnız kalma ilk gün. Ne yapacaksın bomboş evde?" Sahi ne yapacaktı? Ev, yalnızlık denince göz göz oyuldu içi. Bu yaşına dek hiç yalnız kalmamıştı. Özellikle kaçınmıştı bir başına kalmaktan. Annesi de kollamıştı onu. Bir elin parmaklarını geçmez, yatıya bir yere gittiğinde hep emanet edecek, onunla kalacak birilerini bulup buluşturmuştu. Evde yalnız kalmak?.. Düşüncesi bile korkmasına yetmişti. Ama Gönül'e de gidemezdi. Onun kocası vardı. Aynur hep somurtkan, -suratsız- asabi bulmuştu o adamı. Sağı solu belli olmaz tiplerden. Soğuk. Uzak. Vefasız. Lütfedip cenazeye bile gelmemişti.

"Rahatsızlık vermeyeyim," dedi. "Hem nereye kadar? Ne zamana kadar? Alışmam lazım."

Bazen başkalarına yapmak zorunda kaldığımız açıklamalar bizi ister istemez gerçekliğe götürür, bu cılız efeliği de bundan dolayıydı. Gönül de daha fazla üstelememiş, "Bir şeye ihtiyacın olursa çekinme ara, olur mu canım? Hemen gelirim," deyip gitmişti.

Sözleştiler, sabah erkenden uğrayacak zaten. Yedisi için yapılacakları konuşacaklar. Oğlu huysuz. Allah akıl versin, sığmıyor ele avuca. Durduğu yerde durmuyor, ömrü uzun olsun. Bir kurtlu oğlan. Zor kavuştu. Buldumcuk oldu. Dokuz yıla yakın çocuk hasreti çekti. Gitmedik doktor, denenmedik tedavi bırakmadılar. Nadir Bey güya sabretti. Anlayışlı koca ya? Oynaşlarından birini hamile bırakabilseydi, vallaha da tillaha da alır, üstüne kuma diye getirirdi Gönül'ün. Kimseyi de dinlemezdi. Yani anlayacağın, kocadan da gülmedi garibim. Onca derdi var bak yine de kalayım seninle diyor. İnsan. Hatırlı. Yıllardır yan yanalar. Üzülüyor Gönül'e. Seviyor. Aileden biri gibi çok seviyor. Hele öyle içten bir canım deyişi var ki gözleri yaşarıyor, sevgisi artıyor. Artan bu sevgisi gerçek ablasına, o vefasız Sevda'ya duyduğu hıncını daha da biliyor, keskinleştiriyor.

Anahtarı çıkardı çantasından. Kapının kilidi gürültüyle döndü yuvasında. Yağmur çiseliyordu. Damlaların omzuna, saçlarına düşerkenki sesini duyuyordu. Çöpte eşelenen kedilerin dalaşmaları. Tele tünemiş kuşların kanat çırpışları. Duvarlarda yol bulmuş karıncaların ayak sesleri bile gürültülü. En ufak bir çıtırtı bin katı büyüyordu kulaklarında.

Hava da kapalı, kasvetli, yağdı yağacak yüklü bulutlarla kaplı. Karanlık bir gündü. Yeryüzünün gelmiş geçmiş en karanlık günüydü.

Taşlığa girince kapıyı olabildiğince yavaş kapattı. Evin isli, sönük, boğucu havası daha ilk andan üzerine çöktü. Gök gürledikçe kırbaç gibi mai ışıklar vurdu duvarlara. Dört yanı yalazlı bıçaklar kesti. Canı içine kaçtı. Yumdu gözlerini. Bir cesaret koşar adım elektrik düğmelerini bir bir çevirip alt katın tüm ışıklarını yaktı. Ayaz olmasa bahçenin kapısını, bu boğuntudan kurtulmak için evin tüm camlarını ardına kadar açardı. Açlıkla, yoklukla, taşınmaz yükle olsa neyse de, insanın öz korkusuyla sınanması en ağırı. Cehennem azabı. Ne yapacak? Bir dakika olsun tek başına kalamazken bir ömür nasıl geçecek?

Ne çare odaya girip pardösüsünü, başörtüsünü çıkardı. Islaklık içliğine kadar geçmiş. Üşüdü. Buz kesmiş ellerini kenetledi.

Divana oturdu. Boş, soğuk duvarlara baktı. Gözünün önünde her şey dalgalandı. İç çekti. Başı döndü. Göğsünde önce ağırdan, sonra gitgide fırıldaklaşan bir kara girdap hissetti. Tir tir titredi. Midesi kaynadı. Açlıktan olmalı. Gün boyu bir çatal un helvası geçmiş boğazından. Dermanı olsa kalkıp iki yumurta kıracak ama mutfak üst katta. Karanlık. Uğultulu. Karnına indi ılık ağrı. Safra doldu ağzına. Köpüklü salya sızdı dudağından. Yeniyle sildi. İçi döne döne çağladı. Yaşlar aktı gözlerinden. Yana devrildi, çekti ayaklarını göğsüne, başladı hüngür hüngür ağlamaya. Önceki geceden kalma uykusuzluğu, bir de üstüne günün gergin yorgunluğu... İçi geçti. Kıpırtısız, kaskatı bir uykuya ağlaya ağlaya teslim oldu.

Uyandı. Radyonun üzerindeki fosforlu saate baktı. Gece yarısını çoktan geçmiş. İyiden iyiye üşümüştü. Altta kalan kolu da uyuşmuş. Kımıldatmakta zorlandı. İğneli bir acıya dayanmaya çalışarak geçmesini bekledi. Doğruldu. Evin ürkütücü sessizliği dayanılmazdı. Yaren bir ses olsa? Radyoyu, televizyonu açmaya cesaret edemez. Yas evi sonuçta. Dışarıdan bir duyan, bir gören olsa ne demezler? Başkalarınca yerilme olasılığı, yerilmenin kendisinden bile acımasız olabiliyor. Aynur bunun ayrımına bu kez tam olarak burada vardı. Parmak uçlarında, dikiş odasına gitti, uzun, yün bir hırka buldu, giydi. Fanilasını değiştirse iyiydi ama soyunmaya cesaret edemedi. Çoban düğmelerin hepsini ilikledi. Yün çoraplar geçirdiği ayakları terliklerden taştı. Sarsak yürüdü. Ev katran karası bir kaynar kazan oldu. Fokurdayan karanlık gözler gitti gitti geldi aklına. Duramadı odalarda. Tüm eşyalar, duvarlar tavan bir olup hep üstüne yürüdü. Sindi. Pustu. Kıpırdamaktan korktu.

Dışarıda yağmur değil, taş yağıyordu sanki. Uğuldayan kulaklarını kapattı elleriyle. Camları tıklatıyor iri damlalar. Sımsıkı yumdu yine gözlerini. Küçülüp un ufak olmak, göze görünmemek istedi. Tükürük doldu ağzına. Yutkunmakta zorlandı. Soluksuz kaldı. Bir iki denedi, yok, olmuyor. Olacak gibi değil. Tıkanık. Koca bir kaya parçası yalçınlardan koptu, geldi oturdu göğsüne. Kalbi güm güm attı. Zangır zangır titredi. Evin içindeki tüm hava emilmiş. Kocaman açtı ağzını ancak soluk almak ne mümkün? Kalp krizi böyle oluyor herhalde. İnsanın dizlerinin bağı çözülerek mi geliyor ölüm? Elleri, yüzü morarıp... Koştu, dış kapıyı açtı, attı kendini sokağa. Yağmur hızlanmış. Daha beter ıslandı. Başını kaldırıp eve baktı. Zifiri karanlıkta beyaz bir hayalet gibi yükselen yığma taş bina, üstüne çöktü çökecek. Bayılacak gibi oldu. Sırtını duvara yasladı. Allah'ım, dedi, büyük Allah'ım sen bana yardım et. İnsan ne kadar korkarsa o kadar sığınıyormuş Yaradana. İşte o kadar ona sığınmak istedi. Umar dilendi. Ne var ki korkusu dinmedi. İçeri girecek cesareti bulamadı yine de kendinde. Rabbim dedikçe azıcık yalnızlık duygusu azaldı. Hepi topu o.

Gün ağarana kadar aralık kapı önünde oturdu. Yel esti, az da olsa soluk alabildi. Gözleri kapandı kapanacak, yine de direndi. Uykuyla uyanıklık arasında mermer zeminin soğuğunu emen kalçalarını, bacaklarını, el ayalarını duyumsadı. Bir uyudu, bir uyandı, gün ağardı.

Dinmiş yağmuru, özellikle yeni günü muştulayan kuş cıvıltılarıyla açtı gözlerini. Topraktan yayılan yağmur sonrası iç açıcı kokuları aldı, bundan böyle bu kokuların annesini sarıp sarmalayacağını düşündü. Güzel kokuların otağında Bodrum Güzeli Güngör Sultan... Bu neşe kırıntısıyla hüznü ikiye yarıldı. Karşı evin pencere çıkıntısında tünemiş kıpır kıpır bir sarı gaga gördü. Sağa döndü cikledi, sola döndü cikledi. Kapattı kapıyı. Evin sessizliği kaynar su oldu, döküldü yine üstüne. Koşarak gitti, bahçe kapısını açtı. Gün doldu içeriye. Soğuk hava dolandı odaları, tüm katları. Öyle uyuşmuştu ki her yanı, çişinin çoktan gelmiş olduğunu fark etmesiyle destur diyerek tuvalete kendini atması bir oldu. Günlerce tutmuşçasına işerken, üşümüşlüğün de boşalmasının rahatlığı yayıldı gövdesine.

Üst kat merdivenlerinden toz taneleriyle eğlenerek dökülen ışık, ona odaların kapılarının açık kalmış olduğunu anımsattı. Bir uğultu duydu. Başı döndü. Tırabzana tutundu. Destur çekti. Bekledi. Ya Allah dedi, ağır, temkinli, önünü ardını yoklayarak çıktı merdivenleri. Aralıkta durdu, her adımında ahşap zemin tok çatırtılar çıkardı. Birini uyandırmak, görünmezleri rahatsız etmek istemedi, yumdu gözkapaklarını, geçti önlerinden, odalara giremedi. Bir çırpı mutfağa yöneldi. Bunca yıldan sonra ilk kez bu evde mutfağın neden yukarıda olduğunu, hangi akla hizmet evin bu en önemli bölümünün üst kata yapılmış olduğunu kendince şaşarak sorguladı.

Bildiği tüm benzer evlerde mutfak hep alt kattaydı. Kimseleri beğenmeyen, kendini herkesten üstün gören, akıl küpü Güngör Hanım bunun saçmalığını nasıl görmemişti? Bir çakım içinden ah etti. Doğup büyüdüğü evde daha başka neleri fark edeceğini düşünüp bu düşünceden de korktu.

Helvanın alelacele kavrulmuş olduğu bulaşık büyük tencereyi kenara çekti. Su doldurdu içine, kurumuş un çabuk çözülür. Bir bez aldı, tezgâhın üzerine dökülmüş kırıntıları da topladı. Hızını alamadı, bulaşık deterjanı kattığı suyla iyice köpürttü süngeri. Ya Allah dedi, önce bulaşıklara girişti. Davlumbazı sildi parlattı. Ocağı yaktı. Çay suyu koydu. Su az ılıyınca bulaşık suyuna da kattı.

Her yanı sildi, ovdu, tertemiz yaptı. İçi biraz dirlik buldu. Derin bir soluk aldı. "Allah'ım, sana binlerce şükür. Sen bu aciz kulunu affet." Çay demini alınca önden bir bardak koyup kendini bildi bileli ilk kez aç karnına içti. Ağzı buruldu, bu da hoşuna gitti. Dolaptan peynir, zeytin, davul fırının içinden de bir şepit çıkardı, dığana koyup su sepeleyerek ısıttı. Sahanda tereyağı kızdırdı, iki yumurta kırdı. Kocaman bir tepsiye yerleştirdi hepsini, yüklenip indi aşağı.

Yemek masasına oturmadan önce perdeleri açtı. Camlardan döne değişe odaya vuran ışığa baka baka yedi. Son lokmayı atmıştı ki ağzına, telefon çaldı. Dikiş odasına gitti. Önce başında durup bir daha, bir daha çalmasını bekledi. Ahizeyi kulağına dayayıp ağır, olabildiğince yasını bürünmüş bir "Alo..." çıkardı genizden. Karşı tarafın yanıt vermesini bekledi. Kendini tanıtmasını ya da mekanik de olsa sesinden kimliğini ele vermesini. Ses gelmedi. Sorun hatlarda olabilir mi? Sanki görebilecekmiş gibi ahizeye baktı. "Kimsiniz?" Uzun bir bekleyiş daha. Usunda kocaman karanlık bir boşluk belirdi. Art arda birkaç kez daha o boşluğa, "Alo?" dedi. Yanıt yok. Kapattı. Yana kaymış -belki eve o telaşta gelenlerden biri telefonu kullanmış, kaldırıp yana koymuştur, bilinmez- kendi emeği çarkıfelek motifli dantel örtüyü aldı, silkeledi, olması gereken yere, telefonun üzerine özenle örttü.

Kimdi, diye tekrarladı içinden. Kim? Neden konuşmadı? Yalnızca sesini dinledi. Ne tuhaf? Sevda mı acaba? Sevda ablası annelerinin ölümünü mü haber aldı? Ama Sevda konuşur. Bunca yıldan sonra da olsa konuşur o. Daha önce annesinden gizlemiş olsa da bir iki konuştular. Aynur belli etmemeye çalışmıştı. Birinde müşteri, bir başkasında tanış demiş, geçiştirmişti. Kısacık konuşmuşlardı. Olsun, böyle bir günde susmaz o. Sesini dinlemez. Karanlıkta gizlemez kimliğini. Keşke Sevda'nın telefon numarasını bilseydi. Hiç aklına gelmemişti sormak.

Bir süre aklında evirdi çevirdi bunları. Sonra unuttu. Vakti gelince namaza durdu. Kitabı, rahlesi, en sevdiği Afgan seccadesi, doksan dokuz taşlı sedef tespihi hep yukarıda kaldı, cesaret edip çıkıp alamadı. Geçip cam kenarına oturdu. Eli şakağında, sokağı, insanların telaşını izledi. Korkusunu unutmak istedi.

Öğlen sonrası geldi Gönül. Eli kolu dolu. "Hem çarşı yaptım hem de yedisi için mevlit işini hallettim," diye girdi içeriye. -Ablalık bu olsa gerek.- Terlemiş. Son zamanlar iyiden kilolandı. Eline pek yakışan sigarayı aylar önce bıraktı. Hâlâ tıknefes. Gerdanı genişledi, yüzü yuvarlandı. Yanaklarının şişliğinden gözleri küçüldü. Belli, kuaföre de uğramış. Kızılın en alevlisinden boyatmış saçlarını. Işık vurdu mu cam gibi parlıyor kalın telleri. Bu telaşlar bir bitsin, Aynur da istiyor kuaför yüzü görsün artık. Annesi ne zaman saç baş lafı duysa parlar, sözü ağzına tıkar, ne gerek var der sustururdu. Var ama. Gerek var. Kaşlarını aldırmak istedi hep. Hiç unutmaz -ne zaman aynaya baksa ilk o iki karanlığı görür- gittiği bir dükkânda, ardından, "Kadın dediğinde biraz şekil şemal olmalı ayol. Baksana kazan kulpu gibi," demişti satıcı kız. "Yekpare kaş diye buna derim," diye gülmüştü öbürü. Utanç duymuştu. Her şeyden soğumuştu. Kendine saklamıştı yine küskünlüğünü. Annesine söylese, "Bir de rastık çek de tam ol bari," diye alay ederdi. Gönül alay etmez. Anımsadığı kadarıyla bir kez yakınmıştı ona.

"Kaşlarım çok mu kalın, çok mu çirkin Gönül?"

"Yoo, nereden çıktı bu şimdi? Yakışıyor sana güzelim. Ceylan gibi gözlerin var maşallah."

"Annem izin verse aldırtmak isterim."

"Aynurcuğum, şimdi kalın kaş moda. Görmüyor musun bütün artistlerin kaşları böyle, bir parmak. Bak Serpil'e, bak Ahu'ya, Seyyal'e... Hepsinin kaşları kalın."

Bunu ona teselli olsun diye söylemişti. Bundan adı gibi emindi. Yine de içinin sıkıntısı dağılmıştı. Gönül'ün kendince verdiği örnekler bazen güldürürdü Aynur'u. Derdini unutturur. Âlem kadındır.

Kokuyor Gönül'ün saçları. Acı, zehirimsi, geniz yakan, yapışkan bir kokusu var bu saç boyasının. Kimya neticede. Yok, Aynur boya neyin istemiyor. Kendi rengi güzel. Daha hiç beyazı da çıkmadı. Birer kahve içtiler. Naneli mevlit şekerlerini, şerbetlik malzemeleri masanın üstüne koydular, sohbete dalıp unuttular. Daha açıp bakmadı bile Aynur. Gönül gidince tek tek bakar. "Kaç para borcum?" diye sordu bir ara. Dudak büzüp kaş çattı Gönül. "Lafı olmaz," deyip kestirip attı. "Mevlithan kadın da çevresine haber edecek. Kalabalık olacak yani." (Avuntu.) "Yemekle de uğraşmayız. Satır kıymalı pide yaptıracağım. Rahmetli pek severdi. Yerken hep incecik akardı yağları bileklerinden. Canına değsin. Yanına da hazır ayran alırız. Kâğıt tabaklar iyi olurdu, bulaşık çıkmazdı ama dedikodu ederler. Tefe kor çalarlar bizi. Kapı kapı anlatırlar, Bodrum'un diline düşeriz." Porselenleri çıkartacak Aynur. Kendinden desenli. Altın varaklı. Kırılgan, zarif, incecik. Kaçakçı malı. Çeyizlik, yirmi dört parça. Kristal su bardakları. Gümüş çatal bıçakları. Bordo, kenarları el işi sırma peçeteleri. Gözü gibi saklamıştı annesi. Kimseleri iliştirmemişti. Bak bugüne nasipmiş.

Gönül, "İyi o zaman ben gideyim," diye ayaklanınca, yüreği sıkıştı Aynur'un. Bir başınalığı geldi yine aklına. Azıcık da olsa unutmuştu derdini. Sanki annesi ölmemiş, yukarıda hasta yatağında yatıyormuş, yalnızlık onu korkutmuyormuş gibi... "Biraz daha otursaydın."

"Yok Aynurcuğum, yok, eli kulağında, oğlan okuldan gelir. Nadir'in sağı solu belli olmaz, bakarsın onun da erkenden geleceği tutar. Sofra hazır olsun ister."

Gelmez o. Kim bilir nerede kurduracak rakı masasını, kimlerle yiyecek yemeğini? Hangi cilvelinin esrik başı düşecek omzuna... "Her gün özene bezene hazırladığın o sofraların hangisine geçip oturdu ki bugün erken gelsin..." diyemedi Aynur, sustu, büktü boynunu. Kaçırdı gözlerini. Gönül'ü kırmak, üzmek en son isteği. Hiçbir şey diyemedi.

"Malum hâlâ kış, havalar erken kararıyor. Vakitlice gideyim eve."

İyice kanırtıyor bu sözler Aynur'un yüreğini. "Dün gece kapı önünde, taş üstünde uyudum ben. Giremiyom odalara Gönül. Hiç iyi değilim yeminle. Odalarda, evde duramıyorum. Yalnız kalınca korkudan tir tir titriyorum. Yüreğim ağzımdan çıkacakmış gibi oluyor!" diye bağırsa avaz avaz. Bıraksa kendini, yaş dökse. Çırpına çırpına ağlasa. Elini tutsa, boynuna sarılsa... Bir çare düşünür mü ki? Yok, onun derdi de en az kendi korkusu kadar yüksek. Bu süs püs kime? Onca para döküp saç yaptırmalar, her hafta sircide tüylerini yoldurmalar, makyajı, takısı, kokusu... Avuçla para verip alınan kıyafetler, iç çamaşırları hep eve uğramayan, koynuna alıp öpüp okşamayan, başka başka kadınlarla adı çıkan bir koca için mi? Vah ki vah. Taze gelin gibi görünmeye çalışmak insanı taze geline benzetir belki, ama şevki kaçmış, nefsi sönmüş, gözü dışarıda kocayı hevesli bir damada dönüştürür mü? İşte, o öyle olmuyor.

İkinci gece, ilkinden de zor geçti. Büzüldü bir köşeye, sağı solu kolladı. Gözleri fellik fellik dolandı. İçinden bildiği tüm duaları okudu. Önünden, kapı eşiğinden geçecek bir gölge bekledi. En ufak bir çıtırtıda hopladı yüreği. Ne ses duydu gaipten ne de titrek bir karaltı ilişti gözüne. Ama tüm eşyalar, içinde bulunduğu oda, tavan, yer gerilip genişledi, büyüdü. O, aralarında nohut kadar kaldı. Masanın üstünde paketler, sabahki kahvaltı tepsisi hep duruyordu. Öyle katılaşmıştı ki her yanı, doğrulacak gücü yok. Bu lanet bildi bileli var. Yaş aldı, koca kadın oldu, geçmedi. Çocukluğunda daha kötüydü. Gece gündüz fak etmez, korkardı. Evde biri varken de kalamazdı tek başına. Şimdi yine biraz daha hafifledi. Değişti. En azından gündüzleri o kadar korkmuyor artık. Gün doğdu mu geçiyor. Evin içinde biri olsun, yetiyor. Büyük küçük hiç önemli değil. Koca evin en dip odasında da kalabilir. Annesi önceki yıl hastaydı, hep yatakta, günün yarısı uyurdu. Olsun. Bilirdi ya evde biri var, asla korkmazdı. Nasıl daralıyor şimdi. Güçlü bir el boğazını sıkıyor. Her an bir yerden fırlayacak, bir şey gelip yakalayacak onu... Aklını oynatacak. Delirecek. En çok bu düşünce mahvediyor. Kimileri ölmekten korkarmış. O karanlığa, o bilinmeze yuvarlanmaktan. Aynur'un marazı öyle değil. O, kendini bilememekten, mecnun olup o haliyle yaşama devam etmek zorunda kalmaktan korkuyor. Hiç deli bir kadın da görmedi hayatında. Bir Leman teyze vardı karşı komşuları, toprağı bol olsun, delimsek ama o da otururdu hep evinde. Kimseye zararı yoktu. Toz pembe gülerdi gelip geçene. Kocası motora binerdi. Afili, çelik cantları ışıl ışıl parlayan, selesi geniş, gidonu yüksek. Tutacaklarından deri püsküller sarkardı. Fethiye yolunda kaza geçirip parça parça olunca... Eh, hızı da seviyordu, havaya bayılırdı. Onun ardından Leman iyiden iyiye silikleşmişti. Saçı başı dağınık, göz altları mor, öyle kıyısında uykulu otururdu penceresinin. Kırıktı penceresi. Ölüm haberini alınca o kırıktan bağırdı acısını avaz avaz. Günlerce, gecelerce. Neden sonra çiçekli, kırmızı bir minder dayadı oraya, o kırığa. Camcı getirelim derlerdi, istemez dercesine, geriye geriye başını sallardı. Gelene geçene el eder, kendini bilmez, gül kurusu gülümserdi. Henüz aklı ermez çocuklar gibiydi. Bir zamanlar hayat doluydu diye anlatırlardı, işte yine o aynı dolu hayat bu hale koymuş onu. Korkar mıydı ondan? Sütun Leman iyi kadındı. Bakkala yollardı bazen Aynur'u. Kapıdan uzatıp elini, kaparcasına alırdı öteberiyi. İncecik, saydam, mor damarlı parmakları vardı. Tırnakları kanardı. Hep tırnaklarını kemirirdi.

Etleri çıkana, kızıl kan oturana kadar dişlerdi. Düşününce içi pinçik pinçik kopardı Aynur'un. Para üstlerini almaz, Aynur'a geri verirdi. İncecik, tülsü bir sesle, "Hadi bununla da kendine bir şey alırsın," derdi. Bir de hiç sektirmeden her defasında Sevda'yı sorardı. "Ablandan haber var mı? Ah Sevda, ah o Sevda, ne hakikatli kızdı."

Aynur üçüncü gece attı kendini bahçeye. Duvara dayanmış, yazdan yaza kurulan sekiyi çevirdi, onun da yağmuru emmiş, ıslak tahtaları kabarmış, orta yerden bel vermiş ama olsun, üstüne minderleri attı, bir battaniye serdi altına, bir yün yorgan aldı üstüne, uyumaya çalıştı. Allah vere de yağmur yağmasa. Açık havada olmak durulttu yüreğini. Az da olsa sakinledi. İçi geçti, tam daldı dalacakken uykuya, bir tekir kedi atladı bahçeye. Temkinli yaklaşıp Aynur'a, açıp pembe ağzını miyavladı. Gözleri çakmak çakmak. Aynur bir çığlık atıp kaçtı içeriye. Kapattı kapıyı. Soluğu kesildi. Ağzı tahta gibi kurudu. Sonra dönüp, yorganı, minderleri kapıp içeri taşıdı. Boş bulunmuştu, o yüzden sıçradı. Süpürge sallayıp kovdu köşelere kaçan kediyi. Ondan korkmadı. Onun korkusu var olandan değildi ki.

Yok, dedi, bu böyle olmayacak. Ya bir yol bulacağım ya da kıyacağım canıma. Sonra dediğinden pişmanlık duyup üç kere estağfurullah çekip başladı, estağfurullah el-azim el kerim diye okumaya. Okuya okuya çıktı üst kata. Karartıp gözünü, girdi tek tek odalara. Hem okudu hem etrafı derleyip topladı. Annesinin yatağının çarşaflarını değiştirdi. Ter ve çiş izleri şilteye geçmiş. Şimdilik yapacak bir şey yok. Yeni çarşaflar serdi. Pike örttü. Kendi odasını da aynı şekilde toparladı. Büyük odanın kapısını hiç açmadı. Banyoda bir kovaya su doldurdu. İçine deterjan kattı. Köpürmesin istedi, çalkalamadı. Başladı evi köşe bucak temizlemeye. Ovdukça onu takip eden gözlerden kaçtı.

Su yüzeyinde ister istemez oluşmuş büyük sabun köpüklerini desturla parmak basıp sındırdı. Temizledikçe içi ferahladı. Yerlerin taşlarını, basamakların mermerlerini fırçaladı. Camları açıp el ne der -gecenin bu vakti dellendi mi bu kadın- demedi, halıları çırptı. Getirip yerlerine serdi, arapsabunlarıyla sildi. Parlattı. Saçakları ağartıcıyla bembeyaz yaptı. Camlara girişti. Avizelerin tozunu aldı. Kap kacak indirdi, yıkadı, yıkadı, yıkadı. Sabah oldu, o hâlâ banyo, mutfak, tuvalet ovuyordu. Çalışmak insanın sıkıntısını alıyor. Yorgun düştü, attı kendini sedire, saatlerce uyudu. Uyandı. Nankör dünya diye ilendi. Yalnızca bir gece olsa iyi. Yine akşam olacak, o karanlık, o peşine düşmüş yabansılık, ona musallat olmuş korkunç kara gözler yine gelecek. Her gece. İçeride, başka odalarda yine pusuda bekleyecek onu.

Öğle sonrası telefon çaldı. Beklemeden açtı. "Kimsin?" diye sordu. Yanıt alamadı. "Kimsin diyorum?" Sessizlik. Biraz sinirlendi. "Ne istiyorsun Allah'ın belası? Niye konuşmuyorsun? Nedir derdin? Niye böyle yaparsın? Allah'ından bul emi!" deyip kapattı.

Camlardan eve dolan, bu mevsimde insanı şaşkına çeviren, sıcacık bir güneş vardı. Bir yumurta haşladı kendine. Şepitin arasına koydu. Açtı sokak kapısını. Oturdu merdivenlere, bir yandan yedi, öbür yandan gelip geçenlere selam verdi. Hal hatır sordu. Ayak üstü, yarım ağız başsağlığı dileyenlerden Allah razı olsun. Cümle ölmüşlerimizin mekânı cennet olsun.

Akşam çökerken serinlik çıktı. Bir koşu gitti, hırkasına büründü. Taşlık boyu aşağı yukarı yürüdü. Korku içten içten yoklamaya başladı. Sedire oturdu, cama dayadı alnını. Ardında, tam ensesinde soluklar duydu ama dönüp bakmadı. Soğuk terler döktü. Çişi gelmesin diye az su içmişti, buna karşın kasıkları zorlanmaya başladı. Yumdu gözlerini. Koşarak gitti helaya.

Çömdü, işi bitince suyu çekti. Lavaboda ellerini yıkadı. Yüzüne su çırptı. Gelip yine oturdu yerine. Sobayı yakmadı. Zaten cesareti yok. Her şey evhamlandırıyor onu. Yalnızlık tekinsizlik, her türlü tehlikeye açık olmak demek. Ateş düşerse? Kilim tutuşursa? Bahçedeki odunlar yaş. Ya tüterlerse? Alimallah duman yutar zehirlenirse? Yok, neme lazım. Divan örtüsünü üşüyen ayaklarına örttü. Yüreği güm güm atmaya başladı. Ağlayacak gibi oldu. Üstüne ağ atılmış gibi titremeye başladı. Yüreği ağzından çıkacak. Nasıl başına buyruk, güm güm atıyor, hükmedemiyor ona. Bir başka el yönetiyor bedenini. Soluğu kesildi. Salavat üstüne salavat getirdi. Başka şeyler düşünmeli. Karanlıktan, onu izleyenlerden başka şeyler. Bir meşgale bulmalı. Kalkıp yeniden temizlik yapmayı düşündü. Ama et kesmiş her yanı, ağrıyor. Dermanı yok. Müşteri kabul edene kadar oyalanacak bir şeyler bulmalı. Örgüye mi başlasa? Yarından tezi yok, yüncüye gidip şöyle güzel bir renk yumak seçmeli. Zeytin yeşili. Pudra pembe. Nar çiçeği. En iyisi çileyle almalı. Bir lizöz daha örmeli. Kaç çileden çıkar ki bir lizöz? Sabah olsun, gün ışığa kavuşsun, içi rahatlasın, şu korku bir geçsin, kataloglardan model de beğenir. Olmadı yüncüde arar, bulur. Onların modelleri çoktur. Bu duygudan kurtulmalı. Eğlemeli, oyalamalı kendini. Korku dağlıyor yüreğini.

Ayaklandı. Elleri önünde kenetli, dönüp dolanmaya başladı yine odanın içinde. Avaz avaz bağırmak istiyor. Çığlık atmak. Kör talihe veryansın etmek. Bir can istiyor yanında. Evde biri oldu mu gelmiyor bu illet. Yapışmıyor yakasına. Ziftle kaplanmıyor ruhu. Biri olsa, bir çocuk. Rica etse Gönül oğlunu bırakır mı ki ona? Yok anam, onun oğlu illetli. Şımarmış. Çekilir dert değil. Hem Gönül vermez ki oğlunu. Buldumcuk olmuş o. Sözünün geçtiği birkaç komşusu var. Onlarla mı konuşsa? Birine gidip çalsa kapısını, derdini açsa. Sizin kız bir gece bana yatıya gelse dese? Bari bir gece... Anlarlar mı halden? Bir gececik olsun rahat uyuyabilse belki ertesi gün aklını toplayabilir. Bu karmaşık, karıncalı uyuşma son bulur.

Ah, anası ayak diremeseydi de he deseydi kaynakçı İrfan'a. Yakıştıramadı. Halbuki ne yani? Yaşı yaşına işte. Geç bile kalmışlar. Akranları çoktan baş göz edilmiş, oğul vermişler. Birbirlerinin tam dengi. Ancak *Bodrum Güzeli* bu. Oldum olası mutluluğa düşman. Mutlularıysa hiç çekemez. Biçilmiş kaftanda hep bir gedik arandı... Mesleğini küçümsedi bir ara. Sonra tuttu, köylü oluşunu yerdi. Torba nah şurası. Kasabaya bitişik. İnsan seslense duyulur. Neredeyse Bodrum'un içi artık. Köy mü sayılır? Epey ağır konuştu. Hiç minderine gelip oturmuş görücü terslenir mi? Kapıdan kovulur mu? Allah'ın emri var, peygamber efendimizin kavli. En çok, "Hepi topu Yörük işte, ne olacak?" deyişini unutamıyor. "Yahu siz ne inatçı çıktınız böyle? Geçen sefer hayır dedik ya. Olmaz, ben razı değilim. Yörüklere verilecek kızım yok benim, anladınız mı? Kendim vardım da ne oldu? Başım göğe mi erdi? Hade kalkın gidin karşımdan, hade... Attırmayın benim tepemin tasını!"

O zamanlar henüz iyiydi. Ayaktaydı. Hastalığına teşhis konulmamıştı. Koca kadın genç kız gibi âdet görmeye başlamıştı. Kanlı pedleri çöpün en altına depiştiriyordu. Belli ki çoktan biliyordu. Biliyordu da saklıyordu. "Yok bir şeyim canım, iyiyim, yorgunluk bu," diyordu. Kız giderse halim nice olur diye düşünüyor olmalıydı. Ellerin vicdanına kalmaktan korkuyordu, kesin.

Teslimata giderken görmüştü ilk. Ağır adım, afili yürümüştü tam karşıdan. Bir an göz göze, yanından geçmişti. Dumansı, karanfile yakın, tütsülü bir kokusu vardı. Yazdı. Terliydi. Oğlanın etli boynunu görmüştü Aynur. Gömleğinin yakasına sıkıştırılmış, düğümlü mavi mendili. Kulak arkasında ıslak saç dipleri. Saçları -dikelmiş- asker tıraşı. Boynu boncuk boncuk terle yıkanmış, parlıyor, kat yerleri çizgili. Tam yanından geçerken... Ah, o deli yürek çarpıntısı. Böyle, bir görüşte kava değmiş kibrit gibi alevlenir mi insan? Varmış. Derinlerinde saklıymış. Tanıdık. Yaradan doğuştan koymuş demek ki içine... Bir göz değimine bırakmış yalımlanmayı. İlk kez bu kadar yakındı bir erkeğe. Kavlanmış... Dirim fışkırıyordu ikisinin de tenlerinden. Meme uçları karıncalanmıştı. Başka türlü bir titreme yoklamıştı her yanını. Ağrılı, demiri birbirine kaynatan bol kıvılcımlı, sert bir yanma karnında. Kolları değdi değecek.

İki adım yürümüş, sonra durmuş, dönüp omuz üstü bakmıştı İrfan. Yalazlı gözleri iri iri. Çağla yeşili. Sarı hareli. Aynur daha fazla bakamamıştı. Canından kopan bir tek ağdalı, bal damlası, kayıvermişti bacak arasından usulca ayak bileklerine doğru. Kaşındıra kaşındıra. Atkuyruğu saçları sallanıyordu heyecanla yürürken. Üzerinde pembe karpuz kollu, önden düğmeli, belden kesik elbisesi vardı. Teslimata giderken hep aynı elbiseyi, bir üniformaymışçasına giyiyordu. Oğlan onu her seferinde aynı elbiseyle görüyordu. Değişmek istiyordu Aynur. Tümüyle değişmek, yeniden doğmak. Bambaşka biri olmak. Bambaşka. Daha alımlı, çok daha güzel olmak. Kendi seçtiği kumaşlardan kendine daha başka elbiseler dikip giymek. Beğenilmek her insanı tazeler. Tazelenmek istiyordu Aynur. Üstüne kapalı kapılardan, annesinin onu ezen, günbegün solduran -benliğine hükmeden- gözlerinden kurtulmak.

Kırışmasın diye iki elinin ayalarında, narin kol içlerinde taşıyordu paketi. Titriyordu. Hoyrat ellerce çırpılan, ilk kez yemiş vermiş, dalları yüklü bir ağaç gibi hissetmişti kendini. Üç öğün sokak başında elleri ceplerinde, bir aşağı bir yukarı yürüyerek beklemişti oğlan. "Demek takip etmiş. Evi de bellemiş. Gördün mü başıma geleni?" Korkmuştu Aynur. Annesi bir duysa kemiklerini kırar, olay çıkarırdı. Bir keresinde yine peşine takılmıştı. İrfan, ah İrfan! Bayağı bir yürümüştü ardında. Sonunda cesaret edip adını sormuştu. Yanıtlamamıştı Aynur. Ürkmüştü. Sesi titreyerek, "Git," demişti. "Yalvarırım git. Peşimden gelme. Bir gören olursa? Burası küçük yer. Annem mutaassıptır." Bu sözcüğü ilk kez kullanmıştı. Yeniydi. O sıralar övgü gibi söylendiğine şahit olmuştu. Mutaassıp. Giz katmıştı ona. Sakınık. Örtük.

"Kaynak yaparım gemilerde. Kazancım iyidir. Niyetim ciddi. Sen de istersen?.."

İsterim dememişti. Hiçbir şey dememişti. Yalnızca bir kere yüzüne bakıp gülümsemişti. Tutamamıştı kendini. Toyluk işte. Bunu mu umut saymıştı oğlan bilinmez, tam iki kez görücü, bir kere de aracı yollamıştı. Güngör Hanım nuh demiş peygamber dememişti. İrfan yaprak gibi bakmıştı uzaktan. O önünden geçerken put gibi durmuştu. Geri çevrilmişlere özgü bir gülümseme takınmıştı yüzüne. Yanaşmamıştı yanına. Efendiydi, peşine düşmemişti. Aynur'un uyku öncesi kurduğu hayallerdeki gibi kolundan tutup çekmemişti. Nasırlı eli kızın bileğinde kelepçe, ardı sıra sürüklememişti. Zoru, kabalığı yoktu. Haber yollamıştı. Onun fikri önemli, gönlü varsa, o da istiyorsa... İstemişti Aynur aslında, çok istemişti, Allah'ın bildiğini kuldan mı saklayacak? Beğenmişti. Banyoda oğlanın boncuk boncuk terli boynunu, inip kalkan çıkık âdemelmasını düşünüp göğüslerini avuçlamıştı. Tatlı tatlı kaşınan kaygan yapışık ıslanmışlığını ova ova sevmişti. O kendi özü bir damlanın kokusunu, (diliyle yoklayıp) tadını...

Mahremin cazibesinden habersiz olanlar bilmezler bunu. Günahın varlığı, korkudan önce hep heyecanı körükler. Heyecan arzuyu, arzu yeniden korkuyu, korku da heyecanı. Döner durur insanın içinde. Bu döngüyle içten içe sever insan haram olan ne varsa; buna, yenildiği kendi teni de dahil.

O an orada tüm gökyüzünü soluyup içine alsa yetmezdi.

Durulur durulmaz İrfan'ı yeniden göresi gelmişti. Tuhaf. Hep onu düşlemişti. İlk kez birini, bir erkeği beğenmişti. İrfan olduğu için değil. Kim olsa değişmezdi. Öylesine bir ilgiye açlık. İtilip köşelenmişlik. Onu tanımıyordu henüz. Huyunu bilmiyordu. Ama içi almıştı işte. Kendinden saymıştı. Öyle fotoromanlardaki, mecmualardaki gibi yakışıklı değildi. Buna karşın Aynur'un içinde daha önce keşfetmediği oynak bir tele dokunacak kadar albeniliydi. Hafif kilolu denebilir. Yapılı. Neredeyse Aynur'la aynı boyda. Sevimli. İnsanın içine neşe katacak biri gibiydi. Zamanla tanırdı nasıl olsa. Uyumluydu be Aynur. Suyuna gider, kaynaşırdı. Ailesine de sevdirirdi kendini. Annesi öyle soluyordu ki burnundan, öyle ileniyor, o kadar ağır konuşuyordu ki cesaret edememişti. O günlerde el gelinliklerini onun üzerinde prova etmeyi bile reddetmişti. Umudun kırıntısına batsın istememişti.

"Kırarım senin o çırpı bacaklarını! Bilmiyorum o aklından neler geçiyor ama ayağını denk al. Bu da sana son uyarım."

Yüreğini ilk çarpışında savunamamıştı. Ablası olsa, hiç dinlemez, dikilirdi annelerinin önüne. Direnirdi. Aynur'u savunurdu. O güçlüydü. Eyvallahsız. Keşke... Aynur hayatı boyunca hep birinin onu savunmasını bekledi. Ne yapsın, o da böyleydi işte. Sevda'nın tam tersi. Hep bir dayanak arandı, bekledi. Ufacık bir destek görse gerisini kendi getirebilir miydi? Her şey bambaşka olabilir miydi? Belki.

"Annemi karşıma alamam," diye yanıtlamıştı aracıyı. Belli ki İrfan onu kendi kararlarını verebilecek biri sanmıştı. Bu yanıt oğlanı hayal kırıklığına uğratmış olmalıydı. Teklifin, ısrarın sınırı buraya kadardı. Mevsim dönmeden, köyünden bir Yörük kızıyla nişanlanmıştı. Düğünü sonbaharda olmuştu. Adı Hacer, helal süt emmiş bir ev kızı diye gelmişti kulağına, mesleği yok. Hafif şehla bakıyor, namuslu, hamarat. Sonradan, "Ne şehlası ayol, bildiğin şaşı," diye dedikodusu yapılmıştı. Başını işinden kaldırmamıştı Aynur, içine kızgın yağlar dökülmüş, kavrulmuş, buna karşın dinlemezmiş gibi yapmıştı. Gözleri buğulanmıştı. Uzunca süre buğulu görmüştü her şeyi. Dumanlı bir uzaklıkta geçmişti günleri. Uzun uykular. Her şeye isteksiz. İkinci yılları dolmadan Hacer, bir oğlan doğurdu İrfan'a.

Annesinin ilaçlarını yaptırmaya eczaneye gitmişti. İşte o zaman sahilde gördü İrfan'ı en son. Karısıyla yürüyorlardı. Oğlan da kucağındaydı. Evlilik yaramış. Daha da kilolanmış. Ancak yüzü hâlâ öyle. Hâlâ sevimli. Nasıl da bastırıyordu göğsüne yavrusunu. Hacer onların ardında boş bebek arabasını sürüyordu. Uzaktan gözlerini göremedi kadının. Eczanenin yazılı, kuytu, karanlık camlarına deniz yansıdı, çalkantılı. Aynur içine çekilip yanından geçip giden, kıl payı kaçırdığı hayatını izledi. -İnsanın sahip çıkamadıkları, bir başkasının gözlerinden bakınca daha iyi görülebiliyor.- Bir türlü gözlerini göremedi Hacer'in. Bilinen kusuruyla tüten içini rahatlatamadı. Görebildiği ince, minyon genç bir kadındı, o kadar. Mutlu.

İçini çekti. Bir titreme tuttu yine. Kusacak gibi oldu. Soğuk odanın duvarlarında gördü yüzünü İrfan'ın, başı yana dönük Hacer'in... Bir belirip bir kayboldular. Boş bir bebek arabası gitti geldi ayaklarının dibinde. Kesik kesik soluğu. Hırıltılı. İçi daralıyor. Bıraksa kendini, baygınlık gelecek. Yine ardında peyda oldular. Kalktı. Dikiş odasına gitti. Makinenin yanında duran battal boy çöp torbalarından birini çekti aldı. Geldi oturma odasına. Tam karşısında durdu büfenin. Çömeldi. Kaydırıp açtı camlı gözü. Tam ortada, iki bacağı yana açılmış, yüzyıllardır oturan taş bebeği aldı ilkin. Oturduğu yerden herkesin büyüdüğüne, yaşlanıp öldüğüne şahit olurken kararmış, yağlı toza bulanmış. Çocuk eli değmeden, doya doya oynanmadan eskimişliğine hayıflandı. Yatırınca mavi boncuk gözleri kapandı, açıldı. Bir makas alıp oymak istedi o gözleri. Yerlerinden kanırtıp çıkarmak. Ciyak bir bebek ağlama sesi duyuldu. Korkuyla attı torbaya. Sobanın önünde annesinin terlikleri duruyordu, onları da alıp koydu torbaya.

Merdiven başına geldi, ya Allah bismillah dedi çıktı merdivenleri. Karanlık odanın önünde durdu. Salavat getirdi, eliyle yoklayıp elektrik düğmesini buldu, çevirdi. Çıplak ampul ışığı gözlerini acıttı. Dolaba yöneldi. Annesinin geceliklerini, iç çamaşırlarını, gündelik fistanlarını, bluzlarını, eski yeni ayakkabılarını, artık eline ne geçtiyse doldurdu. Özel kullandığı plastik bardak, çatal, bıçak, kaşık, komodin üstünde duran ilaç kutuları, kolonya şişesi, şallar, örtüler, değersiz taş boncuklar, sahte elmas yaka iğneleri, eline ne geçtiyse tıkıştırdı, basa basa sığdırdı. Bir tek içinin sıkıntısı sığmıyordu torbalara. İki ucu gerip tüm hırsıyla, sıkı sıkıya bir düğüm attı.

İndi aşağı. Terliklerinin taş zeminde şaklamaları yürek atışına karışıyordu. Sokak kapısının önünde durdu. Derin bir soluk aldı. Açtı kapıyı. Uzatıp başını, önce şöyle bir sokağa bakındı. Kimsecikler yoktu. Sokak kedilerinin, uyuz itlerin, börtü böceğin uykuda olduğu bir saatti. Soğuk esinti, serpiştiren yağmurun buza kesmiş damlalarını savurup çiziyordu yüzünü. Önce kapı yanına bırakıp içeri mi kaçsam diye düşündü ama ya sabah olunca birileri bulursa? Deşer de içini buralara, tam evin önüne saçarsa? Daha yedisi çıkmadan... İleride çöp konteyneri var. Az yürüse?

Ayağında terlikleri, duvar kıyısına sinik, bir gölge olup usulca yürüdü. Tam kapağı kaldırıp torbayı içine atarken, sokak lambasının ışığında parlayan bulamaç öbekleri gördü. Az kaldı üstüne basmasına. Geriledi. İlk bakışta tencereyle dökülmüş bozuk yemek artığı sandı. Sonra kusmuk olduğunu anladı. Sıçrayarak yayılmış geniş çirk yığınından belli belirsiz buğular yükseliyordu. İçi bulandı. Bir iki öğürdü. Elleriyle kasılan karnına bastırdı.

Öte yana bakınca iki büklüm yerde yatanı gördü, kıpırdayan, sergin gövdeden çıkan homurtuları duydu. İçi hopladı. Çığlık atmadı. Soğuk havayı yuttu. Ters dönmüş bir tosbağa gibi kendiyle cebelleşiyordu adam. Yaşlıydı galiba. Yüzünü göremedi. Görecek kadar uzun bakmadı. Bakamadı. Duydu yalnızca. Durup durup geçkin sesiyle "Allahsız!" diye ilendiğini çok iyi duydu. Arada mırmır konuşuyor, kendince sayıp döküyordu, artık kimlerle çatışıyorsa bulanık kafasında, sayıklarcasına. Dertop olmuş, sarınmış çal çamur paltosuna, kendinden geçmiş.

Destur çekti, kapağı bile kapatmadan kaçtı oradan. Bahçe duvarına vardığında, güvenli bir uzaklık bilip dönüp bir daha baktı. Karaltı, elindeki şişeyi kaldırıp dayadı ağzına. Gölgesi büyüdü yol boyu, ardında oynaşan kara kuru dallar. Anasının memesinden hayatı emen bir bebek gibi öyle iştahla somuruyordu ki gören imrenir, canı çeker. Şişenin dibini görünce, gürültülü bir soluk aldı, deniz dibinde havaya susamış sünger avcıları halt etmiş yanında. Bir iki doğrulmaya çalıştı, olmadı, yana devrilip daldı sayıklamalı derin uykusuna.

Aynur ilk kez ayyaş görmüyordu elbet, kapı önlerinden günaşırı üç beş tane geçer ama ilk kez bir sarhoşun isteğine ulaşmasını böylesine kanlı canlı gözlüyordu. Hep sorardı kendine. Bu sokaktan sarsık, uyuşuk, ayakları birbirine dolanarak geçen, dengesini yitirip yalpalayarak düşen, duvarlara yaslanan, -kaçtığı hayata tutunayım derken daha derine kayan- adamlar neden yaparlar ki bunu kendilerine? Gözleri kocaman açıldı. O an anladı. Eski, unutulmuş bir soru yepyeni bir yanıt bulup parıldadı zihninde. Yüzüne gevşeyen bir gülümseme yayıldı. Rahatladı yüreği. Genişledi. Telaşı, korkusu o ayyaşın parke taşlara yayılan uyuşuk, boşalmış uykusuna çoktan karışmıştı. Onun kahrından umut devşirmekten, gocunmadı, yüksünmedi...

Tıkır tıkır parmak uçlarında yürüyüp aralık kapıdan eve süzüldü. Kapıyı kapattı. Kilidi döndürdü. Terliklerini çıkardı. O pisliği eve taşımak istemedi. Mide bulandırıcı. Yapışkan karanlıklar, çöpte yuvalanmış, oradan musallat görünmezler geldi aklına. Titredi. Tüyleri dikildi. Sırtı ürperdi. İlk işi büfeye gitmek oldu. Devanın yerini biliyordu. Ahşap kapakçığı açınca karşısında buldu misafirlik likör şişesini. Yeşil, üzerinde nane likörü yazıyor. Annesi uzun zamandır memnu deyip kendi içmemiş, ancak kırk yılda bir seçkin müşterilerine kahve yanında ikram etmişti. "Olsun," demişti. "Hazırda bulunsun. Burası ticarethane, nabza göre şerbet vermek mubahtır, bize ne, günahı içene yazılacak. Ben öldür Allah içmem, tövbeliyim, ağzıma sürmem..."

Ağzının kuruduğunu hissetti Aynur. Dili dönüp damağında ıslaklık arandı. Boğazı tıkanık. Altın rengi, durmaktan çevresi şekerlenmiş kapağı çevirip açtı. Kıtırlar parmağına yapıştı. İştahla yaladı. Şekerin keskin tadı ağzını sulandırdı. Diliyle dudaklarını ıslattı. Kokladı. Tatlı, serin bir koku doldu burun boşluğuna. Çevresine bakındı. Odanın içinde ona yönelmiş bakışlar arandı. Kızgın, kanlı gözler. Gaipten izleyenler, onulmaz derdini, bu en derinine düştüğü karanlık kuyuları bilenler...

İçini kaplayan suçluluk duygusu, yer etmiş çökkün korkuyu aşamadı. Güdük kaldı. Bir çırpıda dikti başına şişeyi. Tıpkı yara bandını tek hamlede çekip çıkarmak gibiydi. Nanenin uçkun kokusu içinin yangısını soğuttu. Boğazını yakarak kayan ateş parçası, tutuşan gaz yağı gibi alevlendi midesinde. Harlandı. Soluk soluk üfledi günahın ilk yudumunu. Af dilendi. Şakakları kasıldı. Ağladı. Boyun kasları gerildi. Yanakları yaşa bulandı. Nanenin üşüten tadı yaktı genzini. Art arda öksürdü. Dili taştı ağzından. Salyalandı. Bir dolu yudum, bir yudum daha. Oturdu divana. Yaslandı arkasına. Topladı bacaklarını altına. Bir rahatlama. Göğsündeki taş hafifledi. Sırtı gevşedi. Omuzları düştü ilkin, sonrasında gözkapakları bollandı. Korkusuna karşı güçlendi, bilendi, hırslandı. Duvardaki, tavandaki gözler silindi. İçtikçe içindeki karanlığı bastırdı. Midesi alev alev... Tatlı bir kaşıntıyla yükselerek bedenini ele geçiren uyuşukluk pek hoşuna gitti. Kendisi bir ifrit olup, marid olup kıs kıs güldü. Oh be dedi. Oh be. Ardındaki sert yün yastığı alıp destek arayan başının altına yerleştirdi, olduğu yere uzandı, iyiden gevşedi. Oh be...

Ertesi sabah öğlene doğru uyandı. Ense kökünden alnına dek yayılan dayanılmaz bir ağrı hissetti. Yorgun. Bitkin. Susamış. Dili damağına yapışmış. Kalktı, tuvalete gitti. Yüzünü yıkadı. İğrenmedi, çeşmeye ağzını dayayıp kana kana su içti. İçinin yangını geçmek bilmedi. İşedi. Yine yıkadı yüzünü. Kurulamadı. Ensesini, boynunu, göğsünü ıslattı. Ferahlık arandı. Korkunun yerini tarifsiz bir gerginlik almıştı. Taşlıkta durup dışarının seslerini dinledi. Sokakta oynayan çocukların çığlıklarına karışan, tekrarlayan tok sesler kafasına çivi olup çakılıyordu.

Üst kata çıktı. Odasının penceresinden dışarıya baktı. Yan evin balkonundan sallandırılmış büyük makine halısını iki kadın, tokaçlarla dövüyorlardı. O ev uzun süre boş kalmıştı. Bunlar yeni taşınmış olmalı. Perdeleri çekti. Üstünü çıkardı. Korkmadı. Fanilası, donuyla kaldı. Temiz çamaşırlar aldı çekmeceden. Saldığı saçları rutubetlenmiş tuz kokuyordu. Banyoya girdi. Elektrikli şofbeni açtı. Ağzının içi hâlâ balçık tadında. Birkaç kez diliyle damağını şaklattı. Kaygan, yoğun, yapış yapış tükürdü lavaboya. Elini kuytu yapıp burnuna yaklaştırdı, hohladı. Kendi nefesinin kokusundan iğrendi. Nane, şeker, serin, tatlı bir şey beklerken çürümüş yumurta kokusu duyumsadı. Saçlarının kokusundan da beter. Keskin. Midesi ince kasılmalarla tepkidi. Öğürdü. Bol diş macunu sıktı fırçaya, uzun uzun dişlerini, kısacık da olsa dilini fırçaladı. Fırçanın derinlere inen sert darbeleriyle kusacak oldu.

Önce kaynar suyu açtı. Çeşmenin altındaki taş kurnayı yarıya kadar doldurdu. Üzerine soğuk su katıp ılıştırdı. Lifi yeşil sabunla iyice köpürtüp vücudunu ovdu. Saçlarını iki su yıkadı. Banyonun içi buğulandı. Oranın sıcağında iyice kurulandı. Saçlarını havluya sardı, çamaşırlarını giyindi. Odaya geçip üstüne pamuklu kumaştan duman rengi bir kışlık elbise geçirdi. Ayağına siyah, kalın, yün külotlu çorap, üstüne el örgü patikler. Dolabın üst gözünde katlanmış kazakların arasından bordo hırkasını bulup giyindi. Sedefli düğmelerini sonuna kadar ilikledi. Saçları hâlâ nemliydi. Üşümesinin nedeni bu olmalı. Kalın dişli bir tarakla saçlarını havalandırarak taradı. Topladı. Lastikle tutturdu. Siyah bir başörtüsü buldu, başına sıkı sıkı sabitleyip ensesinde bağladı. Tam merdivenlerden inerken telefon çaldı. Koşarak dikiş odasına girdi. Yine o konuşmayan mı arıyor acaba, diye geçirdi içinden. Bekledi. Art arda ısrarla çalıyor meret. Susmak bilmiyor. Ahizeyi kaldırıp temkinli dayadı kulağına. Ses alamadı.

"Kimsiniz?" Sinirlendi. "Kardeşim niye konuşmuyorsun?"

"Aynur?"

Adını söylüyordu. Kim olduğunu biliyor. İnanamadı. Korkuyla ürperdi. "Alo?" dedi duyulur duyulmaz.

"Benim."

"Siz kimsiniz?"

"Gönül?"

Bir an, öyle kısacık bir an kararıverdi her şey. Gönül? Düşündü, arandı, gözünün önünde bir türlü tanıdık bir yüz beliremedi. Sadece bir isim, kuru bir sözcüktü duyduğu. Uykuya çekilmiş bilinci sislendi. Likörün etkisi olmalı. Alkolün kanında kaynattığı katranın dumanı. Neyse ki kendine gelmesi çok sürmedi.

"Ha! Gönül. Sen misin?"

"Benim Aynur. Ne oldu? Neyin var? Sesin niye öyle geliyor?"

Gerçeği söylese... En iyisi gerçeğe en yakını söylemek. "Yok bir şey canım. Günlerdir biri arıyor beni. Olur olmaz, uygunsuz saatlerde."

"Kimmiiiş?" Son heceyi kaygıyla uzatıyor.

"Bilmiyorum ki. Soruyorum, cevap vermiyor nalet. Konuşmuyor. Sesimi dinliyor hep."

"Sevda olmasın?"

Bir yutkunmuştu Aynur. Adını duyunca gelip boğazına oturan o pürtüklü taş yine yerini bulmuştu. Yutkundu. "İlkin ben de öyle düşündüydüm ama yok, şimdi Allah'ı var, Sevda ablam olsa konuşur. Benimle konuşur. Niye konuşmasın ki?"

"O zaman kesin telefon sapığı bu."

"Tövbe Rabbime. Sapık ne ayol?"

"Şimdi moda, akıllım. Bak daha yeni okudum gazetede. Madonna'nın da varmış."

"Kimin?"

"Madonna'nın."

"O da kim Gönül?"

"Şarkıcı ayol. Tanımıyor musun? Çok meşhur."

"Hımm! Hadi o şarkıcı. Meşhur. Bana niye sapık dadansın ki?"

"Bilemem. Genç kadınsın. Bekârsın. Gizli sevda çekenin varmış meğer..."

"Aman Gönül, eğlenme Allasen."

"Savcılığa verelim Aynurcuğum. Telefonu dinlemeye alır, şıp diye yakalarlar."

"Yok daha neler? Durduk yere iş açacağız başımıza."

"Baktın olmadı, bir daha ararsa, seni savcılığa vereceğim de. Korkut biraz gözünü."

"Peki. Olur, öyle yaparım."

"Bugün bir ara uğrayacağım sana."

"Aaa, buyur gel Gönül. Yabancı mısın? Haber mi veriyorsun?"

"Yok ayol, alınma hemen. Şifon kumaş ısmarlamıştım, mevlit için. Namaz örtüsü verelim diyorum gelenlere. Ne dersin?"

"Ah Gönül, ne zahmetlere girdin sen böyle? Ne gerek vardı?"

"Aaa, olmaz. Her şey tam tamına hazır olmalı. Ölçüsünü bilirsin sen, kesip bir de kenarlarını bastırıverirsen..."

"Tabii bastırırım. İş değil o. Hemen yaparım. İki dakikada yaparım." Gece gelen kâbusunu düşündü. Meşgale. Yumdu gözlerini. "Kaç gibi gelirsin?"

"Öğlen sonrası ancak. Üçten sonra diyelim."

Saate baktı Aynur. Henüz öğle olmamış. "Tamam," dedi, "tamam, üçten sonra bekliyorum." Kapattı telefonu. İçi yandı. Yukarı çıktı. Mutfak tezgâhının üzerinde duran büyük su bardağına çeşmeden su doldurdu. Kana kana içti. Avuç avuç, zehir zemberek – acı pul biber yemiş gibi kavruluyordu içi. Bir bardak, bir bardak daha.

Paltosunu giyip pazar çantasını aldı. Evden çıktı. Kapıyı kilitledi. Kapalı olduğunu bildiği halde elinin ayasıyla birkaç kez ittirdi. Yokladı. Hava soğuktu. Ağzından çıkan buhar, yaşaran gözleri neredeyse buz tutacak. Yakasını kaldırdı. Dongun su birikintilerine basmamaya özen göstererek sahile yürüdü. Parlak gökyüzü gergin, gri, ağır atlas kumaş gibi. Parke taşlar gece yağan yağmurla yıkanmış, su yutup koyulaşmış. Rüzgârsız. Deniz sakin.

Kıyı boyu yürüdü. Önce dolmuşa binmek, gidebildiği kadar uzağa gitmek istedi. Gümüşlük'e, Gündoğan'a... Sonra karanlıktan bir bez gerdiler sanki gözlerinin önüne. Belirsizlikle bunaldı. Yüreği çarptı. Bildik bir telaş kapladı içini. Bir başına o kadar uzağa hiç gitmemiş olduğunu ansıdı. O zamanlar Aynur için güven, şimdikinden daha belirgin, daha keskin, metalsi, somut bir sınıra sahipti. İncelmiş kuru bir sabunla karanlık beze o sınırı çizdi -bir kez daha- ölçtü, biçti, en tekin uzaklığı görmeye çalıştı. En ucunu...

Yürüdü. Çantasına, paltosuna sarıla sarıla yürüdü. Durmadı. Soluklanmadı. Hızlı hızlı. Siyah parlak ayakkabılarına baka baka, tabanlarıyla yolu eze eze. Adımlarını saydı hep. Doksan dokuz adıma varınca baştan başladı... Bir, iki, üç... Yolu geçti, Cafer Paşa Caddesi'ne döndü. Yürüdü. Cadde boyu sıralanmış dükkânları göz ucuyla taradı. Rengârenk vitrinler, cıngıllı hediyelik eşya satıcıları. Sen asıl yaz gelsin, sezon açılsın da curcunayı o zaman gör Aynur, dedi. O vakit kırkı, elli ikisi çoktan çıkmış olur anasının. -Kimse cesaret edip dillendirmez ama gün geçtikçe ölüleri anmak için daha az sebep olur.- Kapı pencere açılır. Eve hava dolar. Tazelik. Genişlik. Radyoyu, televizyonu da açar artık. Bangır bangır. Dizilerini izler. Oh, keyfe bak. Ama en çok paravan ardında tanışılan kısmet bulma programlarını sever. Ne cesur insanlar var Yarabbim. "Yırtık bunlar," diyor Gönül. "Zamaneler. Analarının ipliğini pazarda satmışlar. Ar etmiyor, ortalık yerde, dambura boncuklar gibi salınıyorlar baksana." Bazen Aynur da gözlerine, duydukça kulaklarına inanamıyor. Hak veriyor Gönül'e. Feleğin çemberi olsa kaç yazar.

Nasıl da rahat oradaki kızlar, kadınlar. Zamanın ruhuna uyanlar mı onlar? Nasıl bir ruhmuş bu böyle? Yoksa Aynur mu çok saf kaldı? Hiç çekinceleri, sıkılmaları, utançları yok. Elini ağzına kapatıp için için güldü.

İleride o büyük market zincirlerinden birinin amblemini gördü. Gözlerini kısıp en uzağa baktı. Az ileride caddeyi kesen sokaklardan birinin girişine gelip durdu. Yumdu gözlerini. Nasıl yapacağını düşündü. Market arabası almasına gerek yok. Kola takılan sepetlerden biri yeter de artar bile. Kapıyı açacak. Şöyle bir bakacak içeriye. Bildik, tanıdık bir yüz var mı? Olmadığından emin olacak. Yoksa, hızla yürüyecek. Bir içeri girebilsin, ondan sonrası kolay. Manav reyonuna, mandıra ürünlerine bakar gibi yapar, oydu buydu derken, aranır bulur.

İçeri giremedi. Tam kapı önünde cesareti kırıldı. Mağaraya ışık dolunca can havliyle kaçışan yarasalarmışçasına düşünceler, kaygılar hep üşüştü kafasına. Diz bağları çözüldü. Tüm konu komşu arabalandı artık. Buraya da gelenler olur mutlaka. Baksana, içerisi ana baba günü. Alıp hemen çıksa iyi ama nasıl? Şu koca mağazanın neresinde satılır ki bu meret? Hem parasını ödemek için sıra var, uzunca bir süre kasada durup bekleyecek. Ya o sırada birine yakalanırsa? Yürüyen bantta şişeler. Bir tanıdık. Bir müşterisi. Yüzlerce kişi geliyor ona tamirat için. Söküğü, yırtığı, yanık dokuma, etek bastırma, daraltma... Veya annesinin o çok hatırlı müşterileri. İşte en çok onlarla karşılaşma ihtimali var. Onlar gelir böyle yerlere. Mutaassıp sosyetik. Paralı. Ya elinde görürlerse şişeleri?

Tam da düşündüğü gibi yaptı. İçeri girdi. Yanda duran, iç içe geçmiş metal sepetlerden birini aldı. Önündeki çit yaklaşınca açıldı. Ucu var bucağı yok bir yer. Arı kovanına girmişçesine vızıltılı geliyor konuşmalar kulaklarına, ürün tanıtımı için yapılan anonslar, yoluna çıkan telaşlı insanlar ürküp arada geri çekilmesine neden oluyorlar. Vaz mı geçse acaba? Küçüldüğünü hissetti yine. Toz zerresi gibi savrulduğunu. İnsanların daha az olduğu yerlerden yürümeye çalıştı. Diplere kaçtı. Elinden geldiğince hızlı ilerledi. Doğruca arkadaki reyonlara gitti. Raflar arasından insanları izledi. Onların rahatlığını gözledi. Biraz onları taklit etti. Burası da neticede bir tür semt pazarı. Yine de yüreği ata ata arandı. Pazarda böyle çiğ beyaz ışıklar olsa yeminle adım atmaz.

Az ileride soğutucuların olduğu bölümden bir paket tam yağlı süt aldı. Bakınır gibi yaptı. Eli üşüdü. Yanındakileri taklit ederek koydu sepetine. Çeşit çeşit paketli peynirler biraz komiğine gitti. O, bugüne kadar hep mandırada açıkta satılanlara alışmış. Yan taraftaki yoğurtların tadını merak etti. Üzerlerindeki şeftali resimleri ağzını sulandırdı. Evde yapıyor o, yoğurtlarını. Açık süt alıp kaynatıyor. Köpük köpük. Mis gibi de kokuyor. Mayaladığı yoğurtların üzerinde iki parmak kaymak oluşuyor. Sevda'dan öğrendi. Reçel katıyor bazen, bazen de pekmez.

Giyim. Aydınlatmalar. Elektronik. -Bunu zor bela okuyor.- İrili ufaklı televizyonlar, video oynatıcıları, çanak antenler hep üstüne yürüdü. Yanlış yönde olduğunu anladı. Alkollü içkilerin olduğu reyonu hâlâ bulamadı. Kolundaki saate baktı. On üç on beş. Daha eve geri yürüyecek. Acele etse iyi olur.

"Yardımcı olabilir miyim?" diye dikildi önüne gençten bir kız. "Yok," dedi. "Sağ ol." Yaka kartında yazılı adı takıldı gözüne. Ne ilginç bir isim. Alışılmadık. Ne hoş geliyor kulağa. Kübra. Kaldırıp kafasını bakamadı kızın yüzüne.

"Market kartınıza on iki aya kadar taksit imkânı var. Arzu ederseniz..."

Hızla uzaklaştı. Ağlayacak gibi oldu. Çıkıp gitmeli. Evet, en iyisi gitmek. Durup geri döndü. Neredeydi buranın kapısı?

"Nereden çıkabilirim?"

Kız eliyle gösterdi, "Kasalar bu tarafta."

Kıpır kıpır sıraya girmiş insanlar. "Yok," dedi, "ben bir şey almayacağım."

Kız elindeki sepeti işaret etti. "Süt?"

Unutmuş Aynur. Niye aldığını bilmiyor o paketi. "Ha o mu? Yok, vazgeçtim. Almayacağım."

"O zaman ben size yardımcı olayım." Sepeti aldı elinden. "Beni takip edin." Ardından yürüdü kızın. Usulca. Bir boşluk yokladı içini. Karnının altına doğru ağrılı bir akıntı. Ellerinin üstünde incecik sızılar duyumsadı. Yapamamış olmak canını sıktı. Ağladı ağlayacak. Kız kasaların önüne gelince, "İzin verir misiniz?" diye seslendi sıradakilere. İnsanlar bir iki homurdanıp Aynur'a baktılar. Utandı. Başını eğdi. Çantasını göğsüne doğru çekip güya kendine siper etti. Kız yana çekilip geçmesini sağladı. Nasıl da halden anlar. Saygılı. Allah'ım razı olsun o kızdan. Bin kere razı olsun. Nazarlardan saklasın. O olmayaydı. Kulaklarında uğuldadı tüm sesler. Şakaklarında attı yüreği. Kız ne kadar gülümsediyse, Aynur göz ucuyla bakıp o denli minnetini belli etti. Bir an durup kızın duru yüzüne baktı. Sen bu yaşında insanların müşkülünü okumayı nereden öğrendin? Sormadı tabii; başı önünde, hızla geçti.

Camlı kapıyı itip dışarı çıkınca yeniden doğmuşçasına temiz havayı çekti ciğerlerine. Bir kuytu buldu. İnsansız. Kalabalıktan uzak. Durup koyuverdi kendini. Ağlamak gelmedi aklına, karnındaki ağrı her şeyin önüne geçti. Eğildi, ellerini dizlerine dayayıp iki büklüm soludu. Bir daha mı, asla! Yok anam, adım atmam ben buralara. Kızdı kendine. Senin neyine a aklı kıt Aynur? A Allah'ın semesi! Bak Yaradan da razı gelmedi, gördün mü? Yapma, tövbe et. Evine git. Allah'a sığın. Dayanmaya çalış. O mutlaka acıyıp haline, bir kapı açar sana. O hangi kulunu zorda koymuş ki? Onun hikmetinde ne çareler var. Sen yeter ki sabret.

Geldiği yolu izleyerek yürüdü. Bir el sırtından ittiriyordu sanki -kaçmalı buradan, çabucak uzaklaşmalı- ama o, bastığı yeri bilmiyordu, nasıl da dermansızdı bacakları. Yol kıyısına, arabaların park ettiği yerin çıkışına bir sıra koymuşlar. Üzerinde bildik bir bankanın adı yazıyordu. Biraz otursa iyi olacak. Bir beş dakika yeter. Yüreği öyle telaşlı atıyordu ki oraya kadar bile gidemeden şuracıkta duruvermesinden korktu. Yine de zorladı kendini. Hadi Aynur, diye isteklenmeye, çabasından güç bulmaya çalıştı. Gücün gıdımı yoktu. Güçsüzdü o. Aciz. Sökel. Çaresiz. O, bu dünyaya ait değildi. Olamazdı. Kendini bildi bileli yabancılıyordu her şeyi. Beceremiyor, üstesinden gelemiyordu. Hayat sadece kumaşla iplik değildi ki teyellesin olsun bitsin. Zordu. İnsanlar düşüncesiz, acımasız, bencil. Herkes o halden anlar Kübra kız gibi mi? Biraz gücü olsa, az biraz da itikatsız, bırakırdı yaşamın peşini. Yaşamın onun peşini bırakacağı yoktu çünkü. Kolay kolay ölünmüyordu. Buna yakından şahitti. Oysa güm güm atmaktan yorulan yüreği şuracıkta durmalıydı. Bitmeli. İnsan istediği an her şey bitivermeli. Yaradana teslim olmalı. Emaneti kendi ellerinle geri vermeli. İnsan direnmemeli.

Gözleri birer fal taşı, yuvalarından fırlamış, pörtlemiş, kararmış ağzı uğursuz bir kuyu gibi açık... Yağmur birikintilerinde debelene debelene... Havasız kalıp patlamış yüreği çıbanlı bir yara. Başına toplanan insanların vahlarını şimdiden duyuyordu.

Zavallı kadın. Ölmüş mü? Kalp krizi mi? Nasıl da sinsi bir hastalıktır o. Yalnız mıymış? Kimsesiz. Bir başına. Kimin nesiymiş ki? Ben bildim. Terzi Güngör'ün kızı değil mi ayol bu? Merkezdeki mi? Tastamam o. Ama onun kızı kaçmadı mıydı?

Buraları terk edip gitmedi miydi? İstanbul'daymış. Ünlü olmuş. Yok, bu küçüğü. Eh, iyi ya, hemen ablasına haber verelim. Anasıyla derdi vardı – cenazesine bile gelmedi, bari kardeşine sahip çıksın. Boşa uğraşmayın, gelmez o. Ünlü olsa ne yazar? Öyle kin dolu ki... Bodrum yansa adım atmaz buralara. Duydun mu, bu küçüğüymüş. İki kızı mı vardı ki? Vardı ya, ama bu pek ortalarda görünmezdi, hep evdeydi. Yabani. Dışarı çıkıp insan içine karıştığını ben şahsen görmedim, duymadım. Bir kız anasına hiç benzemez mi yahu, azıcık olsun güzelliğinden almaz mı? Güngör Hanım artist gibiydi, Allah'ı var. Dillere destandı. Bir de şuna bak. Acuze. Ne işi varmış burada? Niye çıkmış evinden? Ne diye gelmiş ki ta kasabanın bir ucuna? Anası öleli daha ne kadar oldu ki? Beş gün önce verdiler toprağa. Bu kız bir tuhaftı zaten. İlletliydi. Biraz tırlak. Evde yalnız kalamazdı. Korkardı. Her şeyden, herkesten korkardı. Hep anası vardı yanında. Onsuz kapı önüne bile çıkmazdı. O kadar da değildir canım. İnan ki kardeş, eksiği var fazlası yok, o kadardı. Yapışık gibiydi. Anasının gölgesi. Onsuz nefes alamazdı bu. Demek o gidince böyle oldu. Baksana, yasını bile yaşamayı beceremedi. Bari kırkını çıkartabilseydin be kızım.

Ardına yaslandı. Böyle kurmak, kendini dışarlayıp az bir uzaklıktan da olsa varlığına bakmak gariptir, iyi geldi. Allah bu bankı buraya koyandan razı olsun. Önünden çocuklu aileler, genç karı kocalar, bastonlu yaşlılar, türlü türlü insanlar geçiyordu. İmrendi. Aralarına karışabilseydi. Sıradan, onlar gibi biri olmayı başarabilseydi. Ayağında prangalarla doğdu o. Kendini bildi bileli de böyle. Tövbe tövbe, Allah'ın işine karışmak gibi olmasın ama keşke başka bir illet vereydi yaratan. Korkudan başka. Ne bileyim? Duyamasaydı mesela. Ya da bir ayağı topal olsaydı. Yine kolay olmazdı. Her eksikliğin kendince çilesi vardı. Çekerdi. Bunlara dayanırdı. Razıydı. Ne olsa insanın ruhuyla sınanmasından iyiydi. Bunu alalım, size başka bir dert, kusur verelim deseler hemen kabul ederdi. Her an içinden ifrit fışkıracakmışçasına yaşamaktansa. Bu daralma, bu sıkışmışlık, uykusuz, aklını oynattı oynatacak haline karşılık ne sunulsa yeğdi.

Zaman daralıyor. Gönül gelir de onu evde bulamazsa hiç iyi olmaz. Hadi haber etmemiş olsa neyse. Kadın bir de onca zahmete girmiş. Kalk Aynur, hadi kalk geri dön cehennemine.

Caddenin bitimine dek durmadan yürüdü. Deniz görününce içi rahatladı. Karşıdan esen rüzgâra yüzünü dönüp katettiği mesafeye geri baktı, bir bu kadar daha yolu olduğunu hesapladı. Güçlü iki el gibi onu ittiren ıslak yele, bedeniyle direne direne yürüdü.

Canlı balık lokantasını gördü köşede. Burası mıydı? Evet, tastamam aynı yer. Benziyor da olabilir. İyi düşün. Bu tür şeyleri aklında asla tutamaz o. Tam şu köşede -şimdi toza bulanmış, köhne- beyaz tahta masada oturmuşlardı. Pembe sardunyalar temmuz sıcağında coşmuş, köpürmüş. Annesi denizi görsün diye o, sırtını dönmüştü açıklığa. On altısına yeni basmıştı. İyice boy atmış. Annesi ilk kez onu yanına katıp işte bu balık lokantasına getirmişti. Evde pek pişmezdi, kırk yılda bir. Et sever onlar. Kuzu. Dana. Kavurmalık kuşbaşı, yemeklik kıyma. Fırında besili köy tavuğu. Yaz geldi mi orkinos, sarı kanat, istavrit.

"Bu sıcakta kim uğraşacak yemekle? Üşendim vallaha. Küçük tüpü çıkar bahçeye. Unlayıp atıver tavaya. Yanına salata. Bol soğan, maydanoz. Çarşıdaki fırından ekmek. Limon, zeytin yağı..."

Yalnızca bahçede yenir. Çatal bıçak dahi sokulmaz eve, oracıkta yıkanır. Leğende ilaçlı suya basılır masa örtüsü. Kekik katar kızartma yağına Aynur. Üstüne kahve kavurur ocakta, kokusu eve sinmesin, der annesi. Kapı pencere hep kapatılır. Aman ha aman... Özellikle dikiş odasının kapısı sıkı sıkıya. "Altına taş bezi sıkıştırmayı unutma Aynur. Yel eser de duman girerse içeri." Temmuz sıcağı yel mi olur? Aslında en iyisi kıyıp paraya dışarıda yemek. Balığı eve hiç sokmamak. Ertesi gün kıyı bucak bir temizlik yapar Aynur. Üst baş yıkanır. Genellikle cumartesi akşamına denk getirirler balık olayını. Ertesi gün tatil ya, gelen giden az olur.

İşte demek o seferinde yine canı çektiydi Güngör Hanım'ın. Belki aklına takılan bir şey vardı. İçten içe onu yiyen bir müşkülü, efkârı. Evde darlanmış besbelli. Taner Albay'ın, beton gibi sert, altın yıldızlarla parıldayan omzuna dayamıştı başını. Aşk ıslak gözlerinden uyku gibi akıyordu.

"Bırakmayın beni," demişti. "Onca yıl... Ne olur yapmayın. Son derece bedbaht olacağım."

Hepsini duymuştu Aynur. Dediği gibi de olmuştu. Dünyanın en bedbaht kadınına dönüşmüştü. Kolay değil, bir evlat feda etmişti bu aşka. Gerekirse birini daha, gözünü kırpmadan... Ömründen vermişti. Aşk insafsız bir sözcük. Dinç zamanlarıydı. Bir salınışı vardı, görme gitsin. Lakap takmışlar taa gençliğinden. O geçti mi hâlâ tüm esnaf kapıya çıkar. Gözleri bayram eder garibanların. Yıllar önce, bir keresinde; tabii bu Bodrum'un yabancısı, yine pür makyaj, sürmüş sürüştürmüş -çok da kararında yapardı- giyinmiş kuşanmış, çıkmış dışarıya. Artık ne işi varsa. Tuhafiyeciye mi gidecekmiş, postaneye mi kim bilir? Elli metreden, iğne topuklarının kaldırımda çıkardığı ritmik sesi duyan atmış kendini dışarıya. Kadınlar, kızlar bile çıkmış balkona, pencereye. Daracık eteğinden taşan kalçalarını, ipek bluzundan görünen dolgun göğüslerini oynata oynata yürümüş. Selam verenlerin selamını, hal hatır soranların iyi niyetini geri çevirmemiş, ki o zamanlar ne ayıp, demek annesinin de toyluğuymuş. Yol yordam bilmezliğiymiş.

Bahçe duvarından sarkan begonvillere bile yabancıymış. Durmuş, sevmiş, koklamış. *Bu çiçekler Bodrum kadar güzel,* demiş. Çiçeğin adını sormamış, tanımak, bilmek istememiş. Sadece güzelliğine övgü düzmüş. Geldiği yörede yokmuş bu çiçeklerden. Oralar hep çorakmış. Tozmuş, sarı toprakmış. Çiçek öylesine hoşuna gitmiş ki bir dal koparıp kuzguni siyah saçlarına iliştirmiş. Kulak arkası çiçek, o halde, öylece dolanmış çarşıda.

Çiçek dediğin her kadına yakışır, ancak bir çiçek bir kadına bu kadar mı yakışır? O sırma saçlar sert dalgalı... *-Hayat, o gün o saçlara kıyısından bir tutunmuş, pir tutunmuş.-* O gamzelerin çukuru birer ölüm tuzağı. O gün bugündür, hem Güngör Hanım'ın hem de çiçeğin adı karışmış birbirine. *Bodrum Güzeli* koymuş ahali adlarını. Öyle satılır olmuş saksısı, fidesi, tırmanıcı, dikenli sarmaşığı. Bahçelerden, balkonlardan hep onun adıyla çoğalmış, Bodrum Güzelleri taşmış. O geçerken, dürtmüş millet birbirini, bak, demiş, Bodrum Güzeli geçiyor. Hey gidi Güngör Hanım hey! Şimdi gari kara toprak gövertsin seni de görelim.

Ona tavada istavrit, kendine çipura istemişti annesi. Bol yeşil salata. Izgara kalamar. Fava. Kızarmış ekmek, buzluktan tereyağı. Bir bardak süt beyazı rakı kadehi duruyordu önünde. Dışarının sıcağıyla terlemiş camı buz küpleriyle kesik. O vakitler henüz tövbe etmemiş annesi, neşesi hâlâ üstünde. Partiye de kayıt olmamış. Kadın kollarında çalışmıyor. Başörtüsüne geçmemiş, namaza başlamamış. Keyfi, sefayı uğurlamamış yaşamından. Hâlâ dünyevi. Fani dünyayı ahiretine değişmemiş. Kan kırmızı cilalı, uzun bakımlı tırnakları kalmış Aynur'un aklında. Annesinin içtikçe buğulanan badem gözleri. Alnına dayalı bir eli. Onun portakallı gazozuna vuran kadehin tok sesi büyüyor kulaklarında. İçli mi, oynak mı belli değil bir müzik çalıyor usuldan. Karşı kıyıya ait. Oradaki lokantalarda da bizim türküler çalıyor mudur acaba, diye düşünmüştü Aynur. Annesi duymuyordu onu, yalnızca ritme uygun sallıyordu başını, dokunmuşçasına kederliydi. (İnsan en yakınını kaybedince soğuyor be hayattan, bunu şimdi çok daha iyi anlıyor Aynur. Annesini bir parça daha anlıyor.) Bıçakla ustaca kılçığından ayıkladığı lop beyaz etler. Kolalı peçeteler dizlerinde. Yüreğinde herkesten kaçırdığı bir gizli sızı. Küllükte tüten ruj izli sigarası.

Bir akvaryum vardı arkalarda. Bu müessesenin özelliğiymiş. O zamanlar için alışılmış bir uygulama değil. Orijinal. Millet yeniye meraklı. Ayak yolunun girişine yakın dururdu. Yağ kokuluydu içerisi. Aynur eliyle burnunu kapatıp hızla geçerdi önünden. Pencereler kadar büyüktü. Geniş. Kocaman. İçinde irili ufaklı canlı balıklar yüzerdi. Süs akvaryumlarının şatafatından eser yoktu -kumsuz taşsız yosunsuz- daha çok canlı balık pazarı. Ölümü bekleme odası. Oltacı derler bir kadın, elindeki fileli sopayla ustaca tek hamlede çıkarırdı parmakla gösterilenleri. Sopa uzandı mı o yöne üşüşürdü seme balıklar. Avcısına âşık balıklar. Deryadan bihaber. Müşteriler oradan bakıp seçerlerdi ağızlarına layık olanları. Çal çamur, yağlı, pullu, boz bulanık olurdu suyu. Tıpkı şimdi Aynur'un puslu, önünü göremediği dünyası gibi. Bu lokantada mıydılar gerçekten? Şu köşede karşı karşıya ana kız oturmuş... Hayal mi görmüştü? Kış değiştiriyor her şeyi. Tanınmaz kılıyor. Belki de bambaşka bir yerdi gittikleri. Lokantanın yanında bir büfe vardı. Kaldırıma taşmış azıcık. Piyango satıyordu. Gazete, sigara. Tekel Bayii yazıyordu üstünde. Tedirgin yanaşıp açık kapakçıktan içeri bakmıştı Aynur. Ufacık bir elektrik sobasının harlı tellerine uzatmıştı adam kocaman ellerini. Belli, çok üşümüştü. Dudakları morarmıştı. İnsan yürüyünce anlamıyor ama soğukta oturunca buz kesiyor her yanı. "Buyurun?" demişti adam yüzüne bakıp. Camına değişik marka sigara paketleri yapıştırmış. Tek bir şişe görünmüyor ki parmağıyla gösterip şundan deyip istesin...

"...var mı?" sözü duyulmuştu. Öncesini de söylemiş miydi? Yoksa düşünmüştü de telaffuz mu edememişti?

"Ne var mı?" diye sormuştu adam şaşkın. "Ne istemiştiniz?"

"Likör," demişti boğazını temizleyerek. Doğru söylemişti. "Likör. Kahvenin yanına. Misafir şey etcek de bize..."

Adam daracık büfenin içinde ayağa kalkıp ardına dönmüş, yukarılarda aranmıştı. "Bir şişe kalmış. Sadece bir şişe. Acıbadem likörü. Şansınıza kahveyle çok iyi gider. Olur mu?"

"Olur," demişti "tabii olur, iyi gider... Madem bir şişe kalmış, eh, n'apalım."

Adam bir gazete kâğıdına sardı şişeyi. "Başka?" diye sordu. Düşündü Aynur, tekrarladı, *başka*?

"Şarap da var mı sizde?"

"Bak o var. Hem de istemediğiniz kadar. Hangisini tercih edersiniz?" Aynur'un hiçbir fikri yoktu. "Hangisi daha çok tercih ediliyorsa..." diye yanıtladı.

"Öküzgözü çok satılır. Buzbağı da ona yakın. Misafirinizin ağzına layık."

"O zaman sen ikisinden de birer şişe ver kardeşim."

Adam bir an durmuştu. "Evde tirbuşonunuz var mı?"

"O ne?" diye sormuştu Aynur.

"Şişenin mantarını açmak için."

"Yok. Sanırım yok. Sen satıyor musun tirbuşon?"

"Hediyemiz olsun. Eşantiyon vardı şuralarda bir yerde." Sonra yeniden dönüp ardını, yukarıdaki raflardan şişeleri almaya koyulmuştu. Aynur'un yüzü pençe pençe kızardı. Suçun, günahın o tatlı korkusu, apansız yakalanmış çocukların acemi telaşıydı içini yoklayan. Sırtından ter yürümüştü, elindeki kalın pazar çantasının ağzını açıp yukarı kaldırmış, adam ufacık pencerenin izin verdiğince uzanıp çantaya yerleştirmişti hepsini. Aynur paltosunun cebinde hazır beklettiği parayı uzatmıştı. "Tamamdır," demişti çekinik.

Adam ardından bağırmıştı. "Durun. Gitmeyin... Para üstünü verseydim."

Evin önüne geldiğinde yol boyu, önce az az yağan, sonrasında hızlanıp insanın yüzüne tükürürcesine serpiştiren yağmurdan alabildiğine ıslanmıştı. Saat üçe çeyrek vardı. Cebinden anahtarı çıkarıp kapıyı açtı. Elleri üşümüş. Titriyor. Yolda fark etmemiş, rafyadan örme pazar çantasının kulplarını öyle sıkmış ki tırtıklar hep kesmiş parmaklarını. Minik delikler açmış. Kan oturmuş. İçeriye girmeden sokağı şöyle bir bakışlarıyla taradı. Bir alışkanlık bu. Kim gözlüyor onu? Biri mi takıldı peşine? Kadınlığının pusuda tedirginliği. Ah be Aynur, kim takar, kim gözler ki seni? Öyle ahım şahım bir şey olsan neyse. Kocakarılar gibisin. Sen var mısın, yok musun kimin umurunda? Bir tek baksa baksa, yaş almış ahali önünden geçerken kafasını kaldırıp -senden alımlı- bu eve bakar. O da bir zamanların Bodrum Güzelini bir çakımlık hatırlattığı için. Güngör Hanım'ın terzi atölyesi kazınır akıllarına. Sen onun soluk, cansız, sönük yamağısın. Rahat ol, o ifrit gözlerin sahibi onlar değil.

Bir ses çağırdı onu. Bir adım geri attı. Dinledi. Evin taşlığında yankılanan, dışarıdan, bahçe kapısı ardından eve dolan bir yırtılma sesi. Kapı yanına usulca bıraktı çantayı. Şişeler şıngırdadı. Kimseyi ürkütmek istemez o. Parmaklarına basarak yürür hep. Paltosunu çıkarıp askılığa astı. Ayakkabılarını kenara koydu, terliklerini giydi. Başını yokladı. Örtüsü hep ıslak. Hasta olacak. Çıkardı. Merdiven tırabzanına yaydı ki kurusun. Ses kesildi. Hela kapısı aralık kalmış. Gidip kapattı. Yine duyuldu ince tiz ses. Bahçe kapısını açtı. Tahmin ettiği gibi, sarman cılız, tüyleri çamurlu, tir tir bir kedi yavrusu, açıp pembe ağzını dilenircesine ciyakladı. Kısık, sarı-yeşil, irin yüklü çapaklı gözleri var. Üçgen bir surat. Çirkin. Kedi yavruları sevimli olur. Bu galiz. Sıska. Nursuz. İtici. Üşümüş, her daim aç. Yakarıyor. Titrek patileriyle eşiği aşıp girmek istiyor eve. Alır mı hiç?

Terliklerinin ucuyla ittirdi Aynur. "Git," dedi. "Git. Bir de pireyle, bitle uğraşmayayım. Anan nerede senin? Bula bula bizim bahçeyi mi buldu enciğini bırakacak? Hade yanaşma, git öte dur. Ne diye doğurur ki bu hayvanlar?"

Kapattı kapıyı. Koşarak çıktı yukarıya. Dolabı açıp alışkanlıkla elini attı, her zaman olması gereken yerinde bir boşluk, baktı süt yok. Bitmiş. Şişe boşalmış, lavabonun yanında duruyor. Elini vurdu alnına. Ah, dedi, bilemedim. Beni aracı tuttu, ta oralara gitmeme izin verdi. Ne için? Bu yavrunun kısmetiydi o bir paket süt. Bilemedim. Ah ben... Alıp gelmeliydim. Bu yüzden, ah demek bu yüzdendi. İçi cızlayıp yandı. Yüreği eridi. Başladı ağlamaya. Tezgâha tutundu. Hıçkıra hıçkıra ağladı. O da Allah'ın bir mahluku. Can candır Aynur. Her can ondan bir parça. Şimdi bul bir yolunu. Öde kefaretini. Doyur o bir damlacık canı. Rabbin kapına yakaran bıraktı. Anlasana sınıyor işte seni. Sen ona yardım etmez, şefkat göstermezsen Allah'ından nasıl yardım umarsın?

Eski, rengi solmuş melamin bir tabakta bir kaşık yoğurdu suyla inceltti. Un kattı içine. Bir gıdım da şeker. İyice karıştırıp yal yaptı.

Eski minder, artık kumaş parçaları buldu. Güngör Hanım görseydi, "Alıştırma bunları, sonra kapı önü kediden geçilmeyecek, deli karı evleri gibi..." diye azarlardı.

Artık yok. Yeri izi belli oluyor. Eh, bu da zamanla geçer herhalde. Bundan böyle Aynur tüm kararlarını kendisi verecek. Bu onu çok ürkütüyor olsa da...

Yağmur dindi. Ama öğlen sonrası güneş hepten gidince iyiden soğudu hava. Camlar buğulandı. Uzun hırkasını giydi. Ayağına lastik botlar, eline bulaşık eldivenleri geçirdi. Bahçeye çıktı. Duvar kenarına yürüdü. Yalın kokusunu alan encik sarsak adımlarla dolandı peşinden. Önüne bırakırken tabağı birkaç damla betona döküldü. Kedicik burnunu değdirip damlaları yaladı. Şekerli tadı sevdi anlaşılan. Ciyaklamaları arttı. Uzatıp başını yemeğe başladı. Aynur sekinin yanında yer yaptı ona. Minderin çevresini yünlü kumaşlarla sarıp sarmaladı. Kedicik karnını doyurma derdine düşmüştü. Yatacak yer, sığınacak yumuşacık bir yuva umurunda değildi. Avucum kadar, yapayalnız. Elin insafına muhtaç. Anası atmış. Ensesinden tutup getirip bırakmış buraya. Belki çiti aşıp kendi geldi, kim bilir. Anasını araba çiğnemiş de olabilir. Her gün bir iki tanesi böyle ölüyor. Tiksintiyle buruşturdu yüzünü. Kaldırım kenarında çöpçüler gelip kaldırana kadar öyle bekliyor leşleri. Bu yavrular da ciyaklaya ciyaklaya hayatta kalmanın bir yolunu arıyorlar. Çoğu sefil oluyor zaten. Hastalanıyor ya da açlıktan telef oluyorlar. Kedi sever biri acıyıp eve alırsa ne âlâ, değmeyin keyiflerine. Yer, içer, oynar, uyur, semirirler. Ana ata aramaz bunlar. Belki de doğrusu bu. Biraz palazlanınca kopup gitmek. İnsanlar mı zayıf dersin? Kediler kadar bile cesur değiller mi? Kimse tek başına kolay kolay var olamıyor bu hayatta. Dönüp dolanıp farklı nedenlerden bir başkasının varlığında huzur arıyor. İnsanın tek bir korkusu var, o da yalnız kalmak.

Hep bu engeli taşıyorlar içlerinde. Kulun engeli insan olarak doğmak mı? Korkusuzca yaşamalı insan. Kol kanat gerilmesine ihtiyaç duymadan. Ne ana ne kardeş... Belki anasızlık daha iyi be kedicik. Kimse anasını tanımamalı. Bilmemeli. Onu tanıyacak, bilecek kadar yanında kalmamalı.

Kapı çalınıyor. Zil temassız uzun zamandır. Duyulur duyulmaz, kesik kesik, öksürür gibi çıkıyor sesi. Bu yüzden bir yandan da kapıyı tokmağıyla dövüyor gelenler. Aynur'un düşünceleri dağıldı. Dua etmiş gibi iki elini yüzüne sürdü. O içeri girerken kedicik de seğirtti ardından. Pist pist diye kovaladı. Bahçe kapısını kapattı. Taşlıkta tok ses yankılanırken, "Geldim, geldim!" diye seslendi.

"Az daha açmasan gidecektim. Evde yok bu herhalde dedim."

"Aman Gönül, nereye giderim ben? Hep evdeyim. Bir kedi yavrusu gelmiş de bahçeye, sesini duyup çıktım, onu doyurdum."

Yüzü ışıdı Gönül'ün. "Kedi yavrusu mu? Eh tam zamanı. Ayol bayılırım. Çok severim. Nerede?"

"Bahçede."

Kadının elindeki paketleri aldı. Dikiş odasına bıraktı. Gel dedi gel bak. Minicik. Sarı. Sarman.

Gönül hiç çekinmedi. Korkmadı. Pirelenirim, hastalık kaparım demedi. Eline aldı, sevdi enciği. Kollarıyla sardı. "Küçükken günaşırı ya bir kedi ya da köpek yavrusu bulurdum sokakta. İlle eve alalım, bizimle yaşasın isterdim. Annem hadi neyse hastaydı, yatalaktı, görecek hali yoktu da babam hiç sevmezdi. Azar, kıyamet. *Atın şunu dışarı – görmesin gözüm bu pisliği.* Ağlaya ağlaya uyuturdu beni Sacide Hanım." Aynur ekledi, "Rahmetli."

"O zamanlardan beri düşkünümdür hayvanlara." Durdu. Yere baktı, iç çekercesine inip kalktı göğsü. "Şimdi de Nadir istemiyor. Bir iki lafını edeyim dedim... bana dost olur... şu evin içinde bir neşe... astı suratını. Kılıydı, tüyüydü başladı nutuk çekmeye... Evde çocuk varmış da, bir kedimiz mi eksikmiş de. Vallaha adım atmazmış da bu mundar hayvanın olduğu yere.

Şuncacığın nesi mundar olabilir ki? Ne kadar masum, bir baksana şuna Aynur. Çok sevimli. Sen alacak mısın?"

Anlamadı Aynur. Boş bulundu. Gözünün önünde canlanmıştı Gönül'ün kedi özlemli evi. Kocasının sarı kara asık suratı. "Neyi?" diye sordu?

"Kediyi? Eve alacak mısın? Alacaksan önce bir veterinere götürelim."

"Yok anam, yok, alamam ben eve. Kumaşlara, dikişlere hep tüy döker bu. Bize gelen müşteriler huylu. Asortik. Seveni var, sevmeyeni var. Astımlısı, alerjilisi... Varsın bahçede kalsın. Yemeğini eksik etmem ben onun, meraklanma. Bak buraya yer bile yaptım. Yatsın burada. Sıcacık. Ama girmesin içeriye. I-ıh, yok istemem. Ekmek teknem burası benim Gönül."

Dikiş odasında yanında oturdu Gönül. Aynur namaz örtülerini biçip makinede kenarlarına ucuzundan hazır gipür, iğne oyası çekerken, o, avuç içinde uyuttu kediyi. Kâğıt mendille iyice sildi, temizledi, kuruttu. Anlatmıyor pek ama artık yüreğini yakan ne kızıl kor, dert yumakları varsa, hepsini el kadar etti, bu kedicik saydı, sevdi, yatıştırdı. Telefon sapığını sordu bir ara. Sapık mı değil mi kısacık konuştular. Belli ki yanlış numara. Biri dalgasına, arayıp arayıp sıkılmış da olabilir. Bugün hiç aramadı mesela. Savcılık seçeneği hâlâ geçerli. Bir dilekçeye bakar.

Erkenden karardı hava. Gönül'ün dizlerine battaniye örttü. O alışık değil böyle ısıtmasız evlere. Onun evinde fuiloilli kat kaloriferleri döşeli. Sıcacık, hamam gibi. Kış günü kısa kollularla, geceliklerle dolaşır. Yazın da gürül gürül kliması çalışır. Serin olur. Dört bir yan cayır cayır yanarken, onun evinin içi bildiğin burucuk yaylası. Lüks.

Çay demledi Aynur. İçip içleri ısınsın. Yanına halka çıkardı. Gönül yemek vaktine yakın yine duramadı yerinde. "Kalkayım artık," dedi.

"Kalsaydın Gönülcüğüm, Allah ne verdiyse..."

"Gideyim Aynur. Gideyim. Bakarsın Nadir erken gelir." İnsan dileğini yakınır gibi dillendirince gerçekleşeceğine olan inancı daha mı güçleniyor? Hep aynı, hiç değişmeyen sözcükler bunlar. Gelmeyeceğini bilirsin ama yine de aynı sözcükleri tekrarlayarak umut edersin. Dualar da öyle değil mi? Aynı sözcüklerle dilenmez mi çaresini insan? Hep aynı sözcüklerle.

Sıcağına sığındığı kediciği bahçedeki yerine bıraktı usulca. Sevdi, vedalaştı. Tam kapıdan çıkarken pazar çantasını gördü. "Bunlar ne?" Açacak içine bakacak diye ödü koptu Aynur'un. "Dolapları boşalttıydım da. Şişeler filan. Çer çöp işte."

Kapıyı kapattı. Gece. Soğuk. Karanlık. Yalnızlık. Yanından geçti, şöyle bir baktı, dokunamadı çantaya. Makine başına oturdu yeniden, kalan işi bitirdi. Tek tek ütüledi. Katlayıp üst üste koydu örtüleri. Dikiş odasından bakınca taşlığın, tam karşıdaki oturma odasının körsekliği kuyu gibi göründü gözüne. Hızla o karanlığa çekildiğini duyumsadı. Kapılar insan ruhunu soğurup emen iştahlı ağızlar. Soğuk, uzak, uğursuz eşyalar dalgalanmaya başladı. Beyni karıncalandı. Üzerine büyük, vahşi bir hayvan atladı atlayacakmışçasına sindi. Boynu içeri çekildi. Gözlerini kıstı. Sımsıkı yumdu ellerini. Kolları kasılıp omuzları kalktı. Eşyaların çevreye dağılan gölgelerini gördükçe saç diplerine kadar ürperdi. Yüreği, boğazına iki kanlı el yapışmışçasına, canına kastedilmişçesine atmaya başladı. Bir şey var orada. Var mı? Var. Nerede? Orada. Hani? Görünmez. Güçlü. Aynur'dan daha büyük. Çok büyük. Gördüğü ve göremediği her şey kadar büyük.

"Çağıran. Dumansı. Yapışkan. Küçültmeli," diye düşündü. Kapat kapılarını. Kapadı gözünü, koridora çıktı. Sokak kapısının altından ayaklarına ulaşan soğuk havayla titredi. Taşlık gözüne daha uzun, çok daha karanlık göründü. Tıkırtılar. İğne uçları. Üstüne atılan çiviler. Kırık kaba yeşil şişe camları. Tenine batan sesler.

Bağırdı. "Kim var orada? Konuşsana kardeşim niye konuşmuyorsun? Cevap ver?" Bahçe kapısının ardında kedinin -alçacık- sesi duyuldu, büyüdü, yükseldi. Her şeyi ele geçirdi. Aynur'a kıpırdayacak bir gıdım yer yok. Elleriyle kapattı kulaklarını. Küçültmeli. Bir odaya sığınmalı. Kedinin miyavlamalarını kafasının içinde duydu. Pazar çantasını kaptığı gibi girdi yine dikiş odasına. Bunlar bir çare... Çekti kapattı kapıyı. *Küçüldü işte,* dedi. *Küçüldü...* Bir tek odanın korkusu, koca bir evden daha küçüktür. Olduğu yere çöktü. Tam pencerenin altına. Gözü hep kapıda, açıp dalacaklar içeriye. Kapılar yaldıran, gudubet, esrarengiz ama pencereler böylesi ürkütmüyor onu. Pencerelerden bilinen girer, hırsız, katil, bet âdemoğlu. Taşla, sopayla karşı koyar insan. Ama kapılar öyle mi? Onlar giz saklar. Meçhul. Ne tuhaf.

Tülü araladı. Sokak bomboş. Bari bir insan geçse. Bir can görse. Yok. Sokak da onun kadar yalnız. Tıkandı yine. Eliyle göğsüne bastırdı. Camı açıp temiz hava mı solusa? Açık bırakıp önünde uyusa? Olur mu hiç? Ya biri atlarsa içeriye? Berduş, it, harami dolu ortalık. Ya canına kastederlerse? Ne kadar yer ki? Hadi bilemedin iki metre. Hoplasa çıkar. Makas alsa yanına? Falçata alsa? Demir kepenkler var. Onları mı kapatsa? Daha güvenli mi? Bu sefer de yolu göremez, tüm bağı kopar – mezara girmiş gibi olur, iyice daralır. Saate baktı. On biri on geçiyor. Çok da geç değil. Küçük bir radyosu vardı annesinin. Çalışırken dinlerlerdi hani. Her yerden çekerdi. Alman malı. Yandan katlanır antenli. Delikli deri kılıf giydirmişler. Pilleri bitmişti. Uzun zamandır da kullanılmıyor tabii. Nasıl da düşünemedi. Ta oralara gitti. Beceriksizce. Bari bir pil alaydın a Aynur! Düşünemedin. Yarın ilk iş pil alıp takmalı ona. Kısık seste dinler. Işığı da yok dışarı yansısın. Yanı başında bir ses olur, nefes olur. Dinlerken başka şeyler düşünür. Bu nasıl bir dert ya Rabbim? Anlatamıyor Aynur. Sorsalar neden korkuyorsun diye tam olarak tanımlayamıyor. Ama korkuyor işte. Kapılardan kabarıp fırlayan, duvarları geçebilen bir şey onu gözlüyor, her yerden çipil sırnaşık garez. Omuz üstünde. Ensesine yakın. Dişlerini geçirdi geçirecek. Hep peşinde, her ânı onun kıskaçlarında yaşıyor. Kurtulamıyor. Tepeden tırnağa her zerresi ele geçirilmiş. Bir "şey" tarafından tutsak edilmiş. Üstüne kapanmışlar. Ona zarar verecekler. Bir boş ânını kolluyorlar. Fırsatını buldular mı ona görünecekler. Görününce aklını oynatacak Aynur. Meczup olacak. Ele düşecek. Kapatıldığı tımarhanelerin pis, boklu, soğuk taş odalarında, başını duvardan duvara vuracak da, yine de kurtulamayacak. Hep peşinde. Oraya da gelecekler. Gelmezler mi? Öyle durup başında bekleyecekler. Alev dilleri, yosun yeşili dişleri var. Kanlı ruhunu lokma lokma yiyip bitirecekler.

Geriye kaykılıyor. Buz kesmiş duvarın soğuğu bel oyuğuna denk geliyor. Ağzı açık harlana harlana soluyor. O soludukça ruhu, incecik tütüp terk ediyor vücudunu. Tavana ulaşıyor gözleri. Oradan aşağıya, köşede büzüşmüş acuze kendine bakıyor. Tavana tutunan saydam bir uçan balon. Hop o köşeye, hop bu köşeye. İçi odanın havasıyla dolu, havadan hafif, savrulan incecik zar topu. Bu ilk defa oluyor. Aynen böyle duyumsuyor. Böylesi ilk defa. İnsan bedeninden çıkıp da kendini görür mü? Vallahi de tillahi de Aynur görüyor. İşte tam orada. Alçalıp yükseliyor. Aynur görmüyor onu, o, Aynur'u görüyor. Yüreği almış başını gitmiş. Güm güm göğüs kafesini yumrukluyor. Şakakları atıyor yine. Pıt pıt damarları. Balon gözleri bir o yana, bir bu yana. Bir ter, bir titreme. Vücudu ona ait değil. Boş bir şişe. Duvar dibinde yan devrilmiş yatıyor. Aha, delirdi. Yitirdi aklını.

Olacağı buydu. Vay ben ne yapayım? Bu saatte kime gideyim? (Kimse bu kadar yalnız delirmemeli.) Ağlamak istiyor. Eli ayağı hep düşmüş. Vücudu felç olmuş. Ikınıyor, yine de ağlayamıyor. Olmuyor. Oysa içi çağlamıştı. Orada öylece ne kadar yattığını bugün bile bilmiyor.

Ancak o gece en ağırını yaşamıştı korkunun. Bugüne kadar içinde biriktirdiği büyük küçük tüm korkuları, kabına sığamaz olmuş artık, taşmıştı. (En kötüsü de insanın kendini zavallı, acınası bulmasıymış...) Ah be Aynur, ne çileymiş seninkisi? Kimin ahı bu? Sen kimin günahının bedelisin ki? Çığlık atmak istemiş atamamıştı. Koca ev, temelinden koparılıp olanca ağırlığıyla onun göğsüne konmuştu. Ağzına eller kapanmıştı...

Zorluyordu kendini, ağlayıp bağırıp yardım dilenmek için var gücüyle zorluyordu. Sesi çıksın, evi geçsin, komşularına ulaşsın, gelip alsınlar onu. Hastaneye götürsünler. Ne olacaksa olsun artık. Korkunun ötesi bu. Bu, bildiğin kalp krizi. Spazm, dedikleri. Tiz bir ses çıktı boğazını yırtarak. Kedi miyavlamasını andıran. Kapının temassız zil sesi. Biri abanıyordu kapıya. Tokmak vuruldukça kapı zilinin sesi gittikçe düzeliyordu. Patlak fos ses dinçleşiyor, evi sarıyordu. Kapı dönüyor. Toz tanecikleri incecik aralıktan sızan ışıkta havalanıyor. Her şey hafif, tüysü uçuşuyor. Zilin, eski, bozulmadan önceki yırtık hali duyuluyordu şimdi.

Açtı nihayet gözlerini. Karabasan olmalı bu. Bilinci ayrımsıyor sesi. Telefon çalıyor. Ufacık kutudan taşıyor ses. Bu saatte. Gönül mü acaba? Merak mı etti? Mevlitle ilgili bir şey diyecekti de unuttu mu ki? Duvara tutunarak doğruldu... Başının dönmesi geçsin diye bekledi biraz. Vazgeçmedi arayan, ısrarla çaldı.

Açtı telefonu. "Alo?" dedi. Karşı taraf dinledi sesini. "Alo? Alo? Kimsiniz? Seni savcılığa..." Sözünü tamamlayamadan kapandı. Sinyal sesi duyulunca o da kapattı telefonu. Bir beddua söküldü içinden. Saate baktı, iki buçuk. İnsafsızlık bu. Birini bu kadar geç bir saatte arayıp uyandırmak. Demek uyumuştu. Çöktüğü yerde içi geçmişti. Yoruldu bedeni tabii. Onca yol yürüdü ne de olsa. Sonra dikişle de uğraştı.

Sabahın iki buçuğu. Havanın aydınlanmasına daha çok var. Mevsim yaz olsa erkenden sökülür karanlık. Ama mevsim kış, aydınlığa daha çok var. Pencerelerden dışarı baktı. Sokak lambasının ışığını sevdi. Az önce ne oldu öyle? Gerçekten ne oldu? Havaya çıktığını gördü. Tavana dayanmıştı sırtı. Tövbe. Hafifti ama güvende değil. Huzursuz. Onu tutan görünmez ipler her an kopabilir. Kimin elindeyse uçları bir anda bırakabilir. Bir çentiğe denk gelse, bir iğne ucu... Tavan, duvarlar hep patlayacak, o altında kalacak. Koca taş dolu bir çuvalın altını bıçakla kesecek bir el. Tüm keskin pürtüklü taşlar boşanırcasına içine dolacaklar. Hızla birike birike, ta boğazına kadar. Hatta boyunu bile geçecek taşlarla doldurulan bir çukura diri diri gömülecek. İçi kanayacak, kendi kanında boğulacak. Birazdan girecekler içeriye. Kocaman elleri, ters ayakları vardır onların, tenlerinden alevler fışkırır, ağızlarından kanlı irinler, gözlerinden balçık akar. Yukarıdan ezerek bakarlar. Teneke tekmelercesine çıkar sesleri. Ellerinde taşıdıkları alevi damlayıp her yana bulaşan gürül gürül yanarcalarla yakarlar. İşkencenin en âlâsını ederler de yine doymazlar. Sonunda öyle bir ceza verirler ki insana ömrü billah, iflah olmaz.

Ağlamaya başladı. Bu sefer böğüre böğüre. İlene ilene. Yalvara yakara... Bildiği tüm duaları art arda okuyarak. Öyle böğürtüler çıkardı ki komşular duymasın diye elleriyle kendi kulaklarını kapattı. Ya Allah deyip doğruldu. Koştu çantanın başına. Atar atmaz eline ilk tirbuşon geldi. Üzerindeki yazıyı okudu. "Hediyedir parayla satılmaz." La havle... çekti. Şarap şişesinin likördeki gibi kapağı yok. Ağız kısmı yapıştırılmış.

Önce baş parmağıyla kanırttı. Küçük kavlamayı çekince, içi metal ince bir parça koptu. Devamını tırnaklarıyla söktü. Tirbuşonu mantara sabitlemek çok kolay olmadı. Narin, süngersi mantar pinçik pinçik dağıldı. Uğraştı. Boğuştu. Bir iki zorlandı ama sonunda çekti çıkardı mereti sıkıştığı yuvasından. Keyif almadığını, zevklenmediğini kendine bir kez daha hatırlattı. Şifa niyetine deyip dikti başına. Tazyikle doldu koyu kırmızı su ağzına, ekşi, kesif kokusuyla tıkandı, soluğu yetmedi, kesiliverdi, hep ağzından burnundan taştı, öksürüp püskürttü. Göğsü, kolları ala bulandı. İçliğine aktı. Aldırmadı. Bir daha denedi. Bu kez daha bilinçli, hesaplı, temkinli, azar azar. Serin, mayhoş bir derecik olup aktı boğazından. Tatlı, ballanmış sirkemsi sıvı, yükselip alçalan boğum boğum boğazına batan ne kadar taş, diken varsa sildi süpürdü, tertemiz etti. Bir yudum daha. Soluğu engelsiz, dümdüz, güçlü bir esinti şimdi. Eli ayağı boşaldı. Yumruk yapıp sıktığı elleri açıldı. Kasılı omuz başlarının acısını duyumsadı. Rüzgâr dinince tekneler yelkenlerini nasıl indirirlerse, işte sırtı aynen öyle yatıştı. Söndü. Karnındaki kasılmalar da şıp diye kesiliverdi. İlacı bu mu? Bu çare mi gerçekten? İçine çekti havayı. Elindeki tirbuşonu fırlattı bir kenara attı. Geçti, cam altı eski yerine oturdu. Taş soğuktu ama ne gam? Her yudumda en üşüyen yerleri harlanmaya başladı. Ter yürüdü teninde. Yanaklarının yandığını hissetti. İçinde son kalan suçluluk hissiyle yüzünü ekşitti. Kendi dahil herkesi çocuk belleyip kandırdı güya. Aman mey dedikleri bu muymuş? Bunu mu severlermiş, buna mı taparlarmış? Buna mı heba etmiş insanlar tüm servetlerini? Zehir gibi bir şey bu ya, üstelik pek de tiksindirici. Peltekleşen dili şakladı bir iki damağında. Rabbim, affet beni. İnan, keyfimden değil. Bu günler bir geçsin. Sümme haşa. Bir erişeyim feraha. Tövbe. Allah'ım, bin kere tövbe, sürmem damlasını ağzıma. Geçecek mi? Bitecek mi? Sen yardım et. Bir başına koyma bu aciz kulunu. Kim gelir kalır ki onunla? Ablası var bir, o da ta İstanbul'da, rahatı iyi, asla gelmez. Kendi de gidemez. Nereye gidecek, yok anam o İstanbul dedikleri bir cehennem meydanı... Gönül'e söylese mi? Böyleyken böyle Gönül. Benim bir derdim var, büyük mü büyük. Hele aklın erer senin, bir yol düşün ne yapsam, ne etsem. Delirmekten korkarken sokaktaki berduşlara döneceğim... Sen... Gönül... Var mı... bir... çaresi...

Uyandı. Gözkapaklarında batan bir sıcaklık hissetti. Tüllerin ardında çiğ güneş yaktı gözlerini. Sokağın sesi dolmuş içeriye. O, ha deyince hop diye kalkan, eline ayağına tez Aynur'dan eser yok. Doğrulamadı bir süre. Ölü gibi yattı. Bedeni kaskatıydı. Üşümüş. Her yanı lime lime dökülüyordu. Yorgundu. Başını taşla ezmişler sanki. Çatlamış, balyozla ikiye ayrılmış kaya parçası. Nasıl bir ağırlık, nasıl bir ağrı anlatılamaz. Burun delikleri sızlıyordu. Genzi kupkuruydu. Ağzında ahşap tadı. Kalk Aynur, diye geçirmişti içinden, hadi kalk bak sabah olmuş. Elleriyle tuttu başını. Off anam. Gün ışığı vurdukça kamaşan gözlerini kaçırdı. Gölgeliklere sığındı, ışığın en uzağına. Eşyalara tutunarak doğruldu. Ayakta durmak, dengesini sağlamak neredeyse imkânsızdı. Oda küçülmüş göründü gözüne. Aydınlık ama ufacık. Kapalı kapı tuhafına gitti. Bu evde tüm kapılar kapatılır ama dikiş odasının kapısı asla. Geceyi hatırladı. Kendini güvenli hissetme arzusunu. Sendeleyerek yürüdü. Açtı kapıyı. Taşlıktan yön bulan serin temiz hava yüzüne vurdu. Gözleri sızladı yeniden. En küçük bir esintiyi bile teninde ayrıksıyarak duyumsuyordu. Kedinin dinmek bilmez açlığıyla serzenişlerini duydu. Hay sesi kısılasıca. Şimdi bir de seninle uğraşamam.

Tuvalete girdi, eteklerini toplayıp duvarlara tutunarak oturdu. Oturmasıyla kan damlaması bir oldu. Beyaz taşta pıt pıt çoğaldı kara hareli kızıl izler. Yok artık, dedi. Bir bu eksikti.

O bıkkınlıkla girdi banyoya. Sıcak sularla yıkandı yeniden. Boy abdesti aldı. Giyinirken karnındaki ağrıyı geçiştirmek için durup durup soluklandı. Kasıkları patlayacak gibi. Şişkin göğüslerinde gerginlik hissi.

İki yumurta haşladı. Çay demledi. Bayat yufkaları çay suyunda yumuşattı. Aşağı indi. Masaya oturup yumurtaları, tereyağı sürdüğü şepite sardığı peyniri yedi. İkinci çayını içerken serçe parmağını yufkaların iyice çözülüp hamurlaştığı suya soktu. Ilımıştı. Bahçeye çıktı. Encik duvar kıyısına pısmıştı. Onu görünce hareketlendi. Tası önüne koydu. Ardına bakmadan girdi içeriye.

Giyinip çıktı evden. Para cüzdanı elinde, başı döne döne bakkalın yolunu tuttu. Pil aldı. Pakette süt. Ekmek. Bir paket de bebe bisküvisi.

Öğlene doğru Gönül aradı. Her şey ayarlanmış. Ertesi gün saat bir buçukta mevlit başlayacak. Pide ayran ısmarlandı. Tam vaktinde getirilecek.

Şarap şişelerini, acıbadem likörünü büfenin gözüne gizledi. Önlerine biblolarıı, cam vazoyu koyup güya görünmez kıldı. Odaların kıyısına köşesine limon kolonyası sepeledi. Geceden kalan ekşi kokuyu bastırmak istedi. Ellerine de bolca boca edip yüzünü, boynunu ovaladı, ferahladı.

Mide bulantısı tuttu. Öğürdü ama bir şey çıkaramadı. Yanıyor midesi. Falçatayla yol yol çizmişler sanki. Kesik kesik sızlıyor.

Bütün gün boş evin içinde dolandı durdu Aynur. Bardak bardak su içti. Akşam olmadan süte bisküvileri ufaladı. Götürüp kedinin önüne koydu. O iştahla yerken izledi. Asmada pıtır pıtır koruk salkımları oluşmaya başlamış. Bahar müjdesi saymalı.

Eve girdi. Radyonun pillerini taktı. İstasyonları tek tek arandı. Hep konuşmalar, haberler, tartışmalar, çekilişler, reklamlar.

Sonunda huzur veren bir müzik buldu. Orada sabitledi ibreyi. İyice kıstı sesini. Geçti, oturdu divana. Bu zıkkım içerken iyi de sonradan hasta ediyor insanı. Uykusu yok. Uyanık. Buna karşın bilinci öylesine bulanık ki her şeye uyuşmuş gözlerle bakıyor. Baktığı yerden boş düşlere dalıp dalıp gitmekten kendini alıkoyamıyor. Gözleri kapanıyor. Uyuma! Şimdi dalar da uykusunu alırsa bütün gece uyanık olur. Gecesi gündüzüne karışır. Hava kararıyor.

Sokaktan ışıklarını odaya saçarak bir iki araba geçti. İnsanların yankılı sesleri teker teker azaldı, yitti. Eserse rüzgâr tozu toprağı savurup camlara çarpıyor. Eli alnında otururken uykuya daldı. Karanlığın içine uyandı. Radyoda hâlâ sözsüz müzik sürüyordu. Telaşla kalktı, ışığı yaktı. Oda yine solgun çöktü üzerine. Keşke hiç uyanmasaydı. Sessizlik acımasız bir kâbus olup bitiverdi yanında. Saate baktı. On iki on. Gecenin tam yarısı. Sabahı sabah edecek yine. Gözü büfeye ilişti. Yok, bu gece olmaz. Yarın mevlit var. Ah bir uyusa. Şöyle gerinerek yatağının rahatlığında. Odasına çıkmaya cesareti yok ki. Kara balçık çamur karası. Yatağı dikenli. Nasıl geçecek zaman? Bu gece öldür Allah ulaşamaz sabaha. İçindeki korkunun çok daha büyüdüğünü duyumsuyor.

Dikiş odasına gitti. Dağınık göründü etraf gözüne. Bi' çalaca makaraları, irili ufaklı makasları yerlerine yerleştirdi. Ütü kordonunu sardı. Ivırı zıvırı topladı, duvardaki raflara dizdi. Yerde serili halıya baktı. Toz bürümüş, matlaşmış mı ne? Koltuğu, kanepeyi ittirdi, yer açtı. Merdiven başında durdu. Allah'ım sen sakla bekle deyip koşar adım çıktı basamakları. Destur çekip banyoya girdi. Kapı ardından kovayı, fırçayı, toz bezini, temizlik bezini, deterjanları kaparcasına alıp alt kata indi. Radyoyu yanına aldı. Az daha açtı sesini. Önce boydan boya her şeyin tozunu sildi. Pencereleri açtı, ayaza aldırmadı, başladı camları sabunlu sularla ovmaya. Pırıl pırıl parlattı. Kapatıp çekti tülleri. Pis suları tuvalete döktü. Temiz suda arapsabunu köpürttü. Köpükleri fırçaya alıp halıyı fırçaladı.

Geçti oturma odasına. Önce camlar... Toz alma, yerler... Yuğdu, yuğdu, yuğdu. Taşlığı sildi. Derz aralarını fırçaladı. Kapı pervazlarını sildi. Kapı önünü yıkadı. Sabaha kadar, kolları koptu, ayaklarında derman kalmadı. Gün ağarmak bilmiyor. Ah o ışık, o nur bir sarsa dört yanı...

Bahçeye girişti. Kediyi kıştlaya kıştlaya yerleri köpürttü, duruladı, yıkadı... Sekiyi ters çevirdi oturdu. Sırtını duvara dayayıp, kediciği kolları arasına aldı, onun sıcaklığına sarınıp yıldızlı gökyüzüne bakarak sabahın yolunu gözledi.

Kısacık ama derin uyumuş. Yine tutulmuş her yanı. Kalktı, yukarı çıktı. Bir su döküncü. Temiz çamaşır giyindi. Paketinden bir ped çıkarıp düzgünce arasına yerleştirdi. Saat on gibi Gönül geldi. İlk lafı, "Hasta mısın?" oldu. Demek iyi görünmüyor. Yüzünden okunuyor. Hali hal değil belli ki. "Dün başladı nalet," dedi. "Bu ay erken geldi. Biraz da üşüttüm herhalde."

"Hay Allah, tam da gününde." Gönül onu bir köşeye oturttu. Hazırlıkların tümünü kendi yaptı. Sandalyeleri, yer minderlerini yerleştirdi. Bir yarım ay çizdi hem oturma odasında hem dikiş odasında. Kapı kenarlarına tabureler. Mevlit şekerlerini gül sularını, rahleyi özenle koydu ortaya. Namaz örtülerini paketledi. Çay koydu. Kahve için fincanlar, su bardakları, peçeteler, yemek tabakları... Artık aklına ne geliyorsa her şeyi bir başına hazırladı. Tarçın, zencefil, maydanoz tohumu kaynattı, demledi, çay yaptı, koydu Aynur'un önüne. "Ağrını alır." İki de aspirin içirdi.

"Bu halde oturamam yanlarında, mekruh mekruh," dedi Aynur.

"Sen okumayacaksın ki," diye yatıştırdı onu Gönül. "Sadece dinleyeceksin. Hayız olan kadınların mevlit dinlemesinin günah sayıldığını hiç duymadım. Gelsin hocaya da soralım. Olmadı ben seni çıkarırım yukarıya."

Yedisi çok kalabalık olmadı. Hoca kadın ne kadar akrabası varsa toplayıp gelmiş. Onların dışında mahalleden bir iki komşu kadın, hepi topu on, bilemedin on iki kişi. Yine de gelenden gelmeyenden Allah bin kere razı olsun. Rahmetlinin toprağı bolarsın. Hocanın gelini pek hamarat. Üç yıl olmuş evleneli. İkinciyi doğurmuş. Alıverdi her şeyi eline. Tesettürlü, endamlı. Bir de güzel makyaj yapmış. Güzelce de giyinmiş. Hoş bir taze. Milaslıymış. Mutfağa çıkarıp Aynur'u, "Sen otur şöyle ablam," dedi. "Mecalin yok. Biz ne güne duruyoruz? Hem sevaptır." Pideleri, ayranları dağıttı, yendi içildi. Rahmetlinin canına değsin. Topladı bulaşıkları, yıkadı, kuruladı. Öyle rahat, sanırsın kendi evinde. Bir de su kaynattı. Cam şişeye koydu. Havlulara sarıp bıraktı Aynur'un kucağına. "Aybaşı ağrısına iyidir."

Aman bir nazik, bir işveli salınıyor, değme kentli dilbere taş çıkarır. Arada sohbet ettiler. Kocasından pek memnun. Hep onu anlatıyor. Boyunu bosunu, gücünü kuvvetini. Ayrı eve çıkacakları günü iple çekiyorlarmış. Bir yürüyüşü var, sanırsın sığ leğende su taşıyor. Rahmetli sağ olup görseydi bunu hiç hazzetmezdi. Sen diye hitap eder, sözleriyle ezer, bakışlarıyla un ufak ederdi. Güzel kadınları hiç sevmez, diş bilerdi. Hele kocalı mutlu kadınlara kin güderdi. Bu genç kadın gibi olabilirdi Aynur. Neşeyle içi çalkalanarak kocasına, kaynatasına hizmet eder, hayatı, evi, yuvası, çocuğu olabilirdi. Çevresinde dönüp duranlarla kalabalık bir sakinliği düşledi. Şu tazenin hayatı günahıyla sevabıyla gözüne nasıl da imrenilesi göründü. İçi cız etti. Burnunun direği sızladı.

Misafirleri kapıya kadar Gönül'le beraber uğurladılar. Aynur eli karnında durdu, vedalaştı. Teşekkür etti. "Allah kabul etsin, ruhu şad, mekânı cennet olsun." Gönül küçük keselerde mevlit hatıraları sıkıştırdı hocayla gelininin ellerine. Bir de bahşişi bol ücretini ödedi hoca hanımın. Sonra döndü Aynur'a, "Koymam seni bu gece, bu halde bir başına," dedi. "Nadir hafta sonu İzmir'de, ben de yalnızım, toparlan bana gidiyoruz."

O zamanlar daha şimdi oturdukları Gündoğan'daki evlerini yaptırıp taşınmamışlar. Yukarıda Kum Mahallesi'nde oturuyorlar. İki üç temiz çamaşır, birkaç paket ped, yeni bir gecelik, paketinde diş fırçası sokuşturdu çantasına Aynur. Gönül de olsa böyle birine, alelacele hazırlıksız yatıya gitmeyi pek sevmiyor o. Evi bu aralar cehennemi olsa da hep rahatını arıyor. Kendi başına buyrukluğunu. Canının çektiğini el altında bulmayı. Başkasının evinde kendisi olamıyor. Hep diken üstünde. Yine de bu gece rahat bir uyku uyuyabilme düşüncesiyle huzur buldu. Bir yatağa uzanıp uyumak ne büyük bir esenlik.

Kedinin önüne mevlitten artanları didikledi. Bir tas da temiz su koydu. Çekti perdeleri, sıkıca örttü, üst üste kilitledi kapıları. Çıktılar evden. Kara sıvaşık bir karanlık bıraktı ardında. Önünde yürüyen Gönül'ün diz altı siyah eteğinin volanlarının dalgalanışına baktı. Siyah, kısa topuk ayakkabılarının parlaklığına. Hususi şoförleri olmasına karşın kendi arabasıyla gelmiş. Sokak başına park etmiş. Dört çeker bir cipi var. Yayla gibi, içi kocaman. Misler misi de çam kokuyor. Ferahlatıcı. Deri koltuklar pek rahat, sıcacık. Cep telefonunu koyacak yeri bile var. Az para biriktirip kendine de bir telefon almalı. Onların radyosu da varmış. Zenginlik dediğin bu yolda ana bacı kardeş gözetmeyen, uğruna ölüp öldürenlere neredeyse hak verilecek bir amaç gibi göründü o an -bir kez daha- gözüne. Yine de kendisi paraya pula hiç meyletmedi. Konfora, lükse, abartıya hiç özenmedi. Ne bileyim, herkes farklı işte. O da böyle yaratılmış! Yetingen. Var işte, başını sokacak atadan bir evi var, bir de göz nuru, iğne ucu kazancı, insan daha ne ister? Yetmez mi? Yeter elbet. Onun açlığı cana, bir dost insana. Yanında bir yoldaşı olmadıktan sonra çil çil altını neylesin?

O zamanlar gençti tabii, çok yalnızdı, daha evlenmemiş, kızını doğurup kucağına almamıştı, böyle düşünüyordu. Sonradan göre göre o da zamana uydu. Gelecek kaygısı, kızının ne olacağı, kıyı köşeye üç beş bir şeyler koyma çabası...

Kapısında koruma adamlar, evde hizmetli kadınlar çalışıyor. Yaz kış yemyeşil bir bahçe, ucu var bucağı yok. Kocaman masmavi gözboncuğu bir havuz. Daha önce de defalarca geldi bu eve, anneciğiyle de geldi, yalnız da. (Evin içinde asansörü ilk burada gördü Aynur, apartmanda, ofislerde olur sanıyordu, çok şaşırdı. Hoş şimdi herkes yaptırıyor.) Bu sefer tanıdık bir tenhalık duyumsadı. O evin gösterişliliğine karşın bildik bir boşluk. Söze vurulmayan, kapalı, yağdı yağacak bir hüzün.

"Gel güzelim," diye onu kapıdan buyur eden Gönül'ün göz çukurlarında görüp hatırlamıştı o boşluğu. Biliyor musunuz, yalnızlık, mutsuzluk, acı en iyi göz çukurlarında yuvalanır. Karartır, yorar, içe çeker. Oradan çığlık çığlığa bir suskunlukla bakar kırık insan dünyaya. Bu yüzden annesi yatağa düşünce, evin içinde dönüp dolaşamaz olunca, Aynur ilkin fazlalık aynaları kaldırmıştı. Toprağı bol olsun. Her yere aynalar koyardı. En çok ayna satın alırdı. Hiç düşünmez, kıyardı paraya. Avuç avuç. Ahşap oymalı, sedefli, ladin, dökme demir, ferforje çerçeveli, altın varaklı, platin... Taş ayna. Gümüş sırlı. Banyoda büyüklü küçüklü tümsek aynalar. Ayaklı konsol aynalar. Ev bildiğin aynalar diyarı. Pamuklu bezlere, eski havlulara, yün battaniyelere sarıp korkunun yansımalarını, deşik altlarına istiflemişti.

Gönül'ün evi sade. Tabaklığın üstünde genişçe bir taşlı aynası var, o kadar. Evin tek abartısı. Bembeyaz döşemiş tüm evi. Koltuklar, sandalyeler, kanepeler, masalar, sehpalar, duvarlar, örtüler, perdeler, kilimler, halılar, avizeler, lambalar, vazoda çiçekler bile; her şey ama her şey süt beyaz. İnsanın gözünü alan çiğ beyaz bir körlük. "Ruhumu dinlendiriyor, içim açılıyor," diyor soranlara. "Seviyorum beyazı." (Artık nasıl karanlık bir kalabalıksa içi.)

Pek âşıktı Nadir'e, bir tek onu istedi. Bembeyaz hayaller kurdu. Kara sevdalara tutuldu, kör oldu. Gözü başka bir şey görmedi. Babası, "Uzağa git, unut bu adamı, bundan sana hayır gelmez," diyemedi, "Seni İngiltere'ye göndereyim, üniversiteyi orada oku, bir meslek sahibi ol," dedi. Reddetti, her şeyi göze aldı. Bir ara tutuklandı Nadir. Aylarca hapis yattı. Karşılıksız çek olayı diye duyurdular ama işin içinde daha büyük fırıldaklar döndüğü konuşuldu. Günahını almak gibi olmasın. Gazetelere çıktı. Bankerlik bile yapmış. Milletin dişinden tırnağından artırdığını iç etmiş. Bodrum'da ahali, İzmir'de akrabalar ayaklandı. Türkiye, hatta dünya çalkalandı. Ama Gönül bana mısın demedi. Kararından dönmedi. Döndü, dolandı, babasının söyleyemediğine geldi.

Bir tek Güngör Hanım arka çıktı ona. Nadir hakkında ileri geri konuşanların ağzının payını verdi. "Ar devri mi, kâr devri," dedi. "Kendi ayaklarıyla getirip attılar desteleri çocuğun önüne. Onlar da biliyorlardı. Bu bir kumardı. Kazanırken iyiydi değil mi?"

Daha neler neler dedi. En çok *Ar devri mi kâr devri!* lafı kulaktan kulağa, ağızdan ağıza dolandı. Bodrumlu bu lafı en az Güngör Hanım kadar benimsedi. Ağlayan Gönül'ü göğsüne yatırıp yatırıp teselli etti. "Sık dişini kızım, dayan, aşk bu, adı üstünde gönül bu, insan hayatında kaç kere âşık olur ki?"

Nadir hapisten çıktı, ne biriktirdi, ne tuttu, ne aldıysa Gönül'ün üstüne yaptı. Gönül zaten babadan anadan zengindi, çok daha zenginleşti. Parayla beş taş oynar oldu. Ortaca'da elli dönüm mandalina bahçesi bile aldı -ne gerek varsa- attı kenara. Yattılar, kalktılar, aynı evde karı koca gibi yaşadılar yıllarca, neticede evlendiler.

"Mutlu musun Gönül'üm?" diye sormaya, "gel otur şöyle yanıma, şimdi de bana dök içini," demeye cesareti yok Aynur'un. O da anlatmıyor zaten. Hep bir kırık gülümseme yüzünde.

Oğlan güm güm top oynadı içeride. "Aynur teyzene hoş geldin desene oğlum." Bir yarım ağız hoş geldin dedi, o kadar. Sırtını döne döne, peşinde bakıcısı, ortadan kayboldu gitti. Koca masada ikisi baş başa yemek yediler. Gönül iki bardak beyaz şarap içti. Aynur taze sıkılmış portakal suyu. "Biraz votka koysaydık içine," dedi Gönül. "Hem votkanın kokusu da olmaz."

Aynur kaçırdı gözlerini. Bir şey mi ima etti diye düşündü. Apansız yakalanan suçluluk duygusundan yüreği hop etti. "Yok," dedi, "sümme haşa Gönülcüğüm, sürmem ağzıma."

Açmadı televizyonu. Müzik setinde plak dinlemediler bu kez. İçli şarkıların bildik sözlerine eşlik etmediler. Sessizdiler. Yorgun. Yaşlı. Gönül birkaç telefon konuşması yaptı. Saat on bire geliyordu, yorgunluk iyiden iyiye çöktü omuzlarına Aynur'un. İnsanların arasında olmanın rahatlığıyla tüm kasları gevşedi. Arada kasıklarına bıçak batıyormuşçasına yoklayan ağrısını bile neredeyse unuttu. Gönül yukarıdaki misafir odasına çıkardı onu. Merdivenlerden. Dura, dinlene. O asansöre asla binmedi, binmez de. Hafakanlar basıyor. Düşününce bile soğuk terler döküyor. Odasında hususi banyosu var. Küçük. Aydınlık. Düzenli. Tertemiz. Bir su döküründü. Çamaşır değiştirdi. Gönül gelip bir ihtiyacı olup olmadığını sordu. Odanın camla kapatılmış, kocaman bir terası vardı. Beraber orada oturup ışıl

ışıl Bodrum'u seyrettiler. Işıklar içinde kale, Halikarnas sahili, ardı karanlık, ürkütücü, insanda kaybolmuşluk duygusu uyandıran tekinsiz deniz.

Ağrısı için zencefil kaynattırdı. İçine rahat uyuması için biraz kedi otu kattırdı. Arada üşüyüp üşümediğini sordu. Başka değişik asortik çaylar getirtti. Rahmetliye övgüler düzdüler. Hep iyiliğinden, adı gibi gün görmüşlüğünden, en çok da güzelliğinden söz ettiler. "Yarın mezarına gidelim, bekler bizi," diye sözleştiler. İnsan acıyı soğutmaya, ona uzaktan bakmayı deneyip iyi olmaya çalıştığında canı daha çok yanıyor.

Kuş tüyü yorganlara sardı onu Gönül. Başucundaki ışığı açık bıraktı. "Hemen yan odadayım. Bir şeye ihtiyacın olursa?.."

Tavana vuran sarı ışık öbeklerini izlemeye daldı Aynur. Eli abajurun yanındaki düğmeye gidemedi. İnsanların olduğu bir evde güvenli uyuma isteğine rağmen yine de korktu karanlıktan.

Gönül'ün bu abla, hatta anne şefkati, vefası mutlu etmişti onu. Yine de uykuya dalması zor oldu. Ufacık çakımlarla gelip yokladı korku. "Yok bir şey, bak yan odadalar," diyerek yatıştırmaya çalıştığı yüreğinin başına buyruk atışlarını... ter basması... titremeler... Çekti yorganı başına. Boğuk soluklar aldı. Neden, kimden korktuğunu, o peşindeki kara dumansı hayaletin ne, kim olduğunu bir bilse. Bir huzura erse. Hadi bugün hastalık bahane, ya yarın, sonraki gün? Boğulacak gibi oldu. Açtı yorganı. Temiz, serin soludu. Derin derin çekti içine havayı. Yumdu gözlerini. Uykunun gelip onu ele geçirmesini bekledi. Titremeler azaldı. Ayakları karıncalanmaya başladı. Koltukaltları tatlı tatlı kaşındı. Şakaklarının içinden uzun uzun esnedi. Ağrısını yokladı, sırtına vuran karın içi sökülmeyi... "Yok, geçmiş. Daha iyi şimdi. Sağ ol Gönül... O çaylar... iyi geldi..."

Bak gördün mü, Sevda bir kez olsun aramadı. Aramaz. Hayırsız da o yüzden. Ne inattır o. Canım, bir telefon bile etmez mi insan? Ne var, eline mi yapışır? Ne olursa olsun, neticede anneleri. Hadi tamam, annene kinlisin, küssün anladık, onu geçtim, bari arayıp benim küçücük kardeşim, halin nicedir, iyi misin, bir müşkülün var mı diye sormaz mı insan? Nasıl da gerilere ittirmiş. Tıka basa dolu bir bavulun kapağını güçbela kapatmış da ya kilitlerinden kurtulur da patlayıp açılır, dört bir yana kirli buruşuk şeyler saçılır diye korkmuş hep.

Onca şey konuştular az önce Gönül'le. Geçmişten, genç kızlıklarından, ona, "Sakın bana Gönül abla deme. Hiç hoşlanmam abla sözcüğünden. Sen iyisi mi bana Gönül de," deyişinden... Bir bir canlandı gözlerinde her şey; yaşayan, yaşamayan herkes. Annesi. Görüntüleri silikleşmiş komşular. Çınar altındaki çay bahçesinde çalışan umutsuz âşık, Gönül'e abayı yakmış garson çocuk bile. Yüzlerine bakamazdı konuşurken. Hep yere, tokyo terliklerine bakardı. Yoksulluğundan mahcup.

Bir tek Sevda'nın adı geçmedi. Tülsü bir karaltıyla, ilişkin olduğu tüm yaşanmışlıklardan çıkarıldı. Anıların başrolünden sürgün edildi. Anımsayışlarda bile rol bulamadı kendine. Fotoğraf oyuklarına döndü varlığı. Yok sayıldı. Dillendirilmekten çekinildi. Gönül pervasızdır aslında, konuşur, o garson çocuğa ille de yüzüme bak dercesine kanırtarak konuşur. Büyük bir olasılıkla Aynur'u yaralamak istemiyordu.

Sevda'nın ağlamalarını duydu. Camlara çarpan uğunmalarını. O ağlayıp yalvardıkça içine çekildi Aynur. Yüzü hep yara bere içindeymiş. Vücudunun her yeri mosmor. Çok acı çekmiş. Bütün gün işkence etmişler. Çok dövmüşler. Soğuk su dökmüşler başından aşağı, kova kova, buz gibi su... Islatıp ıslatıp bir daha, bir daha dövmüşler. Söylememiş. Tek kelime etmemiş. "Bilmiyorum," demiş hep. "Bilmiyorum."

Tehdit etmişler. "Nereden bileyim?" demiş.

"Ölün çıkar ancak buradan, atarız leşini bir arsaya, olur biter, kim bilecek?"

"Vallahi görmedim."

"Nereye gitsen buluruz seni. Bundan sonra, hayatın boyunca iki elimiz yakanda. Bizden kurtuluşun yok. Uykularına bile gireriz. Gözünü kapattın mı bizi bulursun karşında. Rüyalarında bile rahat vermeyiz sana."

"Yemin olsun haberim yok. Siz ne biliyorsanız ben de onu... Görüşmedim. Görüşmedik. Kaçmış dediler. Yolda bir punduna getirip jandarmaları atlatıp kaçmış. Hiç polisten, jandarmadan kaçan köyüne, evine, sevdiğine geri döner mi? Kim bilir nerede? Uzun zaman oldu ben de haber almadım. Evet, kıymetlimdi. Sevgilimdi. Onu sevdim. Hem de ne çok. Okulu bitince evlenecektik biz. O tayin olacaktı. Madenlere inecekti. Yer altına. Kara kömür, değerli taşlar, kıymetli el değmemiş madenler... Kardeşimi yanımıza alıp başka şehre gidecektik."

Ah, Sevda. Gerçekten mi? Gözlerini bağlamışlar. Falakaya yatırmışlar, kaldırıp yürütmüşler, yine de... kan tortulu tabanları balon gibi şişmiş.

"Aynur'u okula yazdıracaktık. Yavuz onu çok sever. Kendi kardeşi gibi sever."

Taşta yatırmışlar günlerce, soğuk, ıslak betonda. Aç koymuşlar. Susuz. Saçları hep yoluk yolukmuş. Perperişan.

"Nerede? O Yavuz iti nerede?"

Annesi ateş saçmıştı gözlerinden. Omzundan tutup ittirmişti Aynur'u. Ağlamıştı Aynur. Çok ağlamıştı. Korkmuştu. Yol boyu Sevda'nın ona bakan, bıçak altına yatırılmış, kurbanlıklarınki gibi korkuyla iri iri açılmış gözleri gelip gitmişti aklına. Öyle bakmıştı ablası Aynur'a. Ta Aynur'un gözlerinin içine.

İçine içine ağlamıştı Aynur. Annesinin eteğine tutunmuş, bacaklarına sarılarak kaybolmuştu. "Bak. Zırlama da iyi bak, al dersini. Eğer sen de bunun gibi iffetsizlik yapar da karakollara düşersen, başımızı yere eğersen, hiç acımam seni de tek kalemde evlatlıktan silerim. İnsan ne için yaşar a komşular? Tabii ki namusu için. Görün. İşte görün bakın namussuzun sonu bu olur. Burası ırz ehli bir ev. Hele bir sözümden çık, hele bir anarşiye karış, komünistlerle oynaş, bak ben sana neler edeceğim. Bu kahpeden beter etmezsem bana da Güngör demesinler. Defol!" diye tükürdü yüzüne. Herkes bakarken. *Defol.*

Jandarmalar götürürken de ardından ağız dolusu tükürdü.

"Gir kız içeri, almayayım tüm sinirimi senden!" Gürültüyle kapandı sokak kapısı. "Gelirse açmayacaksın bu kapıyı. Sakın ha açmayacaksın."

"Bir başına ne yapar, nereye gider?"

"Nereye giderse gitsin. Bunu o Moskov piçinin altına yatarken düşünseydi." *-Aşk kirletilmiş bir sözcük.-* "Anılmayacak o sürtüğün adı bir daha bu evde, o kadar." *Anılmadı da.* "Yok. Benim Sevda diye bir kızım yok! Ey ümmeti Müslüman, duydunuz mu, reddediyorum. Benim bundan sonra Sevda adında bir kızım yok."

Yokluğa karıştı. Bir daha dönmedi. Arka bahçede yalımları karanlığa yükselen bir ateş yaktı. Duvarlar aydınlandı. Yüzüne vuran kızıllıkta nefreti daha da belirginleşti. Kalan kitaplarını, giysilerini, defterlerini, eline geçirdiği, onu ansıtan her şeyi ateşe verdi. O ateşle temizledi namusunu, çalınmış karalarını, geçmişini. Kül etti savurdu.

Günlerce gitmedi evden duman kokusu. Her soluyuş Sevda'yı hatırlattı. Zemini süpürttü Aynur'a. Yıkattı. Kömürleşmiş kalıntıları, külleri kürekle attırdı. Yine de kan lekesi gibi bir leke kaldı taşların üstünde. Yayılmış. Kızıl karaya çalar. İç içe, halka halka izler...

Ertesi gün bembeyaz bir boşluğa uyanmıştı. Ütülü bol kıvrımlı tüllerden süzülen sıcak ışıltılı güneşe karşın üşüyerek uyanmıştı. Ağlamak gelmişti içinden. Epeydir böylesi burkulmamıştı içi. Kendine acımıştı. Biz neden böyle olduk diye sormuştu. Nasıl böyle olduk? Kimin suçu bu? Kim kimi reddetti. Annesi mi Sevda'yı, yoksa... Sonradan adı duyulduğunda, kitapları getirilip önüne atılınca, annesinin gözlerinde kısacık süren, belirgin ışık çakımları anımsıyor. Başını öte yana çevirip, gözlerini kaçırarak. *Hımm* diye bir ses yükseliyor. "Hımmm!.."

Bacaklarının arasında bulaşık ıslaklık duyusuyla banyoya girdi. Tuvalete oturdu. Evde olsa bu tiksinç, kokulu parçayı derhal götürüp köşe başındaki konteynere atardı, olabildiğince uzağa, ancak burada ne yapacağını bilemeyip bocaladı. Tuvaletle banyo dolabı arasındaki küçük çöp sepetine ilişti gözü. İçine gerilmiş şeffaf naylon torbayı aldı. Bir parça yaşamını olduğu gibi içine koydu. Duşa girdi. Sıcak suyun altında dimdik durdu, kısa süre içinde gevşediğini duyumsadı. Karnında keskin bir ağrı. Dalga dalga geldi, yükseldi çağlama. Her olasılığa karşın, dışarıdan duyulmasın diye daha da açtı suyu. Tutamadı kendini. Hıçkıra hıçkıra ağlamaya başladı. Sarsıldıkça kaygan fayanslara yasladı alnını. O gecikmiş soruyu yeniden geçirdi içinden; "Allah'ım biz nasıl bu hale geldik? Kimse bu kadar yalnız kalmayı hak etmiyor..."

Yara izi kapıya dönük. Ardında güneş yükselmiş. Şapkasının siperliği gölgelemiş gözlerini. Ter mi, gözyaşı mı belli değil şakaklarından sızan. Askerler ağlar mı? Yok canım. "Yapmayın Güngör Hanım!" diyor. "O sizin evladınız."

Israr ediyor annesi. Böyle kapı ağzında konuşulacak konu mu bu? Teğmen içeri girmiyor. Bir ayağı taş merdivene dayalı. "Size ihtiyacı var." Buraya kadar bunları söylemeye gelmiş. Her şeyi göze alarak gelmiş. O bile Sevda'ya acıyor da...

Kahvaltı hazırlatmıştı Gönül, kuş sütü eksik... Oğlan yoktu ortalarda. Yukarıdan, aralık oda kapısından hâlâ aynı mekanik, bip bip sesleri duyuluyordu. "Bütün gün böyle," diye yakınmıştı Gönül. "Okuyacağı filan yok bu oğlanın. Varsa yoksa haytalık."

Evin beyazının uyuşturduğu zihni mezarlığın kara toprağıyla ayıldı. Bir hafta bir gün. Tam da bu saatlerde. Toprak hâlâ kavlak. Sayıyor Aynur. Gece çöktü mü saatleri bile sayıyor. Bu sekiz günde sekiz yıl yaşlanmış hissediyor kendisini. Gönül'ün, onun her hareketinde acısını arayıp bulma, dokunup teselli etme çabalarının aksine o, annesini yitirmenin kahrını yaşamıyor... Yalnızlığının, korkulu acuzeliğinin ağırlığıyla eziliyor. Onun tuttuğu yas kendi yası. Geçmişteki güvenli, destekli yaşamını yitirdi o. Bu yeni hayatında çıplak, savunmasız, korkak, zavallı, zayıf, beceriksiz, her an hata yapabilir. Annesi onu makineye oturtmazdı. Elinde yaptırırdı ağır dikişleri, nakışları. Pürdikkat, tek bir ilmek kaçırmadan işlerdi. Hele bir kaçırsın, elinde iğne, hazır beklerdi. "Bu ne? Bu ne?" diye bağırır, iğneyi ellerine ellerine batırırdı. "Bir daha yapacak mısın? Senin aklın nerede kız? A Allah'ın alığı! Ya görmeseydim, ya ben fark etmeseydim de böyle baştan savma, kusurlu gitseydi müşteriye?" Kan taşardı incecik iğne ucu ağrılarından. Birbiri ardına kıpkırmızı beneklenirdi elleri. Kolonya dökerdi. İçine içine acırdı canı.

Tüm vücudu deliniyor şimdi. Teninin her zerresi aynı şekilde sızlıyor. İncecik, kapkara korku, tortulanıyor. Canı yanıyor.

Çok yanıyor. Odalara sığamıyor. Bir çatı altında tek başına olacağına, şu kara toprağın altında, bu kalabalık mezarlıkta olmayı... Gökyüzüne baktı. Atlas mavisi, sınırsız, kaygan bir boşluk gördü. O boşluktan bile korktu. Yok, yapamayacak. Bu hayatta bir başına olmayı beceremeyecek.

Cafcaflı görünen, Yasin cüzü dua kitabı getirmişti Gönül. Çökmüş mezarın yanına, açmış okuyordu. Başını örtmüştü, siyah gözlüklerinin altında ıslak dolgun yanakları. Tırnak boyalarını silmiş, abdest almıştı demek ki. Her şeye karşın inançlıydı o zamanlar. Şimdiki Gönül'e dönüşmemişti. Geleneklere saygılıydı. Ucunu koyuvermemişti, modaya, magazine, dizilere bu kadar gömülmemişti. Gençti. Eti sıkıydı. Umudu hâlâ diriydi.

Yakındaki çeşmeden doldurup doldurup bol su dökmüşlerdi. Yorulana kadar. Hırsla, hınç alırcasına. Ha bire su. Bir daha, bir daha. Oluk oluk, bir anda boşalan, yüklü. Altta yatanı kaynağa boğmak istercesine. Toprak güneşli ama soğuk bir günde ne kadar susarsa, ancak o kadar içiyordu. Gerisi taşıyordu tümseğin yanlarından, yol bulup karaltılı çamur bırakıyordu. "Biraz zaman geçsin, mezar iyice otursun, o zaman şöyle sade, gösterişsiz ama güzel, damarsız ak mermerden bir mezar yaptırırız." Siyah gözlük camlarına çevrede çoktan yapılı, gösterişli, örnek mezar taşları yansıyordu. "Begonvil ektiririz. Susuzluğa dayanıklıdır, bakımı kolaydır. Rahmetli de pek severdi." Begonvil buralarda şimdi ölüm çiçeği... Her yaşama başka renk; beyaz, kırmızı, yavru ağzı, siklamen... Hiç hatırlamıyor. Evlerinin bahçesinde, kapı önü, cam kenarında yoktu. Sokmazdı eve. Glayöl, gonca gül olsa, zevklenerek vazolara yayardı. Begonvil sokak çiçeği. Arsız. Yakıcı. Albenili. (Güzellik dediğin vefasız sevgili.) Başına buyruk. Özgür. Vur boynunu, yeniden göverir, dizginlenemez.

Ancak gördü mü severdi. Başparmağıyla ovalardı tozlu yaprakları. Ama hep dışarıda. Onlardan uzak. Geçmiş güzelliğinden çoktan sürgüne gönderilmiş... Değşesi ödenmiş.

Toprağa geçici tutturulmuş, küçük, tahta bir levhaya, beyaz boyayla yazılı bir numara şimdi o. Âlimin de zalimin de sonunda boynuna asacağı -mecburi- künyesi. Yan yana duran üç sayı, o kadar. 882.

Yol boyu pek konuşmuyorlar. Ne konuşacaklar ki? Söz mü kaldı? Gönül ustalıkla kullanıyor arabayı. Tüm dikkati yolda. Toprağa düştü artık. Yakında suya da düşer. Cemreleri saymıştı bir bir. Sesi uzaktan uğultulu gelmişti Aynur'un kulaklarına. O yalnızca birazdan kapısından gireceği evi düşünmüştü. Taşlığın soğuğunu. Üst katların alacakaranlığını. Genleşen eşyalardan çıkan ürkütücü takırtıları. Merdivenlerde uğursuz ayak seslerini. Kapı ardı bekleşenleri. Duvarlarda kabaran gece gözlerini.

Oturma odasına kapanmalı. Televizyonu da açmalı artık. Tamam, yedisi geçti işte. Mevlidi okundu. Mezarı ziyaret edildi. Konu komşunun onu taktığı da pek yok aslında.

"Sevilmeyenler, bir mahallede en çok göze batanlardır kızım."

Bodrum o senin bildiğin Bodrum değil ki anne. Nasıl değişti. Artık kim kime, dum duma bir yer oldu. Kaç kişi kaldı eski komşulardan hatırlasana. Onları bilenler ya öldü ya da satıp savıp göç ettiler. Ne gam? Ayıplayacak olan kim? Köklü esnaf mı? Amaan, hazzetmeyenler de konuşmayıversinler, olmadı yolda görüp yüzüne tükürsünler Aynur'un. Anası öldü, daha kırkı çıkmadan televizyonu açtı, şarkı, türkü, film izledi mi diyecekler? Bırak Allasen. Çok tepesini attırırlarsa bir daha gitmez, uğramaz yanlarına, olur biter. Bu gözü peklik kendini iyi hissettirdi. Derince soludu.

Çevre yolu tepeden kıvrılıyor. Arabanın camlarından -serin havadan arınmış- süzülen güneş nasıl da yakıyor insanın tenini.

Göğsünde sıcaklık. Alnında yakıcı karıncalanma. Aşağıda görünen kasaba nasıl da güzel. Mavi bir denizin kucağında beyaz kundağına sarılı, sakin uyuyan bir bebek gibi. Çarşı pazar sokak araları bile insan doludur bugün. Kalabalıklaşır hafta sonları. Civar köylerden, Muğla'dan, Isparta'dan bile günübirlik gelenler olur. Herkes mi yollarda? Trafik akmıyor. Mezarlıktan eve on beş dakikalık, hadi bilemedin yarım saatlik yoldu. Bitmek bilmedi. Gıdım gıdım ilerliyor meret. Korna sesleriyle kısılıyordu Aynur'un gözleri. Gönül elinin ayasını direksiyona vurup Aynur'u irkilten küfürler bile etmişti.

Sahil girişinde belediyenin park yerine bıraktılar arabayı. Hava güzel, biraz yürüyelim dediler. Halikarnas sahiline kadar sessiz yürüdüler. Arkada çarşıya uzanan sokak başında bir kafede oturdular. Birer kahve içtiler. Yüksek fincanlarda, yanında bademli kurabiyeler getirilen. (*Önce kibarca tek tek sor müşterilere, "Kahvenizi nasıl alırsınız?" yap bakayım... Daha içten. Biraz kır o belini. Öne doğru. Sallama ellerini. Önünde birleştir bakayım. Hah işte böyle. Kulplar sağa dönük. Önce en yaşlıdan başlayacaksın. Saygı bunu gerektirir. Çift gelmişse, önce hanımlara. Fincana damlatma, öldürürüm seni. Dikkat et, su bardaklarında tek bir leke olmasın.*) Aynur pek sevmiyor, tatları kavruk bu yeni nesil kahvelerin, üstüne üstlük soğuklar da. Yanmıyor dudakları. Kahve dediğin değdi mi yakmalı dili damağı. Yoğun tadının buğusu buram buram tütmeli genizde. Sakinlik ister kahve. Özen ister. Kahve geldi mi önce bir susulur. Odaya dolan kokusu başları döndürür. O, huzurla evinde yaptığı yorgunluk kahvelerini seviyor. Çekirdekten alıp dilediği gibi kavuruyor, hâlâ ağır pirinçten fantom değirmenle kendi çekiyor. Eh tabii emek, özen her şeye bambaşka bir tat veriyor. Şimdilerde özen zaman israfı. (*Aynur yapsın kahveleri. Kızımızın elinin tadını özledik vallaha Güngör Hanım.*)

Elindeki telefonun ekranına bakıyor Gönül. Parmakları uçarcasına yazıyor. Her hareketinde yalazlanan yünlü has kaşe siyah paltosu, yeni. Çift dikiş. Kol altından çan kesim. Omuzları geniş vatkalı. Usta işi. Çok pahalı olmalı. Yurtdışından mı? Yerli de olabilir. Artık ülkemizde ne arasan bulabiliyorsun. Her şey var, sen paradan haber ver. Ayakkabıları kesin yerli değil ama, daha önce kimsede görmedi böylesini. Paltosunun iç astarıyla, tabanları aynı renk. Kan kırmızı. Pek güzel. Soramaz ki. Beklemeli, kendi anlatsın. Şimdi kalk sen annenin yasında üste başa takıl. Boyu var tabii. Heybetli kadın. Dur bakayım o moda programındaki keçi sakallı adam ne diyordu? Eh, üzerinde iyi taşıyor. -İçinden kıs kıs güldü.-

"Nadir pazartesi gelecekmiş, işleri uzamış. Hadi gel bu gece de kal bende," demişti Gönül. Bir gece daha? Evine gitmek istemişti Aynur. Henüz aydınlıkken içeri girmek en iyisi. Allah'tan çok üstelemedi. "Eh, hadi o zaman kalkalım. Seni eve götürüp ben de oradan..."

"Ne zahmet edeceksin Gönül, ben şuradan yavaş yavaş giderim... Bir de gerisin geriye yürüme onca yolu, buradan dön istersen. Araban da şuracıkta."

"Olmaz," diye ısrar etmişti Gönül. "Olmaz."

Bu alaka, bu şefkat hoşuna gitmişti Aynur'un. Özlediği, yokluğunu çektiği, bu gözetim, -elim üstünde- kollanma, hastalıklı bir yanını sağaltmıştı. "Senin eve girdiğini, güvenlikte olduğunu görmeden şuradan şuraya gitmem. Sonra eve gider takarım kafaya. Uyuyamam. Hadi düş bakayım önüme."

"Eh, hadi madem."

Ağır adım, mart ayı, yılın genç cimri güneşinin tadını çıkarta çıkarta, etrafa, insanlara baka baka yürüdüler.

"Bak, Nadir ağabeyinle de konuştuk. Bilirsin çok sever seni. Hep sorar. Diyoruz ki eğer ihtiyaç duyarsan, tabii sen de istersen, ver bu evi kiraya, bizimle otur. Yeni yapılan evde oda bol..."

Annesi ne demişti Aynur'a? Yattığı yerden. O ölüm döşeğinden? *Kimseye muhtaç değilsin. Şuracıkta sana yetecek kadar... Bu alt katı benden sonra sen işleteceksin... Kolunda altın bilezik...*

Her adımda havasız, ekşi kokulu körsek hasta odasını, anacığının yıllarını geçirdiği yatağını anıyor. Eve yaklaştıkça o gri yüklü sıkıntı üreyerek sarıyor her yanını. Kedi ne yaptı acaba? Hâlâ bahçede mi? Eve alamaz. Geceleri ondan da korkar. Kediler uğursuz yaratıklar. Yanar döner bir çakmak baksa, bir o sivri dişlerini gösterse, bir kabartsa sırtını, üstüne atlasa... Yok. İstemez. Cesaret edemez. Olmaz olsun onun yarenliği. Dursun işte bahçede.

Ta sokağın başından gördü Aynur. Kapının önündeler. İki kişi. Öndekini tanıdı. Avukat İhsan amca. Kapı kıyısına belvermiş genç olanı çıkaramadı. Durdu.

O durunca tereddüt edip Gönül de durdu. Dönüp "Ne oldu Aynur?" diye sordu. Aynur'un ikircikli bakışlarıyla işaret ettiği yönü görmeye çalıştı. "Kim bunlar?" diye sordu. Sesinde gelişigüzel bir tonlamayla. "Kim yahu bunlar? Ne diye kapı önünde bekliyorlar?" Hızlı adımlarla yürüdüler. "Dur bakalım anlarız şimdi."

İhsan Bey onları görünce hafifçe, selamlarcasına kaldırdı elini. Yüzündeki gerginlik yerini ölçülü bir tebessüme bırakmıştı.

"Hayırdır İhsan Bey?" diye atıldı Gönül. "Hayırdır?"

"Merhaba Gönül kızım, kaygılanmayın, hayır hayır..."

"Yok yani, sizi böyle alacaklı gibi kapı önünde görünce."

"Estağfurullah evladım. O nasıl söz öyle?"

"Miras, kâğıt işleri filansa, biraz daha beklesin. Malum acımız taze."

İhsan Bey belli ki Gönül'ü görmeyi beklemiyordu. Uzun zamandır varlığını bile unuttuğu, unutmayı istediği insanlar... En son bunun kocası Nadir'le arabasının arka koltuğunda oturmuşlardı. Yalıkavak'ta yeni başlayacağı inşaatın hukuk işleri için yardımını talep etmişti. (12 dönüm, itilaflı.) Tabii böylesi kibar değildi. Elinde telefonla art arda Ankara'yı aramıştı. Her zamanki gibi genizden, gürültülü konuşuyordu.

"Nasılsınız sayın vekilim? Duyduğuma göre Bodrum'da bir yazlık düşünüyormuşsunuz? Sizi aramızda görmekten şeref duyarız. Yok efendim, ne emekliliği... daha gençsiniz. Ben Tilkicik Koyu'na bakan tepede yeni butik bir siteye başlıyorum. Size oradan bir villa hediye etmek..."

Karanlık geliyordu Nadir'in alengirli işleri. Ortalarda eşkıya gibi dolanıp buraların horozu benim tavırları. Ardında zebella adamları... Elinden geldiğince muhatap olmak istemiyordu bu aileyle. Yan yana görünmekten bile imtina ediyordu.

"Nasılsın güzel kızım?" Tüm dikkatini Aynur'a yöneltiyor. "Merak etme sen. Devir işleri, bürokrasi bekleyebilir. Toprağı bol olsun rahmetli anneniz her şeyi bilfiil kitabına uygun halletti. Tek bir pürüz yok."

"O halde başsağlığına mı geldiniz?" Gönül'ün sesi sorgularcasına çıkıyor. İhsan yaşlı gözleriyle bir süre tartıyor sabrını. "Biz bu aileden sayılırız Gönül kızım." Sessizlik oluyor. Kısa, yapay, kesik kesik öksürüyor adam. Düşünüyor söze nasıl devam edeceğini. "Dün akşamüstü, hatta ondan önceki gün de uğradık lâkin kapı duvar, seni bir türlü evde bulamadık. Telefon da ettim..."

"Bizdeydi Aynur. Soğuk algınlığı vardı biraz. Bırakmadım, yatıya kaldı. Nadir'in de, benim de hiç içimize sinmiyor bu aralar yalnız kalması. Bugün de kalsın istedim ancak o, evini özledi. Aldım, getirdim."

"Pek iyi yapmışsınız. Âlâ, pek güzel..." dedi İhsan Bey başıyla onaylayarak. Sağ eli kalbinin üstüne gitti – bir minnet belirtisi.

"Sizin sebebi ziyaretiniz?"

Nasıl densiz bu kadın. Allah'tan İhsan Bey öyle fitili kısa, çabucak heyheylenen tiplerden değil.

"Merhume vefatından kısa süre evvel hayati bir hususta sıhhatle, vekaletime itimat ederek manen mühim bir vasiyetinin emir telakki edilmesini..."

"Aman İhsan Bey, aldınız sazı ele, kendinizce çala çala... lâkin biz bu dili pek anlamıyoruz." Sesi yüksek çıkıyor, sanki karşısındaki sağırcasına. "Rica etsek mümkün mü anlayacağımız bir dilde, bizim konuştuğumuz Türkçeyle açıklamanız?"

Bir kez daha alttan alıyor. "Haklısın kızım. Ne diyeyim, ağız alışkanlığı. Hadi o zaman içeriye geçelim de konuşalım. Pek böyle kapı ağzında mütalaa edilecek bir mesele de değil anlayacağınız."

Aynur imreniyor Gönül'ün bu sözünü sakınmaz, güvenli hallerine. Nasıl da tartabiliyor karşısındakini, üstten bakıyor. Dobra. Çekinmesi yok. Para mı ona bu gücü veren? O da var tabii ama daha çok yetişme tarzı bu, bir de kişiliği böyle. Aynur neredeyse deşti çantasını. Kaygan, hışır hışır plastik torbaya sardığı pis çamaşırını sakındı. Nihayet buldu anahtarı. Yana çekildi genç adam. Siyah ceket, beyaz gömlek giymiş. Elleri ceplerinde. Yüzüne bakmadı. İnce verev çizgili kravat da takmış. Kıpır kıpır elleri. Pek rahat değil. Kıvranıyor. Belli ki bir sıkıntısı var. Kim bu? İhsan Bey'in yeni çalışanı olmalı. Terlemiş. Tıraşlı ensesi boncuk boncuk. Buhurlanmış, buruk sabun kokusu Aynur'a kadar ulaşıyor. Destur çekip giriyor içeriye. Gönül kimseyi takmadan geçip oturma odasına yürüyor. Çantasını sandalyeye koyuyor, ayakta durup bir eli masaya dayalı bekliyor. Sadece genç adam çıkarıyor ayakkabılarını. Kapı yanına düzgünce bırakıyor. Terlik aranmıyor. İnce çorapla basıyor taş zemine. Gelip kapı ağzında duruyor.

İhsan Bey sandalyeyi çekip masanın karşı tarafına oturdu. "Gel Aynur kızım," diye çağırdı, "gel, geç otur karşıma." Divana ilişti Aynur. İhsan Bey babacan devam etti. "Sana anlatacaklarım var." Bu sözlerde kendisini es geçen tavra bıkkınlıkla baş salladı Gönül.

Aynur, "Bari birer kahve yapaydım," diye davranacak oldu...

"Otur kızım, otur. Bir şey istemez. Zahmet etme," diye durdurdu onu yaşlı adam. "Var ol. İçmiş kadar olduk. Çok kalmayacağız. Hem seni bir görelim dedik hem de..."

Gönül'ün sabrı taştı. Adamın lafını tıkadı ağzına. "İhsan Bey İhsan Bey, artık çıkarsanız şu ağzınızdaki baklayı."

Adamın rengi aldan mora döndü. Soluğunu tutup bakışlarını yere indirdi. Düşündü. Cebinden mendilini çıkarıp köpüren ağız kenarlarını, terli çenesini sildi. "Beni herkes tanır. Ben işini iyi yapmaya çalışan dürüst bir avukatım. Yıllarca yurdun muhtelif yerlerinde, yüzlerce davaya girdim. Binlerce insanı savundum. Lâkin hiçbirinde şu anki kadar zorlanmadım." Camları, ardındaki sokağı işaret etti. "Bak Gönül kızım, senin çocukluğunu, şu sokaklarda koşuşturan hallerini bilirim. Rahmetli Kemal Bey'i de iyi tanırdım. Bir hukukumuz olduğu kesin. Bu yüzden dikkat etsek de kırmasak birbirimizi."

"İyi ama siz de uzattıkça uzattınız canım, işimiz gücümüz var. Bu kız hasta. Ne diyecekseniz bir an evvel deyin de..."

Bu sefer de İhsan Bey dinlemedi onu. Lafı toparlamaya çalıştı. Kızgınlıktan telaşla kurduğu cümleleri havada uçuştu.

"Aynur, güzel kızım. Şimdi beni iyi dinle. Rahmetli, son yıllarda... eminim sana da bahsetmiştir." (Soluklandı.) "Diyeceğim o ki, senin bir başına kalacak olman onu fazlasıyla üzüyor, huzursuz ediyordu. O hasta yatağında kendi ölümünden çok seni yalnız bırakıp gitmekten korktu hep." Öne doğru eğildi. Tam gözlerinin içine baktı Aynur'un. "Vefatından hemen önce bana gelip bir vasiyet bıraktı. Kulağa biraz tuhaf gelebilecek bu son arzusu, senin helal süt emmiş, dürüst, aklı başında, kadrini kıymetini bilecek biriyle dünya evine girdiğini görmekti. Maalesef ömrü vefa etmedi. Ama bana hem yazılı hem sözlü vekaleten en kısa zamanda bu emelin vuku bulması isteğini teyit etti. Vefatından bir gün önce büroma gelip en uygun güvey adayıyla bizzat kendisi de tanıştı. İçine sindi."

Gönül sinirle gülmeye başladı. "Ve o aday da bu mu?" diye sordu, küçümseyerek.

İhsan Bey başını salladı. Gönül, genç adama döndü. "Adın ne senin?"

"Mahir." Ardından gelebilecek olası soruya karşı tamamladı. "Mahir Budak." Kararlı çıktı sesi.

"Bana bak Mahir Budak. Senin bu işten çıkarın ne bilmiyorum ama..."

"Aman hanımefendi, çıkar da ne demek? Ben kuracağım sıcak bir yuvanın özlemiyle..."

Öyle bir kaldırdı ki Gönül elini, tek hareketle susturdu Mahir'i. "İhsan Bey, bu nasıl bir tiyatro? Siz de mevkinize, yaşınıza başınıza bakmadan bu oyunun bir parçası mı oluyorsunuz? Pes doğrusu. Hangi devirde yaşıyoruz beyler? Nerede yaşıyoruz? Duyulmuş görülmüş şey mi?"

"Gönül kızım, dediğim gibi ben aracıyım. Merhumenin son dileğini görev telakki eden..."

"Ölmek üzere olan yaşlı bir kadının sanrılarını mı görev telakki ettiniz? Cezai ehliyeti bile mahkemelerce şaibeli bir durumdayken. Ya bu saçmalığı burada sonlandırırsınız ya da ben size yapacağımı biliyorum. İyisi mi gidin! Ne biz bunları duymuş olalım ne de siz buraya gelmiş olun. Bu zırvalık da burada bitsin."

"Ama biz gün aldık," diye atıldı Mahir.

Gönül öyle bir bağırdı ki camlar titredi. Sokak kedileri cırlayıp kaçıştı. "Hoşt. Gün almak da ne demek yahu? Dağ başı mı kardeşim burası? Sen kimsin? Kimsin? Dikilmiş karşıma, gün aldık diyor. Tanır mısın bu kızı? Hayatında kaç kere gördün? Tek kelime konuştun mu?"

"Bir nevi görücü usulü denmişti bana."

"Koca koca insanlarsınız, hiçbirinizin aklına gelmedi mi, acaba bu kız razı olacak mı diye? Onun da bir söz hakkı yok mu?"

İhsan Bey ayağa kalktı. "Güngör Hanım'ı sen de bizim kadar tanırdın. Nuh dedi mi peygamber demezdi toprağı bol olsun. Bizim bir suçumuz yok kızım. Kendi fikriydi. Böyle böyle olacak, dedi. Adım adım her şeyi, bir bir onun isteğine göre yaptık. Getirip Aynur kızımın hüviyetini kendi elleriyle verdi."

"Bana bak Avukat İhsan, şimdi gider hakkınızda savcılığa suç duyurusunda bulunurum, ondan sonra ayıkla pirincin taşını. Uğraşırım sizinle. Nerede bu kızın nüfus cüzdanı? Çıkar ver hemen. Koy şu masaya. Sonra da yallah. Kız mız yok size!"

"Hangi vasıfla söylüyorsun sen bunları? Gidip ne diyeceksin? Kan bağın mı var? Akrabası mısın? Ayrıca aynı soruyu ben sana soruyorum. Ne biliyorsun Aynur kızımın bu evliliğe razı olmadığını?"

"Kızın haberi bile yok. O da şimdi burada benimle beraber öğrendi." Aynur'a dönüp baktı. Tek bir tereddüt yoktu gözlerinde. "Değil mi Aynur?" diye sordu. "Yoktu, değil mi? Bilmiyordun?"

Susmuştu Aynur. Rahatlayan yüz kaslarıyla gerilmişti alnı. Gün gün kararan teni aydınlanmıştı. Tek bir düşünce geçmişti o an aklından. Işık hızı tek bir düşünce. Daracık karanlık bir tünelde derinden yankılanmıştı ses.

Demek beni düşünmüş? Demek seviyormuş beni?

"Söylesene Aynur?" diye yönelmişti Gönül ona, tüm öfkesiyle aynı soruyu tekrarlamıştı. Deniz üstünde suya değerek kayan taşlar gibi çarpmıştı Aynur'un yüreği.

"Aslında öleceği gün biraz bahsetmişti bana. İhsan amcan gelecek, o ne derse yapacaksın demişti, ant içtirmişti."

Duyduklarına inanamamıştı Gönül. Eliyle ağzını kapatmıştı. "Ha yani kabul mü ediyorsun?"

"Kabul etmek değil de..."

"Yapma Aynur. Yapma! Bu adamı tanımıyorsun bile. Huylu mu, huysuz mu? Kimin nesi?.. Hayatında ilk defa gördüğün birinin peşine takılıp gidecek misin?"

"Hiçbir yere gitmeyecek." Elindeki mendili cebine tıkıştırırcasına koydu İhsan Bey. Bu iş bitmiştir demenin bir başka yolu.

"Nasıl? Anlamadım... Bir de iç güveysi mi alacak bunu?"

"Burada oturmanızı Güngör Hanım istemişti. Olmazsa olmaz şartlarından biri de buydu. Mahir'in buraya taşınmasını, seni yerinden etmeyecek bir çözüm olarak gördü."

"Olmaz!" diye bağırdı Gönül yeniden. "Böyle bir şeyin mümkünü yok. Siz ne dediğinizi bilmiyorsunuz. Nadir'le konuşacağım. O gelsin alsın sizin ifadenizi. Bu iş böyle olmaz. Mümkün değil. Konuşsana Aynur! Olmaz desene. Ben hiç tanımadığım bir adamla evlenmem. Evime giremez. Kabul etmiyorum desene."

Demedi Aynur. Bakışlarını kaçırdı.

"Pazartesi günü saat on birde belediye evlendirme dairesinde..."

"Kalk, gidiyoruz!" dedi Gönül. "Bırakmam seni burada." Uzanıp yapıştı koluna. "Kalksana Aynur!" Çekti. "Aynur kalk!"

Kalkmamıştı. İsteyerek mıh gibi çakılı durmuştu oturduğu yerde. Kalkarsa, çekip giderse her gece tekrar tekrar aynı kara alev karanlık kuyulara düşeceğinden, hayatının geri kalanında orada kavrulup yanacağından korkmuştu. Likör, şarap şişeleri. Büfedeki satıcı adamın soğuktan morarmış elleri. Akvaryumda yüzen, çoktan ölmüş balıklar. Yerde kusmuk içinde yatan, gölgelere karışmış karaltı.

Bir de, gayri ihtiyari dönüp kısacık bir an göz göze gelmişti Mahir'le. Alnına düşmüş uzun kâküllerini eliyle düzeltmişti adam, gözleriyle gülümsemişti. Herkes, her şey durmuş, onun ağzından çıkacak bir sözü, olmadı, ufacık bir hareketini bekliyordu. Onu isteyen birinin gözünde, bir kez daha kendi kararını verememiş olmaktan, onu taşıyacak bir gemiyi daha kaçırmaktan korkmuştu. Aslında çoktan onun adına karar verilmişti ama hâlâ bir itiraz hakkı olduğunu herkese ısrarla duyurmuştu Gönül. Sahilde bir bebek arabası. Camlara yansıyan ışıltılı, kıpır kıpır deniz.

Gönül kaptığı gibi çantasını, çıkmıştı evden. İri, yuvarlak gözlerinden sicim gibi akıttığı yaşları eliyle gizlemişti.

Ardından hışımla çarptığı sokak kapısı her şeyin üstüne gürültüyle kapanmıştı.

İhsan Bey, "Kızım, sen düşün taşın, kararını ver, biz saat tam on birde orada olacağız. Senin de annenin vasiyetine uygun davranacağını umuyorum," demiş, önüne kattığı Mahir'i de alıp gitmişti.

Boş, soğuk evde bir başına kaldı. Ayakkabıyla basılan taşlığı sildi. Odayı toparladı. Toz aldı. Bahçe kapısını açtı. Kedi hâlâ oradaydı. Gitmemişti. Ondan vazgeçip başka bahçeler aramamıştı. Kabına süt doldurdu Aynur, önüne koydu. Kendi tek lokma yemedi. Canı istemedi. Koruklardan birkaçını tırnaklayıp attı ağzına, buruk, ekşi tatla kamaştı dişleri. Yukarı çıktı. Belden aşağısına su döktü. Çamaşır değiştirdi. Ev kıyafetlerini giyindi. Çay yaptı kendine. Bebe bisküvilerinden koydu bir çay tabağına. Aşağı indi. Televizyonu açtı. Yemek programları. Belgesel. Haber kanalları. Müzik kanalları. Kapattı. Sessizce oturup düşündü.

Annesi ona bir bez çanta dikmişti. Siyah. Toz gösteren. Kaba kumaştan. İncecik, uzun askısı vardı. Ağır değildi. Yıpranmış bir Elifbâ kitabı koymuştu içine. Bir de plastik bardak. Hepsi bu. Olur a susar da sokak sebillerinden elinin kiriyle içmesin, ağzını pis çeşme ülüklerine dayamasın diye. Omzuna çapraz asmıştı çantayı. Postacı gibi diye alay etmişti çantalarını tek omuzda, büyük kadın edasıyla taşıyan kızlar. Biraz şevki kırılmıştı. Donuklaşmıştı. Ta ki kızların omuzları terle kavrulup yara olana kadar. Onların merhemli acılarında teselli bulmuştu. Sağ elinin ayasını göğsüne sürtmüş, bir oh çekmişti. Canıma değsin. Günahtı ama yapmıştı işte. Suçluluk, pişmanlık da duymamıştı.

Çok özenmişti Kur'an kursuna gitmeye. Yaz sıcağı, yan yana dizilmiş mahalleli çocuklar güle oynaya geçmişlerdi pencere önünden. Elini uzatsa dokunacak kadar yakındılar. *Ben de* demişti. İlk kez ben de. İlk kez başını örtmüştü. Saç dipleri terlemişti. Vıcık vıcık şakakları. Devetüyü zemine pembe-yeşil, iri güllü bir örtüydü. Hâlâ saklar. Caminin arkasındaki barakada toplanmışlardı. Paçaları sıvanmış, ayağında terlik, hoca karşılamıştı onları. Hani o anlatılan, Allah kapısına gelenlere gösterilen hoşgörü yoktu yüzünde. Biraz kızgındı. Biraz bıkkın. "Bunları size devlet okulunda öğretmezler," deyip durmuş, sarı, seyrek kaşlarını çatıp mavi, kısık gözlerini üzerlerinde gezdirmişti.

Çevrede sandalyeler olmasına karşın, onlar yere oturmuşlardı. Usul böyle. Üçerli sıra. "Bunun anası pek iyi kadın değil," diye fısıldaşmıştı çok bilmiş kızlar. Yeşil-kırmızı yün halının daladığı dizleri sızlamıştı. İlk günden ikiye ayrılmışlardı. Bahçede iki grup. O yalnız. Kızlar bir yana, erkekler bir yana. O ortada. Her gün bir dua ezberlemişti. Sabahlara kadar, yollar boyu mırıl mırıl. Dikiş dikerken, mutfakta ekmek doğrarken. Hatta uykusunda bile. Hırslanmıştı. Ötekilerle arasında fısıltı kadar uzak bir açığı kapatmaya yemin etmişti. İçini çeke çeke, soluğu kesile kesile en zorlarını okumuştu. En çok o övgü almıştı. Sular seller gibi...

Daha kursa gittiği ilk günden "kıız hafız" diye çağırmaya başladı annesi onu alaycı. Kahkahalarla. "Hevesini alsın, nasılsa bıkar, bırakır," demişti müşterilere. Ona inat bıkmamıştı. Onu kendi makasıyla sırtından vurmuştu. Yaz sonuna kadar gitmiş, ilk seviyeyi bitirmişti. Çok iyi öğrenmişti. Herkesten iyiydi. Başarısını ödüllendirmişler, bir tek ona, renkli basım Kur'an-ı Kerim hediye etmişlerdi. En büyük zaferini göğsüne bastırıp heyecanla eve koşmuştu. İlk kez kendi için becermişti. Yine yapacak! Yine yapacak.

Kapı vuruldu. Yüreği hopladı. Tülü aralayıp baktı. Gönül. Koşup kapıyı açtı. Süngüsü düşmüş. Bir o kadar üzgün. Elini kapı pervazına dayayıp "Gittiler mi?" diye sordu.

"Gittiler. Hemen senden sonra."

"Ulaşamadım Nadir'e. Çok aradım ama telefonu hep kapalı."

Tütün kokuyor. Sigara içmiş. Oysa ne çok uğraşmıştı bırakmak için. İğneler batırmışlardı kulak arkasına. Sıkıntıdan, boşluktan yiye yiye kilolanmıştı.

Kahve yaptı. Gönül hiç tereddüt etmeden bir sigara çıkarıp yaktı. İncecik üfledi havaya.

"Sen bilmezsin bu Avukat İhsan'ı. Ne üçkâğıtçıdır o! Güya dini bütün, imanlı, alnı seccadeye değer. Ne fırıldaktır. Ah ne numaracı. Çıkarı yoksa yaralı parmağa işemez. Ama en çok Güngör teyzeme içerledim doğrusu." Boş bulunmuş da mı söylemişti? Daha yedisi yeni çıkmış bir ölünün ardından... "Eh yani Güngör teyze, madem böyle bir derdin vardı, biz ne güne duruyoruz? Ne diye o İhsan mendeburuna gittin? Ondan hayır gelir mi insana? Bizim de bir çevremiz var değil mi? Haber salar, sorar soruşturur, adam gibi birini bulurduk."

Doğru söylüyor aslında. Şimdi salim kafa düşününce hak veriyor Aynur. Demek annesinin de bir bildiği varmış ki... Yoksa Gönül'ün aklına geleni mutlaka o da düşünmüştür. Ona gitmediğine, onunla paylaşmadığına göre...

"Sakın Aynur, bak eğer beni bir abla biliyorsan sakın kardeşim. Sakın evlenme o ne idüğü belirsiz sümsükle..." Susmuştu yine Aynur. İçine çekilmişti. "Evlenmeyeceksin değil mi? İstemiyorum diyeceksin."

"Çok yalnızım Gönül," diyebilmişti. "Çok yalnızım."

İçinden, "Şu dikenli kara çalı evin içinde ürkek bir kuş gibi yaşıyorum. Bir haftadır neler çektim ben biliyor musun? Koca şişe içkiler devirdim art arda. Korkudan avaz avaz ağladım. Günler var ki yukarıdaki odaya gidip huzurla yatağıma yatıp derin bir uyku uyuyamadım..." diye geçirdi.

"Değilsin. Yalnız değilsin. Ben varım. Nadir ağabeyin var. Ne olursa olsun bırakmayız seni. Hep yanındayız. Hem dur daha canım. Yaşın kaç? Çıkacaktır mutlaka karşına tanıyıp seveceğin biri."

"İnşallah," dedi. Bu onaylama biraz rahatlattı Gönül'ü.

"Sakın. Bak sakın diyorum. Hayatının en büyük hatası olur."

Benim hayatım baştan sona bir hata zaten demedi, onun yerine, "Bakalım Gönül. Kısmet bu," dedi. Durup düşündü.

"Sana ne zamandır bir şey soracaktım, hep unutuyorum."

"Sor?" dedi Gönül.

"Bu evin mutfağı neden yukarıda?"

"Mutfak mı?"

"Evet, niye yukarıya yapmışlar?"

"Bu da nereden çıktı şimdi?"

"Diğer bildik benzer evlerin hepsinde mutfak alt kattayken bizim evin mutfağı üst katta."

"Rahmetli Hüseyin ağabey iyi bir marangozdu. Ustaydı. İşinin ehli."

"Görüntüsü nasıldı?"

"Efendim?"

"Yakışıklı mıydı babam?"

Düşünürken tekrarlamıştı soruyu kendi kendine. "Yakışıklı mıydı? Evet. Yakışıklı bir adamdı. Çok yakışıklı. Böyle boylu boslu, aslanlar gibi. Temiz, bakımlı. Vakur. Kimselere yüz vermeyen bir adamdı. Pek konuşmazdı. Kendi dünyasında. Gizemli. Beyaz keten takımlar içinde şu sokağa girdi mi bütün kadınlar kapı önüne, pencerelere koşardı. Hayran hayran iç geçirirlerdi."

"Gerçekten mi?"

"Gerçekten." Gülümsedi Gönül. Kendi de inandı anlattıklarına. Niye böyle yaptı, içinde neyi sağalttı, o da bilmiyor. Yine de coşkuyla devam etti. "Güngör teyzeyle evlenip onu alıp buraya, Bodrum'a getirince, bu eski evi baştan aşağı tek başına yenilemiş. Biz o zamanlar henüz arka sokaktaki eve taşınmamıştık..."

Aynur'un gözünün önünde hayaller dolaştı. Aslı bildik kimseye ait olmayan eski siyah beyaz fotoğraflar, hızla akan filmler canlandı. Babasını hiç görmedi o. Annesi neredeyse hiç anlatmazdı. Sinirlendi mi, adı geçti mi "Deli Hüseyin" der, çatardı kaşlarını... Aşk, yitirilince öfkeye dönüşen yakıcı bir duyguydu.

Eski, silik bir fotoğraftan arta kalan belli belirsiz köşeli bir yüz, onun babadan payı. Sırtındaki güçlü kuvvetli kasları, elinde savurduğu, tozu dumana katan balyoza hükmederken kasılıyor. Gönül anlattıkça yıkılıyor duvarlar.

"Sever miydi?"

"Kimi?"

"Annemi?"

"Sevmek mi? Sevmek de neymiş? Tapardı ayol. Bilmeyen mi vardı? Güngör teyzeye olan aşkı dillere destan dolaştı yıllarca. Gevşek ağızlı karılara dedikodu malzemesi. Büyük bir tutkuydu babanınki. Hastalık derecesinde. Çok başkaydı. Tepeden tırnağa aşktı o. Böyle sevebilen erkeklerin varlığını onda gördük biz. Baksana, ben bile o ümitle Nadir'e kolayca inandım..."

Gönül'ü uğurladı. Ayağı terlikli kapı önüne indi. Ardından baktı. El salladı. Girdi içeriye. Kilitledi kapısını. Telefon da tam o an çaldı. "Allah'ın belası yine mi sen!" diye açtı. "Ne istiyorsun?"

"Aynur? Benim kardeşim, ablan, Sevda," diyen soğuk sesi duyunca ılık bir yağmurda çırçıplak kalmış gibi ürpermişti teni.

"Abla?" Umutlanmıştı. Oldukça zor bulunan, pahada ağır bir kumaşı gelişigüzel kesecekken bir elin uzanıp makası tuttuğunu düşlemişti.

"Benim Aynurcuğum. Benim. Nasılsın?"

Cevap veremedi. Soluğu kesildi. Dili damağı kurudu. Sustu, yalnızca dinledi.

"Haberi dün aldım. Başın sağ olsun kardeşim. Başın sağ olsun."

Başımız demiyor. Bak! Senin başın sağ olsun diyor. Senin annen, senin başın sağ olsun. Şimdiye kadar affetmeyi öğrenmişsindir diye düşünüyordum. Affedememişsin. Kinin, öfken azalmamış. Belli ki yıllar nefretine nefret katmış.

"Gelmeyi isterdim. Yanında olmayı. Bu sıralar benim de başımda bir sürü bela var. Üstümde büyük baskılar. Takip ediliyorum. Telefonlarım dinleniyor. Seni bile sokaktaki kulübeden, jetonlu telefondan arıyorum... Adıma açılmış yığınla dava. Şehir dışına çıkamıyorum Aynur. Bir süre daha İstanbul'dan ayrılmayın dediler..."

Gerisini dinlememişti. İstenç dışı kapatmıştı telefonu. İncecik, kesik bir zil sesi, boşlukta çınlayıp aralarındaki zamana, mesafelere gerili tüm bağları tek tek kesip kopartmıştı. Bir daha aramadı.

- Telefon kesildi. Yarım kaldı konuşmamız... Acaba hatlarda bir sorun mu var? - Uzun süre aramadı. Yüze kapanan bir telefonun öfkesini de başka büyüttüklerine katmış olmalı.

Kaskatı geçip oturdu divana. Hiçbir şey hissetmiyordu. Televizyonu açtı. Sesler doldu odaya. Yabancı yüzler. Son iki bölümünü kaçırdığı bir diziye öylece baktı. Hava karardı. Haberler, yeni diziler, filmler başlayıp bitti. Ekranın ışığı kesik kesik yansıdı karanlık duvarlara, başka resimler oluşturdu. O, yerinden hiç kıpırdamadı. Işığı yakmadı. Üşüdü, kalkıp hırka giymedi. Gözlerini ayırmadan ekrana baktı, baktı, baktı.

Saatler ilerledi. Neden sonra gitti odanın, taşlığın ışığını açtı. Açık kalmış bahçe kapısını kapattı. Oturma odasına girdi. Büfenin kapaklı gözünü açtı. İki şişe çıkardı. Şarabı açması zaman alacak, uğraşamaz şimdi. Tirbuşonu aramak için dikiş odasına gitmeli. Vazgeçti. Acıbadem likörü. Leman teyzesinin "Bu meret de kahveyle çok iyi gidiyor canım," kahkahaları. Taba rengi etiketi, altın yaldız kaygan yazıları beğendi. İç çekti. Kapağı çevirip açtı. Önce kokladı. Taşıp kavrulmuş, kararıp macunlanmış yanık süt kokusu doldu burnuna. Bir yudum aldı. Bal gibi, pekmez gibi ama yakıcı. Bir yudum daha. Yağ gibi kaydı gitti boğazından. Oturdu yerine. İçtikçe ısındı. Gevşedi. Bardak kullanmadı. O gölge gibi, saydam şişeden soğurdu. Soğurdukça köpürdü içi. Ama ne köpürme! Kendine hâkim olması ne mümkün? Ufak ufak bulut toplayarak başlayan, sonra yüklenip kararan, ansızın yıldırımlarla patlayan gökyüzü oldu, bir anda boşaldı. Hıçkırdı. İçinin yangısını uzun, tiz bir uğunmayla açık etti. Kedere tutunmadı, bıraktı kendini. Bağıra bağıra ağladı. Başını divanın dayalı olduğu duvara vura vura ağladı. Son umudunu yitirmişlerin, yapayalnızlıkları tasdiklenmişlerin, güçlü rüzgârlarla kolu kanadı kırılmışların çaresizliğiyle ağladı. Gelmek istermiş ama... Gelme... Gelme... İstemez... İstanbul dışına çıkma sen... Orada pamuklara sar, beleye beleye büyüt garezini.

Ertesi gün öğlene kadar uyudu.

Kalktı. Şöyle bir etrafına bakındı. Soğuk göründü her şey gözüne. Tozlu. Kirli. Bulaşık. Murdar. Arife günü telaşı, yatılı misafir öncesi gerginliği. İçi titreyerek evi baştan aşağı, kıyı bucak sirkeli sularla, okuya okuya temizledi. Halıları çırptı. Toz kalktı. Yeniden süpürdü. Yatak çarşaflarını değiştirdi. Kirlileri önden suya basıp bekletti, iki makine yıkadı, bahçeye astı. Elleri karıdı. Beli koptu.

Güneş tam tepeye ulaştığında çay yaptı, sekide oturup ağrıyan dizlerini dinlendirirken yudum yudum içti. Kediyi usulca, incitmeden sevdi. El kadar hayvanın sıcağı, karın ağrısına deva oldu.

Havluları, masa örtüsünü, peçeteleri ütüledi. Bardakları, tabakları tümden sudan geçirdi, kuruladı, raflara dizdi, hazır etti. Buzluktan kıyma çıkardı. Çözülmesini beklerken mercimek çorbası kaynattı. Süzgeçten geçirdi. Patatesleri soydu. Kıymalı oturtma çekmişti canı. Yaş dökerek soğanları kıydı. Salçayı bol tereyağında kavurdu. Mis gibi kokusu evi sardı. Kısık ateşe koydu. Pişince birer tabak yedi. İyice doyurdu karnını. Kalanı kapaklı kaplara alıp dolaba kaldırdı.

Gönül aramadı. Aynur da ilişmedi.

Artık yalnız kalmayacağının düşüncesi bile rahatlatıyordu onu. Ötesini düşünecek hali yoktu. Ev gözüne güzel göründü. Yaşanılası. Merdiven altındaki odunları kucağına doldurdu. Kovanın içine çıraları düzgünce yerleştirdi. Soba gürül gürül yanınca odanın kapısını kapattı. Geçti, oturdu yerine. Televizyonu açtı. Her şey hazır dedi. İçi rahatladı. Sığındığı köşesinde, apansız gelecek, görünür görünmez her tehlikeye karşı büzüldü. Bu kez yoğun yakut kırmızısı şarabı kadehe doldurdu. Kocaman yudumlarla içti. Şişe bitmeden uykuya dalmıştı bile.

Üst kata çıkan merdivenlerden inerken gördü annesini. Tarifsiz bir mutluluk duydu. Demek hepsi rüyaymış, diye geçirdi içinden. Aslında ölmemiş. Yaşıyormuş, üst kattaymış. Boşuna korkmuşum. Onca sıkıntıyı boşuna çekmişim. Cesaretimi toplayıp da üst kata bir çıksam görecekmişim onu. Gitmemiş. Orada yaşarmış hep.

Çok güzeldi. Işıl ışıl teni nur saçıyordu. Gençti. Diri. Kloş etek, yeşil bir elbise vardı üstünde. "Aman anacım, hastasın sen, ne diye kalktın?" dedi. Üst kattan, mutfağın olduğu yerden tavada kızmış, patlayıp etrafa sıçrayan yağ sesi işitiliyordu. "Üzülme, ben temizlerim," dedi. Soğanın kükürtlü kokusu sarmış her yanı. "Aç kapıları, pencereleri eve sinmesin. Bir de yemek mi yapmaya kalktın?"

"İyiyim ben," dedi annesi. "Velveleye verme ortalığı, yok bir şeyim. Gel bak sana neler hazırladım."

Beraber masanın başında oluyorlar. Porselen tabakta nar gibi kızarmış kocaman bir tavuk taşıyor elleri arasında. Özenle tam ortaya koyuyor. "Ye," diyor. "Durma öyle. Yesene kızım, bak hepsini senin için yaptım."

Sabah ezanında uyandı. Hâlâ karanlıktı. Rüyasını hayra yordu. Yeşil murattır. Tavuk kısmettir. İyidir, ağız tadı. İki döndü, sımsıkı yumdu gözlerini, rüyasına geri dönmek istedi. Oysa geri dönülebilecek tek rüya bu kuru hayattı.

Olmadı, yok, uyuyamadı. Kalktı. Televizyonu kapattı. Soba geçmişti. Sabahın ayazını omuz başlarında duyumsadı. Pençe pençe buz gibi eller yokladı sırtını, ensesini. Ürperdi. "Yok bir şey," dedi. "Korkma. Birazdan güneş doğacak. Aydınlık olunca hepsi bitecek. Çok az kaldı."

Camı açtı, odayı havalandırdı. Karşı evin damını belleyip her sabah tüneyen kuşun şen şakımalarını dinledi. "Hep aynı," dedi. Kollarını pervaza dayayıp aynı evleri, aynı sokağı izledi. İki yaşlı adam ellerinde bastonla, kol kola geçtiler. İçe çekildi, tülün ardına gizlendi. Namazdan dönüyor olmalılar, Allah kabul etsin. Gökyüzü siyahtan koyu maviye dönene, bulutlar o mavilikte kararıp belirene dek orada durdu. Burnu üşüdü. Nemli, hafif bir rüzgâr bahçe duvarlarından taşmış ağaçların dallarını salladı. Yerden toz kalktı. Kaldırım kıyılarında girdaba döndü. Yağmur havası bu. Rahmettir. Varsın bereketiyle gelsin.

Kuşlar çoğalıp öbek öbek havalanınca, gün iyice ağarınca üst kata çıktı. Banyoya girdi. Soyundu. Kanaması azalmıştı. Dişlerini fırçaladı. Ayna karşısında birazdan söyleyeceklerini prova etti.

"Ben de her kadın gibi..."

Kokulu sabunlarla iyice yıkandı, abdest aldı. Bornozuna sarındı. Giysi dolabından, gezmelik buz mavisi diz altı etek, inci beyazı yakası fiyonklu, gizli patlı bir gömlek seçti. Gömleği eteğin içine soktu. Ten rengi çorap, siyah ayakkabılar. İnci küpelerini taktı. Saçını kuruttu. Aynada topuz, örgü, at kuyruğu denedi. Açık bırakmaya karar verdi. Sağ yanını kulak üstünden firketeyle topladı. Dudağına ruj, gözlerine kalem çekti. Kulak arkalarına yasemin kolonyası sürdü.

"Ben de her kadın gibi kocamın evine, barkına..."

Çay demledi. Tezgâha dayanıp içti. Sokağın günlük sesleri mutfağa kadar ulaştı. "Gündüzleri iyi de, gecelerin suskunluğu öldürüyor beni," dedi.

Saat on buçuğa on kala, gri balıksırtı, iri kemik düğmeli kısa kabanını giydi. Siyah deri eldivenlerini geçirdi eline, rugan çantasını koluna taktı. Hazırdı. Kapıdan çıktı.

Sahile ulaşınca hafif hafif yağmur atıştırmaya başladı. Burun delikleri sızladı. Başı önünde yürüdü. Belli belirsiz sağ elini uzatıp çekti. "Merhaba. Yalnız baştan söyleyeyim. Bir şartım var..."

Yok dedi, böyle olmaz. Başka cümleler düşünüp bulmalı. "Merhaba. Nasılsınız? Evet, geldim ama bir şartla atarım imzayı."

İri birkaç soğuk damla yüzüne çarptı, kesti iç konuşmalarını. Aklı karıştı. Hayıflandı. Şemsiye almadığına pişman oldu. Zabıta müdürlüğünün önüne gelince durdu. Kaldırımda üstü tenteli, bisiklet tekerli arabasında, dumanını rüzgâra vermiş, elinde kara maşa, kestane satıcısını gördü. Şaşkın. Sabahın bu saatinde, diye mırıldandı. Köz ateşte çizildiği yerden çatlayıp açılmış kavruk kabukların kokusunu içine çekti. Çocukluğundan beri çok sever kestane kebabı. Sevda onun için soba üstünde ya da tepsiye dizip fırında yapardı. Üstüne kaya tuzu sepelerdi. Kendi yemezdi. O, şekerli suda haşlama severdi. İncecik kahverengi zarlarını parmakları yanarak soyardı. Son hatıra. Hastalıklı, sakat özgürlüğünün son saatleriyle çakışan yitik yaşanmışlıklar. Dumanı hâlâ üstünde bir külah közlenmiş kestane.

Yiye yiye belediyenin önüne geldi. Bitmedi kestaneler. Atmaya kıyamadı. Kâğıdı kıvırıp kabanının cebine koydu. Sağ yanında sıcaklığı hissetti. "Yalnız değilim," dedi. Korlaşıp yanan kömür parçaları gibi içine içine gülümsedi.

İhsan Bey karşıladı onu. Eli havada heyecanla yürürken, "Gelmeyeceksin diye çok korktuk Aynur kızım," dedi.

"Geldim işte."

"İyi yaptın kızım. Çok iyi yaptın. Anneciğin de bunu isterdi. Eminim şimdi bizi olduğu yerden huzurla..."

Dinlemedi. Sözünü kesti adamın. "Fakat bir şartım var."

"Şart ha?" Dudak büktü adam.

Gönül belletmiş sanmasın diye düzeltme gereği duydu Aynur. "Şart değil de, daha çok bir istek. Kendimce olmazsa olmaz bir rica."

"Nedir?"

Yutkunup boğazını temizledi. Ezberlediği bir duayı ilk kez başka birine okur gibi bir çırpıda söyledi. "Ben de her kadın gibi kocamın evine bağlı olmasını isterim. Her gece mutlaka evinde uyumasını. Her gece. Başka yerde kalmasın, dışarıda sabahlamasın. Geç de olsa dönüp gelsin evine."

Sessizlik oldu. İhsan Bey söylediklerini kafasında evirip çevirmekle meşguldü. Mahir onu anladı, yüzü ışıdı. Başını salladı. Elini göğsüne usul usul vurdu. "Kabulümdür," dedi. "Her gece mutlaka evimde uyuyacağım."

Yaprak gözlü değildi. İnsanın içini estirip titretmiyordu. Çekinik bir hali vardı. Çirkin değildi. Hatta pek çoğu onu yakışıklı bile bulabilirdi. İhsan Bey'in eşi Gülizar Hanım da gelmiş. Aynur hayal meyal hatırlıyordu onu. Silik, kendi halinde bir kadındı. Pek dışarı çıkmaz, insan içine karışmazdı. Arada günlere giderdi, o kadar. Bodrum'da olmaktan hoşnut değildi. Memleketini, güller diyarı Isparta'sını özlüyordu. Mahir'in şahidi de o olacakmış. Nikâh sarayına beraberce yürümüşlerdi. Sessiz. Hiç konuşmadan. Mahir hemen yanındaydı. Kapının önünde beklerken İhsan Bey yüzüklerini takmıştı. Tam oturmuştu parmaklarına. Aynur'a altın, Mahir'e gümüş ama aynı model.

Saati gelince adları söylenmişti. İçeriye girerlerken hiç heyecan duymamıştı. Paltolarını, kabanlarını görevli kıza vermişlerdi. İlgi görmüşlerdi. Yüzlerde evliliğe hürmetin gülümsemeleri. Mahir yan gözle süzmüştü onu. Her hareketini izlemişti. Yanından geçerken elini uzatıp yol verip önden buyur etmişti. Sandalyesini çekmişti. Beyaz, dikdörtgen bir masaya yan yana oturmuşlardı. Ardlarında sıralı başka sandalyeler bomboştu. İçi ezilmişti. Hayali el verdikçe o sandalyelere tek tek hayatına değen herkesi oturtmuştu. Annesini, o fotoğraftaki bir kolu kamyon kasasına dayalı, beyaz gömlekli, parlak saçlı babasını, Sevda'yı, toprak incitmesin Yavuz ağabeyini, kitapçı Kâmil Baba'yı, Gönül'ü, Nadir Bey'i, deli Leman teyzesini, Kaynakçı İhsan'ı, onun kucağı çocuklu, şaşı ama mutlu karısını, en sevdiği müşterilerini, mahalleden komşularını, daha birçoklarını, Kur'an kursundaki kızları bile...

Beylik, bildik bir iki laf etmişti memur. İmzalar atılmıştı. Herkes sevinçle alkışlamıştı. Ellerinde balonlarla çocuklar koşuşturmuştu etrafta. "Ayağına bas," diye bağırmıştı birileri. "Ayağına bas Aynur!" Ayakkabısının ucuyla usulca ayağına basmıştı Mahir'in. Adam şaşırmış, yine de çekmemişti ayağını. Eline evlilik cüzdanı verilince kıs kıs gülmüştü Aynur. "Varsın babamın annemi sevdiği kadar sevmesin, şu cebimdeki kestanelerin sıcağı kadar sevsin, o bile yeter bana."

Sevmemişti. Aynur bunun ayrımına sonraları varmıştı. İlk aylar boyunca üzerinden inmek bilmemişti Mahir. Bulduğu yerde avuçlamış, eteğinin altına elini sokmuş, koklamış, salyalar akıtarak öpmüş, kollarını kelepçe gibi beline dolamıştı.

"Bugünleri çok bekledim," demişti. "İhsan Bey'den aldım telefonunu. Merak ettim. Ne yaparsın? Evde misin? Gezmede mi? Tek başına mısın, yoksa eve birilerini alıyor musun?"

"Kimi alacakmışım ki?"

"Çok dinledim annenin hikâyelerini."

"Ne hikâyesi? Kim dedi?"

"Hep başka saatlerde aradım. İstedim ama cesaret edip konuşamadım."

"O sen miydin?"

"Bendim ya. Sesini dinledim, içim gıcıklandı. Sertleştim. Kendimle oynadım." Bunu sevgi sanmıştı Aynur. Şehveti, arzuyu aşk sanan, sevgi sanan bütün kadınların düştüğü hataya düşmüştü. Yanında yatan anadan üryan adam uyurken, yorgandan taşmış kasıklarına, küçük, çıplak, vahşi bir hayvan gibi kıvrılan, kabaran organına -hiç dokunmadan- uzun uzun bakmıştı. Artık kanırtan acıyı, gün boyu bacaklarının arasında kendini hatırlatan sızıyı özler olmuştu. Emilince ıslanıp üşüyerek dikleşen meme uçlarını hayretle keşfetmişti.

Çok geçmedi. Ne o tatlı acıdan eser kaldı ne de özlemden. Kocasının hoyrat bakışlarıyla üşüdü. İçine hızlı girişleri canını acıttı. Kupkuru. Eve müşteri almasını ilk günden yasakladı. "Ben bakarım evime," dedi. "Çalıştırmam seni. Unut terziliği." Hırlaya hırlaya, tıknefes üzerine abanan adama, yapış yapış terli ağırlığına tiksinti duymaya başlamıştı. Günbegün her şey tekdüzeleşip sıradanlaşmıştı. Kısa soluklu etkisiz büyü son bulmuştu. Mahir değişmişti. İlk günlerinde evi yabancılayan, saygılı, tutuk hareketleri, yerini kaba bir rahatlığa bırakmıştı. Geriye onu bunu beğenmeyen, bağırıp çağıran, ufacık şeylerden heyheylenen, ter, sigara, rakı kokan, gözleri kan çanağı bir adam kalmıştı.

Kahveyi açamadı. "Yedirirler mi? Çoktan köşeyi kapmış ağalar," diye diye ilendi. Birini ötekine ulayarak sonsuz sigaralar yaktı. Ardında öbek öbek dumanlar bırakarak döndü dolaştı evin içinde.

Çarşı girişinde ufacık bir çay ocağı devraldı. Esnafa fokur fokur karbonatlı çay, bol köpüklü kahve yaptı. Aynur ona özene bezene yeşil beyaz şeritli tente kumaşından önlük, tutacak dikti. Toptancıdan dolap aldı, borç harç su, meşrubat ısmarladı. Cıı-luklar gibi ha bire düşündü durdu. Bundu, kıvrandı, uyutmadı Aynur'u. Her gün yeni bir şey çıkardı. Tost, sandviç, reklamlarda en yeni çıkan paketli bisküviler, hazır kekler.

Ay geçmeden, oturduğu yerde ayağını, elektrik verilmiş gibi sallamaya başladı. Tik oldu. Terliğin ucuna basıp salladı ha salladı. Aynur'un iyice sıdkı sıyrıldı. Ocağın gideri gelirini aştı. Para su gibi akıyor, bir türlü dönmüyordu. Gün geçtikçe daha bir sinir sahibi oldu Mahir. Kilolandı. Göbek saldı. Yüzü kızıla çaldı. Dişleri sarardı. Saçı sakalı uzadı. Bir bedbahtlık, bir pejmürdelik çöreklendi üzerine, kalıbından çıktı. Burnunun üstü soyuldu. Dudağı patladı. Açılan kaşı kabuk bağladı. Üç gün evden çıkmadı. Perdeleri kapattırdı. Bir o odaya, bir bu odaya koştu. Aralık buldu, sokağı gözledi. Kulağı kapıda, kirişte, parmak uçlarında yürüttü Aynur'u. Çıtın çıkmasın dedi. Karanlıkta oturdular.

Bir gece eve yüzü gözü kan revan içinde geldi. Ekmek çiğneyip morluklara bastı Aynur. Ağrılarına biberiye çayı, anason kaynattı, bana mısın demedi. İnledi durdu.

Uyudu uyandı, yapıştı yakasına, "Çok borcum var, çok. Alacaklıların hiç insafı yok, öldürecekler beni. Kurtar Aynur, ocağına düştüm," dedi. Koca adam, ergen oğlanlar gibi gözyaşı döktü. Ertesi gün bir eczanede, çatlayan ayak bileğini, burkulan kolunu sardırdılar. Yaralarına merhem, ağrılarına ilaç aldılar. Oradan çıkıp seke seke bankaya gittiler. Aynur artık hesabında ne var ne yoksa çekti, Mahir'in davul gibi şişmiş, yara bere içindeki ellerine saydı. Keyiflendi, yüzü ışıdı adamın. İki gece üç gün ortalarda görünmedi. Giremedi eve Aynur. O iki gece bahçedeki sekide uyudu. Kediyi aldı koynuna, bir sen vefalı çıktın, dedi öptü, okşadı. Allah'tan ekim sonuydu, pastırma sıcakları.

Sonra bir akşamüstü eli kolu dolu çıktı geldi, ağzı dili kuruyasıca. Değmeyin keyfine. Et almış. Köftelik kıyma. Tavuk kanadı.

"*Evlerine vardım ağşam, sofraya goydular davşan...*" diye bir de türkü tutturup faraşla yelleye yelleye mangal yaktı. Yanına rakı açtı. Çay bardağının dibinde bir iki yudum da Aynur içti. Mahallenin bütün sokak kedileri toplaşıp bahçe duvarına tünediler. Taş attı, süpürge salladı, kovdu hepsini. Geçti, ayağını altına alıp oturdu. "Bak gör," dedi, "ramak kaldı, bu sefer döneceğim köşeyi." Zaten o yıllarda herkesin tek derdi, o Allah'ın cezası nerede olduğu belirsiz meşhur köşeydi.

Bir ay sonra yağmurlar başladı. Bahçeyi topladı Aynur. Kapı pencereyi sildi, iyice kapattı. Hüzün çöktü üzerine. Kararan havadan ürktü, gündüz gözü ışıkları yaktı. İhsan Bey siyah kocaman bir şemsiyenin altına sığınmış, her yanından sular akıtarak kapısına geldi. Kurumdan mühim bir mektup almışlar. Muhasebeci telaşlanmış. Emeklilik primi uzunca süredir yatırılmamış. "Bankada para yok," dedi Aynur, "hepsini Mahir denen hergele iç etti. Elde yok, avuçta yok, nasıl ödeyeyim? İzin verse çalışacağım. Ama istemiyor." On altı yaşından beri annesi hiç aksatmamış, gün geçirmemiş, yatırmış primlerini.

"Ben konuşurum onunla, çekeceğim bu sefer kulağını," dedi Avukat İhsan Bey. Aynur umutlandı. Abdest aldı. Şükür namazına durdu. Açtı kitabı, anacığının ruhuna Yasin okudu. Mahir gelince bir çalım geçti karşısına, söylendi ha söylendi. "Ne olacam ben elden ayaktan düşünce?" Gamsız gamsız güldü, hiç oralı olmadı. "Bari bırak çalışayım, benim kolumda altın bilezik var," diyecek oldu, mengene gibi parmaklarıyla Aynur'un incecik kolunu kıstırdığı gibi savurdu attı o yana. Ne canı var ki? Uğundu. Kolu morardı. Şişti. Yatamadı o yanına. Gece boyu ağladı. Gönül'ü aramak istedi, vazgeçti. Neredeyse yıl olacak, tek bir kez merak edip aramamış, sormamış, şimdi tutar ters bir laf eder, iyiden kötü olurlar.

Çok daha kötü oldu. Bir dayağı yoktu, o da başladı. Kış ortasıydı tutuklandı. Çay ocağında ot satar, zehir satar dediler. Şaşırdı Aynur. Hiç aklına gelmezdi. Mimlenmiş meğer. Yerlisine, turistine tezgâh altı verip dururmuş... Kanıt bulamadılar. "Cebimden şuncacık şey çıkmış, onu da arada ben içerim," diye ifade vermiş. İçene pek ceza yokmuş. Savcılar, jandarmalar üşüştü eve. Canavar düdüklü otomobillerle baskın yaptılar. Hallaç pamuğu gibi altını üstüne getirdiler evin. Bütün çay, nane, fesleğen kavanozlarını, yaz ortası tepelerden toplayıp kuruttuğu kekik torbasına kadar ne var ne yoksa her şeyi alıp götürdüler. Bir haftaya kalmadı, çıktı geldi dalından devrilesice. Bayağı hırpalamışlar ama. Aç koymuşlar. Kadidi çıkmış. Yüzü çökmüş. Az burnu sürtülmüş. İyi, akıllanır belki, dedi. Akıllanmadı.

Parasızlık yapıştı bu sefer de Aynur'un yakasına. Dolabı açtı, bomboş. Kuru erzak çoktan bitmiş. Bir de üstüne elektrikçiler gelip biriken borçtan dolayı sayacı mühürlemezler mi? Suyun da eli kulağındadır, yarın bir gün o da kesilir. Şöyle bir kıyısından tutup salladı. Allah'tan tüp biraz daha idare eder. Mahir'e ilenmedi bu sefer, yazgısını aldı karşısına, ona verdi veriştirdi. Allah'ım sen kimseyi açlıkla sınama. Annesinden kalan liraları, bilezikleri sakladığı yerden çıkarıp döktü önüne. Hepsine tek seferde kıyamadı. Bari bir kulplu ata lira bozdurayım, dedi, çarşıya indi. Tanıdık sarraf namaza gitmiş. Beklerken dolandı. Mağazalara, dükkânlara, vitrindeki hazır giyim kıyafetlere baktı. Bazıları kolayına gitti. Bunları ben bir günde dikerim diye dudak büktü. Bazıları da şaşırttı onu, modeller nasıl değişmiş.

Bir gelinlikçinin vitrinine içten yapıştırılmış yazıyı gördü. *Evlere iş verilir. Demet Modaevi.* İtti kapıyı, girdi içeriye. Tanıttı kendini. Demet, işyeri sahibi kadının kızının adıymış. Sadece gelinlik değil, abiye de varmış.

"Sen abiye nedir bilir misin?"

Bir cahil demedikleri kaldı. Aldırmadı. İşti onun için önemli olan. Dantel üstüne, tafta üstüne el işlemeciliği. Yaparım, dedi. Parça başı anlaştılar. İlkin seni bir deneyelim dediler. Fildişi rengi, gipür dantel bir büstiyeri torbaya koyup eline tutuşturdular.

Sarraftan aldığı parayla ilk işi elektriğini açtırmak oldu. "Ne zaman gelirsiniz?"

"Bugün gelir açarız."

"Gelin ama bakın işim var. Dikiş makinem cereyana bağlı benim," dedi. "Ekmek param. Terziyim ben." Biraz kıvandı. Suda çok sıra vardı. Bekledi. Beklerken heyecanlandı. Bir an evvel eve gidip, kasnağı gerip modele başlamak için can attı. Vezneye yatırdı parayı. Makbuzu öbürlerinin yanına, çantasının fermuarlı gözüne koydu. Koşa koşa manava, bakkala, kasaba uğradı. Her kuruşu hesaplayarak öteberi aldı. Artık kemik parçaları sardırdı kedi için.

Eve vardı. Baktı sayaçtan mührü çıkarmışlar. Bir oh çekti.

Ekmek içi ufaladı, bol maydanoz kıydı, karabiber, kimyon katıp köfte yoğurdu. Patates kızarttı. Ertesi güne nohut ıslattı. Ayran çırptı. Sütü kaynattı, yoğurt mayaladı. Kemikleri suya koydu haşladı. Suyuna ekmek doğradı. Kediyi çıldırttı yağlı koku. Ayak bileklerine süründü, kuyruğu dimdik. "Gördün mü?" dedi. "Allah çok büyük. Verdi bak bugünlük rızkımızı." Sofrayı kurdu. Erken geldi zıkkım yiyesice. Geçti oturdu masaya, sildi süpürdü ne varsa. Tek kelime etmedi. Paran var mıydı, nereden buldun bunca şeyi diye sormadı.

"İş aldım bugün," diyerek konuyu açtı Aynur. Korka korka anlattı. Böyleyken böyle dedi. "Merak etme, eve gelen giden olmayacak. Ben sipariş bitince modaevine götürüp kapıdan bırakacağım. Parça başına pek bir şey ödemiyorlar ama, akmasa da damlasın bari." Hiç oralı olmadı Mahir. O, "Eve yabancılar gelsin istemem, ben Mahir karısını çalıştırıyor dedirtmem, namusum şerefim, ananın adı çıkmış..." diyen adam değildi. Gitti, erkenden zıbardı yattı.

Aynur çayını demleyip yanına aldı. Radyosunu açtı. Kasnağını gerdi. Karakalem parşömene çizilmiş modeli inceledi. İlmek sayılarına kadar yazmışlar. Hazır. Sağdan 30, yaprak çevresi 55... Kolay dedi. Böylesi çok daha kolay. Taşları çıkardı torbalarından, ayırıp çay tabaklarına koydu, saf gümüş iplikleri çözdü, iğneden geçirdi. Başladı işlemeye. Parmakları kumaşı özlemiş. Unuttu her şeyi. Ne odanın soğuğu ne gecenin ürkütücü sessizliği. Gün ağarana dek dur durak bilmeden işledi, işledi, işledi. Model ortaya çıkınca çocuklar gibi sevindi. İçinde çiçekler açtı. Uykulu gözleri kamaştı. Hafif ılıtıp bir de ütü bastı. Taze çay demledi.

Mahir uyandı. "Yatmadın mı sen?"

"Yok. Çalıştım. İşi bitirdim."

Çay içtiler masanın iki başına oturup... Televizyonun sesini gümbür gümbür açtı soysuz, sabah haberlerini dinledi. Sigara içti. Kül tablaları doldu. "Ocağı açmayacak mısın bugün?" diye sordu Aynur. Cevap vermedi. Duymazdan geldi. "Ben siparişi götüreceğim," dedi.

"Nereye?" diye sordu.

"Gelinlikçiye."

"Kimmiş o gelinlikçi?"

"Dediydim ya, modaevi. Çarşıda yaşlı başlı bir kadın işletiyor."

"Kadın ha?"

"Evet."

"Bekle," dedi, "ben de geleceğim. Bakalım nasıl bir kadınmış? Modaevi filan, yeni yeni âdetler çıkarıyorsun başımıza."

Birlikte gittiler. Mahir girmedi içeriye. Sigara içti, aşağı yukarı yürüdü kaldırımda. Geldi, camlı kapının önünde bekledi. Arada içeri baktı. Saatini gösterdi. Aynur'un her hareketini uzaktan izledi.

Gelinlik atölyesinin sahibesi kadın işi çok beğendi. Bunlar öyle kolay kolay bir şey beğenmezler. Asortikler küçümser mahalle arası alaylı terzileri. Ama bu kadın belli ki vicdan sahibi. İki yüz lira ödedi. O zaman için çok iyi para. Yeni iş de verdi. Bu seferki bütün etek. Abiye narçiçeği saten kumaş. Etek boyu kuşlu motif, üç renk.

Mahir çekip aldı elinden paraları. "Çarçur edersin. Evde yiyecek zırnık yok," diyecek oldu, ters ters baktı yüzüne. Az insafa geldi, çekip bir elli lirasını Aynur'a uzattı.

Aynur yol boyu yaş döktü. Eve varır varmaz soyundu, girdi yatağa, ağlaya ağlaya uyudu. Kalktı. Nohudu düdüklüye koydu. Az bir kıyma ayırmıştı, pirinç ısladı. Soğanı sarmısağı çıkardı tezgâha. Salçayı teneke kutuda görünce ağlayası geldi. Bu yaz domates, biber yapamamıştı. Sıfırı tükettin Aynur, bakalım nasıl toparlayacaksın? Ekmek arasına peynir bastırdı, çayla yedi. Dikiş odasına kapandı yeniden. İnce ince işlemeye başladı.

Geç vakitti, Mahir kapıyı usulca açıp hırsız gibi girdi içeriye.

"Beni arayan soran oldu mu?" diye sordu.

Mutfakta tabağa koyup ayaküstü kaşıkladı nohutlu pilavı. Rahmetli anacığı, mis gibi kuzu etiyle yaparmış da, böyle kıymalısını hiç yememiş de... Bulduğuna dua et, zıkkımın kökünü yiyesice!

Hamlamış Aynur. Bir anda ağır işe dayanamadı, parmakları şişti. Kıvıramaz oldu. Sabunlu sıcak su yaptı. İçinde dinlendirdi. Aspirin yuttu. Yine de gelinlikçiye malı teslim etmeye giderken torbayı taşımakta bir hayli zorlandı.

İşveren kadın kızarmış, su toplamış parmaklarını görünce acıdı. "Yeni işin acelesi yok kızım, bir hafta sonra teslim etsen de olur," dedi.

Bu ince işi kimden öğrendiğini sordu.

Rahmetli annesini, onu yetiştiren ustası, meşhur gümüş makas Bodrum Terzisi Güngör Hanım'ı anlattı kadına. Terzi atölyesi hâlâ duruyor. Açacak inşallah ileride bir gün. Şu ara biraz dara düştüler. Müşkülleri var. Yaşı vardı kadının. Bodrum'un yerlisi değildi. Yine de, "Bildim, dedi. "Namından. Bodrum Güzeli demezler miydi?"

Mahir it gibi atladı üstüne. "Kaç para aldın, getir hele." Aldığının yarısını söyledi. Bundan sonra hep yarısını söyledi. Emeğinin kurtarabildiği öbür yarısını elinde tuttu.

İki ay sonra, sosyal sigortaya borcunun tamamını biriktirmişti. Götürdü, bankadan kendi yatırdı.

Mal teslimine gittiği bir seferinde, kadın onu modaevine gelmiş müşterilerine tanıttı. Yeteneğini, kusursuz işçiliğini, el çabukluğunu övdü. Aynur'un ev telefonunu kâğıtlara yazıp dağıttı. "Gündelik kıyafet olur, tamir olur, güvenerek gidebilirsiniz." Çok sevindi Aynur. Allah o kadından bin kere razı olsun. Elinden tuttu. Hâlâ alt kattaki atölyeden kazanıp da iki lokma yiyebiliyorsa biraz da onun sayesinde. Nuru bol olsun. Mekânı cennet...

Mahir çekti çekti aldı ağrılı parmaklarından paraları. Yok dedi mi bastı okkalı tokadı. Aynur'un el emeği, alın teri tatlı geldi adama. Cebine para girdikçe, eve uğramaz oldu mendebur. O yokken yine korkuları depreşti. Kulak çınlamaları arttı.

Radyonun sesini açtı iyice. Komşular uykulu çocuklarını kapısına gönderdiler, az kıssın sesini olmaz ki böyle diye şikâyet ettiler. Kediyi aldı içeriye. Dikiş odasındaki kanepede uyudular. Mahir parası bittikçe evde aldı soluğu. Soyunurken yatak başındaki komodinin üzerine metali parlak, ağır bir de silah çıkarıp koydu. Görünce gözleri büyüdü Aynur'un. "Bu ne Mahir?" diye sordu.

"Sen anlamazsın, ilişme sakın," dedi. Aynur günlerce dizini dövdü. "Allah'ım sen bizi koru kolla. Bu Mahir kuluna akıl fikir ver, sen ıslah eyle ya Rabbim."

Her gece başucunda o tabancayı gördükçe dellendi Aynur. Kaçtı gitti alt katta divanda uyudu. Nursuzdan olabildiğince uzakta. İki gündür hiç hali yoktu. Keyifsiz uyanıyor. Hareketleri ağır. Canı bir şey yapmak istemiyordu. Karnında bir ağrı. Göğsünde sıkışma. Ayakları şişiyor, karıncalanıyor. Kış bu. İnsan üşütüyor.

O gün öğlene doğru kediye kemik kaynattı. Aman kokusu ne kötü geldi burnuna. Yaklaşıp baktı bozulmuş mu diyerek, yok, temiz görünüyor. Kararmamış, etmemiş. İki gün önce aldıydı kasaptan. Demek nezle olacak. Ağzının tadı, burnunun kokusu değişmeye başlamış. Zorla iki lokma bir şey yedi çıktı evden. Gelinliğe geçmişti o aralar, sabaha kadar kristal taş, pul yaprak işlemişti. Allah'tan sade bir şeydi. Abartısız. Askı birleşim yerleri biraz zorladı, o kadar. Teslimatı yaptı. Beğendiler. Parasını aldı, oracıkta ikiye böldü. Mahir'in yemini ayrı koydu çantasına.

Modaevindekiler pek beğenmediler halini. "Biraz otur, bir ıhlamur söyleyelim," dediler. "Kötü üşütmüşsün. Eve gider gitmez yat bari. Biraz kendine dikkat et."

Haklılar, Aynur hiç bilmez canının kıymetini. Ihlamurdan bir yudum aldı; kesif, tuhaf bir tadı var. Kurbağalı derenin çürümüş yosun kokusu doldu burnuna. Dar attı kendini lavaboya. Öğüre öğüre kustu. İçi dışına çıktı. O hiç kusamaz halbuki. Midesi bulanır, salyalar ağzına gelir, öğürür, boğazına parmak basar yine de çıkaramaz. Bu sefer ağız dolusu kustu.

"Yok, ben iyi değilim," dedi. Ayağının altından yer çekildi. Tuttular. Yığıldı kaldı koltuğa. Köşedeki eczanenin çırağı geldi. Tansiyonunu ölçtü. Normal, dedi. Gayet normal. Mandalina kolonyası döktüler. Yüzünü, bileklerini ovdular. Aman sanki burnuna küflü peynir tutmuşlar gibi oldu. Midesi kalktı. Öğürdü. Koştu, yine kustu. Tuvaleti, lavaboyu temizledi. Elini yüzünü yıkadı. Aynadaki halini kendi de hiç beğenmedi.

"Sen hamile olmayasın?" dedi modaevi sahibi. Şaştı Aynur. Hamile mi? Hamilelik böyle mi olur?

Böyle olur ya! Mide bulantısı, sersemleme, halsizlik...

Evliliği, evde dolanan bir kocayı düşünmüştü de, çocuk sahibi olmak hiç aklına gelmemişti. Oradan çıktığı gibi ters yöne saptı. Caddeyi takip edip belediye tabipliğine gitti. Kan aldılar. Doktor masaya yatırıp muayene etti. Altta ağrısı olup olmadığını, ne kadardır âdet görmediğini sordu.

Hamilesin dediler. Bu ilk çocuk mu? Başka var mı? Yok. Daha bir yıl olmadı evleneli. Ne çocuğu? Eline bir çizelge tutuşturdular. Meğer devlet hamile kadınları düzenli takip edermiş. Nereden bilsin? "Bu tarihlerde yine geleceksin, aman aksatma. Hem de dört aylık." Hemşire dudak büktü. "Nasıl anlamazsın hayret? Koş git babasına ver müjdeyi."

Sokaklarda, rüyadaymışçasına ayaklarını sürüyerek yürüdü. Bakışları boşlukta. Omuzları kalktı. Boynu dikeldi. Başı göğe döndü. Ak bulutları, kırçıl kanat gümüş beyaz kuşları görür oldu. Her şeyin capcanlı bir rengi varmış meğer, o an fark etti. Mutluluğun gözdeki perdeyi açan etkili bir gücü varmış, onu da anladı. Dağların sisli yeşili, denizin mavisi bile bambaşkaymış. Cebine soktuğu elinin parmaklarıyla saydı. Mayısa denk geliyor. Baharda alacak bebeğini kucağına. Hey yüce Allah'ım, sen ne büyüksün. Şükür gösterdiğin bu kutlu güne... Bin şükür. Karnında bir bebeği mi büyütecek şimdi o? Bir can. Kendinin bir parçasından daha iyi yoldaş mı olur insana? Aynur anne olacak. İnanılır şey değil.

Yüzü güldü. Kalbi pıt pıt attı. Keyfi yerine geldi. Öyle bir neşe doldu ki içine, ayakları yerden kesildi, hafiflemiş uçuyor sandı. Yeni açılan pastaneden beyaz, üstü jöleye gömülmüş meyveli bir pasta aldı. Taksi durdurdu. Arka kapıyı açıp binerken, karnı burnunda kadınlar gibi sakındı kendini. "Yukarı çıkacağız kardeş, Kum Mahallesi'ne," dedi.

Geçtikleri yollar boyunca gördüklerinden mutlu oldu. Gülümseyen, işinde gücünde insanlar, okuldan dönen sırt çantalı çocuklar. Yaşlı annesini koluna takmış gezenler. Şakalaşan gençler. Umutla denize olta savuran emekliler. İlk defa sevdi yaşadığı bu kasabayı. Kendini ilk defa sevdi. Damarlarında yönünü bulmuş, karıncalandırarak akan sıcak kanı hissetti. Gözlerini sımsıkı yumdu, kendi güvenli karanlığında *buradayım*, diye geçirdi içinden, *ben varım, işte tam da buradayım*...

Ve bir anda açtı gözlerini. Çevresine baktı. Dünyayı ilk defa görüyormuş gibi baktı hayata. Karnındaki bebeğin gözleriyle. Taptaze. Her şey nasıl güzelleşti bir anda. Nasıl aydınlandı. Işıl ışıl bir yaşam serildi önüne. Tanrı mübarek elini uzatıp kulunu esirgedi, kocaman bir bıçakla hüznü, korkuyu, çekingenliği kesip attı hayatından. Aynur yeniden doğuşunu duyumsadı. Yeniden doğmak için ölmek gerekir. Eski Aynur o gün oracıkta öldü. Her ölümü bir neden doğurur. O dünyanın en muhteşem nedenini canında taşıyor. Bundan böyle asla yalnız kalmayacak, korkusuna, bir başınalığına deva doğuracak. Bugünden sonra yalnızca kendiyle karnındaki için yaşayacak. Bir mucize bu. Düpedüz bir mucize.

Yıllarca bekleyip çabaladığımız, bir çıkar yol bulmak için uğraştığımız sorunların çözümü, bazen hiç beklemediğimiz bir yerden, hiç beklemediğimiz bir anda çıkagelir yaşantımıza. İşte Aynur böyle bir mucize tohumunun çatlayıp içindeki toprağı iterek filizlendiğini hissetti.

Karanlık, ürkek, tetikteliğe tutsak olan varlığı, o gün oracıkta ölüp zamanın sonsuz türbesine gömülmüştü. Yirmi altı yıl... Dile kolay; yirmi altı koca yıl boyunca vurulduğu zincirlerinden boşanıp kurtulmuştu. Cin lambadan çıkmıştı bir kere. Artık tut tutabilirsen onu. Dönüşü yok. Yanındaki kolu çevirip camı araladı, çarparak esen rüzgârın şefkatli elleri dalgalandırdı saçlarını, anlaşılan doğa da hoşnuttu dönüşümünden, Aynur'u kutsuyordu, yaranın kabuğu kendiliğinden düşmüş, teni tatlı tatlı kaşınıyordu, önünde apaydınlık bir gelecek olduğunu duyumsadı. İlk kez sevinçten ağladı. Dikiz aynasından ona üzülmüş, şaşkın bakan taksi şoförüne aldırmaksızın, elini ağzına kapatıp güle güle ağladı. İçine içine değil, özgürce, göstere göstere ağladı. Yirmi altı koca yılı yaş döküp akıttı, sildi ellerinin tersiyle, eteğine sürte sürte kuruttu. Dur hele dur, dedi ne yaşadın ki, daha yeni başlıyorsun...

"Burası, geldik," diyerek vurdu önündeki koltuğun arkalığına. "Şuraya yanaş, ineceğim."

Demir kapı kapalıydı. Megafonun düğmesine bastı. Az bekledi. Açan olmadı. Bahçeyle ilgilenen adamı gördü. Siyah lastik botları yapışık çamura bata çıka bodur ağaçların orada, koluna sararak hortumu topluyordu. "Bakar mısınız?" diye seslendi.

"Buyurun," dedi adam, çamurları ayağını taş zemine vurarak temizlemeye çalıştı, "Buyurun." Tanıdı Aynur'u. "Hoş geldiniz." Kaydırarak açtı raylı kapıyı.

"Gönül Hanım'a gelmiştim ben."

Şaşırdı adam. "Haberiniz yok mu? Onlar taşındı. Neredeyse iki hafta oldu."

"Yalıkavak'a mı?"

"Evet."

"Bitti mi yeni ev?"

"Geçen ay tamamlandı. Telefonunu vereyim mi?"

"Yok, yok, cebi var bende. Artık oradan ararım. Hadi selametle."

Biraz yol kenarında bekledi. Heyecanı sönmüştü. Yine de ilk Gönül duysun istiyordu. İlk o duymalı. Taksi bulamadı. Değil taksi, tek bir araç geçmedi. Geri dönüp adamdan bir taksi çağırmasını isteyebilirdi. Yapmadı. Yokuş aşağı, elindeki pasta paketini sallaya sallaya yürüdü. Karnını sevdi. Eve gidince hemen arayalım Gönül teyzeni. Bak gör, duyunca çok sevinecek. Ne küslük kalacak geriye ne kırgınlık.

Evin önüne gelince bir durdu. Mahir gelmiş, açmış televizyonu, yine üst perdeden bağırtıyor. Ta sokaktan duyuluyor. Sağır da değil ki bu adam. Evde çıt çıksa duyar. Dikelip oturur. Böyle alıyor dönemediği köşelerin hıncını. İçinin gürültüsünü böyle bastırıyor. Eve girdiğini görünce hışımla atıldı üstüne, kasılmış eli havada. İçmiş yine, belli ki az da değil.

"Neredesin sen ya? Bu saat oldu nerelerdesin?"

"Sipariş götürmüştüm," dedi sakince.

"Bu saate kadar mı? Neredeyse hava kararacak."

"İş vardı, koyup çıkamadım, az uzayınca da…"

"Ulan evde ağza konacak lokma yok."

"Acıktın mı?"

"Dalga mı geçiyon sen benimle?!" Ensesine yapıştı Aynur'un. Mahir'in güçlü parmaklarının baskısına direnmedi. Öne eğildi.

"Ölüyom lan açlıktan!"

Punduna getirip pardösüsünü çıkararak kurtuldu elinden.

"İki yumurta kıraydın."

Yamultup bıyıklarını, iki yumurta kıraydın diye Aynur'un sözlerini tekrarladı.

"Tamam, tamam," dedi Aynur, alttan aldı, hiçbir şey kaçıramaz bugün keyfini. "Ben şimdi hazır ederim. Üstümü bir değiştireyim. Girer mutfağa şappadanak..."

"O ne elindeki?"

Aynur pasta paketini hatırlayıp durdu, hafifçe kaldırıp göstererek "Ha bu mu?" diye gülümsedi. "Kırk yılda bir canım çekti. Pastaneye uğradım. Akşama televizyon karşısında çayla yeriz diye."

"Bunlara mı veriyorsun lan sen bütün parayı? Hey yavrum hey, bak Mahir, bak da gör, senin bütün gün götünden ateş çıksın iki kuruş kazanacağım diye."

Güldü Aynur. Çaktırmadan güldü. Bunu gören de adam sanacak... Bir fesuphanallah çekti, çıktı yukarı. Soyundu, dökündü. Ayaklarına yün çorap giydi. Üstüne tiftik kazak. Mahir daldı odaya. Onu bir anda karşısında görünce irkildi. "Sen gelmeden az önce sosyetik aradı."

Sosyetik mi? Kim ki o?"

"Gönül Hanımefendi."

Sevinç doldu Aynur'un içine. Katmerli sevinç. Bugün mucizeler günü. Allah'ım sen ne büyüksün. Demek bahçıvan adam geldiğini haber vermiş. İyi etmiş. Demek uğraması Gönül'ü mutlu etmiş. Sanki parmağını o yaş pastanın üzerine sürmüş de tadıyormuşçasına tatlı bir gülümseme yerleşti yüzüne.

"Arasın beni dedi."

"İyi, birazdan ararım."

"Sakın ev telefonundan arama, çok yazar. Benim cepten ara. Cepten cebe o kadar tutmaz."

"Olur, öyle yaparım."

"Nasılsınız Gönül Hanım, dedim, afiyettesiniz inşallah. Nadir Beyimiz nasıllar? Cevap vermeye, iki kelam hatırımızı sormaya tenezzül bile etmedi. İt miyiz lan biz, neyiz, köpek miyiz gözlerinde? Şu Mahir onlara ne etti? Evini, yolunu bilmem. İnsanın yüzüne telefon kapatılır mı öyle? Ağırıma gitti. Herkesin bir haysiyeti var."

"Ha sen ona mı bozuldun?"

"Ne bozulacağım be?"

"Ee niye bu kadar sinirlisin? Niye burnundan soluyorsun?"

"Ben seni taktım kafama. Nerede lan bu dedim. Kiminle? Nerelerde sürtüyor?"

"Hoşt!" diye bağırdı Aynur. Hoşt... İlk kez böyle gür, böyle güçlü çıktı sesi. Duvarlara çarpıp yankılanışını duydu, kendisi de inanamadı. Öyle bir bağırdı ki Mahir'in tüm hışmını püskürttü. "Lafını bil de konuş. Neymiş sürtmek? Sen beni ne sandın ayarsız! Aşüfteler sürter. Bunca zaman ne hafifliğimi gördün?"

"Delirdin mi kız sen? Aklını mı oynattın?"

"Deliririm de, oynatırım da, bundan sonra ağzından çıkanı o kulağın duyacak!"

"Almayayım akşam akşam ayağımın altına seni."

"O biraz zor Mahir Efendi. İşte o biraz zor."

"Kadın git, belanı arama."

"Senden âlâ bela mı olur be?"

"Kime güveniyorsun lan sen? Neyine güveniyorsun? O Gönül karısı aradı diye mi bu havan? Ona mı güveniyorsun? Şart olsun, değil Gönül, kralı gelse alamaz seni elimden. Delirtme beni."

Güldü Aynur. Kahkahalarla güldü. Bilse neye güvendiğini. Bir bilse... Öyle komik geldi ki o an her şey, Mahir'in yüzü, şaşkınlığı, kızınca daha da küçülen gözleri, üzerine uymayan bir ceketmişçesine taşıdığı, bıçkın erkeklik halleri. Sarsıla sarsıla güldü.

Tam, "Tü senin erkekliğine!" diyecekti ki yüzünde patladı tokat. Boş bulundu. Savrulup yatağın kenarına düştü.

İşte en iyi bunu biliyor, askerde öğrenmiş, askerde bir tek bunu öğrenmiş, elinin destekli kısmını vuracağı yere iyi oturtuyor. Yüzüne vurdu. Tam çene altına. Başka darbe aldı mı? Tekme? Yok. Silkinip kendine gelince eli ilkin karnına gitti. Kulakları uğuldadı. Kalbi yerinden çıkacakmış gibi atıyordu. "Korkma," deyip yatıştırdı. "Korkma, ben yanındayım." Sonra ağzının içinde pürtüklenmiş uyuşuk boşluğu diliyle yokladı. Tükürükten daha akışkan, bulduğu kaynaktan boşalan kan birikip doldu boğazına. Örtüye tutunup doğruldu. Yatağa oturdu. Oda etrafında dönüyordu. Soluklandı. Dağılan saçlarını topar-ladı. İçinde çoğalan duygunun öfke olduğunu keşfetti. Bunun ne güçlü bir silah olduğunu da. Öfkenin ateşi aralarındaki tek bağı da yakıp küle çevirmişti.

Ağzından taşan kanı var gücüyle Mahir'in suratına tükürür-ken, "İt soyu!" diye bağırdı. "Köpek soyu!"

İşte bunu hiç beklemiyordu adam. Eliyle sildi yüzünü. Bulaşan kana baktı, inanmakla inanmamak arasında... Şaşkınlığı kısa, ancak Aynur'daki değişimin kendisini fazlasıyla şaşırttığını kavrayacak kadar uzun sürdü.

"Ulan ben şimdi seni eşek sudan gelene kadar döveyim de aklın başına gelsin." Hızla birkaç adam attı. Aynur sakınmadı kendini, kaçmaya çalışmadı. Öyle durdu. Öne arda bakındı, olur da düşersem yaralanmayayım dedi, eşyaların yerlerini bellemeye çalıştı.

O an gördü komodinin üzerindeki silahı. Nasıl kaptı, hiç hatırlamıyor, yalnızca iki elinin buz kestiğini biliyor, metalin soğuğu yakmıştı avuçlarını, yine de bırakmamıştı. Sımsıkı kavradı.

"N'apıyosun lan sen?!" dedi Mahir ürkmüş bir halde. "Koy onu yerine. Koy dedim kız. Silahla oyun mu olur?"

"Oyun ha? Demek oyun? Vur, çarp, döv, sonra oyun? Benim de canım var Mahir Efendi. Hem de iki canım. İki! Duydun mu? İki..."

Şaşırdı Mahir. Doğru mu duydu? "Nasıl iki?"

"Öyle işte. İki canlıyım artık."

"Gebe misin?"

Ses etmedi Aynur. Titreyen elini zapt etmeye çalıştı.

"Niye demedin? Öyle deseydin..."

"Bas geri git, vallaha çeker vururum seni. Alnının tam ortasından... Ant olsun acımam. Zerre değerin kalmadı gözümde. Bitti Mahir Efendi. Artık bitti. Hor görülmenin, ezilmenin, üzülmenin de bir sonu var. İşte o gün bugündür. Ben artık o bildiğin Aynur değilim. Ayağını bundan böyle denk al. Sen en büyük korkumla takas edilmiş bir kocasın, o kadar. Senden zırnık korkmuyorum. Bütün korkularımı gömdüm bugün. Bitti. Artık korkularım benden korksun. Bir daha elini sür bana, canımı yak, hele karnımdaki bebeme bir şey olsun, gözümü kırpmam öldürürüm seni. Vallaha da billaha da öldürürüm. Uykunda kaynar suyla, kızgın yağla haşlarım. Bundan sonra ne koynumda ne sırtımdasın... Bunu da böyle bil. Git nerede yatarsan yat, nerede zıkkımlanırsan zıkkımlan, benden uzak, Mevlana yakın ol..."

"Aynur, demedin ama. Gebeyim deseydin ben hiç kalkar da sana..."

"Öte dur! Gelme üstüme. Bas git. Katil etme beni."

O gece yatak odasının kapısını kilitleyip uyudu. Rahat, huzurlu bir uykuydu. Mahir geldi gitti, kapı kolunu oynattı. "Aynur, iyi misin?" diye sordu. "Aynur ses ver."

Ben ettim sen etme, bir daha mı asla, tövbeler olsun, diyene dek konuşmadı onunla Aynur. Dolaptaki, çekmecedeki çulunu çaputunu toplayıp yan odaya attı. O bangır bangır izlerken gidip kumandayı aldı, televizyonun sesini kıstı. Olmadı kapattı. "Bundan sonra böyle," dedi. Gördüğü yerde yere tükürdü. Önüne yemek çıkarmadı. Çamaşırını, bulaşığını yıkamadı.

Ertesi sabah uyandığında, yastıktaki kan izlerini gördü, biraz canı sıkıldı. Cibilliyetsiz herif basınca tokadı, dişi içten yanağını kesmiş. Sol yanı davul gibi şişmiş. Kılıfı çıkarınca yastığa da azıcık sızdığını gördü. Fırlatıp canım yastığı atacak hali yok. Sonradan o yastığa düğmeler dikip kedisine minder yaptı. Kan izi hep kaldı. Karardı. Mürekkebe döndü. Kıymetli acısını en vefalı sıcağa emanet etti. İçi rahat.

Bambaşka bir evdeymişçesine gezdi odaları. Alt kattan ses gelmiyor, demek erkenden gitmiş dönüşü olmayasıca. Ev soğuk. Gürül gürül yanmalı soba, duvarlar iyice bir ısınmalı. Üşümemeli Aynur. İyi bakmalı kendine, bebesine.

Gönül'ü aradı. Daha ilk çalışta açıldı telefon.

"Aynur?"

"Gönül? Gönül, nasılsın?"

"İyiyim. İyiyim, canım," sesi buruluyor, "çok özledim seni Aynurcuğum."

"Ben de, ben de... Dayanamadım, dün öyle bir anda esti kalkıp yukarıdaki evinize geldim, taşındı dediler."

"Biliyorum, çalışanlar haber verdi. Bugün işin var mı?"

"Yok. Yok bir işim."

"Hazırlan hadi, arabayı yollayıp aldırtacağım seni."

"Gerçekten mi, ne iyi olur. Böyle telefonda dilim bağlanıyor benim, insan özlediğinin yüzünü görmeyince..."

"Çık gel, ben de çok özledim. Hem yeni evi gör hem de bir sürprizim var sana." Sessizce gerisini bekliyor Aynur, merakını giderecek bir ipucu. "Tahmin bile edemeyeceğin bir şey..."

Böyle ha deyince, hazırlıksız ev görmeye mi gidilir? Ne olursa olsun eli boş olmaz. Şimdi bu kısa zamanda ne alsın Aynur? Nereden bulsun Gönül'e, hayattaki tek gönüldeşine layık bir hediye... Şimşek hızıyla geçiyordu aklından bunlar. Başka bir gün olsa bir bahane bulur, az zaman kazanmaya çalışır, ertelerdi, bunu şimdi yapmasının mümkünatı yok. Gitmemek olmaz. Gönül'e gebeliğini müjdelemek, aradaki buzları da eritmek istiyor. Özel şoförü olan arabasını yolluyor, ta oradan ayağına, Aynur'a özel, üstelik bir de sürprizim var diyor.

Evde ne kaldı ki hazırda kullanmadığı, Gönül'ün görmediği hediye olabilecek neyi var?

Dolapları indirdi. Sandıkları açtı. Yok, bir şey bulamadı. Pasta hiç bozulmamış, paketiyle duruyordu buzdolabında. Dokunmamış Mahir iti. Güzel. Yol üstünde şoförü durdurup bir de çiçek yaptırırsa günü kurtarır. Yeni eve gidince iyice bir bakınır etrafa, eksiği yoktur ancak eve yakışacak bir şeyler mutlaka bulur.

Apar topar hazırlandı. Saçını fırçalayıp sımsıkı topladı. Yanağının şişliğine krem, üstüne de pudra sürdü. Belli oluyor mu? Yaklaşıp aynaya baktı. Evet, biraz şişmişti ancak kızarıp morarmamış, kendini ele vermiyor. Pudra kutusunu n'olur n'olmaz yanına almalı. Küf yeşili yakası ince farbelalı bir bluz, siyah etek giydi. Siyah opak çorap, yine siyah kısa topuk rugan ayakkabıları. Acı sarı, yüzde yüz yünlü kumaştan yarasa kollu dizüstü bir kaban dikmişti kendine. Pek özenmişti. Düğmelerini katalogdan seçmiş, İstanbul'dan ısmarlamış, haftalarca beklemişti. Hiç giymemişti. Hiç. Annesi ölüm döşeğinde olan birinin bu renk giymesi uygun kaçmaz demiş, dolaba kaldırmıştı. Ne olursa olsun, insan her durumda, varlığının kör göze parmak duyumsanmasını istiyor işte. Üzerinde nasıl durduğuna bakmak için dikiş odasındaki aynalı dolabın önünde durdu. Bir gün önceki kadın bu mu? Aynur çok değişti. Bambaşka oldu. Daha renkli. Kenter. Okumuş, özgüvenli, meslek sahibi kadınlardan farksız. Çantasını aldı. Omzundan astı. Sağa döndü baktı, ardına dönüp baktı. Kabanın dikişini, kesimini, vücuda oturuşunu çok beğendi. Kendini takdir etti. Kendini takdir etmesini de takdir etti. Bir daha da zanaatıyla ilgili onun, bunun ya da müşterilerin yaptığı, yapacağı yorumların değil, kendi görüşünün en doğrusu olduğunu anladı.

Arabalar daracık sokaklarına pek girmez. Meşakkatli iştir. Sokak öyle dardı ki en usta şoför bile arabasını duvarlara sürtüp boyasını çizmeyi göze alamazdı. Ancak düğün dernekte, ev, eşya taşımada yolu uzatıp neredeyse kasabanın yarısını katederek sokağa girmek için yukarıdaki yolu kullanır, evlerin önüne iyice yanaşırlardı. Bugün bile hâlâ böyledir. Bir insanın zar zor geçeceği kadar mesafe kalır. Bisikletliler söylenir. Şişman kocakarılar ilenir. Gönül'ün şoförü tam kapısının önüne yanaşmıştı. Bambaşka bir ayrıcalık. Dışarı çıkmış, saygıyla arabanın yanında Aynur'un gelişini bekliyordu. Aynur önce camdan baktı. Komşuları gözledi. Evinin önünde hususi taksi, üzerinde alışılmadık renkli giysiler. Kuruntuyu yeniden içinde incecik tüten bir sıkıntı olarak anımsadı. Annesinin, ardından bakan, onu dağlayan ifrit kara gözleri. Değişim, öyle renkli kabanlarla bir günde tam olmuyor demek ki, izi kalıyor içinde. O izi tümüyle silmek kolay olmayacak belli ama bir şekilde silecek. Bunu kendinden daha çok bebeği için yapacak.

Yeni ev diğerine göre daha küçük, buna karşın uçsuz bucaksız bir bahçesi var. O ilk gittiğinde hâlâ düzenlemesiyle uğraşıyordu adamlar. (Bir de şimdi gör, bambaşka olmuş.) Yan tarafta bir yığın inşaat artığı moloz vardı. Araba olabildiğince girişe doğru yanaştı. Gönül onu kapıda karşıladı. Epey kilo almış, beyaz, bol bir elbise giymiş. Dur bakayım, yüklü, resmen karnı burnunda! Aynur ağlayarak ona doğru koştu. Atılıp boynuna yaş döktü. "Ah Gönül, bu muydu sürpriz dediğin?"

"Evet. Sence de büyük bir sürpriz değil mi?"

"Hem de ne büyük sürpriz."

"Teyze oluyorsun." Başka çocuk istemem derdi hep. Bu oğlan canımdan bezdiriyor beni.

"Ama ne gurur. Kaç aylık peki?"

"Sekiz buçuk. Yani geldi gelecek. Her an kucağımıza alabiliriz."

Aynur dualar okudu. Gönül'ün yüzüne üfledi.

"Darısı senin başına Aynurcuğum."

Hiç sesini çıkarmadı. Annesi rahmetli azarlaya azarlaya öğretmişti ona. "Birinin mutluluğu üzerine, görgüsüzler gibi kendinden bahsetmek de ne oluyor?!" Kimsenin sevinci, başarısı *ben de* diyerek bölünmemeli. Eskiden bu tür şeyler hoş karşılanmaz, kınanırdı. Susulur, o kişinin övüncünü, neşesini yaşamasına saygı gösterilirdi. Sustu Aynur. Heyecandan içi içini yedi, dilinin ucuna geldi geldi ama sustu. Gönül'ün iki bacağını yana açа aça, kaykıla kaykıla yaşadığı mutluluğuna ortak oldu.

Evi gezdirdi. Aynur çok beğendi, saray gibi, dedi, pek güzel. Bu sefer beyaza biraz toz pembe, biraz da uçuk mavi katmış.

Salonda oturdular. Yeni yardımcımız dediği kadın pastayı ayaklı tabakta getirdi. Gönül eliyle kesti, ikram etti. Bitki çayı içtiler. Taze sıkılmış meyve suları. Bir ara uzanıp Aynur'un elini tuttu, sesi alçaldı, sözlerini çalışanlardan sakındı belki. Belki de yürekten geçen buruk şeyler yüksek sese ihtiyaç duymuyorlardır, kim bilir?

"Benim sana kırgınlığım sevgisizlikten değildi, aksine..." dedi.

Aynur onun lafı nereye getirmek istediğini anladı. "Bitti," diyerek kaldırdı başını. Sonra düzeltti. "Çok az kaldı. Neredeyse bitti. Buraya kadarmış. Artık ona ihtiyacım yok Gönül. Bu kesin."

"Önceden var mıydı?"

"Vardı," diyerek başladı anlatmaya. Korkularını. Uykusuz, huzursuz, işkenceden farksız geçen karanlık gecelerini.

Gönül bunun doktoru, ilacı var dediyse de artık çok geçti.

"Peki şimdi ne oldu? Neden artık ona ihtiyacın yok? Ne değişti Aynur?"

Tülsüz, perdesiz açık camlardan Yalıkavak'ın lacivert denizine inatla kol kanat germiş gökyüzüne baktı Aynur. İç çekti. "Artık yalnız değilim," dedi. "Allah'ıma bin şükür yalnız değilim. Benim de bir bebeğim olacak Gönül, ben de gebeyim. Hem de dört aylık." Gönül o meşhur kahkahalarından birini attı. "Tabii ya... Tabii ya... Tahmin etmeliydim. Ah Güngör teyzem, ah, sen ne akıllı kadınmışsın. Ölümün karanlığı bile ileriyi görmene engel olamamış."

Hiç böyle düşünmemişti Aynur. Bir kez olsun aklına gelmemişti. Ama şimdi şöyle bir geriye bakınca... Evet, dedi kendi kendine... Demek bundanmış, annesi her şeyi ince ince planlamış.

O akşam bırakmadı Gönül. Yemeği beraberce yediler. Nadir Bey'le oğlan da vardı masada. O günlerin en moda şeyi, sağlıklı beslenmeden, hiç bitmeyen doğum hazırlıklarından bahsettiler. Gönül iki ara bir derede Muğla'daki doktorunu aradı. Aynur için randevu aldı.

Şoför onu eve bıraktığında saat epey geç olmuştu. Sahilde indi. "Girme kardeşim sokağa," dedi şoföre. "İki adım yer, yürüyüveririm şuradan." Komşu evlerde ışıkları yanan camları gözledi.

Ev karanlık. Korkmadı, karnındakini sevdi. "Geldik evimize," dedi. "Açalım kapımızı..." Son günlerde hep karnındakiyle konuşuyor. Onun orada var olduğunu bilmek güven veriyor Aynur'a. "Baban olacak o serseri gelmemiş. Belki gelmiştir, bizi evde bulamayınca çekip gitmiştir." Bilemiyorlar. Önemi de yok zaten.

Ertesi gün Avukat İhsan Bey'in karısı Gülizar Hanım elinde bir kutu baklavayla, "Tatlı yiyip tatlı konuşalım," diyerek çıktı geldi. Var bir karın ağrısı. Mahir gebe olduğunu yetiştirmiş belli ki. Önce kadını nazikçe karşıladı Aynur. Çay yaptı. Saygıda kusur etmedi. Karşılıklı oturdular. Kendinden bu kadar yaşlı, hadi onu geçtim, bambaşka bir dünyadan bu kadınla ne konuşulur bilemedi. Aynı yaştan müşterileri de var, alışık, onlarla da olsa olsa dikişten, modellerden bahseder.

"Mahir dün bize geldi." Hiç konuşmadan, sözlerine karşılık vermeden dinledi Aynur. "Pek bedbahttı. Kaygılı. Siz büyüğümsünüz, dedi, bir çare dilendi." Kalkıp divanın kıyısına oturdu Gülizar Hanım, söze başlamak için kıvrandı, sonunda döküldü ağzındaki baklalar. "Kızım yapma, kızım etme, kocandır, doğacak çocuğunun babasıdır," diye başladı. Aynur hep sustu, yüzüne bakmadı, alttan aldı. "Sen de pek üstüne gitmişsin, kadın dediğin azıcık erinin suyuna gider. Bak biz az mı çektik? Kan tükürdük kızılcık şerbeti içtim dedik. Mahir iyi çocuktur, merttir, çalışkandır..." diye devam edecek oldu, dayanamadı Aynur, kalkıverdi ayağa.

Yüzüne karşı, "Bana bak Gülizar Hanım," dedi, "beni cahil, dünkü çocuk mu bellediniz? İşe güce yaramaz akrabanı, bu it kılıklıyı getirip bana yamadığınızı anlamadım mı sandın? Ondan ne bana koca olur ne de çocuğuma baba. Tez elden boşamazsam bana da Aynur demesinler." Kararttı gözünü, saydı döktü... Eli ağzında apar topar, kınayarak giden kadının ardından çarptı kapıyı.

İçi duruldu. Gitti bir kahve yaptı kendine, divana kaykılıp uzattı bacaklarını, höpürdeterek içti. Karnını sevdi. "Oh be!" dedi, "dünya varmış... Oh be!... Oh be!..."

Lanet dünyanın motoru bu *oh be*'lerle çalışıyormuş, en çok bunu keşfettiğine sevindi.

Gönül'ün doğumu oldukça zor geçti. Lohusalığı daha da zor. Dikişleri vardı. Çok da kan kaybetmiş. Perdeler kapalı, yarı karanlık odasında yerinden kıpırdamaksızın yattı. Vakumla sütünü sağdılar. Biberonla Aynur içirdi bebeğe. Hani elime doğdu derler ya, aynen öyle. Çok güzel bir bebekti. Biraz huysuz. Hep ağlayan. Gaz sancısı, kulak ağrısı hiç bitmeyen.

Gönül iyice toparlayana dek bir an olsun yanından ayrılmadı. İki hafta boyunca Yalıkavak'taki evde kaldı. Modaevine haber verdi. Çalışmadı. Mahir'i aramadı bile. Bir kez kapıya gelmiş, adamlar salmamışlar içeriye. Burada, güvende demişler.

Gönül, kızının adını Pelin koydu. Nadir Bey ilk günler işe bile gitmedi. Hep evdeydi. Belli ki mutluydu. Bebeği bakıcılara bırakmıyor, kendi yıkıyordu. Gazını çıkarıyor, kollarında sallayıp uyutuyordu. El kadar kız, babası kucağına alınca bir uysallaşıyor, ağlaması kesiliyor, gözlerini dikip öylece hayran hayran bakıyordu. Baba kız arasındaki bu sevgi hep sürdü. Bugün bile "Babam" derken Pelin'in gözlerinin içi güler. (Nadir'i de bu hayatta bir tek o sever.)

Gönül bir kendi bebeğine aldıysa bir de Aynur'a yaptı. "Daha bana çok var," dediyse de dinletemedi. Düzenli olarak doktora gitti. Avrupa'dan getirtilen hamileler için özel vitamin haplarını bile aksatmadan yuttu. İyi yedi. Sütünü, yoğurdunu eksik etmedi. İşin en ilginç yanı, hiç ama hiç aş ermedi. Ne eriğe ne koruğa. Hiç! İçsel mutluluğu onun gözünü gönlünü çoktan doyurmuştu. O ara daha yeni yeni bebeklerin doğmadan cinsiyetini söyleyebiliyorlardı – Gönül'ün bebeğine kız dediler, bak kız oldu. Aynur da bilmek istemişti. "Oğlan bu," dedi doktor. Çok sevindi Aynur. Havalara uçtu. Nihayet bir erkeği yetiştirecek, ona şekil şemal verecek. "Güçlü, kuvvetli olacak benim oğlum. Anasını koruyup kollayacak. Anası gibileri de..."

Mahir uyuz it gibi dolanıyor önünde arkasında. Soruyor. Ne oldu, ne dedi doktor, her şey yolunda mıymış, ne zaman doğacakmış?.. Onunla uğraşacak vakti yok Aynur'un. İşi başından aşkın. Hiç yakışmasa da oflayıp puflayan Mahir'in eline fırça tutuşturup odasını badana ettirdi. İki şişe bira, bir paket sigaraya sonunda tamamladı hımbıl. Yatağını daha aydınlık, güneş alır diye düşünerek cam kenarına taşıttı. Beyaz, alttan çekmeceli bir bebek yatağı aldı. Yün battaniye. Metrelerce pamuklu kumaşlar. Çarşaflar, yastıklar, zıbınlar dikti. Tulumlar. Başlıklar biçti. Daha o zamandan başlayıp hazır bebek bezleri depoladı. Daha neler neler. Gönül'den gördüğü her şeyin tastamam hepsini yaptı.

Yeri göğü maviye boyadı. Patikler, hırkalar, yelekler, yatak örtüleri, havlular hep oğlan mavisi. Artık bütün dünya bir mavi oğlan. Düşündü, taşındı, adını Hüseyin koymaya karar verdi. Sevgisi derin, sevdası yüce olanın adı yaşamalı. Karnı kocaman oldu. Mor damarlarla yol yol çatladı. Bol yağlı krem sürdü. Sürerken sevdi. Konuştu, dertleşti. Ona dışarıdaki dünyanın (yalnızca) tüm güzelliklerini anlattı. Tavşanları, kuşları, karıncaları. Güleç yüzlü güneşi, tatilde birbirlerine deniz topu atan Oya ile Kaya'yı. Umudu. Sevinci.

"Eli ayağı durmuyor bu oğlanın Gönül," dedi telefonlarda. "Kıpır kıpır oynadıkça yüreğim havalanıyor. İçime kuş doldurmuşlar gibi kanat kanat çırpınıyor. Pek yaramaz olacak bu oğlan canım. Pek hayta. Kök söktürecek bize."

Bel ağrıları, ayaklarındaki şişlikler gün gün fazlalaştı. En çok banyo yaparken zorlandı. Yüksekçe bir bahçe sandalyesini taşıttı yukarıya. Oturarak yıkandı. Havalar ısındı. Bahar kısacık sürdü sanki. Mevsim neredeyse yaza döndü. İğde çiçeklerinin baygın kokuları sardı yine dört bir yanı. Bulutlar dağıldı. Güneş yakmaya başladı. Yattığı yerde ters dönmüş tosbağalar gibi kaldı. Tekmeledikçe "Dur oğlum, yapma oğlum, etme oğlum," dedi. Dedikçe daha çok tekmeledi.

Nisan sonuydu, sancıları sıklaştı. Kapı ağzına bir doğum çantası hazırlayıp bıraktı. İki gecelik, hırka, temiz, bol bir elbise, bebek bezleri, tulum başlık, battaniye... Katladı katladı koydu. Kedi içine girip eşelemesin diye ağzını sıkıca kapattı. Gün, hatta saat saymaya başladı. Her doğum risklidir demişti doktoru. Aynur evde doğurmayı göze alamadı. İlla hastanede doğuracağım diye tutturdu. En ufak bir aksilik istemedi. Hiçbir şeyi şansa bırakmadı. "Güvenle, her şeye karşın önlemimi alarak doğuracağım. Gerisi Allah'a emanet."

Bir gece yarısı evde tek başınaydı. Mahir kim bilir hangi cehennemin dibinde. Gönül'ü arayıp telaşa vermek de istemedi. Çıktı evden. Sahilde el etti, bir taksi durdurdu, atlayıp kendi gitti ta Muğla'ya, doktorun özel hastanesine. Şimdi olsa yapamaz. Gençlik de değildi. Başka bir şeydi. Cesaret, kendine güven sözcükleri bile açıklamaya yetmiyor o anki duygularını...

Oda açıp yatırdılar. Gidip gelip kontrol ettiler. Tansiyonunu ölçtüler. Ertesi akşam tamam artık vakit geldi dediler. Hemşirelere rica edip Gönül'ü arattı. Kollarından tutup odanın içinde yürüttüler. Doğum sancıları zordu ama Allah'a binlerce şükür, doğumu çok kolay oldu. Hani derler ya tek avazda doğurdu. İçinden ılık bir ırmak aktı gitti sanki, o kadar.

Göbeğini Gönül teyzesi kesti. Getirip karnının üstüne koydular. "Bir kızın oldu," dediler. İnanamadı. "Yok canım, bir yanlışınız olmasın?" dedi. Doğumhanedekiler bastılar kahkahayı. Ee, hani oğlandı?! Doktor ekranda öyle gördü. Öyle söyledi. Koskoca doktor canım... Meğer yanılma payı olurmuş. Kız ya da oğlan ne fark eder? Eli ayağı tam mı? Tam. Sağlıklı mı? Nur topu gibi maşallah.

Göbek adını Aysel koydu. Hiç tanımaz, hiç bilmez, o doğmadan çok önce acılar içinde göçüp gitmiş bu dünyadan. Gönül'ün gösterdiği, sonradan renklendirilmiş soluk fotoğraflardan tanıdığı kadarıyla portakal ağacı gibi bir kadınmış. Kızıl güzeli. İri iri yemyeşil badem gözlü, Gönül'ün doyamadığı anacığı. Aslında adını da Aysel koyabilirdi ama o an içinden Kübra demek geldi. O süpermarkette naçar, güçsüz, ne yapacağını bilemez Aynur'un yüzüne gülümseyen, elinden tutan tek helal süt emmiş insan evladı. Kübra Aysel Budak yazdırdı Mahir kütüğe. Getirip nüfus cüzdanını Aynur'a verdi. Tamamdı işte. Mahir'le artık neredeyse işi bitmişti. Bundan sonra sen sağ ben selamet. Eğer olur da punduna getirirse onunla yapacağı son bir şey daha vardı. Çok istediği, yıllarca hayalini kurduğu bir tek şey. Onu da yaptıktan sonra alacak karşısına, açık açık konuşacaktı. Bazen derde deva sandığımız şeyler, gün gelir derdi aratır.

Nüfus cüzdanına bir kez daha baktı. Dudaklarına götürüp öptü, öptü, öptü hayatının plastik kaplı huzur tapusunu.

SOYADI: Budak, ADI: Kübra Aysel, BABA ADI: Mahir, ANA ADI: Aynur, DOĞUM YERİ: Muğla, DOĞUM TARİHİ: 02.05.1997

Dünyanın en mutlu, en yalnız olmayan kadınıydı artık o.

Gönül tek kuruş harcatmadı, Allah bin kere razı olsun, ayağı taşa takılmasın. Aynur'un aslında kıyıya ayırdığı parası da vardı, hazırlıklıydı. "Sakla sen onları, dünyanın bin türlü hali var," dedi Gönül. Hastane masraflarını, bahşişleri, akla gelebilecek daha başka bin türlü ihtiyacı hep o karşıladı. Her hafta evine erzak yolladı. İhtiyaç listesi yaptırdı.

Aynur kırk gün çıkarmadı bebeğini dışarıya. Kırk birinci gün hazırlayıp Gönül teyzesine götürdü. Kübra'yı kucağından indirmedi Gönül. Biberona sağılmış kendi sütünden içirdi. "Böyle bir bağımız da olsun ama..." dedi.

Aman ne hazırlıklar yapmış, ne hediyeler almış, taşırken arabaların bagajına sığmadı. Hem kendi kızına hem Aynur'unkine aynı boy, aynı renk -lacivert- aynı model ithal bebek arabası almış. Aynur görünce hıçkıra hıçkıra ağladı. Tutamadı kendini, dört teker arabaya baktı baktı ağladı. Hayaline, özlemini çektiğine ağladı. Ellerine sarıldı Gönül'ün, izin verse öpecek. Nadir Bey'e de teşekkür etti. Minnetlerini bildirdi. Nadir elini -ilk, hatta son kez- onun omzuna hafifçe vurup "Güle güle kullan, sağlıkla büyüt çocuğunu Aynur bacım," dedi. Gönül'ün gözleri doldu. "Nemruttur bilirsin," diye açıkladı. "Daha kimseye böyle dokunduğunu görmedim."

Eve gidince Mahir arabayı görüp "Bu ne yahu, Ferrari mübarek," dedi gözleri ışıyarak. "Kaç papel saymışlardır buna?" Aynur niyetini sezip "Aklından bile geçirme Mahir Efendi!" diye uyardı onu.

Haftasına mevlit okuttular. Bodrum'un ne kadar kalburüstü, tanınmış siması varsa oradaydı. Pek çoğu bebeğini, torununu da getirmiş. Parfüm kokusundan içi gıcıklandı, elmas, pırlanta parıltısından gözleri kamaştı Aynur'un. Bahçede kucakta bebekler, şerbet içildi. Gönül herkese "Aynur kardeşim gibi" diye tanıttı onu. Aynur gönendi. Fotoğraflar çekildiler. Albüm yaptırıldı. Dördünün fotoğraflarını ahşap çerçevelere koyup yatak odasında en baş köşeye koydu Aynur. Hâlâ saklar hepsini. Aralarında ay farkı olan iki kız beraber büyüdüler.

Yıllar sonra Gönül el ele koşan kızları gösterip "Biz de Sevda'yla böyledik," demişti. Hep el ele. Adını bir tek o zaman andılar. Çok sonra. Kızlar ayaklandıktan sonra.

Aynur, Kübra'nın doğumunu haber vermemişti ablasına. Arayıp sevinçle bir kızım oldu dememişti. Böyle durumlarda akraba, eş dost neden aranır ki? Tabii ki paylaşmak için. Paylaşmak istemedi. İçinden gelmedi. Telefonun ucunda silik, titreyen bir ses o... Kan bağının, teyze olmanın onu yolundan döndüreceğini, içinin yangınını söndüreceğini bilse arayıp söyler miydi bilinmez? O da böyle ödeyecek küçük kardeşine biçtiği değerin bedelini. Herkes gün gelip bir şekilde ödeyecek başkasına biçtiği değerin bedelini.

Sevda 99'daki büyük deprem sonrası aramıştı aslında. Ağlıyordu. Korkmuştu. Aynur da tutamamıştı kendini. Cızırtılı, sürekli kesilen hatlara karıştı hıçkırıkları... Uzun süren sessizlik, kendiliğinden kapanan telefon. Sözcüklerin kifayetsizliği. Söylenecek ne var ki? Korkular, yalnızca bir damla kuruyup telvelenmiş kan bağı. "İyiyim, merak etme, bizim olduğumuz yerde bir şey yok," demişti. Belli ki çevresinden görmüş, duymuş. O da birini arayıp bunu söylemek istemiş. Felaketler insanlara derin yalnızlıklarını hatırlatır. Öz benliğin her şeyden arınmış, çırılçıplak göze göründüğü zamanlardır onlar. Televizyon önünde dudaklarını ısırarak izliyordu Aynur korkunç görüntüleri. Toza bulanmış cesetler, çaresiz ne yöne gideceğini bilemeyen insanlar. Siren sesleri. Enkaz altından gelebilecek en ufak bir yaşam belirtisi uğruna, günlerce sessiz bekleyen uykusuz kurtarma ekipleri. Nefesler tutulmuş... Kızgınlıkla devlet büyüklerinin yakasına yapışan çaresiz kadınlar. Tutuklanan müteahhitler. Bunların işledikleri cinayet değil bildiğin terör... Katliam. Ömrü hayatında bu ülkeyi ilk kez böyle kenetlenmiş görmüş, o da bir şey yapmak istemişti. Zor durumda olanlara el uzatmak. Gönül arabasıyla civardaki köyleri gezdi, gide gele Muğla'yı su yolu yaptı. Çok uğraştı. Gönlünüzden ne koparsa dedi, bankada açılmış yardım hesaplarına hatırı sayılır meblağlar yatırdı. Koliler dolusu yardım malzemesi topladılar. Caminin avlusunda üst üste yığıp sessiz beklediler.

Mahir ilk aylarda, baba olmanın gururunu, sevincini biraz yaşar gibi oldu. Aynur dahil herkes umutlandı, şaşırdı. Bebeğin gece ağlamalarına uyanıyordu. Kucaklıyor. Kucağında hoplatıyordu. Aynur iyice dinlenip ayaklanınca, kendisi de babalığın ona göre olmadığını anlamış olacak ki çok geçmeden karanlık sokaklara, karanlık dünyasına, o dünya kadar karanlık meymenetsiz arkadaşlarına geri döndü. Tepeden tırnağa siyah takımlar giyindi. Beline çifte silahlar sıkıştırdı. Kim bilir kimin köpekliğini yaptı. Bir göründü, bir kayboldu. İki ay geçti geçmedi, sabah ezanı okunurken kan içinde getirip kapının önüne attılar. Aynur acıdı. "Onu da bir ana doğurdu," dedi, aldı eve. Eczaneden ilaçlar, merhemler getirdi. Yatırdı. Yedirdi, içirdi. Yaralarını sardı. Yüzü gözü morardı. Şişler inip morluklar yeşillenip sarıya çalar çalmaz, bunun yine kanı bitlendi. Elinde telefon, odaları arşınlayıp konuştu babam konuştu.

Bir yerlerden Aynur'un kulağına, "Turist kadınlarla gördük, sarmaş dolaştı, dudak dudağaydı... Ooo seninki yine almış mazotu, zil zurna Arif'in orada zeybek oynar, turist gezdirir... Fiyakalı arabalarda Bodrum diskolarında yine âlemdeydi," lafları geldi. Aldırmadı.

Bir öğlen, kucağında bebeği, siparişten döndü. Her yanından ter akıyor. Yorgun. Uykusuz. Üç kuruş için onca yol tepmiş. Kapıyı açtı, eve girdi, bir de ne görsün? Mahir, aha bu kapılardan sığmaz, bıngıl bıngıl, kızıl sarı bir Alman aşüfteyle altlı üstlü. Kadın da bir şeye benzese; saçları tiftik tiftik, bir kolu boydan boya ıslak gazete kâğıdına dayanmış gibi mürekkep dövmeli. Ürkütücü bir tip. Epey de geçkince. Neredeyse anası olacak yaşta. Eteği bir yerde, pis donu, sutyeni başka yerde.

"Bunu da mı yapacaktın, Allah'ından bul," bile demedi. Yalnızca okkalı tükürdü yüzüne. Yukarı gelip "Ben de erkeğim, ihtiyaçlarım var," diye açıklayacak oldu, dinlemedi, bir daha tükürdü. Ağzında gevirip gevirip tükürdü. Eline ne geçirdiyse fırlattı. Tüm siniri duvarlara çarpa çarpa boşaldı. Ağladı ama gururu kırıldığından değil, aptallığına. Arada muhabbet, yarenlik yoksa insanın yüreği yaralanmıyor. "Adı batsın!" dedi geçti. Düşmedi peşine. "Mundar etti şerefsiz," diye söylene söylene, koca evi okuya üfleye üç su yuğdu, kırkladı.

Kübra biraz ele avuca gelince üçe beşe bakmadan, her işi almaya başladı. Dur durak bilmedi, çalıştı. Evine, evladına baktı.

Yaz ortası, aman nasıl sıcak, insanın oturduğu yerde sırtından terler boşanıyor durmadan. O sene bir de sivri istilası oldu ki sormayın. Oğul oğul geliyorlar. Vızırdayarak. Pencere önüne, ıtır, fesleğen bıraktı olmadı. Evi kahve, limon kabuğu kavurup tütsüledi, yok. Geceler bunaltıcı, pencereyi açmak mümkün değil. Tel gerdirdi. Bana mısın demedi. Aralık kapılardan, ufacık deliklerden geçtiler. İlaç sıkamadı, bebeğe zararı olur diye korktu. Pinçik pinçik dişledi sinekler; her yanları kızarıp kabuklandı. Kaşınıp kanadı. Yukarıdaki diskonun, yandaki yöredeki kafelerin canlı müziği, çıstağı da eklenince katlanılmaz oldu. Ağrıyan başına çatkılar çattı, suda aspirin ezdi, çığlık çığlığa ağlayan Kübra'ya anason kaynattı, yine de uyuyamadılar. Uykusunu alamayınca bebek ne olacak; tabii tüm gün huysuzluğu üzerinde, kızaran gözleriyle ağladı durdu. Çare düşündü, paraya kıydı, en kalitelisinden, sıkı dokuma tüller aldı, halka demire bol büzgülü cibinlik dikti, hem bebesinin yatağının üstüne hem de kendisininkine. Azıcık huzur buldular. Gören "Bize de," dedi. Kuyruk oldu. Kimseyi geri çevirmedi, hepsinin üstesinden geldi. Bir de o iş çıktı, Allah'a bin bereket, iyi kazandı.

İşte böyle boğucu, yorucu, gürültülü, tozlu sarı bir yazdı. Kübra'yı soymuş, yanındaki yaygının üstüne yatırmış, arada sevgiyle oynaşıp pamuğa gül suyu döküp terini siliyordu. Yaz sonuna doğru düğünler fazlalaşır. İş üstüne, iş geliyor. Hepsine yetiyor. Rabbim çalışanı seviyor. Rahmeti, bereketi sonsuz.

Ha bire nişanlık, gelinlik, abiye dikiyor, boncuk işliyor. Sağ elinin işaret parmağı nasır tutmuş, tutsun, olsun varsın. Uykuları yarım, olursa olsun.

Çok iyi hatırlamıyor ama galiba Gönüller yine yurtdışına tatile gitmişler. Yoklar. Öğle ezanı okunmaya başlayınca bıraktı işi, radyonun sesini kıstı, ölmüşlerine bir Fatiha okudu.

Çarptı kapıyı, girdi içeri Mahir. Yaka paça hep yoluk. Boğazının sağ yanına kan oturmuş. Yuvalarından fırlamış çakmak çakmak gözlerinden kanlı yaş akıyor. Sızlanmıyor, bağırıp çağırmıyor. Acı çekmediğinden değil. Yüzü yok belli ki. Kapının kıyısına dayadığı koluna kapanıyor.

"Destur be iblis... Kapısız yerde mi doğdun?" diye bağırdı Aynur. "Ahıra mı giriyorsun?"

Mahir sessiz, kahırla yumrukladı pervazı.

"Ne oluyor Mahir Efendi? Nedir bu hal?" Kaygısından, umuru olduğundan değil de daha çok çatarcasına.

"Bittim ben. Bu sefer gerçekten bittim Aynur. Bunların hiç insafları yok. Öldürecekler beni, öldürecekler."

Güldü Aynur. Bu sefer o, Mahir'in sözlerini tekrarladı. Eğdi ağzını, "Öldürecekler beni, öldürecekler," diye eğlendi. Ardından kinle ekledi. "Ah! Ah, nerede o günler!"

"Deme öyle lan, deme. Bu sefer iş ciddi diyorum."

"Ne yaptın ki?"

"Biraz borcum vardı..."

"Biraz?" Burnundan soluk verip yine güldü.

Sustu Mahir. Eli belinde iki döndü... "Biraz borç için adam öldürmezler Mahir Efendi."

"Yardım et Aynur. Kulun köpeğin olayım."

"Ben ne yapabilirim ki? Sen en iyisi Alman sevgiline git, o kesin yardım eder."

"Kız sen ne acımasız, ne zalim oldun böyle. Öldürecekler diyorum. Şu halime baksana. Bilmiyorsun tehlikeli adamlar bunlar. İki gün verdiler, iki gün içinde ödemezsem buldukları yerde takacaklar bıçağı." Kafasını sallayarak tekrarladı. "Borcum var, Aynur."

"Borcun varsa öde."

"Nasıl?"

"Çalış. Bak ben gece gündüz demeden ufacık iğneyle çıkarıyorum rızkımı. Sen de tut bir işin ucundan. Sen de çalış."

"Bundan sonra öyle yapacağım. Vallaha da tövbe edeceğim, tillaha da tövbe edeceğim, bu beladan bir kurtulayım..."

Dinlemedi Aynur. İşine devam etti.

İçini çeke çeke eğdi boynunu Mahir. "Vardır sende. Ha?"

"Ne?"

"Para. Az da olsa..."

"Yok benim param filan."

"Ha bire çalıştın o dükkâna. Vermediler mi?"

Avazı çıktığı kadar bağırdı Aynur. "Sana hesap mı verecem be! Yok diyorsam yok. Sana verecek tek kuruşum yok benim." Kız uyandı. Bastı yaygarayı. Aynur kucağına aldı, üfleye üfleye soğuttu bebenin terli korkusunu.

"Yapma Aynur, heder etme şu garibi. Haftasına kalmaz leşimi çıkarırlar denizden. Yazık değil mi bana?"

"Bunları şimdi mi düşünüyorsun? Yap et, yazık değil mi bana diye dikil karşıma. Sonra da Aynur sen bilirsin. Su testisi su yolunda derler Mahir Efendi."

"Aynur? Yok mu kız? İtin puştun önüne atma beni. Yavrunun babasını."

Komiğine gitti bu son sözü. Yavrunun babası... Gülerek söyledi. "Yok benim param."

Gülüşünden cesaretlendi kopuk herif. "Bankada mı tutuyon kız?" diye aradı ağzını.

"Bankada para mı kaldı? Hepsini çekip vermedim mi sana? Bir bir saymadım mı eline?"

"Kalk, hadi kalk, beraber gidip bir daha bakalım."

"Nereye?"

"Bankaya. Biriktirmişsindir sen..."

"Anlamıyor musun? Yok diyorum. Yok. Bankaya gidecekmişiz, bak bak bak. Bir de biriktirmişim. Tövbe tövbe... Bu ev nasıl dönüyor biliyor musun sen? Hiç düşündün mü? Bir gün sordun mu bu bebeğin masrafı ne, nasıl yetiştirirsin diye?.."

"Harbiden yok ha?"

"Yok tabii."

"Gönül'den istesen?"

"Fesuphanallah, Mahir Efendi, Mahir Efendi, sen beni dinlemiyor musun?"

"Seviyor sosyetik seni. Bir telefon etsen ne olur sanki, ihtiyacım var, borç olarak desen, hemen öderiz kız. Ben canımı bir kurtarayım, gece gündüz çalışır öderim. Söz. Onlar zengin, para gani..."

"Bak benim tepemi attırma, gider Nadir ağabeyden isterim. Bu dediklerini de olduğu gibi anlatırım ona. Mahir çöktü boğazıma derim, çaresizim, artık sen bilirsin Nadir ağabey, ocağına düştüm. O senin anlayacağın dili bilir. Artık ne yapar, ne eder, nasıl hakkından gelir ben bilmem."

Saatlerce hiç yerinden kalkmadan kapı eşiğine çöküp kaldı Mahir. Başı elleri arasında, taş kesildi. Arada çaresiz tavana diktiği gözlerinden yaşlar akıttı. Önünden gelip geçti Aynur. Göz ucuyla baktı. Hiç ses etmedi. Aynur da anladı ki bu kez durum gerçekten vahim. Döktü, düşündü. O gün bugündür dedi.

Akşamüzeri güneşin çekilmesine yakın, elindeki tüm işi bırakıp üst kata çıktı. Kullanılmayan büyük odadaki yatağın altından kahverengi deri bavulu çıkardı. Mahir'in bulabildiği tüm eşyalarını katlayıp içine yerleştirdi. Bir çift temiz havluyla tıraş takımlarını da koydu. Bastırıp kapattı. Ağır geldi bavul, zorlanarak taşıdı, götürüp kapının arkasına bıraktı. Kübra'yı giydirdi. Kendi de giyindi. Gece mavisi, parlak kumaş bir türbanı cehennem sıcağı demedi, boynundan döndürerek ensesinde iğneledi. Gözüne kalem çekti, dudağını, yanaklarını renklendirdi. Aynadaki görüntüsünü beğendi. Başını salladı, işte bu, dedi. Beyaz, uzun, ince keten bir elbise, üstüne de uzun kollu pembe merserize bir hırka giydi. Bebek arabasını taşlığa çıkardı. Kübra'yı içine yatırdı. Topuksuz ayakkabılarını geçirdi ayağına. Kapıyı açtı, sokağın gürültüsü parke taşlarından, beyaz duvarlardan yansıyan kızgın sıcak hücum edercesine içeri doldu. Bir kanadı duvara sabitleyip önüne taş dayadı. Geldi, Mahir'in başına dikildi. Yukarıdan ayaklarının dibinde iki büklüm oturana baktı. Bir şey hissetmedi. Acımak, üzüntü, pişmanlık... hiçbir şey. Yüreği soğuk. Yüreği mesafeli. Kıpırtısız duranın derdi tasası hiç buraya ait değil. Gömleği tuzlu terden harelenmiş. Güneş yanığı ensesinden yol bulup akmış gözeneklerden taşan sıkıntısı.

"Kalk," dedi. Tepki vermedi Mahir. Duymadı, Belki duymazdan geldi... Omzunu dürttü. "Kalk Mahir, kalk gidiyoruz."

Neden sonra başını kaldırdı Mahir. Onu öyle hazırlanmış, başkalaşmış görünce inanamadı. "Bu kılık da ne? Niye örttün ki başını? Bir yere mi gidiyorsun?"

"Gidiyoruz," diye düzeltti Aynur.

"Biz mi?"

"Evet. Biz."

"Bankaya mı?"

Güldü Aynur. Çömeldi adamın yanına. "Biz ne kadar zamandır evliyiz Mahir? Bir buçuk yılı geçti mi?

"Bilmem. Olmuştur o kadar."

"Bugüne kadar senden hiçbir şey istedim mi?"

Anlamsız baktı Mahir, Aynur'un yüzüne. O an o da ayrımına varmış olmalı.

"Yok," dedi usulca. "İstemedin."

"Mahir bana bunu al, Mahir şunu da isterim diye bir şey çıktı mı hiç ağzımdan?"

Düşündü Mahir. Bulsa, ufacık bir şey hatırlasa hemen sürecek önüne. Çaresiz ona da "Yok," dedi.

"Neden, biliyor musun?"

"Neden?"

"Çünkü sen zaten bana istediğimi vermiştin. Fazlasını verecek gibi de görünmüyordun. Her giysinin kumaşı farklıdır Mahir. İpek kumaştan palto, kaşeden gecelik dikemezsin."

Hiçbir şey anlamadı Mahir. Boş gözlerle baktı yüzüne. "Eeee?" diye sordu.

"Eesi, senin kumaşın..." Vazgeçti Aynur. Daha da üstüne gitmedi. "Mahir," dedi. "Senden son bir isteğim var. Tek bir isteğim."

"Söyle," diye atıldı adam. Her isteğin, mutlaka bir karşılığı olduğuna inananlardandı. "Ne istersen yaparım." Usulca ayağa kalktı. "Ne istersen!" Emin olmak için yüzüne bakarak tekrar sordu. "Yaparsam verecek misin parayı?"

Oturduğu yerden doğrulurken, "Şimdi git, eline yüzüne bir su çarp, azıcık kılığına çekidüzen ver, üstüne başına da. Sonra gel bana yardım et Mahir, yardım et de şu bebek arabasını dışarı çıkaralım," dedi Aynur, yılgın.

Hızla toparlanıp geldi Mahir, kucakladığı gibi merdivenlerden sokağa indirdi arabayı. Aynur kapıyı kapattı, kilitledi. Arabanın üstündeki tenteyi açtı. Bebeğinin aydınlık yüzünde ihtiyacı olan her şeyi yansıtan bir ışık vardı. O ışığı sevdi.

"Nereye gidiyoruz?" diye sordu Mahir. Cevap vermedi Aynur, sahile doğru sürdü bebek arabasını. Mahir çaresiz onu takip etti. Deniz kıyısı ana baba günüydü. Yaz kalabalığı. Farklı milletlerden çeşit çeşit insanlar. Cıvıltılı yaz kıyafetleri, şortlar, askılı bluzlar, minicik etekler. Onun giysileri tam anlamıyla ters düştü bunlara. Aldırmadı. Kimselerle göz göze gelmedi. Dosdoğru önüne baktı. Izgara balık kokusuna deniz tuzuyla anason karışmış, duman duman havada asılı kalmış. İnsanları yararak yürüdü. Mahir yanında soran gözlerle bakıyordu. Kim bilir aklından neler geçiyordu. "Ne diye çıkardın beni sokağa?"

"Yürü Mahir, bir kez de soru sormadan dediğimi yap." Aynur her adımını, her şeyi en ince ayrıntısına kadar kafasında defalarca kurmuş, hesaplamıştı. Gece uykulara dalmadan önce o sahili düşlemişti hep. Dondurmacıyı geçtiler. Marinaya doğru konuşmadan yürüdüler. Bir anda durdu Aynur. Tanıdı. Burası dedi, işte tam burası. Erişilmez düşlerinin bittiği, bir kerecik olmak istediğinin başladığı yerdeydi. Ölesiye merak ediyordu, o gibi olmak, o olmak nasıl bir duyguydu. Mutluluğun resminden makasla kesip çıkarılmış gözlerin yerine kendininkileri yapıştırmak. Sigara yanığı bir kumaşa, yakın tonda yama yapmak. Kübra'yı arabadan çıkardı. Uysaldı. Ağlamıyordu. Şaşkın, yumuk eli ağzında, çevresinde akan kalabalığa bakıyordu. "Buraya gel," dedi Mahir'e. Adam kaygılı birkaç adım uzaklaştı, yılgın durdu. Omuzları gevşedi. Dönüp baktı.

"Yanıma gel Mahir, buraya."

Ayaklarını sürüyerek geldi, tam önünde durdu. Yorma beni der gibi baktı Aynur'un yüzüne.

Bebeği uzattı adama, "Al bakalım yavrunu kucağına," dedi.

"Neden?" diye sordu adam.

"Sorma Mahir, sorma. Yalnızca ne diyorsam onu yap." Kaygılı baktı Mahir, Aynur'un ne yapmak istediğini anlamaya çalıştı. Biraz ürkek, kucağına aldı Kübra'yı.

"Aldım işte, şimdi ne olacak?

"Şimdi yürüyeceksin."

"Nereye?"

"Dönüyoruz," dedi Aynur. "Eve dönüyoruz."

"Eve mi?"

"Evet."

"Ne oluyor ya, film mi çeviriyoruz?"

Aynur güldü. Belki de tüm filmler böyle çevriliyordur, kısacık bir düşün izini sürerek. "Kızının başını yasla bakayım şöyle omzuna. Yasla, yasla... Kızın o senin, özbeöz." Bebeğin başını tutarak yasladı Mahir. Biraz tereddütlü. Acemi. Sarsak. "Böyle mi?"

"Evet. Böyle. Hadi bakalım önümden yürüyün de göreyim sizi." Dediğini yaptı adam. Kübra'nın başı Mahir'in omzunda, ağzından saydam salyalar akıtarak yürümeye başladılar. Aynur uzanıp mendille sildi, iyice temizledi bebeğinin ağzını, çenesini.

"Tamam," dedi, "tamam tam istediğim gibi. Durma yürü, yalnızca yürü. Ben sizi takip edeceğim." Bebek arabasının tutacaklarını kavradı. Bekledi. İki adım daha saydı, sonra önünden yürüyen Mahir'i ağır ağır arabayı sürerek takip etti. Eteği tatlı tatlı sürtündü bacaklarına. Ayna karşısında çırılçıplak bu ânın hayaliyle ürperdiğini hatırladı. Adımlarının tadını çıkardı. Tabanlarında kaldırımın yakıcı sıcağını hissetti. Denizden esen ılık rüzgâr yüzünü yaladı geçti. Kübra'nın yanağı tam Mahir'in omzunda. Kızının gözlerine bakıp mutlu oldu. Başını çevirince yolun karşısında eczaneyi gördü. Camlara yansıyan denizin görüntüsünü arandı, tam da o günkü gibi. Camlara yansıyan ışıklı çalkantılı, dalgalar tam da o günkü gibiydi. Gerisi boştu. O camların ardında durup kendine imrenerek baktığını hayal etti. Hayal ettiği kendisine gülümsedi. Ağır ağır, tadına vara vara itti arabayı. Belki şu an, o da birinin kaçırdığı mutluluğudur, kim bilir? Başı dik, yürüdü, yürüdü, yürüdü. Doya doya. Çevresinde kaynaşıp dalgalanan, yanık tenli, güneş kremi kokulu yazın, oburca yağmalanmış, tatil telaşını içine çeke çeke yürüdü.

Eve geldiklerinde Kübra, babasının kucağında çoktan uyumuştu. İlk ve son kez babasının kucağında uyumuştu.

"Kollarım koptu," diye yakındı Mahir. "Araba varken niye kızı bana taşıttın ki? İşkence mi ediyorsun, intikam mı alıyorsun bir bilsem..." O söylenirken Aynur üst kata çıkmış, bebeğini yatağına yatırmıştı bile. Soyunup döküındü. Saçlarını açıp dağıttı, aynı annesi gibi ayna önüne oturup uzun uzun taradı, ensesinde onun topladığı gibi bir topuz yaptı. Alt kata indi. Mahir divana uzanmıştı. Onun taşlıkta yürürken çıkardığı sesleri duydu. Seslenerek "Verecek misin parayı?" diye sordu.

"Vereceğim," diye yanıtladı Aynur. "Vereceğim."

Sevinçle kalkıp oturdu adam. "Vallaha mı kız?"

"Vallaha."

"Yaşa be Aynur. Yaşa be! Biliyordum. Beni zor durumda koymayacağını, müşkülümü çözeceğini, aslında beni..."

"Boşa yorma kendini Mahir. Seni sevmiyorum," diye kesti sözünü adamın. "Sevmedim. Hiç sevmedim."

"Deme şimdi böyle ya, üzme bu garibi."

"Yarın sabah Avukat İhsan'a gideceğiz."

"İhsan amcaya? Niye ki?"

"Sana parayı orada vereceğim, boşanma kâğıtlarını imzaladıktan sonra."

"Olmaz ya, ne boşanması? Delirdin mi sen?"

"Yap seçimini. Parayı istiyor musun?"

Sustu Mahir, tek bir söz etmedi. Edemedi.

"Sana o parayı vereceğim. Sana elimdeki bütün parayı; hatta neyim var neyim yok hepsini vereceğim. Ancak Mahir, ben sana bunları git diye değil, bir daha geri dönme diye vereceğim."

Aldı Kübra'yı, çıktı odasına. Açtı pencereleri, sıkı sıkıya çekti tülleri, azıcık bir esinti bekledi, yok. Saç diplerine kadar tuzlu, kaşındıran ter fışkırıyor. Şakaklarından, boynundan göğüs çatalından, yol yol akıyor. İçerinin bunaltan sıcağını alsın diye koca bir çanak buz bile koydu başucuna. Ne çare, anında eriyip suya dönecek. Tülbendi soğuk suda ıslatıp bebeğinin boynunu, kol içlerini diz arkalarını sildi. Cibinliğin ampul ışığı altında süt beyazı yansıyan aydınlığı Kübra'nın tombul bebek yüzünü daha bir meleksi gösteriyordu. "Yavrum," diye sevdi. "İyi ki Allah'ım bana seni verdi."

Kapının açıldığını duydu. Çıktı tüllerin ardından, kapının yanında Mahir'i gördü, duvara omuz verip durmuş, neredeyse anadan üryan, bir paçalı don var altında, soysuzun bakışları pisleşmiş. Eliyle önünü, don altında uyanmış erkekliğini sıvazlıyor.

"N'apıyon lan burada?" diye yürüdü adamın üstüne. "Nedir bu hal? Utanman yok mu senin?"

"Neyine utanayım kız, daha imzaları attık mı sanki? Hâlâ hakkım var, helalimsin, hâlâ nikâhlımsın."

"Hadi oradan! Hakkın makkın yok gari. Çık Mahir, sinir etme insanı da çık dışarı! Hele bir elini sürmeye kalk bana, vallaha bağırırım, çıngar çıkarırım, vurur, camları kırar, bir mahalleyi toplarım başına."

Atılıp belinden kavradı. Koltukaltlarından, yağlı teninden yayılan kesif ter kokusu Aynur'un burnuna doldu, gözlerini yaşarttı. Burun deliklerinde, genzinde yakan bir ekşilik. Öksürdü. Atamadı içinden, yapışıp kaldı...

"Bağır kız, bağır... Ne diyecen, kocam yanaştı, pek hevesliydi, pek ateşliydi zorlandım mı diyecen?" Üst üste yıkıldılar yatağa. "Son bir kez Aynur. Verdim kararımı. Madem öyle istiyorsun. Bak yarın bitecek bu iş, az vakit varken, birbirimize el olmadan, son bir kez daha... Tadını özlersin diye kız. Yolluk olur... uzun süre tok tutar. Sen de kadınsın, gençsin, canın çeker. Hatıranda bulunsun..." Kaba, küt parmaklarıyla kavradı baldırlarını, kalçasını. Paralarcasına sıkıyor memelerini. Dayanıyor bacak arasına. "Ver kız şu elini. Hele bir tut, bir sıvazla. Bir sev, bir okşa..." Karşı koydukça, debelendikçe bastırıyor tüm gücüyle. "Kıpraşma lan yosmanın kızı, kıpraşma da son gecenin tadına var insafsız..."

Canının yanması öte yana, soluk alamadı Aynur. Mahir'in sıvaşık tükürüklü tütün kokar ağzı, sımsıkı kenetleyip kaçırdığı dudaklarında, sakınmaya çalıştığı boynunda, göğsünde yapış yapış...

"Kalk lan üstümden! Kalk şerefsiz!"

Tekme üstüne tekme attı Aynur. Çoğu etkisizdi, denk getiremedi ancak topukla vurduğu bir tanesi tam bacak arasına isabet etti.

"Uy anam!" diye bağırdı adam acıyla, iki büklüm oldu... "N'apıyon kız orospunun çıkardığı, öldürcen mi?" beni diye okkalı bir tokat patlattı kafasına, şakağının az gerisine, tam kulak üstüne...

"Defol lan!" diye bağırdı Aynur, "defol itin soyu. Koca müsveddesi. Para mara yok sana... Bok alırsın. Metelik vermeyeceğim..."

"Kız ne celallendin sen? Ne saldırırsın hayvan gibi? Ben sana iyilik olsun diye şey ettiydim..."

Sabahı dar etti Aynur. Saat dokuza çeyrek kala Kübra'yı alelacele giydirip kucakladığı gibi attı kendini sokağa. İlk işi sahildeki bankaya gitmek oldu. Sıraya girip açılmasını bekledi.

Hesap kapanmasın diye az bir şey bırakıp geri kalan tüm parasını çekti. Bankadan çıkınca iki simit, bir de üçgen peynir alıp çınar altındaki çay bahçesine gitti. Üst üste taze demlenmiş iki bardak çay içti. Simidin içini ağzında ezip Kübra'ya tattırdı. Sabah yeni yeni uyanan Bodrum'u, çarşaf gibi kıpırtısız uzanan cam mavisi denizi izledi. Martılar kondu az öteye, onlara da koparıp koparıp simit attı. Saat tam on birde Avukat İhsan'ın yazıhanesindeydi. Ölmeden bir gün önce, tam da annesinin oturduğu yerde, aynı sandalyede oturuyordu. Mahir cam kenarında silik bir gölge, kolları göğsünde kenetli. Konuşmuyor. Yok ki bir sözü, ne diyecek?

Aynur çantasından tüm parasını, bir bilezik, iki de tam altını masaya bıraktı. -Ederi buydu!- Camlar açık. Yazın cehennemi, kavurucu bungun sıcağı doluyor içeriye. Aynur'un al al olmuş yüzü, alnından göz çukurlarına, şakaklarına yol bulup ter sızıyor. Öğle ezanı okunuyor. Arsız, telaşlı bir sinek vızıldayarak dönüp duruyor yazıhanenin içinde. Bekliyor. Sabırla bekliyor. Bu son kerte. Mahir imzayı attı. İhsan'a vekaletname de vermiş, çıkarıp gösterdiler, alıp bir de kendi okudu, noterin adı, mührü. Bir örneğini istedi. İhsan Bey hemen kopya ettirip evine gönderecek... Her şey tastamam, yerli yerinde... Boşanma gıyabında gerçekleşecek. Aynur huzurlu.

"Hayırlı olsun," dedi İhsan Bey.

"Şeytan görsün yüzünüzü," diye geçirdi Aynur içinden. Dışarı çıktılar. Binanın önünde durdular. Mahir, bir adım ötesinde kucağında bebeğiyle Aynur. Mahir'in uzattığı eli sıkmadı. "Hadi, hadi... Uğurlar ola," dedi. Tam öbür yöne yürüyecekken seslendi Mahir. "Aynur?"

Aynur durdu, dönüp yüzüne baktı. Özür mü dileyecek? Dün geceki rezaletin, hoyratlığın pişmanlığı mı var yüzünde? Yok. Bu bakış, o bakış değil. Belki de para için, onu müşkülünden kurtardığı için teşekkür edecek. Olur ya, belki bir yol vicdana gelmiştir.

"Bir kere... Son bir kere öpebilir miyim?.. Kızımı?" dedi.

Şaşırdı Aynur. İşte bunu hiç beklemiyordu. Temkinli yaklaştı. Kucağında yorgun, derin uykusunu süren bebeği Mahir'e çevirdi. Aslında dönüp gidebilirdi. İçinden de öyle geçti geçmesine ancak bir şey durdurdu onu. Bugün bile tarif edemiyor o duyguyu. Babasını hiç tanımamış çocuklar bilir yalnızca; tanımlayamaz, dile getirip sözcüklere dökemezler ancak kesin olan bir şey varsa, o da bir tek onların bildiğidir. Yumuşacık, tüysü, demlenmiş pilav buharıymışçasına tatlı, ancak uçuşkan, uçumlu...

Uzanıp art arda öptü kızı Mahir. Tıraşsız yanağını sürdü yüzüne. Saçlarını kokladı, bir daha öptü... Sonra kamburu çıkık, süklüm püklüm uzaklaştı.

Bugün sorsanız Aynur'a şu hayatta ne öğrendin diye...

Ölüm de var ayrılık da. Kötüden kurtulmak bir âna bakar... Kötünün zaaflarını kollamalı, buldun mu tutup öylece kökünden söküp atmalı... der. Ancak Aynur da biliyordu ki kötülük sıvaşıktır, izi gün gelir kendinden bile çok kanatır, acıtır insanı.

Birkaç adım attı. Köşeye gelince durdu. Çantasından yuvarlak küçük kolonya şişesini çıkardı. Sallaya sallaya kâğıt mendile boca etti. Kızının yanaklarını, çenesini, alnını, kendi ellerini, yüzünü sildi. Hiç iz kalmamalı... Bir çöp kutusu arama gereği bile duymadı, buruşturup attı mendili yere... Yürüdü. Yol boyu düşündü. Kan akıtmalı. Azıcık parası olsa hemen irisinden bir koç alıp kurban edecek...

Gece yarısını az geçe Aynur'un çoktan hazırladığı bavulunu almaya geldi Mahir. O, adamı son görüşü oldu. Kapı aralığından uzatıp verdi. Adam ne var ne yok açıp içine bakma gereği bile duymadı. Onmayasıca Mahir, karanlığa karıştıkça, adım adım içi hafifledi Aynur'un.

Bir ara Almanya'da olduğu, bir ara da Hollanda'ya geçtiği söylentileri geldi kulağına. Umursamadı. Uzak bir tanışın hikâyesiymişçesine dinledi, geçti. Bugün bile, hâlâ ondan tek bir haber almış değil. Ne aradı ne de sordu Allah'a şükür. Öldü mü yoksa kaldığı yerde mutlu mesut yaşıyor mu kimseler bilmiyor.

O sabah Aynur uzun zamandır ilk defa huzurlu uyandı. Ağzının içinde duyumsadığı şekerli bir tat vardı, çok hoşuna gitti. Dişlerini sıkmaktan dolayı oluşan sızı da kaybolmuş.

Sokak kapısında kedinin sesini duydu. Neşeyle açtı kanadı ardına dek. Bir de arkadaş mı buldun kız sen kendine, zilli? Siyah beyaz kabarık tüylü bir kedi daha. Makarna yapmıştı akşamdan. Mutfağa çıkıp tencereyle beraber kapıp getirdi. Donmuş salçalı kıymanın kokusuyla civarda ne kadar kedi varsa kapı önüne toplaştılar. Aynur önde, onlar arkada sabırsız, çöp konteynerinin oraya kadar zor gittiler. Tam köşeye boca etti koca tencereyi. Üşüşüp afiyetle yiyişlerini izledi. Mutlu oldu. Tek tek uzanıp sevdi her birini. Ayaklarına dolanıp sürtünerek minnetlerini gösterdi el kadar hayvanlar.

"Ah! Kimseler sevmedi mi sizi?" diye sordu. "Kimseler sevmedi mi? Üzülmeyin bundan sonra ben varım. Hepiciğinize sahip çıkarım." O gün orada yemin etti Aynur, şu huzuru daim olsun, kapısına gelecek, yardım dilenecek kimseyi geri çevirmeyecekti.

Çok sürmedi. Huzuru yine kaçtı. Önce sokak başında peyda oldular. Arabalarından inip "Bacım bi baksana?.." diye başladılar. Beli silahlı, karanlık, asık suratlı zebella gibi adamlar her gün kapısını çalmaya, kahrolasıca Mahir'i sormaya başladılar.

"Ben de bilmem ki nerededir soysuz. Bir gece aldı başını çekti gitti. Teneşirlerde yunasıca, uğursuz. Beni kadın başıma kundakta bebeğimle bırakıp kayıplara karıştı. Siz kimsiniz? Ne istersiniz? Ne diye düştünüz ki peşine?"

"Bir alacak verecek meselesi. Belki bahsetmiştir?"

"Yooo... Ben bilmem ki onun çetrefilli işlerini."

"Borcu vardı bize..."

Koluna yapıştı adamlardan biri. "Bak hele. Sen onun karısı değil misin?"

Gönül

Kül Karası...

Işıklara gelince durdurdu şoförü. "Bu köşede indir bizi Yasin, deniz kıyısında biraz yürüyeceğiz." Araba kaldırıma yanaştı. İndiler. Torununun elini sıkıca tuttu. Evhamlıdır Gönül. Çocuk bu, bilemez, bir kurtulup atarsa kendini yola... Allah korusun neme lazım. Oğlanın çantası yanlarında, boyama kitapları, kalemleri, oyuncakları, matarası her yana dağılmış. Eğilemedi. Bazılarını, koltuğun altından şoföre toplattı. "Tamam, sen oyalanma buralarda, bekleme dön eve. Terziye de gideceğim zaten, uzar işim. Olmadı taksiyle dönerim."

Işıkları beklediler. Oğlan ardında tekerlekli küçük çantasını çeke çeke yürüyor. Gönül adımlarını ona uydurdu. Çok seviyor. Torun sevgisi bambaşka canım. Allah benden alsın ona versin, uzun ömürlü olsun, pek hareketli. "Fişek gibi," diye seviyor dedesi. Aynen öyle, fişek gibi. Gelini ikinciye gebe. Kız demiş doktor. Pelin pek sevindi. Yeniden hala olacağım diyor telefonda arkadaşlarına. Kız bebek geliyor. İyi oldu önceden bilmek. Hazırlıkları ona göre yapılıyor. Çeşme Sokağı'ndaki eski evi baştan sona yenileyip açtı oğluna. Orada oturuyorlar şimdi. Dükkânlara da yakın. Köyceğiz'e git gel zor oluyordu. Gelin hanım tepedeki güvenlikli villaları pek beğeniyormuş da, bu sokak arası evler gürültülü oluyormuş da... Bir geniş bahçesi olsa da çocuklar koşup oynasa fena mı olurmuş da... Koca ev. Neredeyse konak. Millet mumla arıyor da bulamıyor. "Babanın evinde gördün mü de villayı..." diyesi geliyor insanın. Pelin evlenince Yalıkavak'taki siteye taşınacak ya... Aslında derdi o. Ona takmış. Ama canım, Yesari Bey oğluna aldı o evi. "Burada otursunlar, çocuklara düğün hediyem olsun," dedi. Ona yaptınız, bana yapmadınız, diye yarış edecek bir durum yok ki ortada. Gelin kısmının görümceyi kıskandığı nerede görülmüş?

Nadir Bey de yat bakıyor çocuklara. Altta kalmak ister mi? Fuarları geziyor vakit bulunca. İyice ıcığını cıcığını sorup soruşturuyor. Broşürler topluyor, internetten kulüplere üye olmuş bile. On birle on üç metre arasında... Sekiz metre kare yelken... En az üç kamara şart. Şimdilik açık etmiyorlar. Var ya, olay yaratacak. Eminim çok konuşulacak. Oh, dosta düşmana karşı... Yıllık üyelik aidatını yatırmış. Marinada yer bile ayarlamış şimdiden. Gidip gelip elleri ardında, öyle inceliyor, gözlüyor. Koca adam, şu çocuk gibi heyecanlı. İçi içine sığmıyor.

E hadi bakalım... Yalnız dün gece pek ayıp etti, yüzü yere geçti Gönül'ün. Eve geldiğinde konuklar gitmek üzereydi. Çok bekletti insanları. Bade ortalığı toplarken Gönül eli alnında dolandı durdu. Mide ağrısı tuttu, tabii hep sinirsel, limonlu sodalar, pastiller bana mısın demedi. İlk defa olmuyor bu, daha önce de haberli konukları tek başına ağırlamak zorunda kalmıştı. İsyan edesi geliyor. Şeytan diyor kıyameti kopart. Tam kabullenmiş, bu adam böyle, benim evliliğim de bu, derken... Arada o eski, unutulmuş sandığı, dikensi duygu gelip gelip yokluyor. Tanımlaması kolay değil, her şeye benziyor... Kızgınlık, üzüntü, pişmanlık, düş kırıklığı... Bunların hepsinin toplamı? Oyuk oyuk, göz göz gidip gelmeler içinde. Genç kızlığında hırçınlıkları olmadı değil, ancak öyle olur olmaz bağırıp çağırıp ağlayabilen bir kadına hiç dönüşmedi. "Dişlerini sıkanlardanım ben de," demişti psikiyatristine. "İçe atanlardanım. Gururum vardı eskiden. Gurur dediğin kumsalda uzanan incecik kuru dal, üstüne basıldı mı... *Artık çok geç*'lerle örttüm kırgınlıklarımı. Keşkelere, belkilere sığınmaktan cayalı da çok oldu. *Bu da böyle*'lere yenildim ben."

Antidepresanlarla, uyku haplarıyla sağaltmaya çalıştı hayal kırıklıklarını. Çıtayı ne kadar yukarı çıkarırsa o kadar yüksekten düşüyor insan.

Yazları kolay, pek fark etmiyor. Uyuşuyor hayhuyla her yanı. Bol bol alışveriş yapıyor. Yemeklere çıkıyor. Otellerde verilen davetlere katılıyor. Bodrum'da curcuna bol. Ancak kışları zorlanıyor, hatta bazen oldukça ağır atlatıyor. Güz geldi mi başlıyor sıkıntı, melankoli hali. Bir içe kapanıyor ki sorma gitsin, hiçbir şey zevk vermiyor. Anlamsız geliyor yapmayı en sevdiği şeyler. Gözüne perde iniyor. Bir anda griye, karanlığa bürünüyor dünya. Hüzünleniyor. En olmadık, ipe sapa gelmez, küçücük şeyler üzünç verebiliyor. Geçen yıl sararan yaprakların rüzgârla savrulup havuza düşüşlerini izleye izleye ağlamıştı. Günlerce terasta tutunduğu demirleri sıkarak gözlerinden yaş akıtmış, helak olmuştu. Ne yapsa engelleyemiyor. Gövdesinde bambaşka biri varmışçasına, onun gözlerinden görmeye mahkûm olmuşçasına. Halbuki ne var bunda, değil mi? Tabiatın değişmeyen kanunu bu. Yapraklar sararıp dökülecek elbet, yeniden tomurcuğa durup yeşerecek o kuru dallar... Böyle olacak. Ancak gel de bunu o anki Gönül'e anlat. Güneşin solup yön değiştirmesi, soğumaya başlayan, kapalı, çökkün havalar. Buğulanan camlarda yağmur damlaları. İçi kesik kesik oluyor. Gördüğü her şey acıtıyor. Açıp açıp albümlerden eski fotoğraflara bakarken buluyor kendini. İnsanın içini yakan acıklı şarkılarla avunuyor. Hüznü katlanıyor. Tek başına kapanıp bir odaya ağlıyor. O durumlarda doktoru hapların dozunu artırıyor. Çocukla konuşur gibi bir tavrı var kadının. "Sakin olun Gönül Hanım. Mevsim dönümlerinde böyle hissetmeniz çok normal. Hastalığınızın seyri bu. Bunu da atlatacağız. Bakın ne diyeceğim? Siz en iyisi yine bir tatile çıkın, imkânınız var, yurtdışına gidin. Nadir Bey'in vakti olmuyorsa siz de tura katılın canım. Yeni arkadaşlıklar. Başka kültürler, başka şehirler... biraz değişiklik iyi gelecektir, oyalayacaktır sizi. Her gün bol bol yürüyüş yapın. Havalar serinlemeye başladı, çıkın yürüyün. Yakın mesafelere arabayla gitmeyin. Temiz havada uzun yürüyüşler dinlendirici olacaktır. Şimdi ne yapıyoruz? Yemeğimize dikkat ediyoruz, iyi uyuyoruz ve ilaçlarımızı her gün aynı saatte aksatmadan alıyoruz."

Dizi izlemeye başladı. Televizyon odasındaki cozefine uzanıyor, çayı, meyvesi, kuruyemişi... Oh... Bazen bir gecede iki bölüm izlediği oluyor. Uyuyamazsa üstüne bir de dram filmi. Oradakilerin çetrefilli dertlerine dalıp kendininkini unutuyor insan.

Son yıllarda eve taktı. Orası öyle, burası böyle olsun. Şunu kaldırayım, bunu atayım. Her sene kışa girerlerken toptan değiştiriyordu mobilyaları. Nadir Bey sinirden köpürüyordu. "Eskilerinin neyi vardı yahu? Yine heyheylendin be kadın. Almıyor musun ilaçlarını?"

Bade'ye oğlanı yukarı çıkarıp yatırmasını söylerken sıkıntısı yüzünden okunuyordu Pelin'in.

"Sen Bade ablanla git, ben sonra gelip sana yeni aldığımız kitaptan öyküler okuyacağım, tamam mı halacım?"

Eh, bu kız da yakında ele karışacak. Sen bir baba olarak bunlara dikkat edeceksin. Dışarıda ne bok yersen ye de evi aksatma bari. Oğlanın ana babası kalkıp oturmaya gelmişler. Önemli bir şey konuşulacak. Çocuğunun geleceğinden daha mühim ne olabilir? İnsan iki eli kanda olsa bırakır gelir.

Mutfağa diye kalkıp kalkıp aradı. Bir tekini açmadı aramaların. "Aradığınız numaraya şu an..." Kısık sesle mesajlar da bıraktı. Yok... Yine yer yarıldı içine girdi adam.

"Biz artık kalkalım," deyiverdi Yesari Bey. O an, Sinan'ın babasına bir bakışı vardı, yürek dayanmaz... Gönül en çok çocuklara üzüldü. Bir süre dalıp onları izledi. Yesari Bey de heyheyli adam, aslında sözünü sakınmaz. Neyse ki can sıkacak bir şey söylemedi de tadımız kaçmadı... Yere baktı. Bir ara kalkıp salonun içinde dolaştı. Daha yarım saat olmamış geleli, kalkalım, diyor. Alındılar tabii... Eh, ayıp oldu. Halbuki onlara terası hazırlatmıştı. Camları bir daha bir daha sildirip kapattırmış, saatler öncesinden ısıtıcıyı açtırmıştı. Sedefli tavla takımı. Meze masası. Puroluk. İki dünür, iki baba, şöyle karşılıklı, erkek erkeğe...

İkinci yıllarına girecekler. "Nişanlılık bu kadar uzar mı canım?" demişti kuaförde karşılaştıklarında Sema Hanım, şaka yollu.

"Vallaha Sinan başımızın etini yiyor. Ee haklı, evini yuvasını bilmek istiyor çocuk. Hadi okuldu, işti neyse... Ama artık bir manileri de kalmadı."

Haftası dolmadan aradı kadın. O da ilkin kendi gibi sıcaklardan yakındı uzun uzun. Al basmaları. Titremeli üşümeler. Hormon bandı yapıştırıyormuş omzuna. "Yaş kemale eriyor Gönül Hanımcım. Torun sevmek istiyoruz artık. Şöyle bir oturamadık ki. İşten güçten kaldıramadı Yesari bir türlü başını. Bir müsait olduğunuzda ziyaretinize gelmek istiyoruz. Yok canım, aman ha Allah aşkına hiç yemeğe filan kalkışmayın ne olur. Akşam oturması diye düşündük biz. Şöyle yemek sonrası. Uzun zaman oldu. Özledik sizi de."

*

Çekti oğlan elini. Asılarak "Babaanne, dondurma!" diye bağırdı. Karşı kaldırımda büfemsi, döküntü bir yer. "Yok," dedi Gönül. "Yok oğlum. Yenmez oradan. Ben sana bilinen bir yerden alırım. Buranın dondurması kötüdür. Pistir. Böcekli. Karnın ağrır sonra, hastalanırsın. O zaman ne deriz babana? Bak bak oğlumu alıp götürdüler de hasta ettiler derse ne yaparız? Bir daha yollamaz anan olacak bize. Havuzda yüzemezsin Pelin halanla. Bade ablanla top da oynayamazsın. Özlersin bizi."

"Tamam o zaman. İyi yerden alalım. Ama ilimonlu alalım..."

Annesinden öğreniyor bu şiveyi. "İlimon, ilegen, irezil..." Başka bir Türkçe konuşuyor kız. Ne olacak, tepelerden, Yörük, Yörük ağzı. Aslında varsıl insanlar ancak köylüler işte. İki çift laf konuşulmuyor. Sohbetleri yok. Miras pay ederlerken oğullarını ayrı tutmuşlar güya. Ne kadar zeytinlik, bağ bahçe, verimli topraklar varsa oğlanlara, aşağılarda, denize yakın, ekilmez yerleri de kızlara vermişler. Eh, gel zaman git zaman, kasaba gelişmiş, turizm patlamış, tüm kızlar, kadınlar bir anda zengin oluvermiş. Kimseye eyvallahları yok. Burunlarından kıl aldırmıyorlar. Oğlan su yolu yaptıydı Köyceğiz'i. "İlle de bu," dedi. Ne bulduysa? Öyle ahım şahım bir güzelliği de yok. "Alacaksınız bana bu kızı!" Odalara kapandı. Onlarla sofralara oturmadı. Babası kıyamadı oğluna, "Madem sevmiş, bize düşen gidip istemek. Gerekeni layıkıyla yapmak." Gönül hiç istemedi, içinden gelerek yapmadı hazırlıklarını. Şöyle göğsünü gere gere gelinim de bilmem kimgillerden diyemedi. Ukde oldu içinde. Kız akıllı. Oyunlu. Hemen uyandı. Vay siz misiniz bana, aileme burun kıvıran deyip çekti oğlanı, Köyceğiz'de göl manzaralı lebi derya bir daire aldı oturdu. "Altında dört çeker var. Buradan gider gelir işine," dedi. Bir de tutumlu. Üç kuruşun hesabını yapar. Kirli çıkın, hiçbir şeyi atmaz. Gönül evin mobilyalarını değiştirince, "Eskilerin hepsini yollayın bana," diye haber göndermiş.

"Günahtır, vermeyin ele." Kamyon tuttu yolladı köyüne. Kardeşlerine, akrabalarına onlarla ev düzdü. Parası da var aslında, istese yenisini alır. Kıtlık, yokluk da görmemişler, ancak böyle öğrenmişler. Elleri kolları şıkır şıkır altın, burma burma bilezik. Bir pırlanta yüzük takmıştı Gönül nişanda, bir daha göremedi parmağında. "Yazık boşuna masraf, biz bilmeyiz öyle sosyetik şeyler, şıkırtılı taşlar neyin," dedi. Laf çarptı. Sosyetik ha? Çok bilmiş. Giyim kuşamda da aynı. Kırk yılda bir kuaföre gider, iki takım gezmelik elbisesi vardır. Değişe değişe onları giyer. Gönül kaç kere "Kızım sen de gençsin, şimdi giymeyeceksin de ne zaman giyeceksin? Bak iki adım ötende Aynur ablan var. Bodrum'un en meşhur, en iyi terzisi, seç beğen canın ne istiyorsa diktir," dedi.

Bir iki uğramış... Aman canım Aynur'un da ondan kalır yanı mı var... Sıradan gündelik birkaç şey dikmiş buna, o kadar. "Sevmiyor kız abartıyı Gönül, rahat bırak, zorlama," dedi çıktı işin içinden. Oğlan doğunca zar zor ikna ettiler. "Etme kızım, yapma kızım, bak Bodrum'da iyi okullar, kolejler var. Köyceğiz'de devlet okuluna mı gitsin?"

"Ne var?" diye çıkıştı ilkin. "Nesi varmış devlet okullarının, biz oralarda okumadık mı?" Sonra ne döktü ne düşündüyse razı oldu. Anasını oturttu Köyceğiz'deki daireye, ohhh...

Of, yoruldu yürümekten. Yürürken aklına üşüşen şeyleri düşünmekten. "Şurada oturalım mı?" diye sordu oğlana. Sanki hayır dese oturmayacak. Kendine soğuk bir limonata söyledi, oğlana da külahta limonlu tek top dondurma. "Boğazın şişer şimdi bir tane ye, sonra yine alırım." Su istedi. Arada su içirdi zorla. Bir anasına teslim edeydi sağ salim. Torun da olsa emanet işte. Az daha yürüseler çarşıda dükkâna uğrayıp babasına da bırakabilir aslında. Bu sefer de laf eder gelin olacak. "Bak bak, ta Bodrum'a kadar geldi de bir uğrayıp yüzümüzü görmeye tenezzül etmedi," der. Oğlanı işler. Üstlerine salar. Huzursuzluk çıkarır durduk yere.

Baktı saat ikiye geliyor. Peçeteyi suyla ıslatıp sildi oğlanın bulaşık ellerini, ağzını. Gözleri aynı babası. Açık kahve, hareli. Badem biçiminde yayvan. Dolgun yanakları ana tarafından. Elmacık kemikleri çıkık çıkık. Kız halaya oğlan dayıya... Dar alınlı olacak onlar gibi.

Çarşı girişinde yeni açılmış -satış telaşında- kitapçının camına kocaman asılmış posteri gördü. *Sevda Yörüklerden – Son Kitabı Geldi* yazmışlar yanına. Şöyle bir iyice bakınca Muğla Kitap Fuarı İmza Günü... Demek Muğla'ya gelmiş. İster misin Bodrum'a da uğrasın? Yok canım. Gelmez. Asla. Herkes unuttu, bir o unutmadı. Kin güder. Hırslıdır. Yıllar oluyor bir gelmiş ama. Bir gece kalmış. "Kübra'yı görmek istemiş," demişti Aynur. Hatta ayak üstü Pelin'le de tanışmışlar. Sinan resimlerini çekmiş, yanak yanağa. Pelin Instagram'a koymuştu. Sinan çok sevmiş. Çok beğenmiş. "Gayet ölçülü birisiydi," diye anlatmıştı. Alçak gönüllü. Yaşına göre de oldukça güzel. Eh tabii ne koca derdi çekti ne de çocuk doğurdu bizim gibi.

Pelin bu yeni kitabını çoktan almış. Okudu bir solukta. "Etkileyici" yazmış yine paylaşımının altına. Kitaptan birkaç cümleyi eklemiş. Bir ara Nadir'in elinde de görmüştü Gönül. Hepsini okudu mu acaba? Hiç bahsetmedi. Okudum demedi. Gönül de merak etti etmesine ancak o kitap okuyamıyor. İkinci sayfadan sonra içi daralıyor. Ter basıyor. Ama dizisi yapılırsa bak o zaman izler. Hele sevdiği oyuncular da rolleri alırlarsa...

Pelin, öbür kitaplarında olduğu gibi yine hep buraları anlatmış diyor. Bir yazar olarak en büyük özelliği anlattığı öykülerdeki erkeklerin ikincil olmasıymış. Kadın karakterler kanlı canlı, derinlemesine işlenirken, erkekler önemli olmalarına rağmen neredeyse çalakalem geçiştiriliyorlarmış.

İsimleri sordu. "Hiç benden bahsetmiş mi? Gönül diye bir başkarakter var mı?"

"Hayır." İçin için gülmüştü Pelin. "Hiçbir kitabında Gönül isminde biri yok. Aynur da yok. Kübra da..."

"Peki ya Hayriye?"

"Hayriye? Sanmam. Yok." Yine de emin olamamıştı. "Hatırladığım kadarıyla yok. Ama emin de değilim. Sizlerin adını özellikle takip ettim ancak yoktunuz. Böyle sorunca pek bilemiyorum. Neden kendin okumuyorsun anne? Tüm kitapları var evde. Bir zamanlar yakın arkadaşınmış. Belki adlarınızı değil de, öykülerinizi bulursun içinde... Mutlaka yazmıştır bir şeyler. Onları ancak sen yakalayabilirsin."

"Hadi bizleri geçtim, ancak Güngör diye bir karakteri mutlaka olmalıydı. O da mı yok? Güngör de mi yok?"

"Daha farklı isimler kullanıyor. Emire, Şehriban, Fidan, Azade..."

"Güngör Hanım, ah be Güngör Hanım," dedi kendi kendine "Sen bir öyküye sığar mısın hiç? Kızın sana başlı başına özel, kalın bir roman yazmalı. Belki ancak öyle bir romanda anlatılabilir öykün. Hey gidi Bodrum Güzeli, hey!"

Gülümsedi. Yanında torunu, kilolanmış, geçkin bir kadın görüntüsü tam posterin üstüne yansıdı.

SEVDA'NIN SON YAZI.

Öyküsünden kaçanların öyküleri.

Annesinin öldüğü yıldı. İzmir'deki evlerindeydiler. On iki miydi? On iki olmalı. Çarşaf altı muşambalı yatakta yatırıyorlardı onu. Hışır hışır. Rahatsızlık verici. Geceliği yarı beline kadar ıslak uyanıyordu. Sacide onu kaynar sularla, kokulu sabunlarla yıkıyordu. "Dert değil kızım, üzülme, bu yaşlarda olur böyle. Hepimiz arada kaçırmışızdır. Suyumuz sabunumuz ne güne duruyor, hepsi var Allah'ıma şükür," diyordu. Güneşli günlerde dairenin balkonuna şiltesini çıkarıp kurutuyorlar. Çamaşır tellerinde eksik olmaz çarşaflar, yastık kılıfları, bir gün evvelden sodaya basılmış iç çamaşırları, gecelikler. Her gün çalışıyor makine. Sessizdi. Çekinik. Dayanaksız. (Bazılarının hatırasında bir türlü dinmeyen sancıdır çocukluk...)

Belini yazdırdılar, okunmuş sular içirdiler, doktorlara da gitti. Hiç arkadaşı yoktu. Onun yerine biriktirdiği peçeteleri, pulları, kartları... vardı. Hep biriktirdi. Elinden alınacak uçup gidecek diye korktuklarını kaybetmemek için sakladı. Gözü gibi baktı. Kimselere göstermedi.

Okul eve yakın. Yürüyerek gidip geliyordu. Sabahçı yazdırmışlardı. Okul önlükleri öbür çocuklardan farklı. Dersleri Fransızca. Gri, yüksek duvarlı avlu içinde dolaşarak fiillerin çekimlerini ezberliyor, "dire, disant, dit... savoir, sachant, su..."

Bir öğlen sonrasıydı, Sacide elinden tutup Güzelyalı'ya halayı ziyarete götürmüştü. Mor kadife, altın sırmalı petifür kutusu, kocaman bir zambak buketi. Talatpaşa'dan faytona binmişlerdi. Kordonboyu, Pasaport... "Deniz havası ala ala," demişti Sacide... Küheylanların ahenkli nal seslerini dinleye dinleye gitmişlerdi. O zamanlar daha yalı yıkılmamış. Yerine o yayvan büyük apartman yapılmamış. Girişi arkadaki toprak yoldan. Bahçe bakımsız. Ot bürümüş. "Canım gülistanı kurutmuşlar," diyor Sacide, ah ederek. Bu bahçe böyle miydi? Susuz kalmış sönük, dalları sarkmış bir iğde ağacıyla bir de yalının boyuna yakın akasya ayakta. Kim budayacak? Hemen önleri deniz. Cumbadan camlara dayanıp çiğ yeşil dalgalı yosunlu kayalardan suya atlayan çocukları izlemişti. "Bu pis suda hasta olacaklar," demişti hala.

O kadına -gıyabında- neden hala dediklerine şimdi bile bir anlam veremiyor. Dedesi Hüsnü Paşa'nın üçüncü evliliği. Sözümona rahmetli annesini o büyütmüş. Oysa hala konağa geldiğinde annesi on dördündeymiş.

Paşa dede yoktu. Gönül şimdi anımsayamıyor nerede olduğunu. Hastanede? Bir bakımevinde... ölmüş müydü yoksa? Hala bir başına kalmış koca evde. En çok bundan yakınıyor. "Böyle olacağını bilsem iki çocuk daha doğururdum Sacide Hanım. Boy boy dizerdim. Hoş, şimdi çocuktan da hayır yok ya. Bak kızlara, nasıl da hayırsız çıktılar, hepsi kendi havasında. Alsancak kaç adım yer ki? Uğrayan eden yok."

Bunamış, elden ayaktan düşmüş çok yaşlı bir de halayıkları vardı. Babasına göre "saray artığı". Gülleyla. Hayal meyal hatırlıyor Gönül onu. Bayram ziyaretlerinde baş köşede otururdu, gölgeye karışmış kara teniyle. Gözleri ne zamandır az görür. "Vermeyin efendim, vermeyin. Yiyemiyor, maalesef dişleri kesmiyor." Girişteki odayı yapmışlar ona. Çift kanat kapısı kapalı. Kumlama camların ardında silik, dumansı bir yalnızlık duygusu. "Bugün yarın bekliyoruz... gidici" diye bahsediliyor. (Takdiri ilahi işte, ölemiyor.)

Sacide kalmayı, arzu edilirse seve seve ev işlerine yardımcı olmayı teklif etmişti. Hala, "Estağfurullah," deyip kibarca geri çevirmişti. (Bir incelikle geri çevriliş; *bu sizin işiniz değil.*) Gündelikçiler gelip gidiyormuş... *Eksik olma Sacide kızım.*

Halanın gümüş saplı, cilası parlak, siyah bir bastonu var. Arada yere vuruyor. Tak tak. Yürürken dizlerini kırıyor. Boynu kireçlenmiş, kıtır kıtır, pek oynatamıyor. Mavi damarlı elleri bembeyaz, romatizmadan eğrilmiş parmakları pullu, kızarık. Kaşıntılı. Uzun tırnakları içe doğru. "Bu sene kaplıcaya da gidemedim Sacidecim. Çok istedim lâkin durumlar malum. Artık bütün kış ağrısına katlanacağız. Elden ne gelir?"

Harflerdeki inceltme işaretlerini uzun, vurgulu kullanarak konuşuyor. Tâblo diyor. Gürôl. Cânan, Nâzan... Amerika'daki torunlarını övgüyle andığında "Nev York'ta yaşıyorlar," diyerek İngilizce sözcüğü Osmanlıcaya çeviriyor. Siyah kadife elbisesi göğüsten büzgülü. Tek sıra inci kolyesi, kenarları telkâri sedef küpeleri, elmas mekik, baget, beştaş yüzükleri var. "İncir kolonyası tut çocuğa Sacide. Latilokum da olacak şurada. Hah! O kutudaki içi yumuşak şekerlemelerden de ver."

Üstü malakit yeşil, içi gümüş yaldızlı kâğıtları gizliden cebine saklamıştı Gönül. Şekerin mayhoş, kirazsı kokusu burnunu kaşındırmıştı.

"*Ach, des enfants de la rue*... Onlar sokak çocuğu. Sen özenme onlara çocuğum," diye uyarmıştı onu hala. "Bir dilim daha çoban böreği versin mi Sacide sana, ister misin? Kızılcık şerbeti de güzel olur yanına."

"Yemiyor hanımefendi. Allah sizi inandırsın, elimde kaşık dolanıyorum peşinde. İştahı hiç yok."

"Yeni yeni şeyler çıkarıyorsunuz Sacide. Sağlıklı çocuk iştahı ne bilirmiş?"

Ev çocuklarının durmaksızın yaşadıkları o ağır can sıkıntılarıyla boğulup cumbaya kaçıp kaçıp o özgür, neşeli, kirli çocuklara bakmıştı Gönül.

Ahşap, tuğralı, el oyması, altın varak (üç hilal bayrak önünde çatılmış kılıç nişanlı) taş aynalarda kurumuş toz bezi izleri. Sarkacı durmuş, minesi dökük duvar saati. Kalın çerçeveli el yazmaları, sararmış oval kontur içinde, büyütülmüş gelinlik fotoğrafı. Mendil eteğinin çizgileri, duvak yerine başının iki yanında elmas iğnelerle tutturulmuş, tülbendinden yere dek sarkan gelin telleri, hep sonradan kalemle rötuşlanmış. Rutubetlenmiş, kavlamış, kalkmış duvar kâğıtları, köşede çini soba, göbekli konsollar, biblolar, Venedik camı boy boy vazolar, çeşmibülbüller, billur likör takımları... Abanoz fildişi, porselen, pirinç, opal... O evdeki antikaların pahada değerli olan parçaları mezatlarda satılıp paraya çevrildi, büyük bir kısmını da teyzeleri, "aile yadigârı" diyerek aralarında pay ettiler. Onlara yalnızca paşa dedenin fesli, yağlı boya bir portresi düştü. Babadan birler ya... Gür siyah kaşları, keskinleştirilmiş bakışlarıyla vakur. Söylendiğine göre bu pozu verdiğinde on yedi yaşındaymış. Çok daha yaşlı görünüyor oysa. Otuzlu yaşlarını süren olgun bir adam gibi. Çeşme Sokağı'ndaki evde, tam girişte duvara asılı duruyor hâlâ. Bel vermiş konsolun üzerinde peygamber kılıcı, cam kıyısında Afrika menekşeleri, mum çiçekleri, kuşkonmaz. Ayaklı sehpasında sabit, boş, sarı metal bir kuş kafesi. Tavanda baklava dilimi motifli çarkıfelek. Her şeyin üstüne sinmiş serin karanlık. Kapı üstü vitraylardan merdiven aralığına sızan cılız ışık. Bir tek o ışıkta göze görünür uçuşan toz zerrecikleri. Geçmişin sessiz, kırılgan gölgeleri.

"Ah!" diye iç geçirmişti Sacide. "Ah kopaydı şu dilim, lal olaydım da söylemeyeydim. Hayatımın en büyük hatası, telafisi imkânsız, tek pişmanlığım. Ne bileyim hanımefendi, bir boşluğuma geldi işte. Rahmetli o kadar ısrar etmeseydi yine de demezdim ya. Çok üzüldü. Çok kahretti. O olaydan sonra daha da ağırlaştı. İflah olmadı. Yemedi, içmedi. Hep sustu, hiç konuşmadı. Kimseyle konuşmadı. Sebep oldum diye pek dövündüm. Bilsem hasta yatağından kalkıp yalın ayak kadının evine kadar gideceğini..."

Soğuk bir kış akşamıymış. Sacide evi toparlamış, yemekleri yapmış, vaktin gelmesini bekliyormuş. Şifadır diye, geceden bol tarçınlı Hint hurması şerbeti hazırlamış, ilaç tepsisine koymuş. Yukarı çıkarmış.

"Çok ağrısı vardı Aysel Hanım'ın. İnim inim inliyordu," diye anlatıyor eli karnında, şahit olduğu o dayanılmaz ağrının yerini göstererek. Şimdi bile içi cız ediyor Gönül'ün. O cumbaya kaçmak istiyor. "Son müsekkini de şırıngaya çekip dikkatlice zerk ettim. Yazık, bir anda nasıl rahatladı, nasıl gevşedi. Elime dokundu usulca. Hafifçe, bulanık gülümsedi. Yastığını destekledim. Aysel Hanım, yemek vakti... Bir iki yudum şerbet içti, o kadar. İlaçlar dedim, sonra, diyerek döndü sırtını, büründü yorganına, uyudu. İyice dalana kadar başında bekledim. Peki ya gece uyanırsa, ya olmadık bir saatte sancısı tutarsa, ah ben ne yaparım? Müsekkin bitti. Bu sondu. Aldı mı beni bir kaygı? Baktım hava henüz iyice kararmamış. Bir koşu eczaneye gider gelirim. Aldım reçetesini, üstümü giydim. Çıktım evden. Sepeleyen yağmur altında bir koşu meydana indim. Vardım ki kapı duvar, elimi siper edip camlardan içeriye baktım, bir ışık, bir hareket... Yok, çoktan kapatmışlar. Eh, ne olacak şimdi? Bir yandan kızıyorum da kendime. Suçluluk duyuyorum. Bu senin işin, iyice bir baksana, ilaçları yokluyorsun, bunu nasıl atladın a Sacide? Bilsem eczacı nerede oturuyor, insanlık namına çalacağım kapısını. Gerekirse yalvaracağım. Ancak yabancısıyım kasabanın, kimi kimseyi tanımıyorum ki. Dövüne dövüne bir çıkar yol düşünürken, meydanı kesen sokakta Kemal Bey'in arabasını gördüm. Kaldırım kenarına yanaşmış. Motoru çalışır vaziyette duruyor. Ya Hızır, ya Hızır... Kul daralmayınca... Altın bulmuş gibi oldum, bir sevindim ki sormayın... Başladım okumaya... Sallallahu aleyhi ve sellem'in... Arabanın camları buğulu. Yağmur da vurmuş üstüne. İçerisi loş, belgin değil, pek görünmüyor. Yan koltukta biri var. Daireden mesai arkadaşlarından biri zannımca. İyice yanaştım. Önce bir tereddüt ettim tabii, sağı solu belli olmaz, parlayıverir bilirsiniz, Kemal Bey bu... Lâkin konu mühim... Şöyle usulca tıklattım camı. Kemal Bey diye seslendim. Kemal Bey... Sizi Allah mı gönderdi?.. Laf ağzımda kaldı. Bir döndü ki ne göreyim? O! Kapkara buğulu gözleri, dalgalı saçları... Kürkünün yakasını kaldırmış. Benli yanağına tek dal, kızıl bir gonca gül dayanmış. Ne işi var bu kadının akşamın bir vakti Kemal Bey'in arabasında? Ah, efendim meğer bunlar çoktan..."

Sacide boş bulunup "Meğer çoktan..." diye uzatınca hala devamını düşünmek bile istemeyip lafı çevirmişti. "Ben kadına suç bulmuyorum Sacide kızım. Kadın belli ki her şeyi göze alan cinsten. Kemal'e de diyecek bir şey yok, tıyneti bu. İlk vukuatı da değil. Neler geldi başımıza onun hovardalıkları yüzünden? Asıl söz dinlemeyen Aysel'di. Kabahatin büyüğü onda. Bize uygun değil dedik, eğitimi, görgüsü senden katbekat aşağıda. Sen Berlin'de yüksek okudun. Mevki yaptın, ülkene hizmetin nişanlarla tescil edildi, değil mi efendim? Yapma kızım, etme kızım, bak ne taliplerin var... Nuh dedi peygamber demedi. Biraz da inatçıdır senin anlayacağın, burnunun dikine. Başına buyruk. Rahat yetişti tabii. Hiç sıkıntı görmedi. Bir dediği iki edilmedi. Hastaca sevdi Kemal'i. Ömrünü verircesine. Çamurdan bir adam yapıp ilah olduğuna inandırdı kendini. Hüsnü Paşa sayesinde bir memuriyete yerleştirildi. Adam oldu. O olmayaydı işi de, mesleği de yoktu Kemal'in. Aysel'in hatırına iyi bir çevre edindi. Saygınlık kazandı. Eh, sonradan biti kanlandı tabii. Bu sefer de kızı beğenmez oldu. Ah neler neler. Bir anlatsam günler sürer." Susup soluklandılar. Denizin üstünde uçan martıların çığlıkları doldurdu geniş salonu. Dışarının sesleri kesik kesik çarptı duvarlara. "Çocuk nerede Sacide?"

"Burada, şahnişte, dışarıyı seyrediyor hanımefendi. Gözüm üzerinde, merak buyurmayın."

"Hırkasını giydiriver sen yine de. Üşümesin yavrucak."

"Kemal umut vermiş ki kadın evini, çocuğunu bırakıp bunun peşinden İzmir'e gelme cesaretini göstermiş. Aracı koyup karşıda bir de daire tutmuş. Gizli saklı olurdu eskiden değil mi? Yok efendim, nerdeee. Umuma açık yerlerde kol kola dolaşmalar, müzikli lokantalarda yemekler, Efes Oteli'nde balolar, ev toplantıları, fuar gazinoları, pavyonlar... Ilıca'da deniz banyoları... Hep yan yana, diz dize. Bodrum'dan misafirim diye tanıtıyormuş. Hiç çekincesi yok Kemal'in. Olacak iş mi? Dost var, düşman var. Yukarıdan duyulursa memuriyetini yakarlar, olacağı bu. Neyse... Hüsnü Paşa'nın kulağına gitmez mi? Anında gitmiş tabii. O da iyi değil. Onun da sağlığı bozuk, malum. Bir gün iyiyse üç gün kötü. Efendim, uzatmayayım. Paşa bekledi, birkaç ay ses etmedi. Bir sabah kalktı, banyosunu aldı, giyindi, arabayı hazırlattı. Hayırdır Paşam, nereye, diye sordum. Karşıyaka'ya gidiyorum dedi, o kadar. Kadına gitmiş, konuşmaya. Kendi anlatmadı canım. Anlatır mı hiç? Böyle konularda yüz göz olmaktan imtina ederdi. Yalnızca bir keresinde Kemal'den bahsederken, *kolay değil efendim, refikası ölüm döşeğinde, o da bir buhran geçiriyor*, demişliği var.

Konakta, belediyeden Malika var ya, evet o, hiç evlenmeyen... Hah işte tastamam bildin, çok yaşa sen, onu aracı koymuş bunlar daireyi tutarlarken. İkinci bayram, ziyaretime geldiğinde o anlattı. Bir gece Saffet'in yerinde ecnebi revü grubunu izlemeye gitmişler. Geç vakit çıktıklarında bir de ne görsünler, kadının nikâhlı kocası kapıda bunları beklemiyor mu? Ta Bodrum'dan buraya hafiye gibi izlerini sürmüş. Dikilmiş kadının önüne, yalvarmış. Ağlamış. Kemal Bey, benim bir çocuğum var, yapmayın, yıkmayın yuvamı, diye bağırmış ardlarından. Fuara çıkamaz olmuşlar. Rezilliğin bini bir para. Paşa gittiğinde Kemal yokmuş. Kadın yalnızmış evde, tanıtmış kendini. Bir kahveni içmeye geldim kızım, deyip girmiş içeriye. Yoluyla yordamıyla, bir büyük olarak almış karşısına, konuşmuş. Cahilliğe müsamahası yoktu bilirsin. Anlayana ağır da konuşmuş.

Ben hiç karşılaşmadım. Ne yalan olsun, sokakta görsem tanımam. Lâkin Malika, kadının güzelliğini anlata anlata bitiremiyor. Cemiyette uğruna yuvasını dağıtmayacak, yoluna servetini feda etmeyecek kimse yokmuş. Her erkeğe feleğini şaşırtır bir kadınmış. Ağır, oturaklı bir hali varmış. Artık oyun mu yapıyor, yoksa gerçek mi orası bilinmez. Kemal'e tutkunluğuysa, onu görüp de büyülenen erkeklerin umutlarını tüketiyormuş."

Sokağın başında durdu Gönül. Sırtından ter boşandı. Adım atacak hali yok. Kesik kesik soludu. Oğlan cıva gibi, yerinde durmuyor, üstelik de ne görse istiyor. Anadan tembihli midir nedir? Çantasını da Gönül'e bıraktı. Yorulmuş. Yorulursun tabii. Şimdiki çocukların yükü kendilerinden ağır. İki adım aheste yürüyeyim dedi, burnundan getiriyorlar. Çantasından mendilini çıkarıp boynunu, gerdanını kuruladı. Aynur'da provası olmasa yemin olsun çıkmazdı dışarıya. Bir dahakine oğlanı babası gelip alsın canım. Böyle olmaz, çocuk peşinde koşacak hali yok. Soluk alınmıyor. Ağzına burnuna alev üflüyorlar sanki. Allah'ım bu ne sıcak. Eylül geçti, hâlâ ortalık cehennem gibi. Gölgeliklere sığınarak yürüdü. Aynur'a varınca ilk iş Yasin'i arayacak. Gelsin kapının önünden alsın onu. Sevda'nın imza günü için Muğla'ya geldiğinden Aynur'un haberi var mıdır ki? Yok canım, olsa sarılır telefona hemen arardı. Saklayamaz o böyle şeyleri. Olmadı Kübra yazardı Pelin'e. Ellerinde telefon, tüm gün bik bik yazışıyorlar. Birbirlerinin kaç bardak su içtiklerini biliyorlar.

Bir kitabını alıp Muğla'da imzaya götürdüğünü düşledi. "Rica etsem bunu benim için imzalar mısın Sevda?" Ne yapardı acaba? Ne derdi? Lanet okuyup kalkıp gider miydi? Yok canım daha neler. Onca insanın içinde tutup da ters bir şey söyleyecek hali yok herhalde. Gülümsemezdi ama. Gözlerine bakmazdı da. Kapağı açık kitabı getirdi gözünün önüne. (Ne yazar ki kitaplarını imzalarken yazarlar?) Sevda o ilk boş sayfaya, onun için ne yazardı acaba? Sevgili Gönül'e demezdi, orası kesin. Gönül'e... diye başlar mıydı? Belki.

"Bizim ailede her kızın babasıyla bir sorunu olduğu kesin. Bu bir aile lanetiymişçesine nesilden nesile sirayet ediyor Gönülcüğüm."

Aylardan haziran. İzmir'in en güzel zamanı. Nişan öncesi alışverişi. Babası İzmir'deki evde yalnız, bir başına. Kimseyi istemiyor yanına. Tahammülsüz bir sessizliğe gömülü. O sessizlik ürkütücü. Uzun süreli 'hava değişimi' raporları alıyor. Olabildiğince Bodrum'a dönmek istemiyor.

"Gönül, Nadir'le karı koca hayatı yaşıyor, babası yalnızlığıyla..."

Sacide'yle gelmişlerdi. Yaz sonu kıyılacak nişan heyecanı. İlan etmeler. El öpmeler. "Müstakbel damat da gelecek ama değil mi?" imaları. "Bir görseydik canım, tanışsaydık kendisiyle de..." iğnelemeleri. "Zaten oğlanla aralarında her şey çoktan olup bitmiş. İş bir tek imzaya kalmış." Rahmetli annesiyle aynı kızgın tavalarda kavruluyor Gönül.

Küçük teyzesiyle Kemeraltı'nda gittikleri gözlükçü dükkânı. "Amerika'da çok pahalı Gönülcüğüm. Neredeyse bu meblağın üç katı. Burada gösterilen özen, ihtimam da yok. Çeşitten uzak olması da cabası. Kaba saba bir örnek monture'ler... Hazır buradayken değiştirtivereyim dedim. Bir de yedek hazırlasınlar."

İnsanın tenini yeni bir katmanmışçasına sarıp sarmalayan sıvaşık yapışkan, nemli hava. Uzun günler.

"Palet'te yer ayırttım, şöyle teyze yeğen karşılıklı bir yemek yiyelim." Alışılmadık bir teklif. Köşede bir masa. Miray teyzesinin tam ardında; batarken gökyüzünü portakal kızıla, denizi koyu kurşuni bir maviye boyayan güneş. Kara duman çıkaran körfez vapurları. Birbirinin birebir aynısı garsonlar. Beyaz örtüler, uçuşan peçeteler. Ters çevrilmiş, kalın, ucuz porselen tabaklar. Usulca çarparak alttan beton zemini yoklayan dalgalar. Suskunluklar. Dile gelmemişler. Teyzesinin su katmadan içtiği rakı. Gönül'ün kadehine dolarken köpüren Prosecco - roze.

İki teyzesi vardı. Hüsnü Paşa'nın haladan olma iki kızı. Hayırsızları. İkisine de uzak. İkisi de birbirine, ikisi de herkese uzak. Kimseyi, özellikle hiçbir şeyi beğenmemeler. Açık aramalar. Çatal dil. Devrilen bakışlar. Ne onduğunu ne öldüğünü görme isteği. Usulca çöken ağrılı karanlık. Hırs yatağında yapayalnız ölmeler.

Neden öyle söylemişti? Durup uzunca düşünüp başka bir yolunu aramış mıydı? Gerçekte ne söylemek istemişti? Babaların kızlarıyla değil, kızların babalarıyla. Miray teyzesinin babasıyla ne sorunu olabilirdi ki? Ne yaşanmış? Ağızlarında altın kaşıkla doğmuş, taş bebek kızların birbirinden dahi sakınıldığı aile ortamında?.. Sülalenin erkeklerini toplasan bir elin parmaklarını geçmez. Kadınların sayıca üstün olduğu kesin. Baskın. Karındaşlığı kendilerine cephe edindikleri bu savaş alanında bölüşülemeyen bir ganimet miydi Hüsnü Paşa? Üçünün de öz babaları.

Başka bir ima daha vardı ses tonunda. Nadir'i hiç görmediler oysa. Tanımıyorlar. Gönül, babasının onun hakkında pek bir şey anlattığını da sanmıyor. Kendisi de her fırsatta hep olumlu konuştu. Nüfuzlarını kullanıp araştırmış olmaları olası. Annesinin ölümcül hastalığında daha çok kendilerini rahatlatma isteğiyle seyrek, kısa aramaların dışında bir şey yapmamış bu insanların, aileye girecekler konusundaki hassasiyetleri ne iki yüzlüce.

Uyarıcı da değil sözleri, yapıcı desen, o hiç değil. Bir saptama? Uzmanca tahlilin kesin sonucu. Seyreltmeden doğrudan yüzüne karşı, olanca ağırlığıyla. Önyargı denemez böylesine. "Senin yaptığın koca seçimi, babana bir tepki aslında. Bunu bil. Bunu nakşet, işle aklının bir köşesine, as boynuna. Mutsuz geçecek ömründe katlı yerlerinden aç aç oku bu muskayı."

"İnsan hayatta bir fark yaratmak istiyorsa görünür olmalı, çıkmalı dehlizlerinden. İmadan uzak durmalı. Açık olmalı," demişti Nadir. Onun değişmez hayat düsturu.

"Yazık etme hayatına kızım, güzel Gönül'üm, beni bir anne yarısı olarak kabul et. Sözümü ister dinle, ister dinleme ancak bir büyük olarak bunu dile getirmeyi görev sayıyorum. Mutlu olmanı istiyorum. Evlilik gibi mühim bir konuda hata yapmamalısın, acele etmemelisin..."

Herkes yüreğiyle konuşur, dilin ne suçu var?

"Yavuz'u çocukluğumdan beri seviyorum," demişti Sevda. "İlk gördüğümden beri artan ama hiç eksilmeyen büyük bir aşkla. Çok seviyorum."

"Peki onu sevdiğini nereden anlıyorsun?" diye sormuştu Gönül?

Hiç düşünmemişti kız. "Çünkü onu özlüyorum," demişti. "Her an özlüyorum. Yanımdayken bile özlüyorum..."

Çeşmede evlendiler. Boyalık'taki otelde bir resepsiyon verildi. Büyük bir düğün olmadı. Yine de gösterişliydi. "Düğüne denk," demişti Sacide. -Son görevi. İç rahatlığı- Sonrasında her şeyi, herkesi geride bırakıp İstanbul'a döndü. Unutmaya yüz tuttuğu eski hayatına.

Yemek yoktu. Aperitif bir şeyler. Şampanya. Dileyene rakı, şarap... Gelinlik giymedi. (Teyzelerinin dişe dokunur tek iç rahatlığı.) Beyaz döpiyes. Beyaz ayakkabı, saçına tutturulan, tülü kısa bir kep. Yapay manolyalar gelin çiçeği. (Su damlası elmas takılar annesinden yadigâr. Buz gibi taşlarda bir sıcaklık arayışı.) Beş katlı pasta. Olmazsa olmaz Komparsita, kısa süren gelin damat dansı. Kalabalıktan uzak, sandalyesini camlara çevirmiş, ayaklarını pervaza uzatarak oturmuş, denizi izleyen babası. Kolçağa dayalı elinde viski kadehi, ağızlığında yalazlanan tütün.

O gecenin büyük sürprizi. Katran dolu dedikodu kazanını köpürterek kaynatan ateş. Odalarına geçerlerken Nadir'in kapı önüne getirttiği davul zurna. Çiftetelli, zeybek, roman havası. "Bizde davullu zurnalı olmazsa düğünden sayılmaz. Göbek atmadan mı evlenelim yahu?"

Kat kat tuvaletlerden, markalı gece elbiselerinden, elmaslardan, pırlantalardan dökülen hayal kırıklıkları. Yakıştıramamalar. Banal bulmalar. Bu ne aymazlıklar.

Zifaf odasına gülerek keyfi yerinde girmişti Nadir. *İntikam alındı, günleri gösterildi* baş sallamalarıyla. Alaycı iç çekişleriyle. Ceketini çıkarıp Gönül'ün yanına oturmuştu. "Küstün mü?" diye sormuştu. "Biraz onlardan biraz benden, ne var bunda içerleyecek?"

İçerlememişti Gönül. Umurunda değildi. Canları cehenneme. Ne kökeni önemliydi ailesinin ne de gelecekte onlarla kuracakları ilişkileri. Dışlanmak incitmez. İsterlerse silsinler defterlerinden, bir daha bakmasınlar yüzlerine. Ne gam! Onun içini kanırtan başkaydı. Kaybettiği en yakın arkadaşının giderken ona bıraktığı o içe işler bakışı. Yüreğini oyan, benliğini darmadağın eden o suçlayıcı, hesap sorar bakışı. Bitmiş, çökkün, yaş dolu, kan çanağı... Elleri ardında kelepçeli.

Sana güvenmiştim. Ah Gönül, ben sana bu dünyadaki herkesten çok güvenmiştim.

"Hiçbiri umurumda değil Nadir, hiçbiri. Hepsinin canı cehenneme. Sen benim için o dışarıdaki kalabalıktan çok daha önemlisin. Çünkü seni ben seçtim, ben sevdim, ben istedim. Birazdan bambaşka bir bağla bağlanacağız birbirimize. Dilerim bu heyecanımız hayat boyu sürer. Bence yaşamın en kutsal ânı bu. Ancak şimdi bir isteğim var senden. Tek bir isteğim. Bilmek istiyorum. Gerçeği bilerek yanında olmak istiyorum. Şunu da unutma; cevabın ne olursa olsun yine de bir şey değişmeyecek. Yalnızca bir kuşkuyu söküp atmış olacağım hayatımızdan. Net olacak her şey. İmalara yer olmayacak. Dolambaçlara, ikirciklere, kuşkulara... Ne olur, yalvarırım bana doğruyu şöyle Nadir. Sen mi ihbar ettin Yavuz'u?"

Her suçun bir kara kutusu vardır. Bir suçlu artık ceza almayacağını bilse bile, kendini ele vermemesi gerektiğini, o suçu işlemeden çok önce öğrenmiş olur.

Gelini kapıyı coşkuyla açıyor. Belli ki camdan görmüş geldiklerini. "Hoş geldiniz annecim," diyor atılıp elini öperken. Karnı iyice belirginleşmeye başlamış. Eğilip oğlanın çantasını, öteberisini alırken biraz zorlanıyor. "Umarım uslu durmuştur? Üzmedi ya sizi?"

Terlik bırakıyor önüne. Ayaklarının ucuyla yana ittiriyor Gönül zevksiz misafir terliklerini. Çıkarmadan ayakkabılarıyla giriyor içeriye. Bir keresinde oğlu şaka yollu ortaya konuşmuştu, "Evde çocuk var, malum emekliyor, yerde ne bulsa atıyor ağzına..."

Vazoda yapay çiçekler. Koltukların üzerine örtülmüş çizgili çarşaflar. Vınlayarak dönen vantilatör. Gün boyu açık televizyon.

"Koşma oğlum, koşma!" diye bağırıyor çocuğun ardından. Sonra sakinleşip bambaşka birine dönüşüyor. "Annecim, bir kahve yapayım mı size? Yorulmuşsunuz." Kızın sesindeki bu saygı tonlamaları düşünülmüş. Oysa ardından saydırdığını çok iyi biliyor Gönül. Aynı oyuna devam etmeye niyeti yok. "Çok kalmayacağım. Sağ ol. Aynur teyzende provam var. Az sonra oraya geçeceğim. Bu sıcakta kahve de keyif vermiyor. Sen en iyisi bana şöyle buz gibi bir su ver kızım."

Babası ilk kalp krizini geçirdikten sonra bu evi hazırlatıp Bodrum'a taşınmıştı. Yıllar sonra Kemal Bey'in dönüşü sessiz sedasız olmuştu. Bitkin. Sayrı. O eski heybetli görünüşünden uzak. Emekli. Keyifsiz. Artık kendine bile bakamayan, başkasının yardımına muhtaç. Sağ tarafında oksijen yetmezliğine bağlı duyu kaybı. Geç kalınmış. Aslında Gönül, babası gözünün önünde olsun istemişti, ancak Kemal Bey kızının yanında yaşamayı reddetmişti. Oysa koca ev. O zaman Gönül de yatılı bir bakıcı tutmuştu. Köyden gündelik işleri yapan iki de kadın ayarlamıştı. Her gün uğrayıp kontrol ediyordu. Yıl dese yalan olur, aylar içinde babasının durumu gittikçe ağırlaştı. Derin, koyu, içe gömük depresif ruh hali de eklenince kısa sürede iyiden sessizleşti, silinip kayboldu. Kimselerle konuşmaz, hatta Gönül'ü bile tanımaz oldu.

O günlerde en büyük desteği yine Aynur'dan gördü. Yetemediği yerlerde hasta annesini bırakıp o koşuşturdu. Eve gelen doktorları karşılamaktan, ev işlerini denetlemeye, hıçkıra hıçkıra ağlayan, çaresizlikten kahrolan Gönül'ü avutmaya kadar. O iç yanmaları arasında Gönül oğluna hamile kalmıştı. Uzun yıllar çocuk hasreti çekmişlerdi. Yurt içinde, yurt dışında gitmedikleri doktor kalmamıştı. Tedaviler bu kez sonuç vermişti vermesine ancak oldukça zor geçiyordu hamileliği. Sürekli yatmasını istiyordu doktorları. Yerinden kıpırdamamasını. Duygusal olarak da iyi değildi, gereğinden fazla hassaslaşmıştı, her şey kolayca acı veriyordu. Başkası için işten sayılmayacak şeylerin yükü altında eziliyordu. Üstelik hamileliği boyunca, hatta süt verdiği sürece de sakinleştirici ilaçlarını kullanamadı. Hamileliğinin sekizinci ayına girmişti ki babası vefat etti. Bakıcı kadın sabah kahvaltısını, ilaçlarını hazırlamış, odasına girmiş, perdeleri açmış, şöyle dönüp bakmış ki yüzü yeşile çalan beyaz bir renk, kireç gibi. Yarı aralık gözleri sönük. Yine de bir iki seslenmiş, uyandıramamış. İlk iş Gönül'ü, ardından Aynur'u aramış. Doktor, ambulans... Gönül hariç tek bir Allah'ın kulu ağlamadı ardından. Ölü evinden bir çığlık, hadi çığlığı geçtim, duyulur duyulmaz bir hıçkırık... Şu merdivenlerden sedyede indirdiler. Üzerinde pijaması. Sıcak yatağından çıkardıkları gibi. Daha gövdesi soğumamış. Felç geçirdiğinden beri kasılı yüzü gevşemiş. Sağ gözü -ne yaptılarsa- kapatılamamış, açık kalmış, suvarmış. Parlak, hâlâ akan bir sızıntı. Aynur'un eli Gönül'ün sırtında. Sıcak sıvazlayışlar.

Bilinen, sözlü ya da yazılı bir vasiyet bırakmamıştı. İçki masasında çakır keyif, şaka yollu söylenmiş, akılda kalmış, "Beni şuraya gömün," demişliği bile yoktu. Annesinin yanına İzmir'e diye düşünmedi değil. Ancak yol gözünde büyüdü. Bir de babası değil bayram seyran, özel günlerde, ölüm yıldönümlerinde bile annesinin mezarını ziyaret etmezdi. Yıllar içinde insan bir kez olsun kızını da yanına alıp gitmez mi? Gitmemişti. Bildiği kadarıyla gitmemişti. Belki gözden ırak, gizli saklı, duyurmadan... İnsanoğlunun yüreği bir kapalı kutu. Kim bilir?

Bodrum'a gömdüler. Yeni açılan mezarlığa. Hatırı sayılır bir kalabalık vardı. Özellikle Nadir'in çevresi eksiksiz oradaydı.

Leman sonradan telefonla arayıp başsağlığı diledi. Gönül'ün acısına ortak olmak şöyle dursun, hep kendi dertlerini, çeşit çeşit hastalıklarını anlattı. Gönül onu sabırla dinledi.

Güngör teyze aylar sonra bebeği getirdiğinde üzüntülerini dillendirdi. Toprağı bol olsun. Yaşama dair kopuk tuhaf birkaç söz etti. "Devri daim..." dedi. "Bak. Biri giderken bir başkası geliyor işte." Susup susup iç çekti. "Herkesin elleri bir zamanlar bebekti," dedi. Anımsadığı ağır günahlarının notlarını böylece temize geçti. Pek çokları gibi o da hayata kesti faturayı. Dudak kenarında kaz ayakları. Mora çalan, torbalanmış, sarkık gözaltları. Kanserden küçülmüş yüzü. Başına taktığı bone. Ağrılı soluk alıp vermeler. Çökkün yanaklarında sarkmalar. Ancak o hâlâ bir Bodrum Güzeli. Hâlâ aşk arar... Hâlâ bir umudu var. Yüzükleri, kolyeleri, küpeleri. Donuktu yüzü, kesik baş hareketleri, uzaklara bakarak konuşması, sigarasından çektiği kahır nefesleri. Yutkunurken boğazını tıkayanlar. Dile getirilip söylense, akıp rahatlatacak, artık içini çürütmeyecek o zehir.

Kızgın değildi Gönül. Allah da biliyor ya, içinde öfkenin kırıntısını taşımıyordu. Aşktı işte. Yaşanmıştı. Aşk yeryüzünde öfkeyi hak etmeyen tek duyguydu.

Ne tuhaf, bir insanın hayatında neyi eksikse tüm yaşantısı o oluyor...

Aynur'la kapı önüne çıkıp vedalaşırlarken görmüştü bir gün Sütun Leman'ı. Pencere önü değişmez yerinde oturuyordu. Onu kucağında bebeğiyle izliyor, el sallıyor, gülümsüyordu.

"Aç kapıyı Leman teyzesi, bak sana kimi getiriyorum," diye seslenmişti.

Yıllarca o eşikten kimseyi atlatmamış Leman, kamaşan gözleriyle aralamıştı kapısını. Ayakları çıplak. Keskin bir sidik kokusu ulaşmıştı ilkin Gönül'ün burnuna. Yine de geri adım atmamıştı. Kirli sarı parmaklarını saklamıştı Leman arkasına, uzanıp "Aç yüzünü de bir göreyim," demişti yalvarırcasına. Tülbendi usulca kaldırmıştı Gönül. Oğlan uyuyordu. Leman'ın yüzü aydınlanıvermişti. "Melek gibi," demişti. "Tıpkı bir melek gibi."

"Bizi içeriye buyur etmeyecek misin Leman abla?"

Babasının ölümünden bir hafta sonra mevlit okuttular. Evin tüm katları doldu. Bahçeye tente gerdirdi, erkekler orada toplandılar. Çeşme Sokağı yine doldu, taştı. Kazanlarda helva kardırdı. Gül şerbeti. Tavuklu pilav. Lokma döktürdü. Yedi ayrı kuruma yüklü bağış yaptı. Kırk kapıya erzak yolladı... Karanlık, üşüten bir şubat sonu. Atıştıran yağmur. Ertesi hafta Gönül yardımcı kadınlarla beraber evin içine girdi. Babasının tüm giysilerini torbalara, özel eşyalarını kutulara koydular. Fakire fukaraya verilsin. Onlar giydikçe yatanın ruhu şad olsun. Özellikle kitaplarını paketleyip şoförle kendi evine taşıttı. Mobilyalara dokunmamaya karar verdi. Bir süre her şeyi olduğu gibi korumak istedi. Şömineyi yaktı. Geçip ateşin karşısında oturdu. Öyle geldi içinden, belki bir sıcaklık arayışı... Kullanılmayan odaların kapılarını kilitledi.

Babasının odasının camlarından görünen kıpırtısız denize baktı. Evlerin çatılarına, o çatılardaki bacalardan yükselen, yükselip boşluğa karışan dumana. Dumanın kaynağı ateşe, o ateşin ısıttığı odaların camlarına. Hüznü arttı. Yaş yürüdü gözlerine. Bir şey olmalı. Geride kalan küçücük bir kırıntı. O sıcağı ansıtan bir işaret. Böylesi hiçliğe karışamaz insan. İleride çocuklarına dedelerini anlatırken, fotoğrafların yanında çıkarıp göstereceği bir övünç belgesi. Nişanlar almıştı. Takdir belgeleri vardı. Onur ödülleri, madalyaları. Şuralarda bir yerlerde olmalıydılar. Arattı kadınlara. "Alt kata da bakın. Sandıklara da."

Çekmeceleri, dolapları, kitaplığı, evrak çantalarını, kilitli kutuları açıp didik didik etti. Bulduklarına sarıldı. Kokladı. Ağladı. O gün çok ağladı Gönül. Babasının yatağına uzanıp hava kararana kadar uyudu. Nadir uyandırdı onu. Üşüdüğünü anımsıyor. Yorgana sarılıp biraz daha yatakta kalmak istemişti. Kocaman karnı izin verdiğince yana dönüp oda kapısında durmuş, ona kaygıyla bakan Nadir'in karanlık camlara yansıyan görüntüsünü izlemişti. "Kapat ışığı ne olur," demişti. "Bırak bir beş dakika daha uyuyayım."

Kimse dokunmamıştı ona. Sabah uyandığında güneş vardı. Aydınlık. Parlak ışık yansımaları oda duvarlarında. Uyumak iyi gelmişti. İyi hissediyordu kendini. İçinin közü küllenmişti. Tazelenmiş. Bir ölü yatağında yatıp sabahına dirilerek uyanmıştı. Ölüm yenilgiye uğratılabilir bir şey gibi geliyordu. Sonsuza kadar yaşayacakmışçasına dirim dolu. Şu çatılardan atlasa ölmeyecekmişçesine. Koşa koşa inmişti aşağıya. Kahvaltı hazırlamış kadınlar. Nadir de o gece orada kalmış. Sabah erken işe gitmiş. Bahçe kapısı açık, kuş cıvıltılarına karışan sokağın gündelik sesleri. Güneşin yaktığı topraktan yükselen tatlı koku. Zemin taşlarına damlatılmış reçel kalıntıları. Her yudumda çayın damakta bıraktığı buruk bergamot aroması. Bugün, günlerden yaşamak, ne güzel.

*

Aylar sonrasında kutulardan birinden çıktı mektup. Bir dosyanın içindeki sararmış kâğıtların rengini almış. Bir dosya kâğıdının yarısı kadar. Ortadan ikiye katlanmış. Kurumuş. Sertleşmiş. Zarfın üzerinde mavimsi, dağıldığı yerlerde artık mora çalan mürekkeple el yazısı, babasının adı, soyadı, İzmir'deki evin adresi. Tarih yok. Zarfa yapıştırılmış pulun üzerindeki damgada gün 18 ya da 08 olabilir, tam olarak okunmuyor ancak hangi ay olduğu görünüyor. Kasım...

Mektup çok uzun değil. Daha çok elden verilebilir bir pusula gibi yazılmış. Sayfanın yarısını bile doldurmuyor. Buna karşın okudukça tümcelerin taşıdığı anlam çarpıyor Gönül'ü.

Kemal.

Sana ulaşma çabalarımın beyhudeliği sonucunda, maalesef bu mektubu yazmaya mecbur kaldım. Bir çıkar yol arayışındayım. Son derece çaresizim. Ümit ederim ki eline geçer geçmez gerekeni yaparsın.

Hani bitti, bir heyecandı geçti, demiştin ya, hani giderken koca şehri üstüme yıkmıştın... Yapayalnız... Bitmiyor be Kemal. Aşk bende bir sözle son bulmuyor. Benim sana olan aşkım bırakmıyor bir türlü yakamı. Ben hayatımda bir tek seni sevdim, sana âşık oldum.

Kemal'im.

Ben gebeyim. Yemin ederim. Yüz kere bin kere yemin ederim ki karnımda taşıdığım senin çocuğun. Ah bir bilsen ne kadar bedbahtım. Ölmeyi dahi düşündüm. Hem de defalarca. Lâkin yapamadım... kıyamadım.

Umutsuzca cevabını bekliyorum.

G. Y.

Yine aynı dosyada siyah beyaz tek bir fotoğraf.

Açık açık yazmasa da kimliğini baş harfleriyle ele veren biri, o fotoğrafa dikkatlice bakınca şüpheye yer bırakmayan bir ayrıntıda daha gizlenmiş. O zamanlar istenmeyen fotoğraflar, bugün olduğu gibi dijital çerçevelerden kolayca -tek tıkla- silinemezdi. Bunun için kaba, keskin makaslar kullanılırdı. Oyulurdu siluetler, olduğu gibi bir düz çizgiyle kesilirlerdi, yırtılırdı, daha da öfkelilerce yakılırdı, ancak geride mutlaka bir iz bırakırdı. Dokunanın parmağına sıvaşan kül karası...

Fotoğrafta üç kişi var. Açık havada, bir davette, eğlencede çekilmiş. Bir yazlık gazino da olabilir, bir düğün de. Belirsiz. Yalnız görünen o ki şarkılı danslı bir ortam. Babası donatılmış bir masada oturmuş. Sağ yanında omzu üstünden eğilmiş terli, dans etmekten yorgun, esrik bakışlı, seyrek kumral saçlı -sarışın da olabilir- çekik gözlü, kendi yaşlarında bir adam. Beyaz gömleğinin dar yakası açılmış, ince kravat gevşetilmiş... Gülümsüyor. Fotoğrafta olması gereken, babasının karşısında oturan üçüncü kişiye gelince, işte fotoğraf tam oradan kesilmiş. İnce leylek boynu kadehte patlamış ışık, süt beyaz çıkmış içkisi. Kadehin hemen yanında fotoğrafı makaslayanın gözünden kaçmış yarım el kalıntısı. Uzun, bakımlı tırnaklar, ince beyaz parmakta kare markiz elmas yüzük.

Tanıdık bir yüzük. Parmakla çevrildikçe pembe papatyalara yansıyor ışığı. Gözünü alıyor Gönül'ün.

Aylarca düşünmüştü. Doğru olabilir mi? Uykuları kaçmıştı. Bahçe kapısını aralayıp herkesten gizli sigaralar içmişti.

O gün Leman onu kucağında bebeğiyle içeri alsaydı...

O günlerin tek tanığına... Güngör teyzenin en yakın arkadaşına... Dert ortağına... Sırdaşına...

"Çok zaman oldu Leman abla. Biliyorum. Üstünden koca bir hayat geçti. Kayıplar yaşadık. Yaralar aldık. Çokça yıkıldık... Ama bak hayat hepsine rağmen devam ediyor. Gün geliyor kucağımızda umutla dolaşıyoruz. Kapı eşiklerinde de olsa yüzlerimiz yeniden hatırlıyor gülmeleri. Mucizeler oluyor. En ummadık anlarda bambaşka bir hal alıyor yaşam. Şaşırtıyor bizi.

Ki sen o cam kenarından büyük bir sabırla izliyorsun her şeyi. İyinin de, kötünün de, acının da, mutluluğun da tanığısın.

Biliyor musun? Geçenlerde babamın eşyalarını toparlarken elime bir mektup geçti. Eski tarihli...

Kimseye söyleyemedim. İçim içimi yemiyor değil hani. İnsan emin olmak istiyor. Buna hakkım var sanıyorum. Gerçeği bilmeye. Hani bildiği bir şeyi kendine kanıtlamak için başka tanıklar, başka kanıtlar arar ya insan... Benimki o hesap. Var mıdır acep aslı astarı? Yoksa bu da Güngör teyzenin oyunlarından biri midir? Bildiğin bir şey var mı Leman abla? Senin bildiğin... Allah aşkına saklama. Bak babam göçtü gitti. Güngör teyze onulmaz hastalığa düştü, Allah şifa versin ancak bir ayağı çukurda sayılır... Hadi kuzum, hadi. Böyle şeyler saklanmaz. Aynur diyorum? Bizim Aynur... Güngör teyze yıllar önce o mektupta yazmış babama, gebeyim demiş..."

Bu saatlerde sokak hep sessiz. Güneşin en tepede olduğu öğle sonrası. Taşların bile kurumaktan kendini alıkoyamadığı sıcak. Evlerin açık pencerelerinden taşan çocuk sesleri. Bağır bağır televizyonlar. Radyoda popüler şarkılar. Bir ses karnavalı. Bahçe duvarlarına dayanmış, en iri dalını sarkıtmış limon, çiçekten meyveye dönmüş nar ağaçları.

Ağır ağır yürüdü. Tadını çıkara çıkara. Önünde el ele koşan, iki küçük kız hayalinin adımlarını izleyerek. Hayalin gerçekliğine vara vara... Kim bilir kaçıncı kez geçiyor bu sokaktan. Daracık bir hayatı kaçıncı kez adımlıyor. Birbirinden farklı yerlerde de olsak, hayatlarımızı değişmez sokaklar birleştiriyor. Olmadı güneşe bakıyoruz çocukluğundan beri ya da aya geceleri. Dolunaya. Aynı güneşin yaktığı, aynı şavkın ısıttığı gökyüzü kavrıyor hepsini. Yüzlerini, hikâyelerini...

Tam önünde durdu Aynur'un evinin. Yağmurdan yer yer paslanmış metal bir levhanın üzerindeki silik yazıyı, bir alışkanlık yine okudu. BODRUM TERZİSİ. Kapı açık. Kapalı sinekliğin ardından yüze vuran serinlik, birbirine karışmış sabun, lavanta, hepsini bastıran tarhana çorbasının keskin kokusu. Basamakları çıkmadan önce durdu. Dönüp karşı eve baktı. Yıkıldı yıkılacak, ahşabı bel vermiş. Kapısı yıllardır kaba zincirlerle kilitli. Üst katın camları haylaz mahalle çocuklarınca kırılmış, -anılar taşa tutulmuş- toza bulanmış, siyaha çalar, lime lime yırtık tüllerin o kırıklardan kendine yol bulduğu yerde, oturmuş hâlâ sokağı izleyen Leman'ı arandı gözleri. Ah Leman! Sütun Leman. Gerçeklerin sır kâtibi. Kendi sırlarının yamacına bütün kentin sırlarını biriktirmiş Leman. O sırlarla yokluğa karışan Leman.

Aynur'un tiz sesi dışarıdan duyuluyor. "Kübra!" diye bağırıyor. "Kız duydun mu beni! Alooo?" Paylıyor olmalı yine kızı. Çantasından yelpazesini çıkarıp açtı Gönül. Yellemeye başladı yüzünü. Şakaklarından damla damla sızan terin, yol yol soğuduğunu duyumsadı. Çıktı merdivenleri. Sinekliği ittirince çan sesi dağıttı içindeki haz veren hüznü. Toparladı kendini. Düşüncelerle, anılarla dağılmış saçlarını düzeltti.

"Ne oluyorsunuz ayol? Sesiniz ta sokaktan duyuluyor," diyerek girdi içeriye.

Kübra

Parçalanmış Gerçeklik

"Ben annemle babamı çok az anımsıyorum. Bir trafik kazasında ikisini de kaybetmişiz. Üç kardeştik biz. Benden iki yaş büyük bir ağabeyim vardı, bir de ablam, en büyüğümüz. Bizleri o büyüttü. Evliydi. İki çocuğu vardı. İyi bir kocası. Öğretmen. Hepsini, tüm ailemi savaşta kaybettim. Kimsem kalmadı. Biliyor musun; şu dünyada tanıyabileceğin en yalnız insanım ben..."

Ayman'ın dili döndüğünce anlattıkları hiç aklından çıkmıyor Kübra'nın. Biraz İngilizce, yarım yamalak Türkçe, bin bir güçlükle anlatabilmişti. Anladığı kadarı da yetmişti doğrusu Kübra'nın yüreğini acıtmaya. (Dilini bilmediğimiz insanların zorlanarak anlattıklarını, kendi sözcüklerimizle bazen kolayca anlamlandırırız. Bulgu. Kıvrantı. Sınırlar. Kendimizce belginleştirdiğimiz başkalarının sınırları. Dil insanın vatanıdır. Dil insanın yüzölçümü.)

Koyda sıralanmış derme çatma, karton, naylon, battaniye yığını çadırların, gün boyu güneş altında kavruluşu gibi kavrulmuştu içi. Acıma şefkate, şefkat sevgiye, sevgi de aşka evrilir ya kimi. Gerisi zamanın işiydi.

"Bakma böyle cehennem sıcağı olduğuna, geceleri buz kesiyor o çadırların içi. Hele bir de yalnızsan, inan ruhu donuyor insanın."

Koyu çevreleyen tepelerden hâlâ kucaklarında çocukları, sırtlarında çantaları, torbaları, bavulları, birer ikişer, hasta, sakat, yaşlı, genç insanlar iniyorlar. Yer yer sıra halinde. Çoğunlukla bir çuvaldan boşalırcasına. Gökten düşercesine. Üzerlerinde nereden alındığı belli olmayan, en ucuz can yelekleri, pahalı markaların ucuz fason giysileri. Bazen erkekler şişirilmiş bir lastik botu omuzlamış oluyorlar. Birkaçı gece karanlığında ya da sabaha karşı o botlara binip denize açılıyormuş.

"Karşıya geçmeyi başarabiliyorlar mı bari?" Kübra'nın sorusuna kimse cevap vermiyor. İnsanlar umutlarının sorgulanmasını istemezler, kendileri de kalkışmazlar böyle bir işe, kaçınırlar. Doğabilecek kötü sonuçların söylenmesini, umudun ellerinden alınması olarak algılarlar. O gidenlere ne olduğunu bilemiyorlar. Hiçbirinden -iyi ya da kötü- bir haber alamamışlar çünkü. Birkaç sönmüş, parçalanmış bot, dalgalarla sahile vurmuş, o kadar. O artık onarılamaz kalıntıları kesip kesip çadırlarda kullanmışlar. Bir süre öncesine dek pek çok insana umut olan o botlar aynı umudu taşıyanların barınağına yama oluvermişler.

Hepsi birbirinden farklı bu insanların. Yalnız gözlerindeki o bakış bir. Aynı. Korkulu, mutsuz, şaşkın, kızgın, umutsuz olmanın dışında her birinin gözlerinde -aynı- keskin aldırmazlık var. Bir özgeçi, cayış. "Daha fazla acıtamazsınız canımı!" diye bağırıyor hepsi. O gözler... "Neyim kaldı ha? Cehennemin eşiğinden atlamış olanlar, hiç ölümden korkar mı?"

Kadınlardan biri, "Sen kundaktaki bebeğini ölümden kaçırmanın nasıl bir şey olduğunu biliyor musun?" diye soruyor, Kızılay gönüllülerinden, ne yapacağını şaşırmış, bocalayan -henüz sınaksız- bir genç kıza. "O bebeği yaşatabilmek için aşağılanmayı, itilip kakılmayı, işkenceyi, tecavüzü göze aldın mı? Bana bir daha seni anlıyorum dersen şu taşı kafana yersin."

Sınıra yakın yerlerden gelenler, bir de Türkmenler anlaşılır, neredeyse bizim konuştuğumuza yakın Türkçe konuşuyorlar. Kimi de yolda, kamplarda, sokaklarda öğrenmiş. Arada birkaçı çeviri yapmayı kabul ediyor. Onlar da bıkmışlar acıları, çekilen sıkıntıları sürekli bir dilden diğerine aktarmaktan. "Ne değişiyor ki?" diyorlar. "Her dakika anlat anlat sıradanlaşıyor. Nasır tuttu dilim be kızım. Nasır."

Yüzüne bakamamıştı Kübra'nın. İyi ki de kaçırmıştı bakışlarını. Yoksa Kübra dalar gider, yiterdi o tatlı yumuşaklıkta. Kocaman, bal rengi gözleri vardı. Yakıcıydı. Kız onca insanın arasında fark etmişti o gözleri. Ekmekleri kesmeye çalışıyordu. Yaşlı bir kadın yanına gelip elinden kapıvermişti somunu. Bu her şeyin kimliğini yitirdiği yerde, ince dilimleri filan beklemeye sabrı kalmamıştı. Kendi dilinde -Arapça ya da Kürtçe- söyleniyordu. Kızgındı. Koparıp eliyle parçalamış, kâselerini uzatıp çorba bekleyen çocukların tek tek ellerine tutuşturmuştu. Ne diyeceğini bilememişti Kübra, şaşkındı.

Ayman uzaktan izlemişti olan biteni. Gülmeye başlamıştı.

O gözler......

Alaycı gerilen yüzü......

Güldü mü dünyayı ağartan bembeyaz dişleri......

Günlerce, haftalarca aksatmadan gelip gitti o kıyıya Kübra. Hiç konuşamadılar. Ne Ayman cesaret edebildi ne de o. Uzaktan, ancak orada olduklarını bilerek, tenlerinde hoşa giden tuhaf gerginlikleri yaşayarak öylece beklediler. Dayancın bittiği yere dek. Kıyılarını belirleyen sular bir alçalıp bir yükselerek. Aylarca... Gece başka yerlerde, başka yataklara uzanıp aynı anlarda aynı gökyüzüne bakarak birbirlerini düşündüler. Birbirlerine yaklaştılar bu yolla. İki göz bakışırken söze ne gerek? Buralarda dil dediğin nimetten çok bir bela, bir lanet.

O yaşlı adam hastalanmasaydı hiç tanışmayacaklardı belki de. Çocuklarıyla çıkmış yola. O zorlu koşulları oğlunun sırtında aşmış. -Demek birine gerçekten değer vermek, böyle bir şey.- Kızları, gelini ateş yakıp tenekelerde kaynatıyorlar çamaşırlarını. Çadırdan çadıra ip gerip kurutuyorlar. Olabildiğince temiz giydiriyorlar. Oğlu makasla saçlarını kesiyor. Sabunu köpürtüp tıraş ediyor babasının uzayan seyrek sakallarını. Kırık bir ayna bulup yüzüne tutuyor. Yaşlı adam bunca acının içinden kıvançla bakıyor çocuklarına. Hoşnut. Başını sallayınca, neşeyle açılıyor çocuklarının kolları. Tüm yükü kuş tüyü yeğniliğinde. Özenli, saygılılar ona karşı. Kaçak çalıştıkları söyleniyor. Kadınlar gündeliğe, oğlu da inşaata gidermiş. Tehlikeli. Duyulursa cezası var. Hatta sınır dışı...

Yaşlı adam bütün gün yalnız, çadırın gölgesinde bir taşa oturup denizi, koşuşturan çocukları izliyor. Üstünde temiz pak bir atlet, paçaları kıvrılmış yün pantolon, ayaklarında naylon terlikleri var. Elinde mendili, ensesinden sızan terleri siliyor. Tek şikâyeti seyyar tuvaletlerin sayıca az olması. Tek dayanağı da elinde sıkı sıkıya tuttuğu, kabaca yontularak bastona dönüştürülmüş bir dal parçası. Çakısıyla çocuklara elma soyuyor. Böldüğü dilimleri dağıtıyor. Başlarını okşuyor. O zaman kendinden daha yaşlı gözleri, yaşadığını ayrımsayıp biraz gülümsüyor. Son günlerde sessizdi. Keyifsiz. Beklemek durağanlaştırıyor insanı, durağanlık da tat kaçırıyor çoğu kez. Çakılların üzerine atılmış bir şiltede yatıyordu. Öksürüyor, zor soluk alıyordu. Meral çok ateşi var diye koştu gönüllü çadırına. "Yetişin, adam ölüyor. Alev alev yanıyor zavallı. Sayıklıyor." Yanına gittiler. Kübra ambulans çağırdı. Ayman koşup geldi, yaşlı adamı kucakladığı gibi tepeyi tırmandı. Ardından da Kübra'yla Meral. Arabalara el etti Ayman. Kimse durmadı. "Bekle," diye işaret etti Meral. "Ambulans gelecek, ambulans şimdi," eliyle kulağını gösterdi, "telefonla aradık. Telefon."

Çok geçmeden sirenler duyuldu. Adamı oracıkta sedyeye yatırdılar. Serum bağlarlarken koluna batan iğne tümünün canını yaktı. "Amca, beni duyuyor musun?" diye seslendi ambulans doktoru, kan çanağı gözlerle çevresine bilinçsiz bakan yaşlı adama. "Amca, bana bak. Bak bana. Adın ne? Adın? Adını hatırlıyor musun? İsim? Bize ismini söyle. İsmin ne, ismin?" O ısrarlı soruyu Ayman yanıtladı.

"İsim... İsim Suriyeli."

Onların da hastaneye gelmesini istedi ambulans görevlileri. Meral geri çekildi biraz. Cesaret edemedi. "Sen git Kübra," dedi. "Ne olur sen git. Ben annene anlatırım olan biteni. Git hadi."

Yan yana oturdular hastanenin bekleme salonunda. Sebilden soğuk su alıp getirdi Kübra. Ayman kana kana içti. "Bir daha doldurayım mı?" Başını salladı "Şükran – teşekkür." Suyu alırken Kübra'nın ellerine baktı genç adam, utandı, değmesin diye bardağın altından tuttu. O tertemiz, bakımlı elleri çatlamış, kir oturmuş parmaklarıyla kirletmekten sakındı. Yerdeki cilalanmış karoların tertemiz, ışıl ışıl yüzeyinde kendilerini gördüler. Yan yana. Omuzları değdi değecek. Suskundular. Başka insanların sakin, kırılgan yansımaları geldi geçti önlerinden. Yankılı sesler. Patlak, çığırtkan anonslar. Camların ardından geçen arabalar, korna çalan sabırsız sürücüler. Derinden derinden duyulan ezan sesi. Tavandaki havalandırmanın bu sakınılmışlığı, dışarının sıcağından koruyan serinliği. Tüm mikroplardan, kirden, pislikten, kötülüklerden arındırılmış, dezenfektan kokan, aydınlık bir boşluk. Herkesin hastalıklarda eşitlendiği kutsal mekân. İkisi de yabansıladı. Birbirlerine bakıp gülümsediler. Ayman tuvalete gidip elini yüzünü yıkadı. Saçlarını ıslatıp düzeltmiş. Kendince paklanmış.

Kuruladığı elini uzatıp, "Ben Ayman..." dedi. İlk kez karşılaşıyormuş gibi yapıp el sıkıştılar. Sıcacık elleri birer ateş topuydu. O gün orada anlatmaya başlamıştı. Her buluşmalarında daha cesur. Daha derin. Çok daha ayrıntılı. Hep bir suçu kabullenir, dünyadan özür diler gibi anlattı. Kanıtlayabildiği kadar, çaresizliğiyle, içinden çıkılmazlığıyla, mecbur kalışıyla aklamak istiyordu kendini. Kimliği sığınmacılığıdır onların, geçmişleri silinmiş, gelecekleri belli belirsiz. İlkin, kaçış öyküsünden başka anlatacak pek bir şeyleri de yoktur. Çok güvenirlerse umutları sonradan dile dökülebilir.

"Bize bahar dediler. Arap baharı. Bu sizin baharınız. Kim sevmez ki baharı? Biz de sevdik, inandık. O mevsim gelecek. Her yan çiçek açacak, karanlığa güneş doğacak, gönüller ısınacak sandık. Güzel günler çok yakın. Değişim gerek. Artık hiçbir şey eskisi gibi olmayacaktı. Ben de kalabalığa karışıp bağırarak, Esad'ı protesto edenlerle caddeden aşağı koştum. Ellerimizde bayraklar. Özgürlük. Daha fazla özgürlük. Oysa o gün şimdikinden daha özgürdük. Meydanlarda toplandık, orada uyuduk, uyandık, bağırdık, yine uyuduk... Günlerce. Böyle böyle gelecek sandık o bahar. Karşılamaya hazırdık. Buna içten inandık. Bazen askerle çatıştık. Var gücümüzle barikatlara, polis kalkanlarına dayandık. Evlerimize dönerken yollarda kan birikintileri oluyordu. Yaralananların, sokak arasında dövülerek öldürülenlerin adları kulaktan kulağa... Pek ciddiye almadık. Olur böyle dedik. Bahar sarhoşuyduk. (İnananlarla kandırılanların ortaçağında sabahlıyorduk.)

Ablamla fırsat buldukça yakın bir köyde yaşayan büyükanneme giderdik. Öyle güzel zeytinli ekmek yapardı ki yeme gitsin. Sıcakken tereyağı sür içine. Az da keçi peyniri. Yanına çay. Kıtlama şekerli.

Bir baktık ki yollar tutulmuş. Seyahat etmemize izin verilmiyor. Arabadaydık. Çocuklar da vardı. Bizi durduran askerler, bu çok tehlikeli, dediler. 'Hemen evinize geri dönün.' Daha garip şeyler de oldu. Tekmelerle kapılar kırıldı. Evlere girildi. Masum ya da değil, tek tek tutuklandı insanlar. Saçlarından sürüklendi. Yol ortasında dövüldüler. Ablam, gerekirse çabucak kaçabilelim diye sırt çantaları hazırladı. İçinde yiyecek, giysi, kimlik kartı, tapular, banka kartları. (Bunu gülerek anlatmıştı. Belge, mal, mülk... Ya şimdi buradan bakınca safça bulmuş olmalıydı ya da özlemini çektiği şeylere kavuşmasının olanaksızlığını burukça bir savuşturmaydı bu.) Ağabeyim camide tanıştığı bir grubun toplantılarına katılmış. Gün gün takip etmişler onu. Kimliğini saptamışlar, adresini de. Gece gelip tekme tokat alıp götürdüler. Engel olmaya çalışan ablamı, eniştemi tartakladılar. Çocuklar çok korktu, ağladı. Şaşkındık, uzun bir süre ne olduğunu anlayamadık, ama bunun bir savaş olacağı, savaşın böyle bir şey olacağı hiç aklımıza gelmedi. Hiç. Savaş mı? Benim şehrimde mi? Olmaz ya! Aslında hâlâ inanamıyorum. Eskiden televizyonda savaşları izlerdik. Irak'ta, İran'da. Nedense bombalar hep çok uzak apartmanlara düşer sanırdık. Ne de olsa yaşarken insan korkunç şeyleri, felaketleri kendine yakıştıramıyor. Herkesin başına gelir ancak bizim başımıza gelmez sanısıyla kuşatıldığımız bir kozanın içinde devam ediyorduk hayata...

Benim bir küçük eczanem vardı. Gelirim de iyiydi Allah'a şükür. Ben üniversitede eczacılık okudum. Bir ailem vardı. Bir evim. Arabam. Arkadaşlarım. Dostlarım. Komşularımız.

Halep kuşatılmıştı. Giriş çıkışlar durdurulmuştu. Gökyüzünde uçaklar belirip ilk bombalar düştüğünde anladık neyle karşı karşıya olduğumuzu. (Güvenli kozalarımızın çatladığını. İçine sinsi korkunun sızdıkça sızdığını.) Kulaklarımız sağır oldu. Günlerce iyi duyamadık. Koca şehirler yıkıldı. Her yer; evler, okullar, hükümet binaları, işyerleri, yollar, köprüler... Hep ölüm, hep ateş. Gözlerimiz kanlı, gözlerimiz toz içinde. Ekmek yok. Su yok. Elektrik yok. Yok, yok, yok. İnsan var ama... Çocuk da var... Yaralı. Kolu bacağı kopmuş, kanayan çocuklar. Her sabah uyanır, birbirine sarılırdı insanlar. Her gece uyumadan önce aynı cümleyi kurmuşlar. 'Belki bir daha görüşmeyiz komşum, iyisi mi vedalaşalım.'

Gece geç vakit ağabeyim geldi. Hapiste değilmiş. Sevindik. Nasıl kurtuldun? Suçsuz olduğunu anladılar mı? Arkadaşları vardı yanında. Silahlılardı. Ablam onlara yemek verdi. Çay yaptı. Perdeleri kapatıp tüfekleri ellerinde uyudular. Sabaha karşı bizi arabalara doldurup bir kampa götürdüler. Kamp dediğim, tellerle çevrili, yıkılmış, terk edilmiş bir köy kalıntısı. Kadınları bir yana, erkekleri bir yana yerleştirdiler. Beş yaşında bir yeğenim vardı. Annesinden ayrılmak istemedi, korktu, çok ağladı. Onu bile salmadılar kadınlar bölümüne. Kadınlara çarşaf dağıttılar. Örtünün diye bağırdılar. Eniştem başkaldırdı. Neden dedi. 'Neden kızımı örttünüz? O daha çocuk.' Biri onun sırtına tüfeğin tersiyle vurdu. Kara sakallarında cehennemin anahtarını taşıyan adamlarca götürülürken, 'Siz Esad'dan da zalimsiniz, hayvanlar!' diye bağırdı. Üçüncü gün yol kenarında cesedini bulduk. Dilini koparmışlar. İşkence etmişler, göğsünden vurmuşlar. Getirip oraya atmışlar. Üstünde bulut bulut sinekler uçuyor. Tenini karıncalar kaplamış. Dokundurmadılar. Silahlı bir adam bekledi cesedinin başında. Alıp gömelim dedik, izin vermediler. Cezası bu. Yedi gün cesedin şişip çürüyüşünü, kurtlanıp dağılışını izlettiler bize, nefret ettim yedi rakamından. Ölü gibi değil, ölüm gibi bir koku yayılıyordu çevreye. Soluk almak olanaksız. Sonra -dokununca etleri dağılan gövdesini- gömdük. Sonra askerler geldi. Sonra silahlar. Bombalar. Kamp dağıldı. Ağabeyim yok. Bulamadım. Askerler beni ve birkaç kişiyi daha tutukladılar, sakallarımız bir karış uzamış, kesmek yasaktı. Kir pas içindeyiz. Kapkara. Tanınmaz haldeyiz. Bizi de kampı kuranlardan sandılar. Ellerimizi bağlayıp beklettiler.

'Cezanız ölüm. Emir gelecek.'

'Ne zaman?'

'Bekleyin.'

Ölümü beklemek, ölümün kendisinden zormuş. Tutulduğumuz yere gelen herkesten korkar olmuştuk. Bu mu çekecek tetiği? Yoksa bu mu dayayacak namluyu başıma? Sonra ablam buldu beni. Yalvardı komutana. Kardeşim o, dedi. 'Suçsuz. Benim kardeşim... Onlardan değil.' Küçücük kızlara tecavüz etmişler. Çok dövmüşler, bıçakla boğazları kesilen çocuk yaşta kızları ağaçlara çırılçıplak asmışlar. Cehennemde zebanilerin şeytanı aratır çıldırışı bu. Ablama sordum, sana bir şey yaptılar mı? Yok, dedi. 'Yalnızca bakireleri istediler. Ben onlara sunulacak kızları hazırlamak zorunda kaldım.' -Daha kötü.- Bu canavarların bir anadan doğduğuna, bacıları, kızları olacağına inancını yitirmiş. Güzel, körpe bir kız görünce başına üşüşerek. Sırayla, günlerce. O kızlar ölene dek.

Geceydi, askerler bizi bırakıp gittiler. Anlamadık. Neredeler? Ne yapacağız? Nereye gideceğiz şimdi? Her yer tehlikeli.

Suriye'den ayrılmak istemiyorduk. Elbette savaştan çıkmak istiyorduk ama asıl istediğimiz savaşın hiç olmaması ve kendi ülkemizde güvenle yaşayabilmekti. (Mümkünse el birliğiyle sıvamak çatlaklarını kozalarımızın.)

Sonunda Türkiye'ye kaçan bir kafileye katıldık. Sınıra yakın bir yerde otobüsler bekliyordu. Hepsi hınca hınç dolu. Bu otobüste yalnızca bir kişilik yer var, dedi adam. Yalnızca bir kişi... Başka yer yok. Bir tek kişi. Peki çocuklar? Onlar tamam. Bin dedim ablama, hadi durma, al çocukları bin. Sen de gel. Yok, ben yürürüm. Olmaz, sen gelmezsen gitmem. Sensiz gitmem. Bin şu Allah'ın cezası otobüse, diye bağırdım. İtiraz etme de bin.

Adam çocukları alıp açık kapıdan içeri attı. Ablam sarıldı boynuma, eşarbı çözülünce gür saçları özgürlüğüne kavuştu. Nasıl ağladı anlatamam. Anaları duymuş, görmüş, bellemiştik de ablalar... Ben ablalar nasıl ağlar bilmiyordum. O an öğrendim. Öyle sıkı sarılmış ki tırnakları geçmiş boynuma. Kopartırcasına çektim kollarını. Ama ben de ağlıyorum. İttim adama doğru. Eşarbı savrulup düştü. Aldım yerden, kokladım, öptüm. Çiçekli çiçekli el salladım ardlarından. Otobüsün içinde açık camdan bana bir bakışı var... Sanki gözlerinden içine çekti beni. Alıp ruhuna hapsetti sonsuza dek.

Otobüs toprak yolda yalpalayarak ağır ağır uzaklaştı. Çocuklar gördü mü el salladığımı? Gülümsemiştim, korkmasınlar diye. Şimdiden özlemiştim hepsini. Biz yürüdük. Güneşin battığı yöne yürüdük. Kaç kilometre var, diye sordum yanımdaki adama, on, bilemedin on beş, dedi. Sabır. Sabah olmadan sınırda buluşursunuz.

Otobüs gittikçe küçüldü, küçüldü... Daha gözden kaybolmamıştı ki bir gürültü duyuldu. Uçak geçiyor, dedi bir çocuk. Bakın, uçak! Herkes göğe baktı, ben otobüse. Bir anda alev topuna döndü. Günahsızların ruhu göğe yükselen simsiyah bir duman.

'Otobüs bombalandı, otobüsü bombaladılar...' Kadınlar çığlık çığlığa dövünüyor. İnsanlar koşuyor oraya doğru. Ben olduğum yerde donup kaldım. Koşamadım. Kıpırdayamadım bile. Her yanımı ateş sardı. Bildiğin kor ateş. Alevler içindeyim. Ama yanmıyordum. Baktım. Baktım. Baktım. Sonra oracığa çöküp kaldım bir köz yığını gibi. Kapkara, sönük, atılmayı bekler bir öbek kalıntı.- Ağlayamadım bile. Yaş yok gözümde.

Büyük kargaşa. Hızlı koşmamız gerekiyor. Yolda çok fazla ölü insanlar gördüm. Vahşi hayvanlarca parçalanmış kadın cesetleri. Biliyor musun, tok kurtlar insanların karınlarını deşip gidermiş. Bir tek karınlarını.

Çoğunlukla geceleri yürüdük. Derin bir karanlıkta, birbirimizin omzunu tutarak, gittiğimiz yönü, bastığımız yeri görmeden.

O ânı hâlâ uyur uyanık rüyalarımda görüyorum. Dönüp bakıyorum, bir daha, bir daha... Onların olduğu otobüs alevler içinde kalıyor. Ablam çocuklarına sarılmış, bana el sallıyor. Koş, yetiş, sen de bin, diyor. Koşuyorum. Ben koştukça uzaklaşıyor alev almış otobüs. Kıvılcımlar çiçek olmuş, dört bir yana dağılıyor.

Elimde bir şeyim kalmamıştı. Kaçarken cebime katlayıp koyduğum diplomam, bir de ablamın eşarbı. Hepsi hepsi bu. Şimdi onlara bakarak avutuyorum kendimi: güzel anıları geri getiriyorlar. Eskiden evde kaybolan eşyalarımı deli gibi arardım, bir anda öyle kayboldum ki şimdi eşyalarımın beni arandıklarını düşünmeye başladım.

Bilmiyorum. Belki de böylesi iyi oldu. Azar azar ölmektense bir anda kapkara bir dumanla göğe yükselmek... kurtuluş. Onların yerine teker teker ben ölürüm. Bütün ölümleri yüklenip sırtıma, yola düştüm -ben- yürüdüm. Ardıma bakmadan yürüdüm, yürüdüm. Buraya kadar geldim. Bundan sonrası mı? İşte o meçhul.

İnanıyorum ki biz hatırladığımız uzak şeylerden bir adım fazlası değiliz. Aynı zamanda unuttuğumuz yakın şeylerin de hiçbiriyiz."

Saat öğleni çoktan geçiyor. Kübra televizyonun karşısında bir koltuğa yayılmış, bir yandan bildik moda programlarından birini izlerken bir yandan da cep telefonunda Meral'le yazışıyor. Birlikte gidip geliyorlar koya. Onun annesi de kendi annesi gibi yardımsever. "Elden ne gelirse," diyorlar. "Din kardeşlerimiz için." -Çaresizlik insanın ortak dini.- "Ey ümmeti Müslüman, ne var sen de taşın altına koysan elini?"

Odanın ortasında eski, kullanılmayan, büyüklü küçüklü giysi yığınlarını olduğu gibi bırakmış. Annesi bu hafta ikinci parti topladı onları. Konu komşuyu, esnafı, memuru tek tek dolaştı. Meral'in annesiyle caminin kadın kollarında konuşmalar yaptılar. Devletin yetmediği yerde, insanlar devlet oldular. "Yırtık pırtık giysilerinizi, çerçöpünüzü göndermeyin kardeşim. Hâlâ kullanılabilir şeylere ihtiyaç var. Battaniye, yorgan, yastık, havlu, ne varsa pek makbule geçer. Sevaptır."

Evin içi ne zamandır bunlarla dolup taşıyor. Bekletilmişliğin kokusu tüm eşyaların üstünde onları bir kılıyor. Torbaları getirip Kübra'nın önüne atıp "Güzelce ayır bunları," diye tembihledi. "Çocuk, erkek, kadın hepsi ayrı ayrı torbalara katlanıp konulacak. Düzgünce yap. Onları insanlar giyecek. Söylenme! Hayır işi söylenerek yapılmaz. Allah'ın gücüne gider."

Mutfakta günaşırı çorba kaynatıyor. Fırından kasalarla, ertesi güne kalmış bayat ekmek alıyor. Hayrına, hep hayrına. Oyuncaklar götürüyor koya. Çocuklar küçük adımlarıyla ardından koşuyor. Eteklerine yapışıyorlar. Hepsini tek tek seviyor. Mutlu oluyor. Okşuyor başlarını. Oynuyor onlarla. "Kimseler sevmedi mi sizi?" Küçük bir çocuğun mutluluğu o an tüm dünyayı sarıyor. "Onların şu masum, gülen yüzü suyu hürmetine dönüyor bu dünya," diyor. Bodrum esnafının çoğu, onu gördüğünde çatal dilinden, kamçılı sözlerinden bıkkın, yolunu değiştiriyor. "Duyarsızlıklarından utanmayanlar bunun bilinmesinden utanıyorlar. Biz insanlığımızı yapalım da," diye bir başlıyor, susturabilene aşkolsun. "Ölsünler mi? Aç biilaç, çoluk çocuk dökülmüşler yollara, yazık değil mi? Siz nasıl insansınız? Hiç mi acımanız yok, ne vakit yitirdiniz vicdanınızı? Hani yaradılanı severdiniz Yaradandan ötürü? Ne oldu? Bayat ekmeği zaten atmayacak mısınız? Bari verin insanlara iki lokma geçsin boğazlarından. Bakın ben tarhanayı kaynatırken, kendi mercimeğimi bölüşürken hiç düşünüyor muyum? Düşmez kalkmaz bir Allah! Yarın kimin ne olacağı belli mi?"

"Tamamdır. Altını kıstım, ağır ağır kaynasın biraz," diye girdi odaya annesi. Kübra, TV'deki programa dalmış, pek aldırdığı yok. "Çorba diyorum!" diye seslendi, kızgın. "Neredeyse hazır olur... Alooo... Duydun mu beni kız?"

Kübra duydu, duymaz mı? Ağzından bir "hımm" sesi çıktı. Her gün artık repliklerini ezberlediği aynı oyunu, aynı tiyatroda izlercesine bir duyguya kapılıyor. Bir yerden bir yere atılan adımların sayısı, evin içinde ayakla basılan noktalar bile aynı. Hep aynı. Gün bu evin içinde aynı başlıyor, aynı şeylerle ilerliyor, aynı bitiyor. Bir robot ne kadar mutlu olursa Kübra da o kadar mutlu. Robot kaldıkça mutluluğu devam edecek. Annesi yine de bulur söylenecek, didikleyecek bir şeyler, elindeki tornavidayla sıkıştıracak bir iki gevşek vida.

Kalbi olduğunu hatırlatan şeyler tutuyor onu ayakta. Ayman'ın gözleri. Gülüşü. Bakışı. İlk elini tuttuğunda arı sokmuş gibi olması. *Annem görürse, öğrenirse, duyarsa* zehrinin, vücudunda yayılmasına rağmen avuçlarında terleyen o eli sıkması. Parmaklarının kenetlenmesi.

"Gidelim," demesi. "Beraber, sen, ben, yeni bir hayat kuralım. İstanbul'a gidelim ya da İzmir'e. Eskişehir'e. Sen istediğin fakültede oku. Hangi üniversiteyi kazanırsan o kente gideriz. Diplomam var. Burada geçerli. İş bulur, çalışırım. Çok çalışır bakarım ikimize de. Az para biriktirir, kısa sürede kendi eczanemizi bile açarız.

"EVLENELİM! O zaman gitmem uzaklara. Ne işim var? Burada kalmak için nedenim olur. Bu koyda beni karşıya geçirecek tüm teknelerden, sandallardan, kayıklardan vazgeçerim."

Ne diyeceğini bilememişti Kübra. Mutlu olmuştu. Tabii ki mutlu olmuştu. Her yanını saran gerçek mutluluk... O deniz gelip yüreğinin kıyılarına en güçlü dalgalarıyla vurmuştu. Durgun, saydam, dibi görünür, sığ sandığı içi çalkanıp bulanmıştı.

"Dört aydır tanıyoruz birbirimizi. Daha çok erken."

"Ne için erken? Aşk bir şimşek çakımı. Hayat bir an – kısacık. Pişmanlıktır uzun olan. İnsanın peşini bırakmayan keşkelerdir. Şu, rüzgârda uçmasın diye üstüne kara bir taş konmuş başvuru kâğıtlarını görüyor musun? Sen tamam de, hemen gider birini alıp doldururum, altını imzalarım. -Kimse doldurmamış.- Türkiye'de kalmak istiyorum derim, ben Ayman, burada kalmak. Türkiye'de... Önce bir kampa gönderirler beni. İzmir'de, İstanbul'da. Evlenene kadar orada kalırım. Sen gelirsin ziyaretime. Sevdik birbirimizi, deriz. Ferhat ile Şirin gibi. Karar senin Kübra."

"Benim mi? Ama bu hiç adil değil!"

"Hangi aşk adildir ki? Her aşkın kaderini, âşıklardan biri çizmez mi? Bu aşkın kaderini de sen yazacaksın. Sen!"

Böyle çetrefilli bir yükü Kübra'nın zayıf omuzlarının taşıyamayacağını bilemezdi Ayman. Kal demenin git demek kadar zor olduğunu. Bir şey dememenin de git demek olduğunu...

İnsanın bunları konuşacağı, akıl danışacağı bir annesi olmalı. İnsan hayatında kaç kere âşık olur ki? Duysa delirir. Onun annesi evhamlı, kapı önünden geçen erkek satıcılardan bile huylanır, işkillenir. *Genç bir adama âşık oldum. Birbirimizi seviyoruz. Benimle evlenmek istiyor* dese... Sinir krizleri geçirir. Odalara kapatır Kübra'yı. Üstüne kilitler vurur. Yastık altında bıçakla uyur o. Koya gider. Ayman'ı bulur. Etmediğini bırakmaz.

Gönül teyze gelecek az sonra. "Ne oluyorsunuz ayol yine, sesiniz ta sokaktan duyuluyor," diyerek. Sıcaklardan yakınacak oflaya puflaya. Geçen yıl albasmaları oluyordu, bu sene atlattığına şükredecek. Annem onun ördekbaşı yeşil, jorjet elbisesini mankenin üzerinden alıp giydirecek. Gönül teyze çok beğenince, yakasına yaptığı ancak bir türlü bitmeyen çiçek motifli el işçiliğini anlatacak. "Bir bitsin, asıl sen o zaman gör," diyecek. Tabureye çıkmasını isteyecek. Gönül teyze tereddüt edecek, korkacak. Sağlam basmalı insan. Önce ayak ucuyla yoklayacak. "Taşır mı beni Aynur?" diye soracak. "Bu tabure taşır mı beni? Çanağı çömleği patlatmayalım, vallaha bu yaştan sonra kırık kolay kolay kaynamaz da." Sürmeli Semra'dan bahsedecek. Onunla karşılaşmaları, atışmaları meşhur. Sürmeli ne giymiş, ne yapmış, nereye gitmiş. Semra'nın eksiklerini dillendire dillendire tamamlayacak kendini. Nadir amcayla Sürmeli'nin adı çıkmıştı yıllarca. Herkesin dilinde. Sonradan kadın gidip zengin bir İngilizle evlendi. Kent merkezinde kocaman bir evleri var ama onlar teknede yaşıyorlar. Ukdesi Gönül teyzenin içini kaplayan cıvadan bir ağırlık.

Yani aynı, her şey aynı, her gün aynı... Kapıları kırıp, duvarları yıkıp kaçmak istiyor Kübra, bu boğucu evden. Soluk alamıyor. Taşlıkta şişirilen bir balon gittikçe büyüyor, büyüyor, büyüyor, tüm odaları kaplıyor, kapılardan, pencerelerden taşıyor. Kübra o balonla taş duvarların arasında sıkışıp kaldığını, zar zor hareket ederek yaşadığını duyumsuyor. Annesinin iğneliğinden top başlı sivri bir tanesini kapıp "Yeter artık!" diye bağırarak balona batırmak istiyor. Patlasın. Patlasın, yok olsun her şey. Ancak yapamıyor.

"Ne ara taktın kız o kırmızı tacı kafana? Amaaan sen ruj mu sürdün? Kime süslendin, kime tarandın? Nereye gidiyon? Kimle konuştun? Kim arıyor? O kim? Kim, kim kim?.. Kız yoksa biri mi musallat oldu sana? Söyle bakayım, doğruyu söyle! Ay gördün mü başıma geleni, alıp kaçıracaklar kızı. Kirletip dağ başına atacaklar. Bıçaklara gelecek. Kolunu bacağını kesip her birini bir yana... Babasız büyüttüm ben seni. İğneyle, dike dike, ilmek ilmek kazanarak. Kolay mı? Nankörsün. Onca emeğim var üstünde. Yemedim, giymedim, yaşamadım, seni bu boya getirdim. Gençtim. Ben de kadındım. İstesem yeniden evlenemez miydim? Tabii ki evlenirdim. Hayatımı yaşardım herkes gibi. Ne taliplerim oldu, olmadı değil. Ohhooo! Ama yok dedim. İstemedim. Yapmadım. Niye? Sen üvey baba evinde büyüme diye. Bana edeceğin bu muydu ha? Tüh! Sana. Yazıklar olsun verdiğim emeklere."

Hayatının tüm zorluğunu, gün görmemişliğini, çilesini, mutsuzluklarını... toplamış, denk etmiş, Kübra'nın omuzlarına yüklemiş. Taşıması ağır geliyor. Kambur yürüyor kız. Hafif öne eğik. Bir suçlu gibi. Hep yere bakıyor. Kaldıramıyor kafasını.

Gazeteci olmak istedi. En çok istediği şeydi. Çalıştı, çok çalıştı. Annesi, "Benim sokağa atacak param yok, ek dersin, dershanenin adını bile anma bana," dedi. Kendi kendine gecesini gündüzüne kattı, uyumadı, yemedi, güçten düştü, kilo verdi, bilekleri çöp gibi kaldı, olsun, zararı yok. Sınava girdi, yüksek puan aldı, istediği bölümü de kazandı... Mutlu olması gerek değil mi? Elinde sonuç kâğıdı, sokaklara fırlaması. Göğsünü gere gere herkese duyurması... Öyle olamadı. Keyfini çıkaramadı. Sevinemedi. Sakladı. Kabahatin büyüğünü işlemişçesine.

Alıştıra alıştıra söylemeye çalıştı. Annesi Eskişehir'i duyunca şak diye düşüp bayıldı. Titreme nöbetleri geçirdi. Ağzından kanlı köpükler çıkardı. Komşular yetişti. Attılar arabaya, acile götürdüler. Hastanelik oldu. Serumlar takıldı. Uzun uyutan, sinir ilaçları, tansiyon hapları. Günlerce yattı evde. "Gitmiycen değil mi?" diye sordu ağlamaklı. "Gitme kızım, gitme. Aklım sende kalır benim." Gazetelerden cinayet haberlerini sesli okudu, televizyondan öğrenci kızın katilini arayıp bulan cabbar programlar izletti. "Gitme!" diye ağladı. "Gitme yavrum." Dışarıda zalim bir dünya var. Önden kuyruklu vahşi hayvanlara yem olursun. Bir başına kızlara, yalnız kadınlara türlü türlü ölüm...

En sonunda yenildi Kübra. "Tamam, gitmiycem. Yine çalışır, seneye yine girerim sınava, Muğla'daki üniversiteyi kazanırım bu sefer, bir tek onu tercih ederim, buradan gider gelirim okula," dedi de annesi biraz kendine gelir gibi oldu.

Bu ara kafayı takmışlar Şaşı Hacer'in oğlu taksici Kadir'e. O hamur irisi, eli tespihli eziği uygun görmüşler Kübra'ya. Gönül teyze de destekliyor. Sözümona Kübra'ya çaktırmadan oğlanı bir övüşleri var... Kız anlamıyor sanki.

Az önce annesinin telefonu çaldı. Taburede mıhlanmış gibi duran Gönül bağırdı, o telefonunu aranırken, "İneyim mi Aynur?" diye.

"Yok yok inme, Kadir'dir, taksisiyle gelip eşyaları alacaktı. Alooo... Ha Kadir, ha evladım, tamam, üç torba eşya, bir de çorba tenceresi var, o kadar... Büyük canım, battal boy. Suriyelilere... Evet. Cennet Koyu'na... Kübra'yı da katacağım yanına merak etme. Gelince korna çal olur mu? Tamam evladım. Hay Allah razı olsun senden be aslanım, Hızır gibi yetiştin vallaha. Hazır, hazır, Kübra da hazır... Her bir şeycikler de hazır. Hadi bakalım, bekliyoruz." Telefonu kapattı. Kübra'yı işaret ediyor Gönül'e göz kırparak, bir de uzata uzata "Ay nasıl da iyi bir çocuk bu Kadir, nasıl da çalışkan, efendi, boylu boslu, yakışıklı," demez mi? "Maşallah, içkisi yok, kumarı yok. Kimsenin karısında, kızında gözü yok. Bugüne kadar tek bir kötü söz duymadım hakkında Gönülcüğüm... Büyüklerine saygılı, terbiyeli, başı önünde..."

Gönül teyzesinin kendisini işaret ederek annesine göz kırptığını da gördü Kübra. "Taksici Kadir'i diyorsun değil mi? Şaşı Hacer'in oğlu?.."

Karar çoktan verilmiş. Kübra'nın üstüne giyeceği ağır, kalın kaba kumaştan "Yazgı Paltosu" biçilmiş, teyellenmiş, dikiliyor. Bugün, üstüne iyice otursun diye bir kez daha prova edilecek. Keyifleri yerinde.

Yine de, "Boşuna heveslenmeyin... Ölürüm de varmam o sümsüğe..." diye kalktı yerinden.

"Aaa, ne diye celallendin kız sen öyle?.. Üstüne mi alındın?" diyorlar gülerek ardından.

"Ne o öyle Kübra'yı da yanına katarım, merak etme... her bir şeycikler hazır filan? Çocuk mu eğliyorsunuz siz?"

İşte geldi bile oğlan. Kornaya basıyor. Yine ön koltuğa yanıma otur diye tutturacak. Bagajında tüp varmış. "Benzin pahalı, LPG ucuz." -Her şeyi ucuz.- Tüm torbaları arka koltuğa yığacak yeter ki Kübra yanında otursun. Uzun elbise giydi bilerek. Bacaklarını özenle örttü. İlkinde şort vardı ayağında, artık dikkat ediyor. Anladı. Bu Kadir'in gözü göz değil. Yol boyu alamadıydı bakışlarını kızın dizlerinden. Bir şey değil kaza yapacak. Göz banyosu pahalıya gelecek.

"Nereye gideceğiz?" diye soruyor bir de. Nereye derken aslında, *seni bir yere götüreyim de karşılıklı oturalım, bir şeyler içip konuşalım* demek istiyor. Boş ver koydaki sığınmacıları, çorbayı, çulu çaputu. Onlar hep bahane. Cevap vermedi Kübra. "Cennet diyorlar da sen inanma, aslında cehennemin taaa en dibine gidiyoruz," demek geldi dilinın ucuna, ancak son anda vazgeçti. Yutkundu. Anlamaz ki Kadir. "Niye öyle dedin?" diye sorar. "O koy neden cehennem olsun ki?"

Ucuz taklit parfümlerden sıkmış. Kızın burnunun direği kırıldı. Açtı camları. Başını rüzgâra çevirdi. Tepelerde güz müjdecisi sararmış otları izledi. Gümüş tespihi de bileğine takmış. Vitesi değiştirirken şıkır şıkır ediyor. Hay Allah'ım. Bunu mu buldular bula bula? Gönül teyze de hevesli, o da bu sümsüğü övüyor. O kadar beğendiysen kendi kızına yapsaydın ya? Ama olmaz! Kızına yaraşmaz. Pelin okuyabilir, ona üniversite, iyi bir gelecek, kariyer; Kübra'ya annesinin dizinin dibi. Onun kızına Bavunoğlarından Sema Hanım'ın Sinan'ı, Kübra'ya Şaşı Hacer'in oğlu taksici Kadir. Annesinin derdi gelecek yıl sınavlara kadar evlendirmek Kübra'yı. Olmadı, nişan takmak. Başını bağlamak. Giremesin sınava filan. Ne sınavı? Ne gazeteciliği? Kızın sorumluluğunu bir an evvel kocaya devretsin de bir rahatlasın. Kurtulsun. "İç güveysi de olur," dedi geçenlerde. Belli ki yuları kolay kolay bırakmayacak, sıkı tutacak. "Şimdilik burada otursunlar. Koca ev. Bir başımayım. Bana çok büyük. Yarın çocukları da olursa..." Öyle ağırına gidiyor ki Kübra'nın... Bazı geceler çaresizlikten yatakta oturup ağlıyor. Yaşadığı hayat annesinin korkularına mahkûm. Yazgısı onunkine denk.

Teyzesinin son kitabında rastladığı bir cümlenin altını çizmişti.

"Kendi öykünüz yoksa, başkalarının öykülerince yazılır yazgınız..."

Peki neden yapamıyor? Hayır dese? Bu benim hayatım, karışma! Niye kıyamıyor annesine? O üzülmesin diye katlanıyor. O ağladı mı, biraz sessizleşti mi içi kıyılıyor. Koparamadığı görünmez bir bağ var, güçlü, dikenli, kavrayınca avuçlarını kesen, acıtan, kanatan.

Bir iki kere teyzesine yazmayı düşündü, sonradan vazgeçti. Bugünlerde Muğla'ya kitap fuarına gelecekmiş. Öyle duydu. Yazdı, sordu. "Gelecek misin teyze? Gel. Bodrum'a da gel ne olur."

"Belli değil Kübracığım," diye yazmış. Bir şey demedi Kübra.

"Her şey yolunda mı Kübra? İyi misin?"

"Neredeyse," diye cevapladı. Bir de dua eden eller emojisi koydu yanına.

"Söylesene bir şey mi oldu? Canını sıkan bir şey mi var?"

Fazlasını anlatmadı. Annesini arar, tutar bir şey söyler, kızın yüreği iyice ezilir. Kahrolur. İşler sarpa sarar. Bir torba da laf edecektir. Özgürlük diyecektir, bu senin hayatın. Al dizginleri eline. Kolaymış gibi. Şu an ona özgürlüğü taşımak bile zor geliyor. Özgür olmak kolay diyelim, tamam ama ya onu taşımak?

Teyzesi güçlü. O her şeyi göze alıp kendini var etmiş. Terk etmiş buraları. Onu kısıtlayan her şeyden vazgeçmiş. Çekip gitmiş. Ona biçileni, bir çırpıda çıkarıp atmış üstünden. Önce ben demiş. Kendine göre kumaşlar dokumuş, kendi biçmiş, dikmiş, giyinmiş hayatını. Şimdi de bunun keyfini sürüyor. Herkes yapamaz. Onun gibi olabilmeyi isterdi. Öylesine cesur, kararlı, çalışkan.

Annesi gibi olmaktan korkuyor. Daha beteri, bu korkuyla baş edemeyip Gönül teyzesine benzemekten. Para demekten. Mal mülk demekten. Kendine antidepresanlardan, psikiyatristlerden, hayal kırıklıklarından, kandırmalardan, mutsuzluklardan, aldatıldığını bilip de kabullenmelerden bir dünya kurmaktan. Altı aya bir değiştirilen mobilyalarla avunmaktan. Dizilerdeki, filmlerdeki şişirilmiş hayatlardan çöplenerek yaşamaktan. Kendi hayatını olmadık başkalarıyla yarıştırmaktan.

"Nasılsın Kübra?" diye sordu Kadir, göz ucuyla bakarak.

"İyi," dedi. Sustu. Bilerek "Sen nasılsın?" diye sormadı.

"Diyorum ki, bir gün bir yerde seninle oturup..."

"Vaktim yok benim," diye kesti oğlanın sözünü. "Hiç vaktim yok. Görüyorsun işte. Bunlar yetmezmiş gibi bir de ders çalışıyorum." Umutlanmasın. Bir boşluk bulup yanlış anlamasın.

"Üniversite sınavı mı yine? Ama daha çok vakit var."

Toprak yola girdiler. Tepeden aşağıya bakınca çadırları gördü. Kıyıda denize doğru dönüp oturmuş tek bir yöne bakan sessiz insanları. Bir çember oluşturmuş, neşeyle koşan çocukların seslerini duydu. Mutlu oldu. Gülümsedi. Denizin üstünde oynaşan gün ışığını sevdi. Çok uzakta bir yük gemisi.

"Burada dur," dedi. Kadir anında kökledi freni. Zınk diye durdular. Kübra açtı kapıyı, indi arabadan. Yüzünü yakan güneşe siper edip elini, çevreye bakındı. Toz bulutunun içinde Meral'i arandı. Göremedi. Birkaç kişi koştu yanına. Torbaları Kadir'in elinden aldılar. Tencereyi yüklendi biri. Patikadan aşağı indiler... Kübra, Kadir'e teşekkür bile etmeden takip etti onları. Kadir arsız, ardından bağırdı. "Gelip alayım mı seni? Söylesene ne vakit geleyim? Saat kaç gibi?"

Sahile inince Ayman'ı gördü. Koştu yanına. "Bu saçlarına taktığın kırmızı taç çok yakışıyor sana," dedi Ayman.

"Beğendin mi?"

"Çok. Hem de çok beğendim." Eli saçlarına gitti. O bir kere gülsün, her şeyi unutur Kübra. Onun yüzüne bakınca ardında kalıyor her şey. Öncesi yitiyor. Kendi oluyor, bir tek kendi. Ne garip; aşk birinin gözlerinden kendi varlığını görebildiğin bir mucize. Aynanın aksinden kendine bakmak... Ardına döndü baktı. Kadir hâlâ tepede, durmuş onlara bakıyor. Baktı, baktı, sonra tespihini sallaya sallaya gitti.

"Ne istiyor bu adam?" diye sordu Ayman.

"Hiçbir şey."

Çorbayı büyük kazana döktüler. Tahta masanın üstünde istiflenmiş somun ekmeklere üşüşen sinekler. Çay poşetleri. Kömürlü bir semaver, sararmış çay bardakları. Şeker kavanozu. Geçen gelişinde unuttuğu çelik tencereyi gördü. Şükürler olsun kaybolmamış. Yıkayıp diğerlerinin yanına bırakmışlar.

"Az zamanım var," dedi Ayman'a. "Bir iki saat. Güneş batmadan eve dönmeliyim."

Koyun sonundaki düzlüğe çıkıp oturdular.

Dün gece bir eğlence düzenlemiş gönüllüler. Ateş yakmışlar. Çevresine oturup el çırpmışlar. Biri saz çalmış. Türkü söylemişler. Ayman da bir türkü öğrenmiş, eşlik etmiş.

Sen kimin yarisin yari...

Sen yine doldur fincanı.

"Sen de olsaydın. Türküyü beraber söyleseydik."

Keşke olsaydı. Karanlıkta ateşin kızıllığı vursaydı yüzlerine. El ele tutuşsalardı. Ayman türküsünü söylerken, başını yankılı göğsüne koyup kalbinin sesini dinleseydi. Bari ikisine ait bir türküleri olsaydı. Dinledikçe söylemişlikleri, özledikçe mırıldandıkları, dilden dile söylenmiş bir ezgi kalsaydı geriye.

"Dün sabah yürüyerek Bodrum'a gittim Kübra. Sizin evin sokağından da geçtim. Adresinizi yazdım bir kâğıda. Belki güleceksin, eski kafalı diyeceksin ama severdim ben mektup yazmayı. Gittiğim yerlerden sevdiklerime birer kartpostal atmayı. Elle tutulur bir iz... Pencereleriniz açıktı. Karşıda bir evin duvarına dayayıp sırtımı, evinizi seyrettim. Seni içeride dolaşırken, bir odadan öbürüne geçerken gördüm. Annenin müşterileri gelip gittiler. Kapı önüne çıktı. El etti gidenlere. Beni gördü. Bir süre durup yüzüme baktı. Sonra girdi içeriye. Alt katın camlarını kapattı. Tüllerini çekti. Üst katın açık penceresinden kilim sarkıtmışsınız. Motifleri güzel, renkleri canlı. En zıt renkler bile ilmek ilmek birbirine kaynaştırılıp dokunmuş. Korkuyorum. Çok korkuyorum. Bu denizin ötesinde beni ne beklediğini bilmiyorum. Bu güvenli koyu seviyorum. Burada şu an seninle mutluyum. Bir amacım olsun istiyorum. Bir adresim, bir kapım, cebimde anahtarım. Pencerede tüllerim, dışarı sarkıtılmış kilimlerim... Küçücük şeylerin bile ne kadar değerli olduklarını anlamak için çok büyük şeyler kaybetmek gerekiyormuş. Bunu anlamak için de ağır bedeller ödemek. Yoruldum Kübra. Gitmeler bıraksın artık peşimi. Savrulmayayım oradan oraya." Derin derin soluk aldı. Yumdu gözlerini. İşte o an anladı ki Ayman'ın düşlerinde gerçekten ikisine ait bir dünya kurulu. Yumulu gözler o dünyayı açıkken de yaşamak istiyor. "Sen düşündün mü?" diye sordu gözleri hâlâ kapalı. "Bana bir cevap verecek misin? Çabuk karar ver. Çünkü vakit yok. Yarın sabah gün doğmadan tekne gelecek. Parayı ödedim çoktan. Ama hep erteledim. Senin için. Bir gün daha, bir gün daha. Sıramı başkalarına verdim. Aylar oldu. Tamam artık. Artık erteleme yok dediler. Bu tekneye bindin bindin. Binmezsen yanar paran. Yine ödersin. Başka para yok. Başka tekneye yine para yok. Şimdi bu grupla gitmeye mecburum. Yoksa hakkımı kaybedeceğim. Sen gitme dersen gitmem. Kal dersen kalırım. Ama çabuk söyle. Ya ben karşı kıyıya geçeceğim ya da burada o kampa gidip seni bekleyeceğim."

Çok düşündü Kübra. Düşünmez mi? Her şeyden ağırdır bir başkasının yolunu çizmek. Kaderini belirlemek. Ya teyzesi gibi yapacak, kayığının ipini çözüp güvenli limandan açık denizlere yelken açacak ya da öne eğip başını, hayata göz ucuyla bile dokunamadan, soluk alamadan, sıkıntılı, bungun yaşamaya devam edecek. Ya sen bir yol çizersin ya da sana çizilmiş yolu takip edersin.

"Yarın sabaha kadar burada oturup seni bekleyeceğim..."

Meral dönüş yolunda anlattı. "Sesi çok güzeldi," dedi. "Öyle içten söyledi ki. Hepimiz hayran kaldık. Bir de türküyü söylerken hep ağladı."

Ne yapacağını bilemiyor Kübra. Annesine karşı çıkmak, onu bırakıp uzağa gitmek çok ama çok korkutuyor, Ayman'ı kaybetmekse kahrediyor onu. Burada kalsalar? Biraz daha tanısalar birbirlerini. Burada evlenseler. Evlenince gitmesine gerek kalmaz ki. Türkiye'de oturum izni alır. Bir iş bulur. Kübra da çalışır. Bodrum'da açarlar eczaneyi... Ah! Ya annesi? Ölür de kabul etmez. O takmış kafasına bir kere Kadir'i. Oğlanın parası varmış. Kendi taksisiymiş. Yakında Muğla-Bodrum arası dolmuşçuluğa da başlayacakmış. Bir tek oğlanmış. Çöpsüz üzümmüş. Bir evlensin, zamanla severmiş.

Annesinin önüne dikilecek gücü olsa. "Sen evlendin de zamanla sevebildin mi, mutlu oldun mu anne?" dese. "Hangi devirde yaşıyoruz? Zorla güzellik mi olur? Kadir'in yüzünü görünce tiksiniyorum, midem bulanıyor. Ben Ayman'ı seviyorum."

"Ayman kim kız? Bir de Ayman mı taktın peşine? Kız sen gizli gizli ne haltlar karıştırdın? Kız yoksa sen... Vay başıma gelen! Vay başıma..."

Herkes kötü değil anne, her erkek katil değil, hepsi bacaklarının arasında saplamaya hazır hoyrat bir bıçak, dolu -patladı patlayacak- bir silah taşımıyor. Bu dünyada sevilecek, âşık olunacak insanlar da var. Yaşamda aşk diye bir şey var.

"Ne olur, razı ol, izin ver de onunla birlikte olayım. Bir tanısan sen de seversin eminim... Mutluluğuna da, mutsuzluğuna da razıyım ben onun. On sekizimi çoktan geçtim, reşitim artık, kararlarımı kendim verebilirim," dese.

Mutluluğa giden yollar cesaret taşlarıyla döşenir, göründüklerinden daha uzundurlar, daha yalnız. Ki sorumluluğu başkasının ellerine bırakılmayacak kadar da kırılgan.

Yapamaz. O kadar güçlü değil o. Belki ileride. Okursa, bir meslek sahibi olursa...

Ama ya Ayman? Onu yeniden görebilecek mi? Ah Ayman! Peki ya adını söylerken havalanan kalbi bir daha böyle hızla çarpacak mı? Öyle emin ki bundan sonra hep göğsünden vurulmuş gibi yaşayacağına. O oyuk, o yara hep kanayacak. Asla iyileşmeyecek sanki. Kabuk bile tutmayacak. Her hatırlayışta derinleşip genişleyecek. Kıyılardan kıyılara, ülkelerden ülkelere, kıtalardan kıtalara taşacak. Tüm dünyayı kaplayacak. Yaşam kocaman bir yara olacak.

Üç kadın var önünde.

Teyzen, annen, bir de Gönül. Seç bakalım Kübra. Hadi, birinden birini seç kendine. Kim, hangisi? Dedim ya. Yükün ağır. Yol uzun. Zaman kısa. Ne kadar kaldı. Kaç saat daha? Bak batıyor başına buyruk güneş. Birazdan kararacak hava. Sonra yeniden sabah olacak, hem de düşündüğünden de çabuk. Duyuyor musun? Seninle dalga geçen saati duyuyor musun? Tik-tak tik-tak, Küb-ra, Küb-ra. An an ellerinden kayıp, parmaklarından sıyrılarak akıp gidiyor kum kum benliğin. Oysa her insan cesareti kadar yer kaplar bu dünyada. İşte sen o vazgeçemediklerin kadarsın...

Meral soruyor, dudaktan öpüştünüz mü diye. Öpüştüler. Evet. Defalarca öpüştüler. Ona dokunmasına izin verdiği ilk erkek. Tatlı, serin, yumuşacık bir dünyaya kapattı gözlerini. Bir çiçek bataklığına gömüldü. Dudaklarında, dilinde Ayman'ın telaşını hissettikçe daha derine çekildi. Öpüşürken birden sarıldılar da. Sıcacıktı gövdesi. Terlemiş tenleri tuzlu, kaygan. Boynunda, kulaklarında kıvılcımlı, çakımlı öpüşler. Bir kez oğlanın eli Kübra'nın göğsüne yöneldi. Avuç içi yanıyordu. Ürperdi. Meme uçları namluya sürülen kurşunlar gibi dikeldi. İtti. Ayrılıp ayağa kalktı. "Bu kadarı da olmaz!" dedi. Ayman günlerce özür diledi.

O utandıkça, peşinde af dilendikçe, Kübra onu daha çok sevdi. Onun da utanabiliyor olduğunu görmesi daha da yakınlaştırdı.

Yolda taşları tekmeledi. Kayaları yuvarladı yalıyardan. Bir dal parçasıyla otlara vurdu. Ağladı. Sarsıla sarsıla, ağzından sıvaşık tükürükler saça saça ağladı. Bitti. Ayman yok artık. Her şey yarım kalacak. Dönüp ardına baktı. Yoldan kalkan toz gibi uçuştu düşünceleri. Denizin azar azar dişleyerek yuttuğu güneş gibi yok olmak istedi. Gidecek. O gidecek. Yarın bu koya geri geldiğinde artık orada olmayacak.

"Ayman mı? Çoktan gitti, bir başkası gibi, herhangi biri gibi, hiç kimse gibi, öbürlerine karışarak bindi tekneye, karanlıkta birden gözden kayboldu," diyecekler. "Geride bıraktıklarına sırtı dönüktü. Dönüp de bakmadı. El bile sallamadı. Teknenin kıyısında durdu. Ayakta. Bir direğe tutundu. Usulca bir türküyü mırıldanıyordu. Bildik, bizden bir türkü. Sesi dalgalarla denize doğru çekilen çakıl taşlarının sesine karıştı."

Gün doğarken adalara ulaşmış olacak.

Bu gece yatarken çok dua edecek Kübra. Bildiği tüm duaları bir bir okuyacak. Sevgisini o dualara sarıp sarmalayıp ardından yollayacak.

Allah'ım ne olur onu koru. Gittiği yerde iyilerle karşılaştır. Sen acı ona. Huzur içinde olmasını sağla.

Konuşma Zamanı...

Eve vardığında gün batmıştı. Dört bir yanını saran mavi karanlık. Bir bir yanan kâbus kapanı sokak lambaları. Bahçelerde, balkonlarda akşam telaşı. Kapının önünde durdu. Eşikten adım atmak gelmedi içinden. Tam şuraya otursa. Sokakla evi ayıran şu kara, kaygan taşın üstüne. Orada kalsa hep. Hayatı burada böylece donsa. Ne ileri ne geri. Kıpırtısız. Bir filmin donup kalmış karesi, bir kitabın açık unutulmuş sayfası gibi. Kahroluyor Kübra. Sicim sicim yaşlar akıyor yanaklarından. Başını dayadığı duvar avutuyor onu bir parça. Yok, bu da kesmedi. Yetmiyor, hiçbir şey yetmiyor acısını dindirmeye. Az sonra yine aynı oyuna dahil olacak. Bu daha acı. Ne hayal ne umut barındırıyor içinde. Adımlarını sayacak şu evin odalarında. Her geçen gün daha da hissizleşecek. Tencereleri hatırladı. Annesi çok kızacak, sinirden köpürecek. Yine bağırıp çağıracak. Tüm hıncını ondan alacak. Bir yalan uydurmalı. Yeni bir yalan. Küçük. Zararsız. Ânı kurtaran. Alıştı. Daha boşalmadı diyecek. Öyle çok çorba getiren olmuş ki büyük kazan dolmuş taşmış. Bizimkini yanına bıraktım. Sana iyi haber, öbür tencereyi buldum. Hemen yanında duruyor. İçinde su kaynatıp bayat ekmekleri buharına tutuyorlardı.

Sesler duydu. Annesi birisiyle konuşuyor. Bu saatte müşterisi mi var? Yoksa Gönül teyze gitmedi mi? Taşlıkta durup konuşmalarını dinledi.

"Ne diye geliriz diyorsun? Adım atmam ben o mendeburun evine."

"Âdet yerini bulsun diye öyle dedim canım. Hem Gönül'ün ne suçu var ki?"

"O sefil herifle evli olmak yeterli değil mi?"

"Pek âşıktı biliyorsun, gözü bir şey görmüyordu... Hoş, hâlâ gördüğü söylenemez ya..."

"Şeytan herif..."

"Hiç sorma, hem de ne şeytan... Hakkında bu aralar pek iyi konuşmuyorlar yine, güya parayla sığınmacıları taşıtıyormuş karşı tarafa... Günahını almayayım ama dedikodu almış başını gidiyor, Bodrum çalkalanıyor anlayacağın..."

"İnsafsız herif... Para için yapmayacağı şey yoktur onun..."

"Ben Gönül'ü severim. Bazı hataları yok değil. Ama özünde iyi kadındır. Bodrum küçücük yer, eş dost desen hepi topu bu kadar. Bana yaptığı iyilikleri de unutamam ayrıca... Kucağımda yeni doğmuş kızımla kalmıştım ortalarda... Kimsesiz bir başıma. Senin derdin sana yetiyordu... Gırtlağına kadar borca girmiş o kocam olacak Allah'ın belası, alacaklılar kapımı aşındırıyor... Hepsi nerede o Mahir iti diye soruyor. Kadın başıma dikiliyorum zebella gibi heriflerin karşısına... Kötü kötü bakıyorlar... Offf off, çok çektim... Gönül olmasa mahvolmuştum... Kocasından gizli ödedi bütün borçları. Kolundan burma burma bileziklerini sıyırdı kadın..."

"İnsanlık yaptı, evet ama biz de altında kalmadık değil mi kardeşim... Son kuruşuna kadar geri ödemedik mi verdiği paraları..."

"Öyle. Allah senden razı olsun, ödedin... ama... yine de... işte yani, bazı şeyler parayla... Yani bir insani tarafı var..." Bir an sessizlik oldu. "Telaştan unuttum bak sormayı... Karnın açtır senin? Durma öyle misafir gibi be ablam, söylesene aç mısın? Çorbam var biraz... Dolma da yapmıştım. Sen dinlen istersen çık yukarı, yerleş odana... Duş almak istersen havluların yerini biliyorsun... Hiçbir şey değişmedi..."

"Yok, şuracıkta oturup Kübra'yı bekleyeceğim ben, o gelmeden çıkmam yukarı..."

"Geberesice, yine nerelere takıldı kim bilir... Yarım saatte evde olacaksın dedim, bak saat kaç oldu, hava karardı, hâlâ ortalarda yok."

Kübra'nın ağlaması daha da arttı. Sırtını dayadı duvara. Hıçkırıkları duyulmasın diye elinin ayasını ısırdı. "Allah'ım," dedi, "sen ne büyüksün. Teyzem gelmiş."

Bazı günler vardır. İnsan hayatının dönüm noktası. Anlar. Saniyeler. Bu da öyle bir gün mü yoksa? Kaderi yazılırken kutsal ellerin çentik attıkları tarih. Bir yığın öyküyü tek bir günde buluşturan. Hüznüne, acısına, ayrılığına, yanan yüreğine bir avuntu.

"Teyze," diye girdi içeriye. "Teyzem. Teyzem!" Seni Allah mı yolladı der gibi çıktı sözcükler ağzından.

"Kübra... Ah benim güzel kızım... Nasıl da büyümüşsün sen... Kocaman olmuşsun... Kaç yıl oldu. Üç mü?"

"Eh, aşağı yukarı. Hatta biraz geçti sanırım. Bu ne güzel sürpriz."

"Muğla'ya gelmiştim... Kitap fuarı için..."

"Duydum. Her yerde posterlerin asılı. İmza günü değil mi?"

"Evet, canım."

"Aşkolsun, hani bana da haber verecektin? Hani yakında bir imza günün olursa gelip yanında oturacaktım?"

"Ani oldu be kuzucum, inan benim bile haberim yoktu. Çarçabuk oldu. Ancak sizi görmeden dönmek istemedim. Dur bir bakayım sana... Dön şöyle... Allah'ım sen ne çok değişmişsin. Resmen genç bir kadın olmuşsun."

"Gerçekten mi?"

"Gerçekten. Gözlerin ışıl ışıl... Ah benim kuzum. Sana baktıkça inan kendi gençliğimi görüyorum."

"Nerdeee... Keşke ben senin kadar güzel olsam."

"Daha bile güzelsin bir tanem..."

"Hah! Varsa yoksa güzellik, başka bir şey bilmiyorsun. Neredesin kız sen? Ben sana yarım saat sonra evde olacaksın demedim mi?"

"İşte teyze, görüyor musun, başladı yine..."

"Geldi işte Aynur, sakin ol."

"Nasıl sakin olayım abla, bir kere de dediğimi yapsa ya... Yarım saat diyorum, üç saat sonra geliyor eve... Tencere nerede kız, bıraktın geldin orada değil mi yine güzelim tencereyi?"

"Eee boşalmamıştı ki daha... başında durup beklese miydim?"

"Peki bu saate kadar neredeydin öyleyse?"

"Meral'le dolandık biraz... O Kadir'den yakamızı kurtarır kurtarmaz çarşıya kadar yürüdük. İlla bir yerde oturup konuşalım diye tutturdu salak."

"Kadir kim?" diye sordu teyzesi.

"Taksici... Şoför..." dedi Kübra.

"Şaşı Hacer'in oğlu ayol, arka mahalleden," diye düzeltti annesi. Sonra meraklı sordu. "Eeee ne konuştunuz?"

"Konuşmadık ki."

"Konuşmadınız mı?"

"Konuşmadık tabii ki."

"Niye kız?"

"İstemedim de ondan... Ne konuşacağım ben onunla ya, yürüdüm gittim yoluma, cevap bile vermedim..."

"Kız belki bir diyeceği vardı oğlanın..."

"Ne diyeceğini hepiniz gibi ben de çok iyi biliyorum."

"Ne diyecekmiş?" Teyzesinin sesiyle kendine geldi. Durup gözlerine baktı. Bir anda boşaldı içindeki yüklü bulutlar, başladı ağlamaya.

"Aman ya teyze, bunlar beni o Kadir'le evlendirmeye çalışıyorlar."

"İstemediğin biriyle mi?"

"Evet. Zengin diye..."

"Yok artık. Sevimsiz bir şaka olmalı bu Kübracığım."

Annesi yürüdü üstüne. "Bak hele bir de şikâyet ediyor. Daha iyisini mi bulacaksın kız, kör olmayasıca... Oğlanın kaç tane taksisi, kaç tane dolmuşu var, evi damı dersen yerli yerinde, bu devirde böyle kısmet... Hacer yarın öbür gün arar... Görücünün eli kulağında, şunun yaptığına bak..."

"Görücü filan istemiyorum ben."

"Kız yaşın geldi geçiyor. Oğlan da istiyor seni..."

"Yeter. Gelme üstüme, evlenmem ben o sünepeyle. Hacer teyze ararsa söyle buraya kadar hiç zahmet etmesinler."

"Aaa! Bir yaşıma daha girdim. Kız görücünün kapıdan çevrildiği nerede duyulmuş... Ele güne rezil mi edicen sen beni? Dile mi düşürücen? Bir ayıpları mı var acaba demezler mi?"

"İstemiyorum ya... Gelmeyin üstüme, vallaha kıyarım canıma..."

Sevda kapattı elini ağzına. "Kübra!" diye bağırdı. "Neler diyorsun sen?" Aynur'a baktı. Yıllar önce giderken annelerinin arkasında bıraktığı o korkmuş, gözü yaşlı küçük kız mı bu?

"Cenne şalühü... Bak bak, laflara bak," diye diye dizlerini dövdü Aynur. "Ay öldürecek bu kız beni abla, tak diye inecek bir gün yüreğime, bir şey değil sebebim olacak..."

"İnan olsun yaparım." Kübra'nın sesi bu kez daha güçlü, kararlı çıktı.

"Kız tövbe de tükür yere... Tövbe de dedim!"

"Demiyorum işte."

"Desene kız... Tövbe desene... Ay delireceğim, ne çileli başım varmış anam benim..."

"Tamam, tamam... Durun bir dakika... Kesin kavgayı..." diye araya girdi Sevda. "Aynur, sen mutfağa çık bakayım, yemeğini mi hazırlayacaksın ne yapacaksan yap, biraz sakinleş. Kübra sen de gel benimle odaya, yerleşmeme yardım et. Şöyle teyze yeğen oturup biraz konuşalım."

Yumuşacık teyzesinin sesi. Annesi gibi bağırıp çağırarak konuşmuyor. Sakin. Sabırlı. Onun kızı olsaydı bambaşka bir hayatı olabilirdi. Teyzesinin korumacı anne davranışlarını tahmin etmeye çalıştı. Elbette denetler, hayatın tehlikelerine karşı tetikte olur ancak kişiliğini baskılamazdı. Birçok kez düşünmüştü bunu. Teyzesiyle telefonda yazışırken -ona kendini daha yakın hissettiği zamanlar- bambaşka biri oluyor, bir şey saklamadan, duraksamadan düşündüğünü çekincesiz söyleyebiliyordu.

Sevda küçük bavulundan geceliğini, makyaj çantasını çıkarırken Kübra onu yatağın kıyısına oturmuş izliyor.

"Çok yoruldun mu teyze?" diye sordu. "İmza gününde diyorum."

"Biraz. Yıllardır alıştım artık Kübracığım."

"Yine kuyruk olmuştur. Bu kitabı bütün yaz tatilcilerin ellerinde, çantalarında gördüm."

Mutlu, gülümsedi Sevda. Satış rakamlarıyla pek ilgisi olmaz onun. Yazmaya başladığı ilk yıllarda kitapçıları gezerdi. En iyi ölçü satış elemanlarıdır. Onlara sorar. Onlarla konuşur. Geribildirimleri defterine not eder. Grafikler hazırlar yayınevi. Karmaşık veriler. Okuyucu profili-cinsiyet-yaş-eğitim düzeyi... Editörüyle yaptığı toplantılarda önüne gelir çizelgeler. Şöyle bir bakar. Onun değerlendirme kriterleri başkadır. Bunları anlattı Kübra'ya. "Duyduğuma sevindim," dedi. "Peki sen okudun mu?"

"Tabii. Elime geçer geçmez. Çok dokunaklı öykülerdi. Biraz ağlattın yine beni. Sonu havada kalanlar var ya onlar biraz yorucu geldi. Tekrar tekrar düşünmek. Kendi içimde onlara başka başka sonlar hazırlamak. Ama bu benim düşüncem tabii ki. Başkaları belki de bunu yapmayı sever."

"Genelde sizin kuşağın hep acelesi var değil mi? Her şey çarçabuk olsun, bir an evvel sonucu görelim istiyorsunuz."

"Hiç böyle düşünmemiştim teyze."

"Dur bakayım ne diyorlardı size. Z kuşağı mı?" Güldü. "Alfabede harf bitti, kalmadı Kübracığım. İki binli yıllarda tükendi insanlık. Size de en son harfi düştü. Sanki dünya üzerinde bir sona gelmişiz gibi."

"Ne şanssızız," dedi Kübra, üzgün. "Bizden önceki kuşakların bir ruhu varmış. Seksenler, doksanlar. Ondan öncesi..."

Sevda yanına gelip oturdu. Şefkatle elini tuttu. "Dur bakalım küçük hanım, şaka yapayım demiştim, öyle hemen ciddiye alma. Sizin kuşağın da harika özellikleri var. Sözgelimi iletişimde en iyi kuşak sizsiniz. Dijital çağda tüm sınırları yıkıyorsunuz."

"Ya ne demezsin teyze, dijital yakınlaşmalar. Sosyal medya. Yalnızlık kuşağıyız biz. En yakınımız tabletler, cep telefonları. Dilimiz klavyeler. İnternet kafelerde ekrandan ulaşılan dünyanın en ücra köşesiyiz. Beni sorarsan bir evin, bir mahallenin sınırları nasıl yıkılırsa ancak o kadar yıkabiliyorum o bahsettiğin sınırları. Gerçekte bütün dünyam beş kilometrekare teyzeciğim. Gidebildiğim en uzak yer Cennet Koyu. Benim erişilebilirliğim şimdilik annem."

"Anlaşıldı," dedi Sevda. "Demek bu işi burada, hemen şimdi konuşacağız. Aslında telefonda yazdıkların ne yalan söyleyeyim içime bir kurt düşürmüştü. Biraz da o yüzden kabul ettim Muğla işini. Seni görmek, iyi olduğunu bilmek istedim. Şimdi söyle bakalım, neler oluyor, neyin nesi bu Kadir?"

"Salağın, cahilin teki. Aklı fikri parada. Bu çağda Kadirlere direnilir teyze. Onlar sorun değil. Sorun olan Aynurlar. Gönüller."

"Gönül mü? Ona ne oluyormuş ki?"

"Çok beğeniyormuş Kadir'i. Bir övüyor, anlatamam. Tam bana göreymiş. Akıllıymış. Geleceğin iş adamıymış. Annemle bir olmuşlar..." Sustu. Bakışlarını kucağında kenetlediği ellerine dikti.

Söz bitti. Anlatılacak duygular sözcüklerin gerisinde kaldı. Demek şimdi içini dökmek, konuşmak, konuşmak, konuşmak zamanı. Hadi Kübra konuş. Anlat. Dök içini. Yüzleş. Savun kendini. Olmaz de. Hayır de. İstemiyorum de... bari teyzene söyle.

"Ah o Gönül. Hiç değişmiyor bu kadın," diye söylendi Sevda. "Onun karışmaya ne hakkı var?"

Bir süre sessiz oturdular. Aşağıda annesi sofrayı hazırlıyor olmalı. Bardak, çanak, çatal bıçak sesleri, açık televizyonun gürültülü sesine karışıyor.

Birden sordu Sevda. Neredeyse fısıldarcasına sordu ancak sesi tüm odayı kapladı.

"Âşık mısın?"

"Ne?" dedi Kübra, "Kime?"

"Başka birine."

"Birine âşık mıyım?" Hayret edişi soruya değil aslında, bunu kısacık sürede nasıl bildiğine. Akıl okuma mı? Açık çakralar mı, evrensel bilinç mi? Sosyal medyanın soğuğundan bıkmış, dünyevi sıcaklığı astrolojide, spiritüellikte arayanlar geldi aklına. Güldü. Hayret dedi. Sahi nasıl bildi? Nasıl anladı. Yüzü kızardı kızın. Göğsü sıkıştı. Sır sandığı, herkesten köşe bucak sakladığı şey gün gibi ortadaymış meğer. Bak teyzesi bir bakışta... Ter fışkırdı saç diplerinden.

"Eğer genç bir kız, kıyarım canıma diyorsa kesin gönlü başkasındadır..." diye açıkladı Sevda. Sessizce bir süre bekledi. Göz ucuyla baktı Kübra'ya, tepkisini ölçtü. "Teyzene de mi güvenmiyorsun Kübracığım? Bak bakayım yüzüme, bana da mı? Şimdi doğruyu söyle. Biri mi var?"

"Darlandım artık teyze. Bıktım, yeminle tükendim. Ya bir rahat bıraksınlar beni!" diye haykırdı kız. "Başka da bir şey istemiyorum."

"Kübra? Böyle olmaz. Ağlamadan anlat şunu. Tek tek anlat."

"Tamam teyze... Tamam! Var biri."

Hâlâ başı önünde. Kabahatini itiraf ediyor. Aşk, utançların en büyüğü sanki.

Mutlu oldu Sevda. Yüzü aydınlandı. Bugüne dek biricik yeğeninin pek çok şeyine şahit olamadığı için üzülmüştü. Kahretmişti. Düşler kurup kendi içinde yaşamaya, eksik yılları tamamlamaya çalışmıştı. Anılar yaratmıştı boşlukta. Uçkun, mutlu, unutulmaz anılar. Doğumunu, emeklemesini, ilk sözcüklerini getirmeye çalışmıştı gözünün önüne. Okula başladığı ilk gün... Şimdi kızın bu korktuğu şey bir mucize gibi. Aradaki yıllar, pişmanlıkla, özlemle, yaşanmamışlıkla örülü duvar, bir fiskede, yalnızca iki sözcükle yıkılıvermişti. "Var biri?" İçinde bir kapı açıldığını duyumsadı. Yeni, diye geçirdi aklından. Yeni. Şimdi bu yeniyi besleyip büyütme zamanı. Kuşanıp tadına varmak. Yaşamı algılamak. Yanında olmak. Gerçekten elini tutmak. WhatsApp'taki yazışmalardan tahminde bulunmalar, Facebook'ta izini sürmeler bitsin artık.

Sabırsızca üsteledi. "Anlatsana Kübracığım."

"Ne anlatayım bilmiyorum ki teyze?"

"Duygularını anlat."

"Duygularım mı?" Cesaret burada işte. Demek cesaret duyumsamakta. İlk kez biri ona "Kim?" demeden önce duygularını soruyor. Düşündü. Ayman gelince aklına ilk ne hissediyor, onunlayken neler duyumsuyor? Okumayı yeni yeni öğrenip de sözcükleri sökmeye çalışan bir çocuk gibi başladı anlatmaya. "Her an, her dakika, istemesem bile düşünüyorum onu. Saçlarını, gözlerini... Bazen sadece adını..." Sustu. "Sence bu aşk için yeterli mi?" diye sordu, duraksayarak.

"Oldukça!" dedi Sevda.

"Her an göğsümde garip bir hisle yaşıyorum. Sabah gözümü ilk açtığımda aklımda o var. Sanki onu saklayıp korumak istiyorum, kendimden saymak istiyorum. Yan yana olmak. Yanımdayken bile özlüyorum. Ne garip değil mi?"

"Hayır canım, hiç de garip değil. Aksine çok değerli. Sana ait her şey gibi."

"Birinden hoşlanınca herkes mi böyle olur? Yoksa sadece ben mi kendimi hastalanmış gibi..." tamamlayamadı sözünü, küçük, kesik bir kahkaha attı teyzesi. "Yok tatlım, hastalık filan değil. Yalnızca aşk bu. Sen âşık olmuşsun."

"Gerçek aşk mı?"

"Evet. Tastamam gerçek aşk bu."

"Ama ben aşkın hep insanı iyi, mutlu hissettireceğini düşünmüştüm."

"Bazen iyi hissettirir... Aşkın iyi yanları öyle çekicidir ki yalnızca onlara ulaşabilmek için acı çekmeyi göze alır insan."

"Biz henüz hiçbir iyi yanını yaşayamadık. Söylesene teyze, aşkın iyi yanı ne zaman başlar?"

"Tüm zorluklara direnebildiğin zaman." Bunu söylerken derin bir soluk aldı Sevda. Aşk zordur. Acıtır. Emek ister, diye geçirdi içinden.

"Ah teyze, bazen insanın daha başında pes edesi geliyor."

Kübra'nın elini tuttu Sevda. "Asla," dedi. "Bu zorlu bir yol tatlım. Kalbinin sesini dinle, kazanmak için bir tek o yolu izle."

Kübra gülümsedi buruk buruk. "Merak etme, öylesine sersemledim ki şu sıralar o yoldan çıkmam imkânsız."

"Uuu... Ateş bacayı fena sarmış desene?" Güldü Sevda. "Tamam, şimdi anlatmaya devam et bakalım. Başka?"

Kübra sessiz düşündü. Hiç hesaba katmamıştı. Meral'le konuşmuşlardı ancak üstü kapalı. Bir gün gelip de Ayman'ı birine anlatacağı aklına gelmemişti. Hazırlıksızdı. Ne demeli? Nasıl başlamalı? Cevap veremedi.

Üsteledi Sevda. "Anlatsana Kübra?"

"Ne anlatayım bilmiyorum ki," dedi kız.

"Nerede tanıştığınızdan başlayabilirsin. Arkadaş grubunda mı tanıştınız?"

"Yok," dedi, yine sustu. Bir arkadaş grubu da hiç olmadı. O, öteki kızlar gibi değil. Evden okula, okuldan eve. Çevre edinme, sosyalleşme onun uzağında şimdilik. Bu şartlar altında o sorumluluğu yüklenemez. Hevesi de yok.

"Peki, öyleyse nerede?"

Hiç düşünmeden, "Koyda..." dedi. Sesi kırılgan.

"Hangi koyda?"

"Cennet Koyu'nda... İlk gün Suriyelilere yemek dağıtırken geldi yanımıza. Bahardı, aylar önce yani... Yardım etti bize...

Önce hep ellerini gördüm... İnce uzun parmaklarını... Hep ellerinden tanıdım onu. Onlarca el. Başka başka. Açık, koyu tenli. Uzun, küt parmaklar. Tombullar, zayıf kavruklar. Ama onun elleri kimseninkine benzemiyor, hemen seçiliveriyor içlerinde. Yeminle hiç umut vermedim, uzun zaman kaldırıp başımı bakmadım bile yüzüne... Bir gün yaşlı bir adam fenalaştı, zavallı çok hastaydı, ateşler içinde... ikimiz koştuk yardımına, ambulans, hastane filan... Tanıştık. Sohbet etmeye başladık öylesine... İşte orada, ilk defa kocaman gözlerine baktım. Upuzun kirpiklerine... Öyle güzel gülümsüyordu ki..."

"Buralı mı? Bodrumlu mu yani? Tanıdıklardan mı?" Bu kez Kübra'nın sessizliği uzun sürdü. "Yazlıkçı mı yoksa?" diye yeniden sordu Sevda.

"Yok, yazlıkçı değil, Allah'a şükür buralı da değil..."

Merak etti. Gerçekten bilmek istedi Sevda. "Peki o zaman nereli? Söylesene Kübra..."

"Suriyeli..." diye fısıldadı kız. Yumdu gözlerini. Tek bir damla yaş kayıp aktı yanağından.

"Suriyeli mi? Şu annenin bahsettiği, koydaki sığınmacılardan biri mi?"

Kübra başını salladı. "Evet..." Sonra yine aynı şey oldu. Açıklama, savunma gereği duydu. Rahatsız edici. "Ama çok iyi biri teyze." Gözyaşları çoğaldı. "Halepli. Adı Ayman."

"Ayman. Güzel isim."

"Eğitimli biri, üniversite mezunu. Ülkesindeyken, yani savaştan önce eczacılık yapıyormuş." Kapattı ellerini yüzüne, bir anda hıçkırarak ağlamaya başladı.

"Tamam, tamam..." diye sarıldı ona Sevda. "Sakin ol... Hişşşt... Sakin ol... Ağlama, tamam..."

"Kızdın değil mi? Sen de kızdın."

"Hayır Kübracığım. Ne diye kızayım?"

"Yani Suriyeli diye... İşte onlardan biri diye..."

"Yapma Kübra, Suriyeli olmak suçmuş gibi konuşuyorsun. Sen sevdikten sonra ister Suriyeli olsun, ister Bodrumlu, benim için bir şey fark eder mi? Yeter ki sen mutlu ol kuzucum, yeter ki sen sev, iste..."

"Gerçekten mi?

"Tabii ki. Sen her şeyden değerlisin. Yaptığın, yapacağın bütün seçimlerin de öyle. Sevgin de, aşkın da... Söyle bakalım nasıl anlaşıyorsunuz? Türkçe biliyor mu bu çocuk?"

"Eh. Biliyor. Önceleri çat pat konuşuyordu, şimdi daha iyi. Biraz da İngilizce... Savaşta tüm ailesini kaybetmiş... Bir başına, bin bir zorlukla onca yolları, onca tehlikeleri aşıp ta buralara kadar gelmiş. Bilsen ne acılar çekmiş... Kimsesi yok. Tek başına. Bir kuzeni varmış Hollanda'da, şimdi bir umut onun yanına gitmeye çalışıyor..."

Gerisini Sevda tamamladı. "Yunanistan üzerinden?.. Kaçak olarak."

"Evet. Ama görmedin mi televizyonda, ülkeler bir bir kapatıyorlar sınırlarını."

"Peki, ne zaman gidecekmiş?"

"Yarın sabah."

"Ne? Yani yarın gidiyor mu? Bu kadar mı? Bitti mi?"

"Evet." Gözlerinin içine baktı teyzesinin. Çekinmeden ilk kez itiraf eder gibi baktı. "En kötüsü de ne biliyor musun teyze?" dedi. "Ben ona veda bile edemiyorum. Hoşça kal demek isterdim. Son kez sarılmak. Giderken ardından el sallamak. Seni tanımak güzeldi demek. Aslında veda etmek umudun kırıntısını korumakmış. Belki kök salacak bir şeye başlamak... Bu çağın sözlüğünde uzak yok. Bir tık öte var. İletişim her yerde sürebilir. Git ama unutma, burada bir bekleyenin var. Seni düşünenin. İyiliğini isteyenin. Yalnız değilsin. Yaz bana. Ara beni.

Instagram'da takipten çıkarma. DM'den yazışalım. Dönüp gelirsen bil ki senin için burada olacağım. Profil resmimdeki kadar genç ve güzel olmayabilirim ama buradayım. Gerçekten bekleyeninim. Hepsi koyda yan yana oturmuş, gözleri ufukta, onları karşıya geçirecek tekneleri bekliyorlar. Gizlice anlaşıyorlar hiç görünmeyen birileriyle... Yalnızca o karanlık gölgeler biliyor kimin ne zaman gideceğini... Her gece sırası gelen onlarcası sessiz sedasız açılıyor denize, karanlığın içinde bir hayal gibi usulca yitip kayboluyorlar bir bir. Geride derme çatma çöp yığını çadırlar kalıyor. O farklı olsun isterdim. Öbürlerinden farklı. Onu yolculayan biri olsun. Ayman dört koca ay o kumsalda öylece oturup yolumu gözledi... Bu kadarını yapabilseydim bari teyze."

Sevda daha sıkı sarıldı Kübra'ya. "Hişşt... ağlama güzelim, ağlama benim kuzucuğum... Biliyorum çok zor ama inan bana kıskandım seni."

Şaşırdı Kübra. "Ne?" diye sordu "Kıskandın mı?"

"Evet."

"Sen? Beni? Gerçekten mi?"

"Evet. Birisi tarafından böyle koşulsuz sevilmek ne hoş, ne güzel. Maalesef bu sadece gençken olabiliyor tatlım. Ve sanırım hayatlarımızda yalnızca bir kere, değerini bilmek gerek... Böylesine tutkuyla sevmek, sevilmek..."

"Ne yani, hiçbir erkek sevmedi mi seni?"

"Sevdi elbet, sevmez olur mu?"

"Peki ya sen? Sen de onu sevdin mi? Âşık mıydın ona?"

Sevda'nın gözleri doldu. "Hem de nasıl," diyebildi. "Hem de nasıl. Buralı. Bir sürgünün yetim oğluydu..."

"Peki nerede şimdi?"

Sevda elini göğsüne, tam kalbinin üstüne koydu.

"Neden evlenmediniz ki sanki?"

"İzin vermediler..."

"Kimler..."

"İnsanlar," diye fısıldadı. Bir an durdu, sadece insanlar mı diye düşündü. "Bu ülke... bütün dünya..."

"Madem Bodrumluymuş, arayıp bulalım onu o zaman... Adı neydi? Feyste mutlaka profili vardır. Belli ki unutamamışsın, belki o da hâlâ..."

"Keşke," diye kesti Sevda kızın sözünü. "Ancak bu imkânsız tatlım..."

"Neden?"

"Çünkü öldü o..."

Bir çığlık attı Kübra. "Offf, çok acı dedi. Ne üzücü."

"Üzülme canım, üzülme... Çok uzun yıllar önceydi... Düşünmenin, eşitliği istemenin, kimsenin acı çekmediği bir dünyanın hayalini kurmanın suç olduğu yıllardı..."

"Bu yüzden mi hiç evlenmedin teyze? O kadar çok mu sevdin? Şimdi anlıyorum... Unutamadın, tabii ya..."

"Hem de tek bir an olsun unutamadım... (Beraber çekilmiş bir resmimiz bile yok. Ondan bana kalan yalnızca anılar. Benliğimde yaşayan, her ânı capcanlı görüntüler. Bir de şu çay kutusu. Annenin sakladığı. Darmadağın geçmişimin toparlayabildiği kırıkları. Cenazesini morgdan aldığımızda elimize tutuşturdukları torbadakilerin bazıları. Bozuk paraları. Nüfus cüzdanı. Üzerindeki vesikalık fotoğrafını koparmıştım. Posta pulu kadar bir şey. Kaybolacak diye ödüm kopuyor. Saati. Nacar marka. On yıllardır 08.25'i gösteren kadranı, tuzlu suyla harelenmiş, bozulmuş. Hoyrat ellerce sürüklenirken kopan, parçalanıp dağılan yemin bileziğim. Deniz kabuklarım. Göz boncuklarım. Elim varmıyor o kutuyu açıp bakmaya."

"Offff! Teyze. Biliyorum. Biz de kavuşamayacağız. Bütün hayatımız boyunca yalnız kalacağız... Yapayalnız..."

"Neden kavuşamayasınız Kübracığım? Unutma, yaşadıkça bir umut hep vardır. İstiyorsanız elbette kavuşabilirsiniz."

"Zor, teyze çok zor. Ayman'ın gitmemesi gerek. O zaman burada bir kampta tutulacak. O kadarla da kalmayacak. Herkesi karşımıza almamız, yasal olması için çarçabuk evlenmemiz gerekecek."

"Evet. Bak bu bir çözüm olabilir."

"Bana karar ver, dedi. Sen karar ver. Sen evet de, ben her şeye hazırım. Tüm sorumluluğu bana yükledi anlayacağın. Ben birinin kaderine yön verecek birikime henüz sahip değilim. Çünkü daha kendi yönümü bile bulamadım. Güçsüzüm. Bu sorumluluğu alamam. Bu gece bekliyor beni. Eğer gidersem, gitme, tamam evlenelim, kal burada, dersem kalacak. Evlilik teklif etti bana. Evlenelim, burada yaşayalım, dedi."

"Sen ne cevap verdin?"

"Bir cevap veremedim."

"Onunla evlenmek istemiyor musun?"

"Olmaz teyze. Yapamayız. O kadar çok engelimiz var ki. Ben yalnızca giderken ona sımsıkı sarılmak isterdim. Son kez öpmek. Hoşça kal Ayman demek. Ardından el sallamak. Çok şey mi istiyorum? Bir veda yalnızca. Bir veda."

"Ee ne duruyorsun? Git o zaman. Git vedalaş. Kararlı olduğunu göster. Önünüzde kocaman bir yaşam var. Bitmedi, yeni başlıyor de. Umut ol ona. Şimdi en çok ihtiyacı olan şey bu. Hadi kalk, durma, git."

"Öyle mi diyorsun? Peki ya annem... Ama ben... gece dışarıya yalnız çıkamam ki. Nasıl gideceğim o koya? Annem duyarsa öldürür beni, yatırıp kör bıçakla kıtır kıtır keser... Kalenin burçlarına asar vallaha."

Ya annem? Bu soru Sevda'yı da kaygılandırdı. Kübra'yla öylesine eşsiz ve güzel bir ânı paylaşmışlardı ki Aynur'u hiç hesaba katmamıştı.

"Hah işte o büyük problem..." dedi, yine de gülerek.

"Teyze, ben ne yapacağım? Annem duyarsa?.."

"Üzülme canım, üzülme güzelim, her şeyin bir çözümü vardır. Anneni bilmez misin? İki bayılır, bir ayılır, o kadar. Ben hallederim onu, gerekirse birkaç gün daha burada kalırım..."

"Kalır mısın gerçekten?"

"Tabii kalırım, seni bir başına koyar mıyım hiç? Kübracığım evden kaçmıyorsun, yalnızca masum bir veda olacak bu. İçinde bir şey kalmasın, keşkelerle zehir etme kendine hayatı diye... Dedim ya, her şeyin bir çözümü vardır. Sen anneni bana bırak, ben bir yolunu bulurum... Kalk hadi hazırlan."

"Gerçekten mi teyze? Yaşa sen..."

"Ama sakın beni zor durumda bırakacak bir şey yapma olur mu?"

"Yapar mıyım hiç? Sen merak etme."

"Söz mü? Vakitlice evde olacaksın. Vedalaşıp hemen döneceksin."

"Tamam," dedi Kübra. Sımsıkı sarılıp öptü teyzesini.

Kapının önünde belirdi Aynur. "Sofra hazır, hadi bakalım, sizi bekliyorum."

Sevda çantasının içinden iki paket çıkardı. "Eli boş mu geleceğimi sandınız," dedi.

"Cihangir'de bir arkadaşım dükkân açtı, Hindistan'dan getirip satıyor bunları."

Aynur'a gece mavisi kadife kumaş almış. "İnan çok makbule geçti abla. Malum önümüz kış, yeni bir pardösüye ihtiyacım vardı, fırsat bulup kumaş almak için Muğla'ya da gidemediydim..."

"Yeter mi sence? Pardösü çıkar mı bundan?"

"Çıkmaz mı?" Açtı kumaşı Aynur, Kollarıyla ölçtü. "Baksana çift en, hatta artar bile..." Kübra'ya uzattığı paketten gümüş işlemeli mercan bir kolye çıktı. Hiç beklemiyordu kız. Heyecanla hemen takmak istedi. "Gümüş bu," dedi Aynur. Aldı eliyle tarttı. "Çok pahalı olmalı. Pek de ağırmış... Aaa dizi dizi taşları da var... Kolye değil, gerdanlık bu abla. Öyle her güne kullanılmaz, yazık, en iyisi sandığa kaldıralım..."

"Anne!" diye atıldı Kübra.

"Yok artık," dedi Sevda. "Aynur, bırak da keyfini çıkarsın kız..."

"Hayır, kopar mercanlar dağılır diye şey ettim ben..."

"Canım teyzem..." diye sarıldı Sevda'nın boynuna Kübra. "Çok güzel. Bayıldım..."

"Aman abla, ne gereği vardı? Ne diye masrafa girdin? Kim bilir kaç paradır bunlar... Dur kıpraşma da bakayım kız... Hımm pek güzel. Şunu şımartmasan olmaz... Aaa yemeği unuttuk. Hadi geçelim de soğutmadan yiyelim... Kübra hadi... Gördün mü bak yine yapıştı sinek gibi aynalara, yok, bu kızın sonu iyi değil..."

"Aynurcuğum, ne diyorum biliyor musun?" diye girdi söze Sevda. "Bu gece yemekten sonra sahilde biraz yürüyüş yapsak nasıl olur? Ne dersin?"

"Olur," dedi Aynur. "Yaparız."

"Hatta çınar altındaki çay bahçesine gitsek diyorum?"

"Duydun mu Kübra?" diye seslendi annesi. "Yemekten sonra çay bahçesine gideceğiz, kız bak hiç oralı oluyor mu?"

"Seninle ben, iki kardeş, şöyle baş başa..."

Şaşırdı Aynur. "Peki ya Kübra?.." diye sordu.

"Aman canım, bu sefer Kübra'sız oluversin..."

"Olur mu? O da gelsin, gözümün önünde olsun."

"Ne işi var genç kızın bizimle canım..."

"Olmaz, olmaz, kalmasın evde bir başına. Rahat edemem ben, aklım onda olur hep... Katiyen..."

"İstersen Gönül'ü de çağıralım... Ne dersin?"

Biliyordu Sevda, bu, onun yumuşak karnı. Gün boyu içine dert oldu eve geldiğinde Gönül'le karşılaşıp da konuşmaması. Aradaki buzların erimesi lazım, bunun için elinden ne geliyorsa yapar.

"Gönül'ü mü?" dedi Aynur şaşkın. "Gerçekten mi? Bizim Gönül'ü? Eh, iyi olur... Çok sevinir."

"Sen, ben, Gönül... Eski günlerdeki gibi..." dedi Sevda.

"Eski günlerdeki gibi..." diye tekrarladı Aynur. "Ne güzeldiniz değil mi abla, ne alımlı, ne neşeli kızlardınız... Vara yoğa gülerdiniz. Hayat dolu. Şimdi böyle küs olmanız içime dokunuyordu. Çok iyi düşündün. Bitmeli kırgınlıklar. Üç günlük dünya..."

"Kim bilir, belki yine oğlanlar takılır peşimize ha?" diyerek göz kırptı Aynur'a.

"İlahi abla, hiç güleceğim yoktu... Eh, o zaman vakitlice arayayım ben Gönül'ü."

"Ara tabii... Hemen ara."

"Hadi siz sofraya geçip başlayın yemeğe... Ben Gönül'e haber verip hemen geliyorum."

Telefonunu çıkardı cebinden, numarayı tuşladı, beklerken kendi kendine, "Çalıyor," dedi. "Alo, Gönül... Benim canım, Aynur... Ha! Ne yapıyorsun? Dizi mi izliyorsun, yok ablam var ya, bakamadım televizyona, yok açtım da bakamadım. Neee! Öldü mü... Kim vurdu? Kenan mı vurdu? Hah, iyi olmuş... İyi iyi, pek güzel olmuş, oh, ellerine sağlık. O çok yaptıydı, çok çektirdiydi Kenan'a... Hak etti namussuz. Eee ya kız? Ay deme, o da mı? Vah vah... Kanser mi? Ay kıyamam... Anam dizi zaten hastaneyle hapishane arasında geçiyor. Gönülcüğüm, bir rahat yüzü görmedi bunlar. Ha niye aradım ben seni, şey için aradıydım... Ablam diyor ki, bu gece, yemekten sonra, eski günlerdeki gibi hep beraber çay bahçesine gidelim mi diyor. Evet. Sen, ben, Gönül, diyor. Kız kıza, vallaha..."

Meydandaki Koca Çınar

Bir süre ağır adım sahilde yürüdüler. Yaz sonu olmasına karşın kalabalık. Çocuklu ailelere bakılırsa yaz kış Bodrum'da yaşayanlar çoğunlukta. Sevda'nın aklı Kübra'da kaldı. Annesine erken yatacağım dediğini duydu. "Gidin siz. Biraz kitap okur uyurum." İnandırıcı. Doğal. Daha önce bu tür yalanlara başvurmuş belli. (Aşk kadar gerçek bir duygu uğruna ne çok yalan söylenmek zorunda kalınıyor dünyada.) Küçük de olsa, beyaz da dense yalanı sevmiyor Sevda. İçi içini yiyor. Bir an çocuk sahibi olmanın ne büyük bir sorumluluk olduğunu düşündü. Birinden sorumlu olmak! Çocuğundan. Kendi evladından. Bir sevgili, anne, baba, kardeşten daha başka bir şey bu. Ürkütücü diye geçirdi içinden. Aynur kapıyı kapattıktan sonra üç kez eliyle ittirdi. Alt katın pencerelerini, bahçe kapısını gitti geldi, kontrol etti. Merdivenlerin başında bir duruşu var, gardiyan gibi... Bu normal bir korumacılık duygusu değil. Hastalıklı bir şey. Evin içinde yürürken çevresine yaydığı o görünmez enerjiden

Sevda bile etkilendi. Huzursuz olmamak imkânsız. İnsan onun yanında elini kolunu nereye koyacağını şaşırıyor. Donup kalıyor. Her an en küçük hareketini bile gözlemliyor. Didik didik ediyor çevresindekileri. Kim olursa. Nereye gittin, ne aldın, ne verdin, nereye baktın, her şey onun göz hapsinde. Dahası saklamıyor, bunu her an hissettiriyor insana. İzlenmek ezici, varlığını baskılayıcı bir durum. Kübra bunu her dakika yaşıyor olmalı.

Yol boyu huzursuzdu Aynur. Kıpır kıpır. Durup durup "Keşke Kübra da gelseydi. Kızı evde tek başına koymakla pek iyi etmedik bence... Dur bir arayayım şunu..." diyor, eli hep telefonunda.

"Aynur, yapma canım. Bak daha yarım saat olmadı. Rahat ol biraz."

Artık kabul et, kocaman kız oldu Kübra, çocuk değil, neyin iyi, neyin kötü olduğunu bilecek yaşta. Ona güvenmelisin. Hatta ona güvendiğini hissettirmelisin. Davranışlarınla da bunu göstermelisin. Biraz rahat bırak... Sen de rahat ol... İzin ver genç kızlığını yaşasın... Kendisi için kararlar alsın, hatalar yapsın, onlarla yüzleşsin, kendine güveni gelsin. Bunları içinden söyledi Sevda. Öyle bir ayrılık yaşadılar ki ablalık yapmaya hakkı yokmuş gibi hissediyor. Bir arkadaş gibi de davranamaz ya? Zaman insafsız, araya girdi mi, kardeşi bile el kılıyor.

"Aklım hep onda. N'apıyordur şimdi acaba?"

"Ne yapacak ayol?" diyor Gönül. "Evin içinde almıştır çekirdeğini önüne, geçmiştir televizyonun başına, dizi seyrediyordur."

"Hiç iyi yapmadın," dedi Sevda. Bu kez sesli düşündü. Boş bulundu. Birden çıktı ağzından. Bir an söylediğine pişman oldu ancak engel olamadı kendine, bir kez daha tekrarladı. "Hiç iyi yapmadın Aynur. Keşke engellemeseydin, izin verseydin de gidip okusaydı..."

Aynur da şaşırdı. Ona göre kimse kimsenin ne yaşadığını bilmez. Sevda ona uzak. "Babasız kızı? Taaa Eskişehir'e?" derken gözleri büyüdü.

"Evet," dedi Sevda. "Evet, okumaya. Eskişehir'e."

"Ayol Eskişehir dediğin yer şurası..." diyerek güldü Gönül. "Burnumuzun dibi. Duyan da Amerika'ya göndereceksin sanır."

"Yooo, dünyada olmaz. Burada üniversite yok mu? Var Allah'ıma şükür, buraya da okul açmış devletimiz. Bu yıl yine girer sınavlara. Muğla'daki üniversitenin suyu mu çıktı, orayı kazanırsa ne âlâ... Binsin dolmuşa, sabah gitsin, akşam gelsin, okusun... İki adım. Gözüm üstünde olur. Ama öyle başka şehirlere, kız başına..."

Dayanamadı Sevda. *Kız başına* sözünü kaldıramadı. Kız başına. Yani erkek çocuk olsa... Uzatmanın gereği yok. "Söyle bakalım nedir seni korkutan?" diye sordu.

"Beni... Korkutan mı? Korktuğum filan yok ki," dedi Aynur.

"Söyle o zaman. Anlat, tek başına başka bir şehre giderse ne olur?"

"Ablacığım duymuyor musun, televizyonlar bangır bangır bağırıyor, okumuyor musun gazetelerde... Ortam kötü. Her gün kaç kadın öldürülüyor. Kızları, kadınları kaçırıp... Kafalarını kollarını, testerelerle... Artık dünya iyiden çığırından çıktı... Hiçbir yer güvenli değil... Çok korkunç şeyler oluyor... Olmuyor mu siz söyleyin? Rabbim ıslah etsin... İnsanlar o kadar canavarlaşmışlar ki... İşkenceler, tecavüzler, cinayetler..."

"Tamam, haklısın, korkunç şeyler oluyor ancak güzel şeyler de olmuyor mu? Ha! Bir düşün..."

"Güzel şeyler..." diye tekrarladı Aynur.

"Evet," dedi Sevda. "Okuyan, öğrenen kızlarımız da var, büyük başarılar kazanmıyorlar mı? Onları düşün."

"Hay aklınla bin yaşa Sevdacığım," dedi Gönül. "Ben de

inan olsun hep bunları söylüyorum Aynur'a. Kötü şeyler oluyor diye eve mi kapanalım? Okutacağız tabii kızlarımızı. Çıkacağız, gezeceğiz, yaşayacağız inadına."

"Herkes de kötü olmuyor ya… Dur bakayım… Yoksa sen? Yoksa, o minicik kuşun yuvadan uçmasından, bir anda yapayalnız bir başına kalmaktan mı korkuyorsun?"

"Vallaha değil abla. Hiç öyle bir korkum yok inan. Bak yeminle yok. Ben sadece heder olmasın kızım istiyorum, namusuyla, şerefiyle gelin edeyim… Mürüvvetini göreyim… Başına bir şey gelmesin, acısını göstermesin Allah'ım…"

Sevda durdu. İç geçirdi. "Tamam, tamam, ağlama… Canım benim, amacım seni üzmek değildi," diye omzuna dokundu.

Çay bahçesinin önünde durdular. Kaldırım, beton dökülüp yükseltilmiş. Süslü ferforje çit çevrilmiş etrafına. İstanbul'da bir kafenin girişinden farksız. Ancak ulu çınar bütün heybetiyle duruyor tam ortada. Tek değişmeyen o. Kalın, güçlü, gür dallarıyla zamana meydan okuyor. Basit tahta masalar yok. Daha gösterişli hasır sandalyeler, hasır çevreli cam masalarla döşenmiş. Aydınlatma direkleri ışıl ışıl. Oysa kabloyla gerili ampuller olmalı. Çınara doğru yürüdü. En sevdiği, çok özlediği, istemeden ayrı düştüğü, en olmadık anda, birden karşısına çıkan bir dosta yürür gibi. Kaldırıp başını, ağacın geniş, yeşil yapraklarına baktı. Ben geldim, dedi içinden. Rüzgâr yokladı, el salladılar. Yine ben geldim. Bakın, buradayım.

Masalardan birine geçip oturdular. Çay söylediler. Demli, kokulu, farklı tatlarda çaylar servis ediliyormuş. Adlarını söylemesi bile zor olan kahveler. Çikolatalar, drajeler, kurabiyeler, kekler. İnce belli bardakların masada bıraktığı lekeler, beyaz kırmızı basit kahvehane işi porselen bardak altları, plastik kâselerde küp şekerler, tost kokusuna gelen sırnaşık sokak kedileri arandı gözleri.

Annesi paketleyip teslimatı, bin bir tembihle vermişti Sevda'ya. Küçük bir kâğıda yazmıştı müşterinin adını, adresini. "Doğruca götür," demişti. "Sakin yollarda oyalanayım deme. Kırarım bacaklarını." Yüksek mevkide, önemli bir memurun karısının gece elbisesiydi galiba. Ağırdı. Hışır hışır. Aynur yine yanında, her adımını rapor eder gözlerle yürüyor. Leman'ın evinin önünde bekleyen Yavuz'la, Çınaraltı'nda buluşalım diye işaretleşmişti, odasının camından. O zamanlar cep telefonları yoktu. Uzaktan anlatmanın, anlamaya çalışmanın kazandırdığı yetenekler vardı. Eller vardı. Kibrit kutusunda mektuplar. Parmaklar. Ağız oynatmalar. Yüzünü görerek, gözüne bakarak konuşmalar. Karşılıklı oturmuşlardı bir köşede. Ilık bir bahar öğlen sonrası. Çınarın yaprakları esen rüzgârda pul pul dalgalanmıştı. Külahta yemyeşil çağla badem almış Yavuz. Yırtık kâğıttan taşmış, masaya yayılmış meyve. Biraz tuz. Ağızlarındaki mayhoş tat. Hiçbir şey yok olmuyor yaşamda. Mekânlar da en az taşıyabildiğimiz duygulanımlar kadar önemli. Nerede yaşandıysa orada kare kare donup bizi bekliyorlar. Üst üste birikip sahibini arıyorlar. Mekânlar kaydediyor her şeyi. Oraya dönüp ansıdıklarımız, resimleri çoğaltarak geri getiriyor. Zaman dediğimiz az önceki mekândan az sonraki mekâna geçişimiz aslında. Islak dudağının kenarında tuz taneleri. Uzun favorilerinin bittiği yerde aydınlık, kaygan tıraşlı çenesi. Çekik parlak gözlerindeki o sevecen bakış. Aynur'un saçını okşayışı.

Bir şeyleri bulup, sevip, kollayıp büyütmeye sevdalı elleri. Az kaldı Sevda. Çok az kaldı. Hep az kaldı, biraz daha sabır derken boğazında belirip kaybolan kemiksi çıkıntı, âdemelması. Sıcacık terli elleri. Paketi sandalyenin üzerinde unutup çıkmışlardı çay bahçesinden. Yarı yolda hatırlayıp deli gibi koşmuştu yollarda.

Gönül ağlamıştı bir keresinde. Çok ağlamıştı. Sevda tuvalete götürmüştü onu. Suyu çarpa çarpa yüzünü yıkamıştı kız.

Sesi yankılanmıştı briket duvarlarda. "Bilmiyorsun Sevda, çok seviyorum, çok," demişti omzuna yaslayıp başını. "Uykularımı kaçıracak kadar, kendimden vazgeçecek kadar seviyorum. Kahretsin ki karşılıksız seviyorum, onun benim varlığımdan haberi bile yok."

Doğru söylüyordu. Doktorlar geliyordu eve. Ağlama krizleri geçiriyor, tel tel saçlarını koparıyordu. Öbek öbek kırmızı iltihaplı yaralar açılmıştı kafasında.

Nadir saldırmıştı ilkin. Durduk yere. Oturduğu karşı masadan. Yanındakilerden cesaretli. "Moskov piçi, vatan haini!" demişti. -Hep aynı replik. Bellenmiş – belletilmiş. Her çağın kendini var ettiği çatal dili.- "İnsanların beynini yıkamana izin vermeyeceğiz. Hepiniz geberene kadar bu millete huzur yok." Yavuz vurmuştu ona. İlk Yavuz vurmuştu... Vurduğu yerlere kan oturmuştu, yine de susmamıştı Nadir. "Altıncı filonun bekçi köpekleri, Amerika'nın uşakları, emperyalizmin piyonları, faşistler!" diye bağırmıştı jandarma onları ayırıp götürürken. Çocukça bir korkuyla, birbirine çok uzak iki karanlık ülke arasında, beşik gibi sallandıklarını düşünmüştü Sevda. Sallanırken, elde ne var ne yoksa her şeyin büyük bir gürültüyle üzerlerine yıkıldığını.

"Nasıl da bir anda boşalıverdi Bodrum gördünüz mü? Daha birkaç hafta önce iğne atsan yere düşmezdi anacım buralarda. Çarşıda yürümek bile imkânsızdı," diye bozuyor suskunluklarını Gönül.

"Eh, tabii, okullar açıldı, yazlıkçılar döndü..." diye sıralayarak cevaplıyor Aynur.

Tatsız bir akşam. Keşke kendi götürseydi Kübra'yı. Onunla gitseydi. Pişman oldu Sevda. Ben yeğenimle şöyle bir yürüyüp geleceğim deseydi ya. Hata etti. Bu oyun canını sıkmaya başladı. Dayanamıyor Gönül'e. Bir zamanlar güvendiği, kardeşim dediği kızın böyle bir kadına dönüşmüş olmasını acınası buluyor.

"Yeni kitabın epey övgü aldı diyorlar, maşallah."

"Okudun mu Gönül?"

"Okuyacağım inşallah, sıra bana gelirse... İlk benim kız okudu, kitap çıkar çıkmaz hemen koşup aldı. Pek de beğendi. Günlerce dilinden düşürmedi. Hep buraları anlatmışsın ayol... Şimdi de Nadir okuyor. Eh bari Pelin'e söyleyeyim de bir ara getirip imzalatsın sana, ha? Ne dersin? İmzalarsın değil mi?"

"Tabii," dedi Sevda, "Ne demek. Zevkle."

"Bodrum'umuzdan böyle Türkiye çapında, entel bir yazar çıkması hepimizin gururunu okşadı vallaha..."

"Nerede kaldı bu çaylar?" diye sordu Aynur. Bir an evvel içip gidelim dercesine.

"Eee Sevdacığım, anlatsana."

"Ne anlatayım Gönül?"

"Nasıl gidiyor İstanbul'da hayat?"

"İstanbul'da hayat? Nasıl gidiyor?" Bir an düşündü, gerçekten nasıl gidiyor hayatı? Uzun zamandır durup da kendine bile sormadığı bu ani soru karşısında afalladı. "Sakin," dedi. Tek sözcük çıktı ağzından. Doğru. Yaşantısının özeti buydu. Demek buydu. Artık kendi de biliyor.

"Sakin? O kadar mı ayol?" Güldü Gönül. Şaşırarak, beklediği cevap belli ki bu değil.

Aynur girdi araya. "Gönülcüğüm, bilirsin ablam öyle pek şey etmez... Gezme tozma. Malum, yazıları da var."

"Evet," dedi Sevda azarlarcasına. "Aynen o kadar. Sakin. Sıkıcı bir hayatım var benim Gönül. Dışarı pek çıkmam. Evim, kedilerim..."

"Tırmık, bir de Sepet..." diye açıkladı Aynur. Biraz sevimlilik katacak bir şeyler bulmuş olmaktan memnun. "Ay görsen ne kadar güzeller Gönül, yumuk yumuklar. Ben de resimlerini gördüm canım, telefondan. Kübra gösterdi. Anne bak bunlar teyzemin kedileri dedi."

"İki kediyle hayat mı geçer? Ayol İstanbul'un gece hayatını anlata anlata bitiremiyorlar. Kulüpler, müzikholler, restoranlar... Sosyete, cümbüş..."

"Ben pek çıkmıyorum Gönül. İstersen kapatalım bu konuyu."

"Hımm anladım," dedi Gönül. "Ayol desenize, biz Bodrum'da daha renkli bir hayat yaşıyormuşuz."

"En azından benimkinden daha renkli olduğu kesin..."

Konuyu değiştirdi Aynur. "İnanın bazı geceler uyku tutmuyor beni. Diyorum ki kış bitene kadar en azından çocukları mı alsak evlerimize?"

"Hangi çocukları?" diye sordu Gönül şaşkın.

"Koydaki sığınmacıları diyorum. Bazıları daha emzikte sabilerin, nasıl çıkaracaklar kışı, nasıl dayanacaklar o derme çatma çadırlarda?"

Gönül yüzünü ekşiterek "Ay! Yine mi Suriyeliler?" dedi. "Uykularım kaçıyor dediğin bu muydu Aynurcuğum? Âlemsin vallaha."

"Aslında bu mevsim oteller bomboş, acaba gidip belediyeyle konuşsak mı? Abla sen de buradayken."

Gönül sözünü kesti. "O başkanla olacak şey değil hayatım... Ah hiç sorma... Birkaç oyla kaybettik. Kılı kılına. Şimdi belediye başkanı Nadir'im olsaydı böyle mi olurdu?"

"Ne yapardı Nadir'in?" diye sordu Sevda sertçe.

"Yapardı işte bir şeyler... Çok güzel projeleri vardı. Hepsini tek tek açıp gösterdi bana. Bir bir anlattı. Bu belde var ya, bu belde. Paris olacaktı. Ama işte, kıymet bilmediler. Çok zekidir benim kocam, o bulurdu kesin bir yolunu..."

"Bir yol bulması için illa başkan mı olması gerekiyor? Bak şu kadına." Aynur'u işaret etti Sevda başıyla imleyerek. "Bak bakalım, ne görüyorsun?"

"Aaaaa, üstüme iyilik sağlık..."

"Şöyle bir bak, bak hadi, söyle ne görüyorsun? Aynur'a bakınca ne görüyorsun?"

"Ne mi görüyorum? Ne göreceğim ayol, kırk yıllık arkadaşımı, Aynur'u görüyorum. Bizim Aynur'u."

"Ne iş yapıyor Aynur?"

Düşündü Gönül. Kekelemeye başladı. Bildik bir şeyin ısrarla sorulmasına anlam veremedi. "Ne iş yapıyor?.. Terzi. Terzilik yapıyor."

"Belediye başkanı mı?"

Kesik kesik güldü. "Ay yok artık daha neler," dedi.

"Alt tarafı bir Bodrum terzisi değil mi?.."

"İyi de ne alakası var şimdi canım?" diye itiraz etti Gönül.

"Var Gönül," dedi Sevda üstüne basa basa, "Çok alakası var... Uyan artık, aç gözünü. Bu kadın sıradan bir terziyken çırpınıyor, topluyor, pişiriyor, bölüşüyor, elini taşın altına koymuş, kendince bir şeyler yapıyor. Madem o kadar zeki, madem o kadar yardımsever senin Nadir'in, o zaman şimdi, sade bir vatandaş olarak yapsa ya ne yapacaksa. Hem lafa gelince mangalda kül bırakmıyorsunuz, para pul sahibi, herkeslerden zengin maşallah... İşini bilir. Gemisini yürütür."

"Kalbimi kırıyorsun Sevdacığım. Kocam hakkında..."

"Nadir'i yaparmış," diye kesti sözünü Gönül'ün.

"Yapar tabii. İstese yine yapar." Durup düşündü. "Ama şu son seçimlerdeki rezaletten sonra haklı olarak biraz küstü Bodrum'a."

"Bodrum'a mı küstü?"

"Evet. Kendince..."

"Güldürme insanı Gönül. Nadir Bey, Bodrum'a küsmüş... İçinden gelip yapacak olan adamın böyle mazeretleri olmaz. Yapar."

"Mazeret mi?"

"Evet, mazeret. Benim bildiğim Nadir eğer çıkarı yoksa yaralı parmağa işemez. Bodrum halkı akıllı. Biliyorlar kimin ne olduğunu ki yüzüne bakmamışlar Nadir'in. Tek oy vermemişler."

"Abla, ne olur yapmayın!" diye atıldı Aynur yalvarırcasına.

"Yalan mı?" dedi Sevda. "Yalan mı?"

"Sen kin güdüyorsun Sevda. Hâlâ kin güdüyorsun. Boşu boşuna günahını alıyorsun Nadir'in. İftira atıyorsun. Çünkü ona düşmansın, düpedüz bir tür kan davası bu... Oysa bir inansan. O suçsuz, o yapmadı. Adım gibi biliyorum. O değildi."

Aynur tuttu Sevda'nın kolundan. "Abla, yalvarırım yapma. Ne olur, bak yalvarıyorum. Hem geç oldu, hadi kalkalım, kalkın hadi... Kız evde yalnız..." Ayaklandı, çantasını arandı. "Gidelim artık."

"Hiçbir yere gitmiyorsun, otur şuraya!" diye bağırdı Sevda. "Otur dedim!" Aynur tedirgin, usulca oturdu.

"Madem sen açtın konuyu, o zaman söyle bakalım Gönül... Nasıl bu kadar emin olabiliyorsun? Onun yapmadığından, suçsuz olduğundan nasıl böyle eminsin?"

"Pardon? Anlamadım?" dedi Gönül kinayeli. "Emin olmak derken? O dediğin benim kocam ayol. Kaç kere konuştuk, defalarca sordum. 'Sevda benim canım, Sevda benim en yakın arkadaşım, kardeşimden öte... Ben onu kaybetmek istemiyorum,' dedim. Uzun uzun konuştuk. İnsan bunca yıllık karısından gizler mi hiç canım? Hatta evlendiğimiz gün, gelin odamda önüme diz çöküp yemin etti, kitaba el bastı. Koskoca adam çocuk gibi ağladı. Ben değildim, dedi."

"Yalan söylüyor. Oydu. O ihbar etti, biliyorum. Karakoldan çıkarken görenler var... Verilen ifadeler, mahkeme kayıtları... Hepsinde adı geçiyor. Tanıkların itiraf tutanakları? Onlar da mı yalan? Biliyor musun Gönül Hanım, bütün hayatımı o belgelere ulaşmak için harcadım ben?"

"Boşa harcamış, boşa kürek çekmişsin. Bir ömür harcamışsın ama kanıtlayamıyorsun. Sen de biliyorsun ki kof bir nefret bu. Bununla bir yere varılsaydı?.."

"Nadir değil, asıl suçlu sensin," dedi Sevda işaret parmağını Gönül'e doğru uzatıp.

"Ağır konuşuyorsun Sevda, yerini bil. Şimdi de bana mı saldırıyorsun?.."

"Evet, sana. Çünkü ben bir tek sana güvenmiştim. Arkadaş, can dostum bilmiştim. Sen benim insanlara karşı ilk hayal kırıklığımsın."

"Demek bunca yıldır asıl düşmanlığın banaymış. Yazıklar olsun. Yok yere. Yemin ederim Sevda. İstediğin her şey üzerine yemin ederim ki sırrın hâlâ bende. Kimseye tek kelime etmedim ben." Ağlamaya başladı Gönül. "Ben sana hiç ihanet etmedim... Boşu boşuna suçluyorsun beni..." Çalan telefonunun sesiyle irkildi. Eliyle sildi gözyaşlarını. Telefonunu arandı çantasında, bir türlü bulamadı. Söylenmeye başladı. "Hah tam sırasıydı," dedi. "Nerede yine bu Allah'ın cezası telefon ya... Bir kere de elimi attığımda..." Buldu. Kimin aradığına bile bakmadan açtı telefonu. "Efendim... Alo... oğlum? Sen misin? Ha söyle annecim. Evet, oğlum, evet, çay bahçesindeyiz. Çınar altında... Sesin gidip geliyor. Ne?.. Oradan çekmiyor galiba. Ne oldu dedin? Sesin iyi gelmiyor yavrum, bağır biraz. Kim? Polisler mi? Babanı? Aaaaa! Neden? Bizim tekne mi, turist teknesi mi? O saatte? Eee? Karakola mı götürdüler? Aman Allah'ım sen neler diyorsun evladım... Ay! Ay! Felaket bu... Gördün mü başımıza geleni... Yaktılar Nadir'imi... Mahvolduk, bittik..."

Aynur kaygılı sordu "Gönül, ne olmuş?"

Soluksuz kaldı Gönül. "Bana bir şeyler oluyor Aynurcuğum. Ay nefes alamıyorum..."

"Gönül, kendine gel. Gönül..."

"Mahvolduk. Aynurcuğum, mahvolduk kardeşim."

"Biraz su, su getirin," diye seslendiler garsonlara. "Kardeş bir bardak su getir hele. Çabuk..."

"Gönül anlatsana kimdi o, ne dedi, ne olmuş?"

"Bizim oğlan... Nadir'imi karakola götürmüşler. Evi basmış polisler, yatağından kaldırıp, kelepçeler takıp götürmüşler kocamı. Ay ben ne yapayım, nerelere gideyim bilmiyorum ki... Sürüye sürüye götürmüşler ayol... Sonunda başardılar... Yaktılar suçsuz günahsız kocamı..." Sevda'ya baktı, "Gözün aydın Sevda Hanım, oldu işte, erdin mi muradına?"

"Dur şimdi Gönül," diye araya girdi Aynur. "Sırası değil laf sokmanın. Hele iyice bir anlat... Neden götürmüşler Nadir Bey'i?"

"Bizim tekne..." diyebildi güçlükle. "Bizim tekne batmış. Turistleri gezdiren tekne var ya..."

"Ama Nadir Bey'i niye götürmüşler ki?.."

"İçinde kahrolası sığınmacılar mı ne varmış."

"Ne?" diye bağırdı Sevda. "Ne? Sen neler diyorsun Gönül?"

Dövündü Gönül. Elinde telefon, göğsüne vura vura dövündü. "Ay! Mahvolduk, gitti, gitti Nadir'im... Evimin direği yıkıldı, ocağım söndü..."

Bir taksi durdurup bindiler. Yol boyu baygınlık geçirdi Gönül. Karakola ulaşmaları uzun sürdü. Ambulanslar çakarlı ışıkları, canavar düdükleriyle geçtiler yanlarından.

Deniz Çiçekleri

"Dün gece Ege Denizi, Bodrum açıklarında iki yüze yakın sığınmacının içinde bulunduğu bir turist teknesi battı sayın seyirciler. Yunanistan'ın İstanköy Adası'na dört mil mesafe kala batan tekneden, sahil güvenlik ekipleri on dört kişiyi kurtarırken, suda kaybolan kaçaklar için arama kurtarma çalışması başlatıldı.

Bu sabah Muğla'nın Bodrum ilçesi yakınlarından yasadışı yollarla İstanköy Adası'na geçmeye çalışan, çoğunluğu Suriye uyruklu iki yüz kaçağın içinde bulunduğu tekne, adaya dört mil kala alabora oldu. Balıkçıların sudaki kaçakları fark ederek Türk ve Yunan sahil güvenlik ekiplerine haber vermesi üzerine bölgede çalışma başlatıldı. Olay yerine hareket eden sahil güvenlik ekipleri, Suriyeli on dört sığınmacıyı kurtararak İstanköy'e götürdü. Botta iki yüz kişinin bulunduğunun öğrenilmesi üzerine ise, denizden ve havadan arama kurtarma çalışması başlatıldı. Ölü sayısının artmasından endişe ediliyor."

Aynur: "Ayaklarıma kara sular indi, abla. Bittim vallaha... öldüm yorgunluktan. Ne gece ama... Kimin aklına gelirdi? Yok anam, nerdeee, aklımın ucundan geçmezdi? Hepi topu çınar altında bir çay içecektik, eski günlerdeki gibi, biz bize... Boğazımıza dizildi resmen. Bir yandan da aklım Gönül'de kaldı, perişandı hali, bırakmasa mıydık acaba orada?.. Biraz daha kalsa mıydık? Hoş, çocukları var yanında... Dünürleri. Avukatları. Nadir Bey'in adamları... Ama yine de insan bir dost eli tutmak ister değil mi? Ah! Hangisine yanayım bilmiyorum ki... Geldi koca bir taş oturdu boğazıma. Nah tam şuraya. Yut yutabilirsen Aynur. Kaskatı oldu her yanım. Kahroldum. Vallahi ağlayamadım bile. Bir ağlasam, ah bir ağlasam azıcık rahatlayacağım. Akacak bir parça sıkıntım. O koya gide gele tanır olduydum hepsini. Oturup çay içmişliğim, ekmeği bölüşmüşlüğüm, sohbet etmişliğim var. Çocuklarını kucağımda uyutmuşluğum. Yüzleri gelip gidiyor gözümün önüne. Vah garipler. Vah kadersizler. Kurban olduğum Allah'ım sen yardım et. Sen acı bize. Bu nasıl bir felakettir abla? Can dayanmaz. Onca ölü var diyor bak televizyon. Kaç kişi kurtarılmış? Dur bakayım, on dört mü dedi? On dört ha? Yüzlerce kişiden sadece on dördü mü? Tevekkeli değil katar katar ambulanslar geçti. Bak hâlâ sesleri duyuluyor dışarıdan. Ortalık mahşer yeri gibi. Hastane dolmuş taşmış. Morgda cesetleri koyacak yer kalmamış. Bir o kadar da kayıp varmış. Gitti giden. Ah, gitti. Bu karanlıkta nereden bulacaklar? Göz görmez. El ulaşmaz. Helikopter de katılmış aramaya. Işık tutuyorlarmış denizin üstüne. Gönüllerin evinin önü televizyoncu dolmuş. Korumalar olmasa kapıya dayanacaklarmış. Gördün değil mi karakolun önündeki canlı yayın araçlarını? Yok ama vardı... vardı bir şeyler abla. Tüm kasaba aylardır çalkalanıyordu. Ateş olmayan yerden duman çıkar mı, derler ya o hesap. Felaket bağıra bağıra geliyorum diyordu. Oğlunun çarşı içindeki dükkânlarını bir görsen, av malzemesi diye hep botlarla, can yelekleriyle doldurmuş. Hediyelik eşya dükkânında av malzemesinin işi ne? Ah! Ah!... Gitti zavallılar, ah yok yere gitti gariban insanlar, heder oldular. Allah'ım sen koru. Kübra, Kübra, kalk kızım, kalk annem, uyan, bir bilsen neler geldi başımıza... Bu da bir uyudu mu top atsan yanında uyanmaz. Öyle ağırdır uykusu. Dur ben gideyim de hem şunu uyandırayım hem de bir çay koyayım. Aaaaa bak bak, vallaha Nadir Bey bu. İşte, ta kendisi... Televizyonda."

"İlçede infial yaratan haber üzerine, halk Cennet Koyu sahiline akın etti. Olayla ilgili olarak, başta bölgenin tanınmış simalarından turizmci Nadir İşlek olmak üzere, yedi kişi göz altına alınarak tutuklama talebiyle savcılığa sevk edildi. Aynı zamanda batan teknenin de sahibi olan Nadir İşlek, insan kaçakçılığıyla suçlanıyor."

Sevda: "Dur! Sen dur! Bağırıp korkutma kızı. Ben yukarı çıkar kaldırırım Kübra'yı. Usulca uyandırırım. Telaşa kapılmasın. Çayı da koyarım. Sus bakayım, bak gösteriyor. Mendebur herif. Şunun suratına bak. Nalet. Kılıksız. Aynur, açsana televizyonun sesini az daha, aç, aç. Bak bak götürüyorlar boyu devrilesiceyi. Nedir bu adamdaki para hırsı anlamadım ki..."

Aynur: "Eh, iyi ya... Sen kaldır o zaman kızı. Ama zahmet etme, çayı ben koyarım... Telefon çalıyor. Abla! Seninki mi bu çalan? Abla! Çıktın mı yukarı?! Alooo... Ha yavrum. Ha Pelincim, söyle güzel kızım. Avukatlar mı dedi? Öyle mi? Muğla'ya mı götürüyorlar... Ah yavrum benim, ağlama, ağlama güzel kızım. Geçecek yavrum, hepsi geçecek. Şimdi metin olma zamanı. Koyuverme kendini. Tabii canım, anlaşılmaz mı? Anlaşılacak elbet, babacığının suçsuz olduğu, günahsız olduğu... Hem

Nadir Bey'i herkes bilir, tanır... Güzel dedin bak, olmaz mı var elbet, memlekette hak da var hukuk da... Evdesiniz yani şimdi? İyi. Aman annenin başından ayrılma evladım. Sarsılmaz mı? Hem de çok sarsıldı. Yüreğine inecekti kadının... Uyuyor mu şimdi?.. Sakinleştirici... Hap mı? İyi yapmışsın. Gazeteciler ha? Hâlâ kapıdalar mı? Leş kargaları. Arka girişten. Tamam. Öyle yaparım. Yok. Arabayı yollama. Ne gerek var? Ben bir taksiye atlar gelirim. Birazdan çıkarım. Az bir kendime geleyim, hemen sizdeyim. Sen merak etme yavrum. Kalmam mı? Elbette kalırım, bırakmam anneciğini yalnız. Kübra mı? Yok, o teyzesiyle burada kalır... Tabii, tabii, siz de gidin Muğla'ya... Anneni merak etme, önce Allah'a, sonra bana emanet. İyi yaparsınız, götürmeyin tabii ya, bu sıcakta dayanamaz, bilirim ben onu... Tamam... Öğlene doğru... Oldu canım... Tekrar geçmiş olsun... Evet, hepimize... Kübra! Uyandın mı kızım? Sabah oldu neredeyse. Kalk. Dur ben bir çay koyayım, biraz kendimize geliriz. Bütün gece perperişan olduk, uykusuz kaldık. Hah abla, şimdi Pelin aradı. Gönül evdeymiş. Nadir Bey'i tutuklamışlar, elleri kelepçeli Muğla'ya götürüyorlarmış. İki de avukatı varmış yanında. Ne oldu ablam, sen pek iyi görünmüyorsun? Betin benzin atmış, yüzün kireç gibi... Tabii ya açsın da... Çayın yanına yiyecek bir şeyler de hazırlayayım hemen, iki lokma ye, sonra yat uyu... İnan iyi görünmüyorsun... Kalktı mı Kübra? Kalkmıyor mu? Ağırdır onun uykusu. Ağır... Dur ben şimdi onu... Gönül'e gideceğim diye söz verdim kızına, bu sıcakta götürmeyelim annemi, dayanamaz, diyor. Siz gidin ben başında dururum, dedim ben de, geç kalmayayım şimdi, böyle bir günde, ayıp olur... Bilirsin, ben Gönül'ü... Bir çay içip çıkarım hemen... Kübra! Kız kalk dedim sana, bu ne uykusu böyle anam, dünya çalkalanıyor, felaket üstüne felaket, duymuyor musun kız? Bak sen, hiç cevap veriyor mu?.. Burkucam etlerini yine...

Bak bak, Nadir Bey'i çıkardılar savcılıktan, arabaya bindiriyorlar. Ay abla, bir gecede ne olmuş bu adama böyle, çökmüş resmen. Şunun haline bak, süklüm püklüm... saç baş birbirine girmiş... Ne diyor... Ne diyor??? Açsana azıcık daha sesini..."

"Dün gece bodrum açıklarında sığınmacıları taşıyan teknenin batması olayı ile ilgili, tekne sahibi Nadir İşlek, savcılık ifadesinin ardından tutuklanarak, mahkemeye çıkarılmak üzere Muğla'ya sevk edildi. İş adamının avukatı basına yaptığı açıklamada, müvekkilinin olayla bir ilgisinin olmadığını, teknenin çalınmış olabileceğini, Nadir İşlek'in olayın gerçekleştiği saatlerde İzmir'de bir iş toplantısında olduğunu, olayı da Bodrum'a dönüşünde evinde öğrendiğini söyledi. Olayla ilgili olarak gözaltına alınan diğer altı kişinin sorgusu sürüyor. Arama kurtarma çalışmalarının aralıksız sürdüğü..."

Sevda: "İlahi Aynur... Sen de inandın mı yani, Nadir soysuzunun dün İzmir'de olduğuna? Eeee Gönül hiç bahsetmedi diyorsun... Bulur o fırıldak Nadir bir yolunu. Gerekirse yüz avukat tutar. Hep böyle yalanla dolanla kitabına uydurarak sıyırdı paçasını... Bu sefer biraz zor gibi ama belli de olmaz. Kaç kişi kurtulmuş diyor televizyon? On dört mü hâlâ? Aynur, neredesin? Gel, gel otur bak çıktı yine şeytan suratlı... Muğla'ya sevk ettiklerine göre tutuklamış olmalılar şerefsizi. Mahkemeye çıkaracaklar belli ki... Ne demişler, çekirge bir sıçrar iki sıçrar... Sonunda hesap vereceksin Nadir Bey..."

Aynur: "Verecek elbette. Hak teâla koyar mı yanına... Eeeee! Herkes ettiğini bulacak abla... Hâlâ kalkmadı bu kız ya, bak görüyor musun, dünya yansa umurunda değil... Ne oldu ablam?.. Yoruldun, değil mi? Hadi çık sen odana biraz uyu istersen. Ben de senin gibiyim. Zor uyurum üzülünce, yorulunca. Papatya kaynatayım mı sana azıcık? Ya da... Ne oldu ablam, başın mı döndü? Tansiyon mu var sende? Bir tuzlu ayran... Gel şöyle tutun bana, gel geç otur şöyle. Ölümü gör söyle, gizlediğin bir hastalığın mı var? Bak Allah için saklama bizden. Sen iyi değilsin. Anam kıyamam ben sana, hele gel şöyle, gel otur biraz. Kübra, yeter gari kalk, bağırtma beni, gözü kör olasıca... Tabii hepimizin sinirleri bozuldu. Karakollarda, o soğuk koridorlarda... Üşüttün mü acaba?.. Şimdi sıcacık demli bir çay... Yok abla, ne oturması. Bir sürü işim var. Söz verdim diyorum ya... Kübra'yı kaldırayım, sonra da bir çay içip çıkmam lazım. Tüh, hay aksi, bak sen de hastalandın... Şimdi... Yeminle içim el vermez... Dur arayayım ben şunun kızını, ablam fena diyeyim. Sen evdesin ya içim rahat. Kübra seninle kalır diye tamam dediydim... Yalnız değil, evde sen varsın diye... İşte sana güvendim, o yüzden söz verdim... Ama sen de böyle... Kübra, kız duymuyor musun beni? Ne oldu anam bu kıza, vallaha tam da yataklara yapışacak günü buldu ha. Kız Kübra!

Sakin mi olayım... Aaa! Durduk yere niye öyle diyorsun ki? Kübra mı? Bismillah... Ne oldu ki Kübra'ya? Abla... Söylesene ne olmuş kızıma... Ay delireceğim... Bir şey oldu değil mi... Söylesene abla, ne olmuş?.. Sen benden bir şey saklıyorsun, abla? Bir şey oldu söylemiyorsun?.. Bırak gidip bakayım kızıma... Söyle abla, kurbanın olayım söyle, ne oldu kızıma, hasta mı? Ne oldu Kübra'ma?"

Sevda: "Yukarı çıktım. Her yere baktım. Kübra yok... Yatağı boş. Arka bahçeye de baktım. Yok. Boşuna bağırma, yok işte... Biri vardı. Biriyle görüşüyordu, seviyorum dedi... Vedalaşıp gelecekti. Bana öyle söylemişti. İnan böyle olacağını bilemezdim. Döneceğim, hemen döneceğim teyze, bir koşu gidip vedalaşıp geleceğim, dedi. Bana haber vermişti diyorum sana, duymuyor musun? Bana söylemişti. Ben izin verdim. Güzel kardeşim, nasıl bilebilirdim? Çok âşıktı, çok seviyordu. Aman Allah'ım... Allah'ım sen koru. Bir şey yapmalıyız Aynur, dövünmenin sırası değil."

Aynur: "Yok canım, Kübra, benim kızım? Sevmek falan... Tövbe... Haşa. Yapmaz o öyle şeyler... İnanmam, dünyada inanmam, yok, olmaz mümkünatı yok. Benim kızım bana haber vermeden bir yere gidecek ha? Öyle yetiştirmedim ben onu... O yüzden mi tutturdun çay bahçesi diye? Kübra evde kalsın diye... Oyun ettiniz. Teyze yeğen... Ah abla, ah abla, n'aptın sen? Nasıl yaparsın bunu bana? Nasıl gizlersin benden? Ben de ablam var diyorum, kızımı emanet eder giderim diyorum... Vayyy benim dertli başım... Ah! Başıma gelen, ah başıma gelen... Biliyordum, ben biliyordum. Bir gün bir şey olacağını... Vay benim kara yazım... Ay, ne yaparım ben şimdi... Kime gideyim, kime sorayım, nerede arayayım yavrumu? Ben dövünmeyeyim de kim dövünsün? Yooo... Şuram yanıyor anlıyor musun, tam şuram... Kızım, biricik kızım, ömrümü verdiğim... Gitmiş... Sana söylemesi kolay. Hayat senin kitaplarda anlattığın gibi değil, abla... Tabii sen anne olmadığın için bilemezsin. Nereden bileceksin? Sen orada burada kitap imzalarken ben yavrumu doyurmak için... Sakin ol ha? Sakin ol! Kendine gel öyle mi? Tek söyleyeceğin bu mu yani? Durma öyle. Ara... Şunun kahrolası cep telefonunu ara... Ulaşılamıyor değil mi? Kapatmış mı? Yoksa bile bile mi cevap vermiyor? Ah! Ne yaparım Allah'ım ben?.. Kaçtı mı yani? Kaçtı mı benim kızım? Biriciğim... Bıraktı beni, kaçtı mı?.. Kimmiş peki... Uğruna anasını, evini terk ettiği o adam kimmiş, onu da söyledi mi sana? Nedenini bilmek istiyorum... Bu benim hakkım... Neden? Neden böyle yaptı?.. Zengin miymiş, çok mu paralıymış, eee taksici Kadir'i beğenmediğine göre?.. Kimmiş, söylesene?

Kim? Bir Suriyeli. Bir Suriyeli mi? Amaaan... Suriyeli mi? Şu bildiğimiz sığınmacılardan... Yersiz, yurtsuz... Ama biz onlara sadece yardım ediyorduk?.. Kızım çulsuz bir Suriyeliyle, öyle mi? Besle kargayı da oysun gözünü. Batan teknede? Allah'ım... Ara, ne olur bir daha ara... Yok, dur, en iyisi jandarmayı arayalım, evet, jandarma... Çabuk... Kurbanın olayım çabuk ara... Bana çok üzgünüm kardeşim deyip durma... Allah aşkına sus abla, sus ve bir kerecik de ben ne diyorsam onu yap. Ya bir çocukluk ettiyse, ya şeytana uyup o Suriyeliyle gitmeye kalktıysa? Kübra da o tekneye bindiyse? Vay ki vay... Telefon? Telefon nerede... Ver şunu bana. Haber vermeliyiz, jandarmaya, polise haber vermeliyiz..."

Kübra: "Hişşşt!... Susun biraz, susun dedim... Sessiz olun... Dinleyin... Duyuyor musunuz? Siz de onların seslerini duyuyor musunuz? Alaycı bir rüzgâr – ürkmüş martılar... kanat kanat, çığlık çığlık çocukların sesleri... Birbirine çarpan dalgalar. Gittiler, ah! Hepsi bir bir gitti... Karanlıkta usul usul... Biliyor musunuz, ben bu gece denizin ellerini gördüm... Evet, gördüm. Denizin elleri olur mu hiç demeyin... Var... gerçekten... Ben gördüm, bu gece gördüm... Yeminle gördüm... Bir mucize gibi... Güçlüydü elleri, sıcacıktı, şefkat dolu... İşte deniz, o bembeyaz elleriyle taşıdı çocuklarını, usulca, yumuşacık, örselemeden... Sonra tek tek, özenle bıraktı hepsini kumsala, tam da ayaklarımızın dibine... Bir bir köpürüp çoğaldılar... Üst üste. Yan yana... Sahil doldu, taştı... Minicik bebekler, küçücük, kapkara saçlı çocuklar... Yalın ayaklı körpe kızlar uyuyor analarının bağrındaymışçasına...... Suda açmış ölüm çiçekleri; alı, moru, sarısı... Vardı diyorum, gördüm diyorum, inanın, neden inanmıyorsunuz? Kocaman elleri gökyüzüne açıktı denizin. Gelin, gelin siz de görün, kendi gözlerinizle görün... Hâlâ oradalar... Hadi, gelin... Oradalar, öylece yatıyorlar... Cennet

Koyu'ndalar, sonunda huzuru bulmuş gibiler. Nasıl da masum, sessiz uzanmış, dilsiz ölüler... Rüzgâr da onlara usul usul, tiz sesiyle bir ninni söylüyordu ki duymalısınız... yatıştırmak istiyordu sanki korkmuş yüreklerini... Hişşt... hişşt... hişşt... Duyuyor musunuz? Öyle küçükler ki, minicikler, ufacıklar görseniz... Ah! Bir görseniz, yürek mi dayanır. Biri dönmüş sırtını, öylece yatıyor kumsalda, orada, öylece... Üç yaşındaymış, sanki oyun oynar gibi, 'küstüm size' der gibi tüm dünyaya... Onu şimdi deniz seviyor, deniz okşuyor çelimsiz bedenini... Hani maşuku gözünden sakınır ya âşık... Alıp da vermeyebilir, bilirsiniz, deniz bu... bastı mı bir kez bağrına, ne yiğit sünger avcılarını, ne yağız balıkçıları... Ama işte şimdi, o bile utanıyor, gelin diyor, toplanın, gelin bakın, görün bu yavrulara ne yaptığınızı, işte diyor, size geri veriyorum onları...

Yakından ve uzaktan bakanlar, hepinize..."

Aynur: "Kübra, annem... yavrum... Neredesin kız sen?.. Nerelerde sürtüyorsun gece yarıları... Hesap ver bana... Neredeydin?.. Kız sen beni öldürecek misin? Bu yaşımdan sonra bana bunu da mı yapacaktın kız?"

Sevda: "Aynur, tamam, geçti... Bak sağ salim burada çok şükür... Yok bir şey, Kübra, yavrum iyi misin? Çok korkuttun bizi. Aynur yardım et, gir öteki koluna taşıyalım içeriye... Uuuu, donmuşsun sen. Elleri buz gibi. Koş bir battaniye getir. Sarıp sarmalayalım. Bir de yastık."

Kübra: "Çok korkunçtu. Bir kâbus gibi. Öldüler... hepsi öldü teyze... Hepsi. Artık çadırlar boş... Bomboş. Dönecektim, inan hemen konuşup çarçabuk evde olacaktım... Ama oraya vardığımda çoktan gitmişlerdi. Çadırlar yıkılmış, eşyalar öylece etrafa saçılmış. Önce bir anlam veremedim... Polis gelip kampı kaldırdı sandım. Hepsini alıp zorla otobüslere doldurup götürmüş olmalıydılar. Daha önce yapmışlardı çünkü... Ama bu sefer bir tuhaflık vardı... Hani o yaşlı adam vardı ya... Hani yardım ettiğimiz... İşte o, sırtını bir kayaya dayamış, tek başına, sarsıla sarsıla ağlıyordu. Polisler gelmiş olsalardı, ilk önce onu götürürlerdi. Hatta ambulansla, yine hemen hastaneye. Hâlâ hastaydı çünkü, çok güçsüz. Hepsi gitmiş ama o, orada öylece... Götürmemişler onu. Bir şeyler söylüyordu ama dediğini anlamıyordum. Ağlıyordu sadece, içli içli, hep ağlıyordu... Yaşlar akıtıyordu gözlerinden... Bu denli hasta, yaşlı birini öyle yapayalnız koyup gitmek gelmedi içimden. Hani gücüm yetse alıp eve getirecektim... Ben de ona sarılıp ağladım, saatlerce öylece oturup ufka baktık, o torunlarını, bense Ayman'ı düşünüyordum. Bir ara fundalıkların orada sesler duydum... Başkaları da olmalı dedim, belki başka yaşlılar ya da hastalar, onları da bırakmış olabilirlerdi... Usulca yaklaştım. Bir de baktım... Toprak yolun orada Nadir amcayla adamları duruyordu. Arabasını park etmiş, yabancı birileriyle konuşuyordu. Nadir amcaydı, eminim. Adamlarla konuştu, sonra da hemen binip arabasına... Onun arabası, bilmez miyim? Yanına gitmek istedim, yaşlı adam için yardımını isteyecektim, ama acelesi vardı, seslendim, duymadı beni... Neden şaşırdınız bu kadar anlamadım? Nadir amca. Gönül teyzenin kocası... Köye inen yoldaydı diyorum... Hemen yokuşun ardında... Ne var ki bunda? Tutuklandı mı? O batan Nadir amcanın teknesi miymiş? Büyük gezi teknesi. Aman Allah'ım... Nasıl olur teyze?! Yani Nadir amca teknesiyle o zavallı insanları karşıya mı?.. İnanılır gibi değil... Yok. Olamaz. İzmir'de olamaz. Ben gördüm. Kendi gözlerimle. Toprak yoldaydı diyorum. Dün akşam, oradaydı. Hayır anne, tabii ki kimi gördüğümü biliyorum. Oydu, yemin ederim ki oydu. Arabasının farları açıktı, önünde durmuş konuşuyorlardı, yanılmış olamam..."

Sevda: "İşte şimdi kurtuluşun yok Nadir. Kalk Kübra, kalk... Karakola gitmeliyiz. Hemen bir an evvel, hiç zaman kaybetmeden. Evet, şimdi, ifade vermelisin. Gördüklerini onlara da anlatmalısın... Bir bir anlatmalı. Hadi bakalım Nadir Bey, şimdi de kurtar paçayı da görelim... Kalkabilecek misin canım?

İzin vermem de ne demek Aynur? Gerçek bir an evvel ortaya çıkmalı. Onca masum insan... Durduk yere mi? Durduk yere, öyle mi? Aynur, onca insan öldü diyorum. Onca masum çocuk... Sen ki o insanlara her gün gözyaşı döküyordun... Ne oldu sana böyle birdenbire?.. Yoksa sen Nadir'den mi korkuyorsun?.. Kapınıza dayanacağından, adamlarını yollayıp sizi... Merak etme kardeşim, Kübra'nın anlatacaklarından sonra o Allah'ın cezası uzun süre çıkamaz hapisten... Hem köpeksiz köy mü canım burası?.. O varlıklıysa, o güçlüyse..."

Aynur: "Kalkma oradan, gir şu örtünün altına bakayım... Yat dedim Kübra sana!.. Yat oraya! Hayır! Hiçbir yere gidemezsin. İzin vermem. Mümkün değil... Ben buna izin veremem... Bu kapıdan ancak ölümü çiğner de öyle geçersiniz... Sus Kübra! Sus! Sen karışma bu işe. Şahitlik filan yapamazsın. Sana mı kaldı? Bir yere gitmek yok dedim o kadar?! Hele bu kapıdan dışarı bir adım at, hele o karakola bir git, vallahi de, tillahi de şart olsun biricik kızım demem, reddederim seni evlatlıktan... Helal etmem sütümü... Bak yemin ediyorum. Huzuru mahşerde iki elim yakandadır bilesin... Ne Nadir'i ya? Nadir'den korkum yok benim. Neyinden korkayım uğursuzun? Yere batsın şerefsiz... Nadir kimin umurunda? Benim derdim Gönül... Ben yalnızca Gönül'ü düşünüyorum o kadar, şimdi anladınız mı? Ben arkadaşımı düşünüyorum. Bunu ona yapamam... Yooo... Onca emeği var bizde, onca iyiliğini gördüm kadının. Kol kanat gerdi... Kollayıp gözetti... Ablalık yaptı bana, hatta velinimetlik. Kim yapar?.. Üzerimde çok hakkı var. Nasıl bakarım yüzüne... Ne derim ben ona?.."

Sevda: "Aynur'um, güzel kardeşim, niye böyle yapıyorsun? Evlatlıktan reddetmeler, yeminler filan... Bak sen inançlı bir insansın. Hiç düşünmüyor musun onca masumun senden...

Yardım etmiş. Gönül koruyup kollamış. Ne alakası var kardeşim?.. O başka, bu başka... Biliyorum, çok iyi biliyorum. Defalarca dinledim, gözlerini manalı manalı gözlerime dikip tekrar tekrar anlattın. Kimsen yoktu, yalnızdın, kocanın kumar borçlarını o ödedi, kolundan bileziklerini sıyırdı senin için... Tamam, zor durumdaydın, anladık yardım etti, ama... Aynur, bunlar bir suçluyu, bir katili korumak için bahane olamaz. Daha başka yaptığı, bilmediğimiz şeyler de mi var? Yine para mı verdi sana, borçlandın mı ona? Eğer öyleyse, söyle ben hemen borcunu..."

Aynur: "Yardım etti... Tabii, tabii senin için o kadar... Konuşurken söylemesi ne de kolay? Yardım etti, oldu bitti... Aman, bir tutturmuşsun korumak da korumak. Kimseyi koruduğum filan yok benim... İnsanlık etti, evet. Ama işin aslı o kadar mı sanıyorsunuz?.. Siz ne biliyorsunuz ki? Neden haberiniz var? Bilmiyorsunuz... Bilmiyorsunuz işte, hiçbiriniz... Hiç kimse... Ah, borç... Borçlanmak ya... Evet... Evet... Borcum var ona... Çok borcum var... Ama bu öyle bir borç ki, ödemekle bitmez. Şu duvarların dili olsa da anlatsa. Bir bir anlatsa... Ne çileler çektim. Ne belalara bulaştım... Ne kör kuyulara, ne dipsiz kuyulara düştüm... Yapayalnız, savunmasız, bu ne demek bilir misiniz? Zavallı ben... Körpecik kaldım bir başıma, ana yok, baba yok, koca desen yıkıp borçlarını üstüme çekip gitmiş. Abla... zaten yok. Kız daha memede, bir gün aç, bir gün tok yaşıyorum... Öyle bir yokluktu ki göğüslerim kuruyordu açlıktan... Sütüm gelmedi mi şekeri katıp suya... Bir gece yarısı, yıkıp kapıyı girdi yine çıyanlar içeri... Kocanın borcu diye dayadılar silahları burnuma. Yalnızca kumar olsa yine iyi, bir de

Mahir bunlardan zehir alıp satıyormuş, barlarda, diskolarda... Tıynetsiz. Hadi o da bindi mi üstüne? Madem kocan yok, madem kaçtı. O zaman hepsini, kuruşuna kadar sen ödeyeceksin, dediler. İşte sana bir hafta mühlet. Ya ödersin ya da... Bu işin raconu böyle...

Yaprak gibi titriyorum şu köşede. Aha, tam şuracıkta. Yavrumu basmışım göğsüme, feryat figan ağlıyorum. Kulunuz kurbanınız olayım... Etmeyin. Yalvardım, abi dedim, kıymayın bize. Bak el kadar sabi, kundakta... Nereden bulurum ben kadın başıma, bir haftada bu kadar parayı?.. Yok! Nuh dedi peygamber demedi insafsızlar. Ne ettiysem dinletemedim o iblislere. Çalışır, ödersin deyip çıktılar işin içinden. Nerede çalışayım, onca para nakış işleyerek kazanılır mı? Kim verir bana o kadar parayı?..

Biz veririz, deyip bir anda yapıştı koluma yılanlar. İşte o an gözlerim yuvalarından fırlamış... Kapatmışım elimi ağzıma... Anladım niyetleri fena... O kadar mı insafsızsınız, dedim. O kadar mı?.. Sizin ananız, bacınız yok mu ey ümmeti Müslüman?

Ama bu namus borcu, dediler, mecbursun.

Sabahına bunların Muğla'daki pavyonunda açtım gözümü. Kapattılar bir odaya, oda dediysem hah şu bizim tuvalet kadar bir yer... Rutubetli, pis, sular içinde... Pavyon dedikleri de, sanayinin arkasında itin, uğursuzun yuvası, derme çatma bir yer... Kuş uçmaz... Hani orada kesseler beni, lime lime etseler etlerimi, kimsenin ruhu duymaz... Hurdaya çıkmış arabalar, üst üste atılmış lastik yığınları... Neden haber vermedin kardeşim diyorsun ya... Güldürme beni. Yapma Allah aşkına abla ya... Yapma! Bir telefon etseymişim?.. Lafa bak? Nereye? Söylesene? Nereye? Senin yerin yurdun mu vardı? İki gece, çengi gibi boyayıp onun bunun masasında meze ettiler beni, onlar iç deyip dayadıkça burnuma rakıyı, ben ağladım. Yapamam deyip yedikçe tokadı, ayaklarına kapanıp yalvardım... Kâr etmedi... Önüme koydukları deste deste senetleri zorla imzalattı kâfirler... Bebeğimi, çul çaputa sarıp sandalye üstlerinde uyuttum... Perperişandım. Bittik dedim, her şey bitti... Ben bittim... Kurtuluşum yok. Sen böyle bir çaresizlik nedir bilmezsin abla. Üçüncü günüydü, Gönül geldi. Gönül... Nereden duydu, nasıl haberi oldu, hâlâ biliyor değilim inan olsun, ama Hızır gibi yetişti alimallah... Ardına almış Nadir'in zebella adamlarını... Öyle bir girişi vardı ki içeriye, görmeliydiniz, öyle heybetli... Gür kızıl saçları yalazlanıyor ışıkların altında... Topuklarına basa basa yürüyor... Hey gidi Gönül... Mangal yüreklim. O olmasa heba olmuştum ben be, kim bilir belki çoktan canıma bile kıymıştım... Şimdi söyleyin bana, nasıl? Nasıl yaparım, nasıl izin veririm... Bir hayat borçluyuz ona. Bir hayat... Bu yüzden, üzülsün, içi yansın istemem. Yooo, olmaz... Evet. Doğru. Hiç anlatmadım, kimseye. Hiç. Neyini anlatayım? Olur olmaz anlatılacak, övünülecek şey mi bu?"

Sevda: "Aaahh! Demek?.. Çok acı. Şimdi anlıyorum seni Aynur. Şimdi daha iyi... Peki ne yapacağız? Bile bile susup öylece oturacak mıyız? Ben yine de bir kez daha düşün derim. Tamam, seni anlıyorum, Gönül'ü düşünüyorsun. Ama neredeyse yirmi yıl önce... Evet, büyük bir yüreklilik göstermiş, hakkı ödenmez... O ayrı, bu ayrı... Olacak iş mi canım? Duyulmuş, görülmüş şey mi? Karısının yaptığı iyilik, kocasının suçunu mu örtecek yani? Hak mı bu? Peki ya o masumların hayatı? Senin kefaretini onlar mı ödeyecek? Bu suçun bir cezası olmayacak mı? Belki de Nadir üç gün sonra salıverilecek, elini kolunu sallaya sallaya ortalarda gezinecek. Ohh! O insanlar da öldükleriyle mi kalacaklar? Kim bilir daha kaç insana mezar olacak o deniz. Onlar öldükçe, Nadirler zengin olacak. Nadirler zengin oldukça onlar ölecek. Biz de susacağız, öyle mi? Biz sustukça onlar ceplerini doldurmak için yeni yollar, yeni kurbanlar bulacaklar kendilerine. Aslına bakarsan benim canımı yakanlar, senin etini satıp paraya çevirmeye çalışanlar, o tekneler dolusu insanların katilleri, hepsi, hepsi aynı kişiler, aynı şer odakları. Sadece isimleri farklı Aynur. Bunu göremiyor musun?"

Aynur: "Hah! Ben de ne zaman başlayacak diyordum. Ne zaman yine kitaplar gibi konuşmaya, biz cahilleri karşısına alıp ahkâm kesmeye başlayacak. Kaç saat oldu yazarlığını konuşturmayalı, hayret. Bu kadar sabretmene bile şaşırmıştım aslında. Yooo, hep sustum, hep sabrettim. Ablamsın, sana saygıda hiç kusur etmedim. Her şeye rağmen. Evet. Her şeye rağmen. Annemi bile ben gömdüm be. Ben, tek başıma, yapayalnız... Neredeydin? Bir gün olsun yanımda oldun mu? Üç yılda bir gelen kısacık telefonlar, bitmek tükenmek bilmez 'yaşıyorum, kaçıyorum, saklanıyorumlar...' Sonrasında kendine yarattığın mağdur, kederli bir dünya... O beslediğin iki kedi kadar bile yakın olamadık birbirimize, biliyor musun? Yazık. Şu haline bak. Bu eve, doğup büyüdüğün baba evine bir misafir gibi gelip gidiyorsun. Sen... Bu dünyada bir tek sen sevdiğini kaybettin, bir tek sen acı çektin değil mi? Biz hiçbir şey yaşamadık. Bir tek sen! Bencilsin abla. Çok bencil... Evet. Hem de ne bencil... Biz ne vakit böyle olduk abla? Ne vakit bizden geçip hep BEN dedik? Sanki şimdi, eteklerin zil çala çala, sadece yitip giden o masumların hatırına mı karakollara koşup ifade vermek istiyorsun? İntikam hırsı kör etmiş senin gözünü, sadece intikam istiyorsun. Sen Nadir'den intikamını almak için yanıp tutuşuyorsun aslında. Öyle değil mi? Susma, söyle. Gerçek bu değil mi? Tek amacın bu senin. Hep pusuda bekledin, hep kolladın, gününü gözledin ve işte şimdi... O pislik hapislere düşmeden, hatta geberip gitmeden huzur yok sana. Çeksin tabii ki, çeksin cezasını, bunu ben de isterim. Ama bizden bulmasın."

Sevda: "Yazıklar olsun. Çok yanılıyorsun, çok. Demek ben onca ölen insanı değil de... Böyle mi düşünüyorsun gerçekten? Gerçek ortaya çıkmasın mı yani? Bize dokunmayan yılan bin yıl yaşasın, gitsin kimden bulursa bulsun... diyorsun öyle mi? Mantığa bak. Bu mu yani?.. 'Yakınımdaki suçlu ceza çeksin ancak onun suçunu ifşa etmek bana düşmesin. Suriyelilere yardım etmek farzdır ama kızım onlardan biriyle asla evlenmesin.' Niye şaşırdın? Ha! Niye? Biraz önce Kübra, bir Suriyeli, bir sığınmacı genci seviyor dediğimde gözlerin yuvalarından fırlamadı mı? Fark etmedim mi sanıyorsun? Neden hayatı zindan ediyorsun kıza? Neden? Hakkı değil mi onun da okumak, yaşamak, âşık olmak?"

Aynur: "Yeter! Yeter, tamam. Haklısın. Senin dediğin olsun abla. Ben bir şey demiyorum... Unutun ne söylediysem. Unut... Ne haliniz varsa görün. Ben kimim ki size hatırdan gönülden bahsedeceğim? Koskoca yazar dururken... Eğitimi olmayan, cahil bir terziyim, o kadar... Gidin. Açtım işte ardına kadar kapıları. Gidin hadi, ne istiyorsanız, neyi doğru biliyorsanız onu yapın. Ne duruyorsunuz, gitsenize. Koşun. Karakola, savcılığa gidin, verin ifadenizi. Mahkemeye çıkın. Nadir'i kodeslere tıktırın, mağdur ruhunuzu kurtarın. Huzura erin. Git dedim Kübra. Git. Hadi. İzin veriyorum işte. Tamam, doğru olan bu diyorsanız... Görelim bakalım neler olacak. Git hadi... Hadi. Celle şânuhû. Celle celâluhu. İçin rahat olsun kızım. Geri alıyorum verdiğim yeminlerin hepsini. Allah affetsin. Allah hepimizi affetsin. Hepimizi... Cümlemizi."

Derin...

"Daha derin kaz Kübra. Derine, daha derine. Çok daha derine. Kazabildiğin kadar derine."

Koya bakan tepedeydiler. Solgun bir sabahtı. Kıyıda toplaşmış kurtarma ekiplerini, çevreyi kuşatmış jandarmayı, sahile yatırılmış, tümü aynı yöne bakan cesetleri görebiliyorlardı. Sessizlik. Utanç, hüzün, acı, kahır yüklenmiş dört yanı kuşatan derin sessizlik. Deniz bile suskundu. Üstüne atılan bir suça isyan edercesine. Karşı gelir gibi...

Mavi aynamsı yüzeyinde içten gelen yüklü bir öfke. *Suçlusu ben değilim, ben değilim, ben değilim...* Birazdan yükselip kabaracak, belli belirsiz titreyişler. Sevda dimdik ayakta, yüreğini soğutan ufka bakıyor. O boşluğa da sığamıyor ya öfkesi. Elinde tutuyordu teneke çay kutusunu. Kabartılı metal yüzey soğukluğunu unutmuş, yer yer alışıp Sevda'nın avuçlarına, terlemeye bile başlamış. Üzerinde dans eden Asyalı kız bile yorgun, keyifsiz artık.

"Kaz," diyor yalnızca, "Derin kaz. Ne olur Kübra, durma biraz daha derin kaz."

Derin kazıyor Kübra, gücü yettiğince, iki eliyle. Toprağın kızıla çalar kara rengi sıvaşık kaplamış ellerini. Yarım kulaç kazmış. Yetmemiş. Yüreğini sağaltmamış teyzesinin. Yavaş yavaş kollarının yorulduğunu duyumsuyor kız. "Yetmez mi teyze?" diye soruyor. "Bu kadar yetmez mi?" Cevap alamıyor. Sevda'nın gözleri kıpırtısız, hâlâ dalgın, ufukta. Belli ki yetmiyor. Çok derine, en derine, gömebildiği kadar derine gömmek istiyor. Önce kuruydu toprak, eşeledikçe nemli, az daha, az daha kazdıkça ıslak, ta ki elleri balçığa gömülünceye... Hıncını alarak. Acısını gücüne katık edip toprağın bağrını elleriyle kemirerek. Tırnaklarının kırılıp kanamasına aldırmaksızın. Sızısını duyurmadan. Bu kadarcık acıdan utanarak.

"Bir daha hiç gelmeyecek misin?"

"O nasıl söz öyle? Geleceğim tabii ki. Hiç gelmez olur muyum? Biz artık biriz."

"Çok özleyeceğim seni teyze."

"Ben de seni çok özleyeceğim. Ama sonsuza dek ayrılmıyoruz ki. Yine görüşeceğiz. Ben geleceğim, sen İstanbul'a beni ziyarete geleceksin. Önümüzde daha yaşayacağımız uzun yıllar var."

"Ama annemle kötü ayrıldınız. Bak seni uğurlamaya bile gelmedi."

"Her ailede olur böyle şeyler canım. Zamanla unutulur. Ne olursa olsun, ne yaşanırsa yaşansın, et tırnaktan ayrılmıyor Kübracığım."

"Ah, bir gece daha bekleseydi... Bir gececik daha... O gece tam da şu kayalıklardan indim sahile. Oradaki patikayı görüyor musun? İşte o yolu izledim her zamanki gibi. Çadırlar yıkılmış, talan olmuş her şey... Sahil boyunca yürüdüm karanlıkta, ufacık bir iz aradım ama yoktu. O yoktu. Sessizlik vardı onun yerine. İçimi ürperten, kapkara bir sessizlik... Görüyor musun teyze? Bak, koy nasıl da kalabalık şimdi. Üzerinden kaç gün geçti ama hâlâ akın akın geliyor insanlar. Gazeteciler, televizyoncular, protestocular..."

"Çok acı Kübracığım. Büyük bir acı."

"Bugüne kadar neredeydiler teyze? Neden daha önce gelmediler, o insanlar burada beklerken, yardım isterlerken? Bak... Bak görüyor musun, biri daha... İşte yine bir ceset daha götürüyorlar. Bir kadın mı o?"

"Evet, bir kadın cesedi daha."

"Her gün başkaları sığdırılıyor plastik torbalara. Ambulanslar çığlık çığlığa... Ama ondan bir iz... Neredesin Ayman?"

"Günlerce hastanede, morglarda, yaralılar arasında aradık Kübracığım. Yok. Yok. Bu bir umut. Belki de suyun öte yanında... Kurtarılmış da olabilir... Belki..."

"Of teyze... Yaşıyor mudur acaba? Bir bilsem, bir emin olsam."

"Sanırım bunu şimdilik bilemeyiz Kübracığım. Böyle bir durumda umut etmekten başka seçeneğimiz var mı? O ya da bir diğeri... Kurtulacak, kurtarılacak her insan için umut etmemiz gereken günleri yaşıyoruz."

"Yine kayalıkları tırmansa, yine yanıma gelse, o ince, uzun parmaklarıyla dokunsa omzuma. Bembeyaz dişleri, zeytin yeşili gözleriyle gülümseyiverse yüzüme ne olur? Ne olur Allah'ım? Bilemezsin ne çok özlüyorum teyze. Çok özlüyorum. Öyle hoş, öyle güzeldi ki... Yüzü... Görmeliydin teyze. Tamam, burada, yanımda olmasın ama yeter ki bileyim. Bir yerlerde sağ olduğunu, yaşadığını, mutlu olduğunu..."

"Seni çok iyi anlıyorum canım. Vedalaşmak isterdin."

"Evet. Bir vedamız bile olamadı bizim. Öyle süslü, romantik vedalar demiyorum. Basit bir şeydi istediğim. İki kelime... bir *hoşça kal* diyebilseydim. Ya da ne bileyim, *dikkatli ol, varır varmaz mutlaka ara. Bol şans...*"

"Biliyor musun, bir zamanlar, tam da şimdi oturduğun o kayanın üzerinde ben vardım."

"Gerçekten mi?"

"Günlerce, gecelerce oturup bekledim. Yemeden, içmeden... Hem de hiç umudum yokken. Şuracıkta vurulup öldürüldüğünü bile bile. Dualar ederek. Bakışlarım ufka kaynamış... Ondan bile yardım umarcasına..."

"Ah teyze!..."

"İnanamıyordum. Dahası, kabullenemiyordum. Böyle aniden... Yaşanacak günlerimiz vardı bizim. Düşlerimiz... Öyle inandırmıştım ki kendimi, sanki bir film şeridi gibi her şey geri saracak, silah sesleri susacak, o korkunç olay hiç yaşanmamış olacak... Sağ salim geri gelecek. Üstünde ütülü bembeyaz gömleği, kolları dirseklere kadar kıvrılmış... Yine evin köşesini dönecek, tozlu yolda durup karşı evin duvarına yaslanacak... Yine bana bakıp gülümseyecekti. Sonrasında babası gelip aldı beni. Kâmil Baba... Ah canım Kâmil Baba... Nasır tutmuş yaşlı elleriyle sildi gözyaşlarımı. Görsen, bitmiştim. Tit tir titriyordum. 'Böyle olmaz kızım, kalk ayağa,' dedi. 'Biraz güçlü ol. O da bunu isterdi. Cesur ol. Gerçeği gör. Ölüm var. Kalk hadi beraber gidelim, son bir kez vedalaş onunla, ancak böylece inanabilirsin yokluğuna.' Acıyı, felaketi kabul edebilmenin ne büyük bir olgunluk olduğunu, o koca yürekli, yaşlı adamı düşününce anlıyorum."

"Peki... Gidebildin mi?"

"Evet. Gittim. Bir yarımı orada bırakmak pahasına. Ölüler korkunç görünür, derler bilirsin, ancak inan, o öyle değildi. Yüzünde hiç kan yoktu. Öyle söylendiği gibi kararmamıştı da teni. Tertemizdi yüzü, gökten düşmüş bir melek gibi, apak, her zamankinden daha güzel... Sanki bir çocuk gülüşü donup kalmıştı dudaklarında. Huzurluydu. Hani, yalnızca yorulmuş da nihayet bir yer bulup oracıkta gözlerini yumuvermiş gibi. Yorgun bir günün ardından azıcık dinleniyormuş. İstese kalkıp bize yeniden sarılabilirmiş, ama işte, içinden gelmiyormuş gibi. Orada öylece durmuş, yüzüne bakıyordum. Yalnızca o güzel yüzüne... Çevredekilerin konuşmaları fayans kaplı duvarlarda yankılanıyordu, bizleri görünce o duvarlara dönüyorlardı yüzlerini. Bakmıyorlardı. Anarşistin yakınlarını da anarşist bellemişlerdi. Bize dönük karanlık sırtlar, gergin, huzursuz hep bizi lanetliyor. Yaşama saygısı olmayanların, ölüye saygı duymaları beklenmese de incitiyor.

Önümde gri, damarlı, buz gibi soğuk, mermer bir yükseltide yatıyordu, öyle boylu boyunca. Nasıl da savunmasız... Uzanıp elini tuttum, öptüm sonra. İncecik, bembeyaz bir güvercin kanadı sanki, ürktü ürkecek, can bulup uçtu uçacak... İşte o anda göğsünde açılmış üç kor ağız gördüm. Üç kor kuyu. Simsiyah kan, koltukaltına doğru sızmış, kurumuş, pul pul olmuş. Bana bir tek şeyin gerçekliğini hatırlatıyorlardı. O an çaresiz bu yaşamın en bilinen gerçeğine teslim oldum, direnmedim daha fazla, 'Evet,' dedim, 'haklılar,' inandım. Her şeyin bittiğini sanırsın; en son umut kırıntın da çarçabuk tükenir, sonra birden bir aydınlık belirir usunda. Acıtır belki, derin yaralar ancak yine de sana yola devam etme şansı verir."

"Ama ben nasıl devam edeceğimi bilmiyorum teyze."

"Biraz sabırlı ol canım. Zamanla... Zamanla... Boş umutlar çarçabuk hayal kırıklığına dönüşüyor. Daha cesur, daha inançlı... Bazı şeyler yaşamadan öğrenilmiyor. Öğrenildikçe katlanmak kolaylaşıyor."

"Yok. Artık çok geç."

"Hiçbir zaman geç değildir Kübracığım. Hayat yoluna bir şeyler öğrenmek için çıkmadık mı? Hikâyelerimizde hâlâ yazılmakta olan sayfalar var, unutma."

"Hikâyelerimiz? Senin hikâyelerin gibi mi?"

"Bir bakıma. Benim hikâyelerim, senin hikâyelerin, onların hikâyeleri gibi. Ama bunların yazarı biz değiliz canım. Kalemi tutanın daha büyük, daha başka planları var, inan bana. Olmalı."

"Nasıl?"

"Garip bir döngü bu."

"Döngü mü?"

"Dönüp duran bir girdap. Birbirinin aynı, benzer şeyleri yaşayıp duruyoruz baksana."

"Neden ama?"

"Çünkü hep aynı hataları yineliyoruz da ondan. Ve o, her seferinde elimize birbirine benzer hikâyeler tutuşturup tekrar tekrar oynamamızı istiyor. Bir gün gelip de nerede hata yaptığımızı görene, dersimizi alana kadar bu böyle devam edecek, maalesef. Eğer farkına varır da düzeltirsek hatalarımızı, işte o noktada daha başka, belki daha güzel hikâyelere geçme şansımız olacak. Bir hikâyeyi mutlu bitiremezsek bir sonrakine asla sahip olamayacağız. İşte o girdapta hepimiz, öğrenene kadar döne döne acı çekeceğiz..."

"Teyze, ama bu çok zor."

"Biliyorum canım."

"İnan çok canım yanıyor."

"Ne yazık ki bir süre daha böyle olacak."

"Peki, geçecek mi?"

"Asla. Asla geçmeyecek. Ama zamanla değişecek, inan bana. Bir süre sonra kabuk bağlayacak. Belki de benim acım gibi nasır tutacak. Ama mutlaka hafifleyecek..."

"Yani geçmeyecek. Biliyorum, geçmeyecek. Öyle acı ki..."

Uzanıp teyzesinin elinden kutuyu aldı. Kapağı kapalı. Teyzesi, "Geçmişten kalan ne var ne yok her şeyi gömmek istiyorum," demişti. Her şeyi. Bir mezar niyetine değil. Çünkü bu kutuda anıları olan herkesin zaten bir mezarı var ya da olacak. Uzlaşmak için, küskünlüklere, öç almalara, acılara son vermek, bizi ayıran tüm dikenli telleri, dayandığımız bütün sınırları yıkmak için. Bir parça huzur için artık öfkemizi gömmeliyiz. Mümkün olsa, bunca yıldır sarındığım öfkemi, acımı, kinimi, hıncımı, nefretimi; onlarla karıp var ettiğim kendimi de. Acıyı diri tutanların hıncıdır yazgılarını oluşturan.

Odada yatağın kıyısında oturmuş, kutunun içine bakıyordu. "Bir tek bu fotoğraf," demişti. "Geriye tek bir şey kalsın isterdim, bu silik kapı önü fotoğrafı."

Gözleri dolmuştu. Ağlayacak şimdi diye beklemişti Kübra, gürleyip çağlayacak, tek bir gözyaşı çenesinde titreyip kutunun içine düşecek. Fotoğrafı alacak, yerine o tuzlu damlayı bırakacak.

"Artık yeter. Unutmalıyız. Daha fazla çatışmamalıyız birbirimizle, gömelim her şeyi gitsin."

Kübra kutuyu koydu çukurun içine. Güneş bir görünüp kayboldu altın kabartılarda. Ufacık çakımlar gözlerini aldı. Birkaç avuç toprak attı üstüne... Bekledi. Teyzesi diz çöktü yanına. Avuçlarıyla kürüyüp toprağı, kutu gözden yitene kadar durmadılar.

"Bu kadar," dedi Sevda. "İşte bu kadar. Hepsi bu. Tamamdır... Artık yavaş yavaş gitsek iyi olacak Kübracığım."

"Vakit geldi mi?"

"Neredeyse."

"Teyze?.."

"Efendim canım?"

"Söylesene, içten içe kızgın mısın bana?"

"Hayır Kübracığım, hayır, hayır... Ben sana kızgın filan değilim."

"Yani yapamadım diye. Tam karakolun kapısına kadar gelmişken vazgeçtim, içeri giremedim, seni orada bırakıp kaçtım, eve, anneme..."

"Hayır canım, hayır bir tanem, inan sana kızgın değilim. Hem uzun uzun konuştuk ya bunları."

"Affet teyze."

"Yapma. Affedecek bir şey yok."

"Hepsi, herkes, tüm dünya affetsin beni."

"Üzülme bir tanem. Üzülme. Sen bir seçim yaptın."

"Seçim? Hiç böyle düşünmemiştim."

"Ya da duyguların ağır bastı diyelim. Anneciğini düşündün. Benim kaygılandığım, bundan böyle tüm hayatın boyunca bu seçimle... Boş ver. Boş ver canım. Artık ne fark eder ki? Hadi... Kendini de daha fazla suçlama artık. Gel bakayım buraya. Şöyle sıkı sıkı bir sarılayım sana."

Kuru Bir Esinti

Sıcak. Her yaz sonu bir öncekinden de bunaltıcı geçiyor. Öyle günler oluyor ki yanıyor ortalık. Kuru bir esintiyi bile özler oluyorlar. Aynur bahçe kapısını açık bırakıyor. Alt katın camlarını, hatta sokak kapısını. Sineklikler bile fazla geliyor. Elinde olsa söküp atacak hepsini. Biraz cereyan yapsın, dağıtsın evin içine çöküp kalmış boğucu havayı. Nerdeee? Pervanenin önünde uyukluyor. İncecik keten kumaşlardan bol gecelikler giyiyor. İki dakika geçiyor geçmiyor, sucuk gibi terliyor. Teninden tuzlu, yakıcı ter fışkırıyor. Saat başı banyoya atıyor kendini. Su dökünüyor. Klima taktıralım dediler, istemedi. Parasından geçtim, duvarları deleceklermiş. Kıyamadı. İtiraz etti. "Yazık değil mi, atadan kalma yılların binası, sizin pis, çürük beton evlerinize benzemez. Her bir taşı değerli, ölürüm de oynatmam yerinden." Geceleri -annesinden kalma bir alışkanlık- bakır leğenin içine buz doldurup koyuyor yatak başına. Onun eridikçe yaydığı serinlikte uyuyabiliyor bir parça. Günlerdir sokağa çıkmıyor. Banka işlerini, alışverişi hep Kübra'ya bıraktı. Onlar da arabayla gidip geliyorlar. Klima var Kadir'in yeni aldığı arabasında. Püfür püfür. Kübra seçti modelini, rengini. Binmem başkasına dedi. Oğlan ne yapsın, kıydı paraya. Üstüne titriyor kızın. Şimdilik. Allah vere de ileride değişmese. Evlendikten sonra da sürse sevgisi. Özeni.

Nişanları Gönüllerin bahçesinde oldu. Geçen sene Pelin'in nişanı da orada oldu ya, aynısını istediler. "Kübra da bizim kızımız," dedi Nadir Bey. Mayıs başıydı. Kır havasında. Havuzun çevresini hazırladılar. Papyonlu, beyaz gömlekli garsonlar, fiyonklu sandalyeler, ordövr tabağı, nişan pastası. Yesari Bey kesti kurdelelerini. Güzel de bir konuşma yaptı. Allah bin kere razı olsun. Yaz sonu da düğün dediler. Uzatmaya ne gerek var? Eh! Az kaldı. Şunun şurasında iki hafta bir şey. Gün aldılar. Kadir, Gümbet'teki Yat Kulübü'ne gidip bakmış. Nadir Bey tamam demiş. Madem burasını beğendiniz... Şaşı Hacer, "Ne gerekiyorsa, layıkıyla... tek çocuk ikisi de," dedi. "İkisi de babasız. Bizler anneleri olarak elimizden geleni yapacağız." Annesi dikiyor gelinliğini, bitti bitecek. Son düzeltmeler. Son provalar artık.

"Çok açık olmadı mı Aynur o yaka?" diye sordu Gönül.

"Yok Gönülcüğüm, kendisi öyle istedi," dedi Aynur, ağzında iğneler, dişlerinin arasından tıslayarak. "Hatta ben çaktırmadan bir parmak üste bile taşıdım."

"Pek iyi yapmışsın. Böylesi daha derli toplu. Hatta sen az daha yükselt bence."

"Amaaan!.. Kıyameti koparır. Dergiden buldu bu modeli, ille de aynısı olacak diye tutturdu. Tıpkısının aynısı... Kızım yapma, kızım etme, yok, dinletemedim. Bilmiyor musun, bir kere istiyorum dedi mi, illa olacak."

Dudak büktü Gönül, bir adım geri çekildi. "Neyse canım biz karışmayalım. Gençtir, bırak. Zaten bir kez giyecek, hevesini alsın."

"Vallaha bezdim Gönülcüğüm, resmen bezdim. Şu düğün bir bitsin, kurban adadım."

"Aaa, deme öyle. Tadını çıkarmaya bak ayol. Kız anasısın sen. Bak ben iki tane evlendirdim, iki kez yaşadım bunları da hiç gıkım çıkmadı."

"Ay ne zormuş. Bazı geceler uyku tutmuyor vallahi."

"Stres bu," dedi Gönül. "Bak böyle yapınca bir sürü kanser hücresi üretiyormuşsun. Aman diyeyim. Çağımızın vebası." Aynur veba sözü üzerine yüzünü buruşturdu. "Gazetede okudum geçen gün. Stres kanser yapıyormuş," diye açıkladı Gönül. "Yazık değil mi canına?"

Aynur yakadaki son büzgüyü de iğneledi. "Hayırlısıyla bir bitseydi, evine, yerine bir yerleştirseydim," dedi kalan toplu iğneleri ağzından çıkararak.

"Olur olur, Allah'ın izniyle hepsi olur. Bir bakmışsın geçmiş gitmiş, sen üzüldüğünle kalırsın. Ay bu sıcaklar da bir bitmedi." Eliyle yelledi yüzünü Gönül.

"Bu yıl yine iyi Gönülcüğüm. Geçen yıl daha beterdi ya?"

"Ay hatırlatma," diyerek kesti sözünü Gönül. "Neydi o öyle, kavrulduyduk resmen. Sevmiyorum işte sıcağı ne yapayım? Bütün yaz klimanın önünden kalkmadım vallaha." Bu kez dergilerden birini aldı yelledi kendini. "Kübra gecikti?" dedi.

"Eli kulağındadır, neredeyse gelir."

"Uğramışken görseydim güzel kızımı da." Meraklı sordu "Yine alışverişe mi gittiler?"

"Pasta seçeceklermiş. Öyle dedi," diye açıkladı Aynur. Sesi kırılgan. "Sabahın köründe kalktı, sürükledi çocuğu ta oralara. Pasta dediğin nedir ki; şeker, un, yumurta. Yapılır her yerde."

Güldü Gönül. "Ömürsün vallaha Aynurcuğum, olur mu ayol öyle şey? Onca gelen giden olacak. Ele güne karşı şöyle şatafatlı, kaliteli bir şey olmalı. Lezzeti de yerli yerinde."

"Aman, onca masraf... Günah vallaha," dedi Aynur.

"Muğla'da, meydandakine gitmişlerdir umarım. Oranın düğün pastaları dünyaca meşhur."

"Muğla dediydi. Orasıdır mutlaka."

Gönül iyice yaklaşıp gelinliği inceledi, yaka oyuğunu işaret ederek "Buraya da gipür dantel gelecek mi?" diye sordu. "Ama güzel oldu, şimdi doğruya doğru. Kübra'm en güzelini seçmiş. Hiç görülmemiş. Zevkli kız vesselam."

"Bir de bana sor. Anam ağladı," diye yakındı Aynur. "İki gündür bir yaka meselesidir, evin içinde kıyametler kopuyor. Oğlana da etmediğini bırakmadı. Bir naz, bir niyaz... Dudak bükmeler, küsmeler filan..."

"Bak sen. Cilveli de... Aferin Kübra'ma."

"Aaaaa Gönül?.."

"Ne aaa'sı kız, dirhem dirhem tartıyor kendisini işte, fena mı? Akıllı maşallah."

"Çoook, ne demezsin... Cazgır."

Gönül'ün keyfi yerine geldi. Unuttu sıcağı, fırlattı elindeki dergiyi sehpanın üzerine.

"Söylesene ev meselesi ne oldu?"

"Bir şey olmadı, aynı. Oğlanın evinde oturacaklar işte. Yeni eşyalar, perdeler, tadilat filan derken, nihayet her şey hazır. Haftaya kınadan önce çeyiz yollayacağım. Sergiye çıkacak, konu komşu görsün diye..."

"Ay ben onu mu diyorum canım?" dedi Gönül ısrarlı.

"Ya ne diyorsun?"

"Şaşı Hacer diyorum ayol, Şaşı Hacer?"

"Haaaa, şu mesele," dedi Aynur. "Yok anam, kimse ikna edemedi kızı. Hepimiz ayrı ayrı konuştuk. Onca dil döktük, ama kime anlatıyorsun? I-ıh, olmaz, hangi çağda yaşıyoruz kayınvalideyle asla oturmam, dedi çıktı işin içinden. Oğlan şöyle bir yoklayayım demiş, bizimki pabuç bırakır mı? Ya annen ya da bu iş buraya kadar, diye oğlanı ibibullah sivri külah, koyup gelmiş Hasan Ağa'nın orada. Eh, tabii oğlan deliye dönmüş. Ne yapsın, çaresiz, yollayacak anacığını."

"Nereye?"

"Torba'ya, kız kardeşinin yanına. Köye götürecekler düğünden sonra. Bacısıyla oturacakmış gari."

Gönül o meşhur kahkahalarından birini attı. "Ay, maşallah maşallah. Dediğini yaptırıyor yani. Bir lafıyla hooop, kaynana Torba'ya... Bravo Kübra'ya."

"Aşkolsun. Sen de böyle yaparsan Gönül?" diye çıkıştı Aynur. "Kulağını iki bükeceğin yerde... Yazık değil mi kadına anam? Koca ev; onca oda var üst katta, birine sığınırdı gariban. Ne zararı olurdu ki? Ağzı var dili yok bir şey zaten, gelinim, gelinim, diye etrafında dönüyor."

"Aynurcuğum, bu Kübra herkesten dişli çıktı, ben sana söyleyeyim. Bak tuttuğunu koparıyor maşallah. Devir değişti kardeşim, kim kaynanayla oturmak ister ki? Ayrıca kaynana dediğin melek olsa çekilmez." Bir an durdu. "Biz ucuza gitmişiz vallaha kız," dedi kahkahalarla.

"Ohhh kızlar, keyfiniz bol olsun," diyerek girdi Kübra içeriye. Eli kolu paket, alışveriş poşeti dolu. "Kahkahalarınız taaa sokaktan duyuluyor ayol."

Elindekileri bir kenara bırakıp kendini koltuklardan birine attı. Ayakkabılarını çıkarmaya koyuldu.

"Offf! Bittim vallahi yorgunluktan... Bu sıcakta ayakkabı giymek öldürüyor beni, Gönül teyzem."

"Hoş geldin," dedi Gönül.

"Hoş bulduk, sen de hoş geldin teyzelerin bir tanesi. Kimi çekiştiriyordunuz siz yine bakayım?"

"Kimi olacak ayol, tabii ki seni," dedi Gönül gülerek.

"Ohhh geçin bakalım dalganızı. Kahkahalar, gülmeler... Mahalle yıkılıyor kız neşenizden."

"Güleceğiz tabii. Kahkahalar da atacağız, Bodrum'u da çınlatacağız. Burası gelin evi yavrum."

"Bir şey demedim, teyzeciğim. Demem de. Hakkımız tabii. Biz gülmeyelim de kim gülsün? Ay versene teyzem şu dergiyi azıcık bana, piştim vallahi. Bugün yine yanıyor ortalık ayol. Hiç sevmiyorum sıcağı."

"Yaaa berbat, yapış yapış, nemli bir sıcak," dedi Gönül.

"Arabadan çıkıp buraya yürüyene kadar bir kova su boşalttılar sanki üzerime. Böyle nem görmedim Bodrum'da," diye yakındı Kübra. "Allah'tan yeni arabada klima var da insan onca yola dayanıyor. Yoksa adım atmam dışarıya. Kadir sağ olsun ben dayanamıyorum diye evin bütün odalarına da ayrı ayrı klima taktırdı."

"Kadir nerelerde?" diye sordu Aynur. "O niye gelmedi?"

"İşi mi ne varmış, durağa gitti. Zaten yol boyu telefonla konuştu durdu, sinir oldum."

"Surat asmasaydın bari," dedi Aynur.

"Anlayış göster Kübracığım, iş yapıyor çocuk, çalışıyor, olacak o kadar," diye tamamladı Gönül. "Böyle böyle büyüyecek, genişletecek işlerini ona göre."

"Yok canım bir şey demedim, merak etmeyin."

"İyi yapmışsın, düğün arifesi tatsızlık çıkmasın," dedi Aynur. "Gel bak bakayım, istediğin gibi olmuş mu? Yakayı şöyle verev kestim."

Kalktı, prova mankeninin yanına gitti Kübra, üstünkörü inceledi. "Eh, fena değil. Bir parmak daha mı açsaydık acaba? Ha, ne dersin Gönül teyze?" diye dönüp sordu.

"Aaa Kübracığım annen çok güzel, tam kararında yapmış. Bence hiç bozmayın," dedi Gönül. "Fazla açık, biraz... nasıl diyeyim... frapan olur bence. Bize yakışmaz."

"Ama dergideki sanki..." diyecek oldu, Aynur kızının ağzına tıkadı lafları.

"Kızım onlar stüdyo işi, katalog çekimleri. Sen yerinde durmaz, hoplarsın zıplarsın, eğilirsin filan... Her bir yerlerin çıkar maazallah ortaya..."

Gönül de destekledi, "Aaaa, annen haklı Kübracığım... Kadın işinin ehli, ona bırak bence sen..." dedi.

Dudak büktü Kübra, başını salladı. "Eh, o halde böyle iyi."

Küçük bir parça danteli yaka bitimine tuttu Aynur. "İçten böyle danteli de gelince çok şık olacak."

Öptü annesini Kübra. "Annem diker de olmaz mı hiç?"

"Hadi hadi, deli kız, yılışma," diye neşeli itti Kübra'yı Aynur.

"Giyeyim mi? Üstümde görmek istemez misiniz?"

Gönül heyecanlandı "Aaa, hadi."

Aynur telaşlandı. "Terli terli olmaz, katiyen izin vermem... Kumaşı kirletirsin."

"Amaaan, atletim var içimde, bir şeycik olmaz," dedi Kübra.

"Ay çok çılgın bu kız Aynur."

"Ne olur giyeyim anne, ne olur?.." diye yalancıktan ağlamaklı yalvardı Kübra. "Hazır, Gönül teyzem de buradayken?"

"Eh, giy bakalım. Özendin madem. Zaten belini oturtacaktım, üstündeyken yaparım, daha iyi olur."

"Yaşasın!" diye bağırdı Kübra.

"Dur, çekiştirme! Çekiştirme, bana bırak." Aynur gelinliği özenle mankenin üzerinden çıkardı "Al. Çık yukarı, ama önce havluyla iyice bir kurulan, ondan sonra giy. "Kübra taşlığa çıkmıştı bile. Aynur ardından bağırdı. "Bana bak, yine de atletinin üstüne giy e mi?" Gönül'e döndü. "N'apacağım ben bu kızla Gönül? Daha beter oldu ya bu."

"Elleşme ayol. Kız mutlu, bırak coşsun. İnsan hayatta kaç kez telli duvaklı gelin olur Aynurcuğum? Eş, dost, hısım, akraba, cemiyet... Basın bile gelecek kardeşim. Dostu var düşmanı var, en iyisi olsun istiyor çocuk doğal olarak."

Beklerken geçip koltuğun kıyısına oturdu Aynur. "Düğün salonları, pasta, davetiyeler, yemekler, Fransız dantelleri... Abarttı da abarttı. Ne gerek vardı? Biz bize bir kutlama yeter de artardı aslında," dedi.

"Hayır, yetmez benim kızıma, az bile," diye itiraz etti Gönül. "Nadir eniştesi ona en güzelini yapacağına söz verdi bir kere. Bodrum'un en büyük yat kulübünü kapattı, dünyaca meşhur, tam 500 kişilik... Allah'ıma şükür, var ki yapıyoruz ayol, olmasa haklısın ama var. Yemesi içmesi, pastası, orkestrası, her bir şeyleri ona eniştesinden düğün hediyesi. Karışma sen. Biz onun teyzesi, eniştesi değil miyiz? Elimize doğmadı mı? O da bizim bir kızımız."

"Allah razı olsun. Hakkınız ödenmez," dedi Aynur. Oturunca ter boşanıyor sırtından. Kalktı, etrafı toplamaya başladı.

Gönül bir süre izledi onu. "Haber yok değil mi?"

Aynur anladı kimden bahsettiğini. "Ablamdan mı?" diye sordu yine de.

"İnsan bir telefon eder ayol. Gelmeyecekse bile bir mazeret bildirir değil mi? En azından gelmeyeceğini bilirdik," dedi kınayarak Gönül. "Adabımuaşeret bunu gerektirir kardeşim."

"Bilmiyorum vallaha Gönül. Artık düşünmüyorum bile bunları ben."

"İster misin düğün gecesi pat diye kulübe geliversin?"

"Gelsin," dedi Aynur. "Gelsin. Bakmam ki yüzüne. Çok kırdı beni."

Kübra girdi içeriye, gelinliğin eteğinden tutup kendi etrafında dönerek. "Evet kızlar, ne diyorsunuz?"

"Ay maşallah benim Kübra'ma," deyip tükürdü abartılı abartılı Gönül. "Tüh! Tüh! Tüh! Kırk bir kere maşallah kızıma. Ağzım açık kaldı ayol. Nutkum tutuldu. Pek yakıştı. Ne şanslıymış bu Kadir. Hayırlı yazılar yaz Allah'ıım." Ellerini açıp dua okur gibi yaptı.

"Amin ya Rabbim," dedi Aynur. Gözleri dolu dolu oldu. "Bir daha dön bakayım şöyle... Kem gözlerden korusun Rabbim, ben ona emanet ettim."

"Oku Aynur, bir nazar duası da sen oku," dedi Gönül elleri hâlâ açık. "Dur bakayım. Sonu benzemesin, Leydi Diyana gibi oldun kız sen."

Güldü Kübra. "Hele hele, Leydi Diyana ha? Allah'tan Kadir Prens Çarls'a benzemiyor. Vallahi ölsem evlenmezdim."

"Deli kız," dedi Gönül, gülüştüler.

"Ay güldürme beni Gönül teyze."

"Sen bilmezsin. Onun gelinliği de aynı böyleydi. Böyle sade, ama çok şık. Televizyonlarda izlemiştik, siyah beyaz..." Bir an durdu, uzaklaşıp baktı. "Dön bakayım şöyle. Ay çok güzel, bayıldım. Ellerine sağlık Aynur."

Aynur duayı bitirip Kübra'nın yüzüne üfledi. "Maşallah," dedi art arda. Maşallah.

"Eee kim dikti? Bodrum'un en yetenekli, en deneyimli terzisi," dedi Kübra.

"Dünyaca meşhur modaevlerinden alsan bunun gibi olamazdı. Anacığının emeğine, ellerine sağlık. Gecesini gündüzüne kattı... Ana yüreği işte. Senin için yapmayacağı yok," dedi ağlamaklı. "Ay çok duygulandım ben Aynurcuğum. İçim burkuldu. O parmak kadar Kübra büyüdü de gelin mi oluyor?"

"Sorma Gönül. Bana da koydu bak şimdi. Böyle görünce kızımı karşımda... Ah Gönül, ne yapacağız? Kuş uçuyor yuvadan."

"Aaa kızlar?" diye sarıldı Kübra ikisine de, "Ağlamak yok, ne söz verdiniz bana? İki mahalle öteye gidiyorum ayol, her gün bir arada olacağız yine. Hani hep gülecek, kahkahalar atacaktık? Ne oldu böyle sizlere ya?"

"Sen de ana olunca anlarsın," dedi Aynur gözyaşlarını silerek.

"Ah kardeşim, ah benim kadersizim. Deme öyle vallaha içim acıyor."

"Gelin bakayım şöyle iki yanıma güzeller," diyerek ellerinden tuttu, çekti kendine doğru Kübra. "Gelin, gelin iyice yaklaşın hele."

"Hayırdır?" diye sordu Aynur.

"Hayır hayır. Bir özçekim yapalım hep beraber."

"Özçekim?" diye tekrarladı Gönül sorarcasına. "O da ne ayol?"

"Selfi çekelim diyorum Gönül teyzem, selfi. İnstaya koyuvereyim."

"Ay tabii ya, tabii ya. Ohhh, sefamız olsun, çekinelim bir selfi," dedi Gönül poz verirken.

"Selfi ne Gönül?" diye sordu Aynur.

"Aaa dünyaca meşhur. Fotoğraf ayol. Kendi kendimize."

"Eh, iyi o vakit, hadi çekinelim şu meşhur selfimizi."

Meraklı uzattı başını Aynur. "Dur bir bakayım." Başını salladı. "Gönül, ne kadar yaşlanmışız anam biz?"

"Yok ayol, abartma, baksana hâlâ kısrak gibiyiz," dedi Gönül. "Hem artık yaşlılık, çirkinlik mi kaldı Aynurcuğum, tarih oldu onlar, tarih. Botoksu var, dolgusu var, kalıcı boyası var... püsürü var."

Aynur'un gözü hâlâ fotoğrafta. "Solgun çıkmışız yine de," dedi yakınarak.

"Eh, terütazenin yanında durursak olacağı bu."

"Ondan mı diyorsun?"

"Tabii," dedi Gönül. "Bu kızın yanına kimi koysan öyle çıkar kardeşim. Baksana şuna, maşallah Adriyana Liman gibi."

Güldüler. "Eh iyi hadi, eğlenme de yapıvereyim çarçabuk şu provayı," dedi Aynur. "Geç şöyle... Hıı! Bak etekleri hep yerlere süründü, olmaz ki böyle ama Kübra. Gelinlik dediğin düğün gününe kadar yere değmez."

Gönül kendi elbisesinin eteklerini toplayarak gösterdi. "Tut şöyle iki yanından kızım, prensesler gibi, kaldır azıcık havaya..."

Tam da onun gösterdiği gibi yaptı Kübra. "Böyle mi?"

"Tamam tamam, tam öyle, şımarma," dedi Aynur. "Çık bakayım şu tabureye."

"Ah, vallaha her seferinde ödüm kopuyor bunun üstüne çıkarken anne," dedi Kübra tadına vara vara... "Düşer de bir yerimi kırarım diye."

"Allah korusun," dedi Gönül çekti kulağını, vurdu koltuğun kolçağına.

"Çık kız, olmaz bir şey," dedi Aynur ısrarlı.

"İster misiniz düşüp kırayım kolumu kanadımı? Alçılı gelin olayım?" diye güldü Kübra.

"Sus, deme öyle. Ağzından yel alsın, deli. Dur bakayım... Gönül, beli arkadan azıcık daha büzsem mi? Ne dersin?"

"Büz büz, toplaya toplaya..." dedi Gönül. "Kuyruğu zengin görünür."

Kübra taburenin üstünde anlatmaya başladı. "Geçen gün güzellik merkezinde Yeşim'e denk geldim."

"Öyle mi? Eeee?"

"Yeşim kim?" diye sordu Aynur.

"Sürmeli'nin kızı ayol," dedi Gönül. "Küçük olan."

Kübra devam etti. "Aman bir hava, bir hava... Sağa sola emirler yağdırıyor. *Onu da isterim, bunu da isterim. Şu şöyle olsun bu böyle olsun.*"

"Eh, ister tabii, nasıl olsa para gani," dedi Aynur bir yandan eteği iğnelerken.

"Ay o kıza milyonları döksen bir şeye benzemez. Aynı anası, katana," diye kollarıyla şişinerek yansıladı Gönül.

"Hay bin yaşa Gönül teyzem," dedi Kübra. "Aynen öyle. Ayı yavrusu gibi. Askılı bir bluz giymiş, her yanından pırtlamış etleri."

"Ay sus, midem kalktı."

"Kilo mu almış? Yazık, pek de genç halbuki," dedi acıyarak Aynur. Tam o sırada kapı zili çaldı. "Hayırdır?" diye baktı Kübra'ya.

"Kadir'dir, Kadir. Yine ne yumurtlayacak bakalım," dedi Kübra sıkıntıyı kanıksamış...

Aynur taşlığa doğru seslendi. "Kapı açık Kadir, çekinme gel! İttirip giriver evladım."

Kapıyı dinlediler. Ses gelmedi. Zil uzun uzun tekrar çaldı.

"Kim bu ayol böyle alacaklı gibi?" dedi Gönül sinirle.

"Kadir? Evladım? Girsene, durma kapıda yabancı gibi." Aynur kapıyı açmaya gitti.

"Bak pek saygılı çocuk, pek düşünceli. Başkası olsa dalar hemen içeri," dedi Gönül, Kübra'ya.

Aynur geldi.

"Eee? Nerede Kadir, gitti mi? Ayol gelip bir teyzesinin elini öpseydi," dedi biraz alıngan.

"Kadir değilmiş."

"Kimmiş peki?"

"Postacı."

"Postacı mı?"

"Eee, ne getirmiş?"

"Bir mektup."

"Ayol bu devirde mektup mu kaldı?"

"Hiç!" dedi Kübra, Gönül'ü destekleyerek.

"Kimden gelmiş?" diye sordu Gönül meraklı.

"Yazmıyor," dedi Aynur, elindeki zarfı bir kez daha evirip çevirerek.

"Kime gelmiş?"

"Kübra'ya."

"Mektup? Hem de bana... Yok artık," dedi Kübra meraklı. "Kim mektup yollar ki bana? İmeyli, vatsapı dururken..."

Uzattı mektubu kızına. "Aç bakalım." Beklediler. Kübra önce elinde evirip çevirdi zarfı. "Eee? Açsana kız," diye üsteledi Aynur.

"Tamam dur anne, panik yapma," dedi Kübra zarfı yırtıp açtı. Biraz uzaklaştı, içinden okumaya başladı.

Sevgili Kübra...

Biliyorum, uzun zaman oldu ancak inan şimdi sana yazacak cesareti ve fırsatı bulabiliyorum. Bir yıla yakındır Hollanda'dayım. Kurtarıldıktan sonra uzunca bir süre Yunanistan'da bir hastanede yattım. Ciğerlerim öyle kötüydü ki. Serumlar, ilaçlar... Ama şükürler olsun hayattayım. İyileşir iyileşmez bir sığınmacı kampına yolladılar beni. Orada işlemlerimin yapılmasını bekledim. Dört ay sonra da Hollanda'ya geldim. Önceleri başı kesilmiş tavuk gibi dolandım durdum ortalarda. Şimdilerde her şey yoluna girdi sayılır. Kendime ait küçük bir evim var artık, hatta iyi sayılabilecek de bir gelirim. Bir ilaç firmasında çalışıyorum, depoda. Şimdilik... Hollandacam daha iyi olunca tekrar eczacılık okuyacağım. Fark dersleri için.

Annen nasıl, sağlığı iyi mi? Hâlâ öyle güzel çorbalar, börekler pişiriyor mu? Allah bin kere razı olsun ondan. Ellerinden öp benim için.

Sen okula başladın mı?

Gazetecilik okumak istiyordun en çok.

Her şeyi, senin hakkındaki her şeyi en ince ayrıntısına kadar bilmek istiyorum.

Bu mektubu çok iyi Türkçe konuşan bir arkadaşımın aracılığıyla yazıyorum. Sağ olsun. Onun sayesinde ilk defa bu kadar açık, bu kadar anlaşılır konuşabiliyorum seninle. Ne güzel. Dil ne büyük bir özgürlükmüş.

Ben seni hiç unutmadım biliyor musun? En zor anlarımda bile hep aklımdaydın. Peki ya sen?

Sana adresimi ve telefon numaramı yazıyorum. Tabii eğer istersen, belki tekrar...

Kübra mektubu katladı, zarfa koydu.

"Kimdenmiş?" diye sordu Gönül.

"Teyzenden mi?" dedi annesi. "Söylesene kız, teyzen mi diyorum? Onun vardır böyle havalı, asortik huyları."

"Yok canım, ne alakası var?" dedi Kübra. "Lisedeki eski bir arkadaşımdan geliyor. Evleneceğimi duymuş da kutlamak istemiş."

"Aaa... Ağlıyor musun sen?" diye yaklaştı kıza Gönül.

"Yok artık, daha neler?" dedi Kübra.

"Kübra?"

"Duygulandı biraz, annesi. Hem ağlarım hem giderim hesabı."

"Ha iyi," dedi Aynur. "Aman kötü bir haber olmasın, tadımız kaçmasın da."

"Gördün mü bak, bu düğün herkesin dilinde. Bir kocakarı bulup kurşun mu döktürsek Aynur?"

"Hah, bunca işin arasında bir o eksikti."

"Öyle deme kardeşim, dünyaca meşhur bir kulüpte yapacağız diyorum. Yok, kurşun şart."

"Çıkayım mı tabureye yine?" diye sordu Kübra.

"Çık çık," dedi annesi. "Sürüme eteklerini."

Elini uzattı Gönül'e Kübra. "Tut elimi Gönül teyze," dedi.

"Tuttum güzel kızım."

"Sımsıkı tut ama. Bırakma sakın."

"Sen hiç merak etme," dedi Gönül. "Çık bakayım. Haydi bismillah."

"Dön şöyle biraz arkanı," dedi Aynur. "Kuyruğu göreyim."

"Böyle iyi mi?" diye sordu Kübra. Sonra kaldığı yerden, aynı heyecanla devam etti. "Nerede kalmıştık? Ha, Sürmeli'nin kızını anlatıyordum. Ay bi görseniz... Kızda bir bel var, meydandaki yüz yıllık çınar ağacı halt etmiş yanında! Bir kalçalar, bir bacaklar, duba gibi... Tutturmuş mu bu ille de liposakşın yaptıracağım, diye..."

"O ne kız?" diye sordu annesi.

"A-a? Liposakşın ayol, duymadın mı? Dünyaca meşhur..." dedi Gönül.

"Hortumla çektirecekmiş yağlarını," diye açıkladı Kübra.

"Selamün kavlen min rabbin rahim," dedi Aynur.

"İşi gücü bırakmış, o doktor senin, bu doktor benim geziyormuş."

"Yok artık."

"Vallaha. Sirci kız anlattı. Ben onun yalancısıyım..."

CAN ÇELEBİ'nin,

KÖKLERİ BODRUM'DAN GEÇMİŞE UZANAN

HİKÂYESİNİN İLK ROMANI

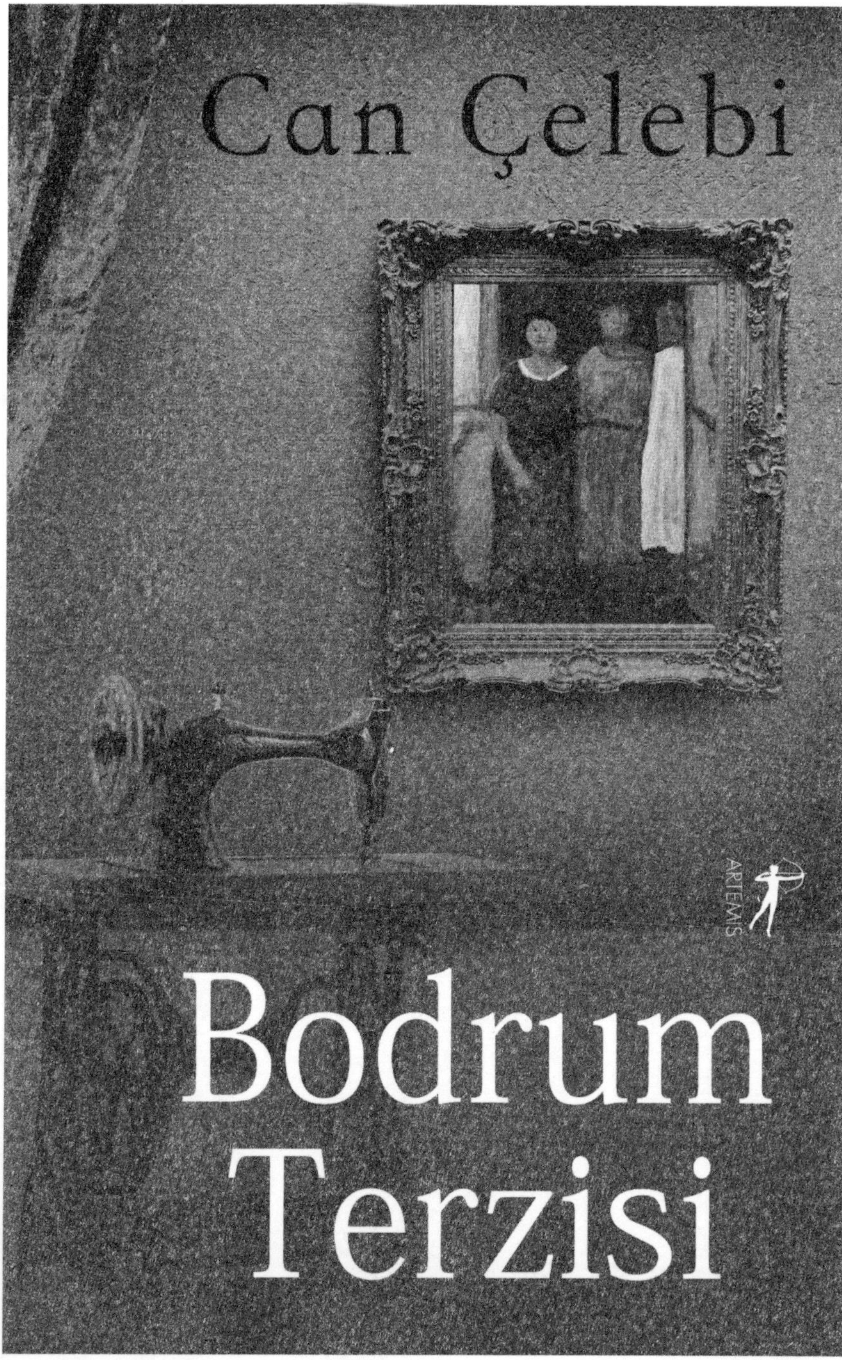
Can Çelebi
ARTEMİS
Bodrum
Terzisi